한국사상선 8

유성룡
이항복
김육
채제공

유교정치를 구현한 명재상들

한국사상선 8

유성룡
이항복
김육
채제공

임형택 편저

유교정치를 구현한
명재상들

창비
Changbi Publishers

창비 한국사상선 간행의 말

　나날이 발전하는 세상을 약속하던 자본주의가 반문명적 본색을 여지없이 드러내며 다수의 삶을 고통으로 몰아간 지 오래다. 이제는 인간 문명의 기본 터전인 지구 생태를 거세게 위협하는 시대에 이르렀다. 결국 세상의 종말이 닥친다 해도 놀랄 수 없는 시대의 위태로움이 전에 없던 문명적 대전환을 요구한다는 각성에서 창비 한국사상선의 기획은 시작되었다. '전환'이라는 강력하게 실천적인 과제는 우리 모두에게 다른 삶의 전망과 지침이 필요하며 전망과 지침으로 살아 작동할 사상이 절실함을 뜻한다. 그런 사상을 향한 다급하고 간절한 요청에 공명하려는 기획으로서, 창비 한국사상선은 한국사상이라는 분야를 요령 있게 소개하거나 새롭게 정비하는 평시적 작업을 넘어 어떤 비상한 대책이기를 열망하며 구상되었다.

　사상을 향한 요청이 반드시 '한국사상'으로 향할 이유가 되는지 반문하는 이들도 있을지 모른다. 사상이라고 하면 플라톤 같은 유구한 이름으로 시작하여 무수히 재해석된 쟁쟁한 인물과 계보로 가득한 서구사상을 으레 떠올리기 때문이다. 우리가 겪는 위기가 행성 전체에 걸친 것이라면 늘 그래왔듯 서구의 누군가가 자기네 사상전통에 기대 무언가 이야기하지 않았을까, 그런 것들을 찾아보는 편이 더 효율적이지 않을까 하는 생각은 사실 오래된 습관이다. 더욱이 '한국사상'이라는 표현 자체가 많은 독자들에게 꽤 낯설게 느껴질 법하다. 한국의 유교사상이라거나 한국의 불교사상 같은 분류는 이따금 듣게 되지만 그 경우는 유교사상이나 불교사상의 지역적 분화라는 인상이 강하다. 한국사상이 변모하고 확장하면서 갖게 된 유교적인 또는 불교적인 양상으로 이해하는 방식은 익숙지 않을 것이기에 '한국사상'에 대한 우리의 공통감각은 여전히 흐릿하다고 말할 수 있다.

하지만 이런 사정이야말로 창비 한국사상선 발간의 또 다른 동력이다. 서구사상은 오랜 시간 구축한 단단한 상호참조체계를 바탕으로 세계 지성계에서 압도적 발언권을 유지하는 한편 오늘날의 위기에 관해서도 이런저런 인식의 '전회turn'라는 형식으로 대응하고 있다. 그럼에도 그 위상의 이면에 강고한 배타성과 편견이 작동하고 있음을 지적하는 목소리가 높다. 무엇보다 지금 이곳——그리고 지구의 또 다른 여러 곳——의 경험이 그들의 셈법에 들어 있지 않고 따라서 그 경험이 빚어낸 사상적 성과 역시 반영되지 않는다는 느낌은 갈수록 커져왔다. 서구사상에서 점점 빈번해지는 여러 전회들이 결국 그들 나름의 뚜렷한 한계 안에서 이루어지는 뒤집기 또는 공중제비에 불과하다는 인상도 지우기 어렵다. 정치, 경제, 문화 등 여러 부문에서 그렇듯이 이제 사상에서도 서구가 가진 위상은 돌이킬 수 없이 상대화되고 보편의 자리는 진실로 대안에 값하는 사상을 향한 열린 분투에 맡겨졌다.

그런가 하면 '한국적인 것' 일반은 K라는 수식어구를 동반하며 부쩍 세계적 이목을 끌고 있다. K의 부상은 유행에 민감한 대중문화에서 시작되어서인지 하나의 파도처럼 몰려와 해변을 적셨다가 곧이어 다른 파도에 밀려가리라 생각되기도 한다. '한류'라는 지칭에 집약된 이 비유는 숱한 파도가 오고 가도 해변은 변치 않는다는 암묵적 전제에 갇혀 있지만, 음악이든 드라마든 이만큼의 세계적 반향을 일으킨다면 해당 분야의 역사를 다시 쓰면서 더 항구적인 영향을 남길 수 있다고 평가받아야 한다. 중요한 것은 이제 한국적인 것이 무시 못 할 세계적 발언권을 획득하면서 단순히 어떻게 들리게 할까가 아니라 무엇을 말할까에 집중할 수 있게 된 점이다. 대중문화에 이어 한국문학이 느리지만 묵직하게 존재감을 발휘하는 이 시점이 한국사상이 전지구적 과제를 향해 독자적 목소리를 보태기에 더없이 적절한지 모른다.

그러기 위해 한국사상은 스스로를 호명하고 가다듬는 작업을 함께 진행해야 한다. 이름 자체의 낯섦에서 알 수 있듯 한국사상은 그저 우리 역사에 존재했던 여러 사상가들의 사유들을 총합하는 무엇이 아니라 상당 정도로 새로이 구성해야 하는 무엇에 가깝다. 창비 한국사상선은 문명전환을 이룰 대안사상의 모색이라는 과제를 중심으로 이 작업에 임하고자 했는데, 이는 거꾸로 바로 그런 모색이 실제로 한국사상의 면면한 바탕임을 발견하는 과정이기도 했다. 여기 실린 사상가들의 사유에는 역사와 현실을 탐문하며 새로운 삶의 보편적 비전을 구현하려 한 강도 높은 실천성, 그리고 주어진 사회의 시스템을 변혁하는 일과 개개인의 마음을 닦는 일이 진리에 속하는 과업으로서 단일한 도정이라는 깨달음이 깊이 새겨져 있다. 이 점은 오늘날 한국사상의 구성과 전승이 어떤 방식으로 지속되어야 할지 일러준다. 아직은 우리 자신에게조차 '가난한 노래의 씨'로 놓인 이 사유들을 참조하고 재해석하면서 위태로운 세계의 '광야'를 건널 지구적 자원이자 자기 삶의 실질적 영감으로 부단히 활용하는 실천을 통해 비로소 한국사상의 역량은 온전히 발휘될 것이다.

창비 한국사상선이 사상가들의 핵심저작을 직접 제공하는 데 주력한 이유도 여기에 있다. 학구적 관심이 아니라도 누구든 삶과 세계에 대해 사유하고 발언할 때 펼쳐 인용하고 되새기는 장면을 그려본 구성이다. 이제껏 칸트와 헤겔을 따오고 맑스와 니체, 푸꼬와 데리다를 언급했던 만큼이나 가까이 두고 자주 들춰보는 공통 교양서가 되기를 기대한다. 그러기 위해 원문의 의도를 훼손하지 않는 범위에서 되도록 오늘날의 언어에 가깝게 풀어 싣고자 노력했다. 핵심저작 앞에 실린 편자의 서문은 해당 사상가의 사유를 개관하며 입문의 장벽을 낮추는 역할에 더하여, 덜 주목받은 면을 조명하고 새로운 관점을 보탬으로써 독자들의 시야를 넓혀 각자 또 다른 해석자가 되도록 고무한다. 부록과 연보는 사상가를 둘러싼 당대적·세계적 문맥을 더 면밀히 읽는 데 도움이 되고자 한다.

　사상선 각권이 개별 사상가의 전체 저작에서 중요한 일부를 추릴 수밖에 없었듯 전체적으로도 총 30권으로 기획되었기에 어쩔 수 없이 선별적이다. 시기도 조선시대부터로 제한했다. 그러다 보니 신라의 원효나 최치원같이 여전히 사상가로서 생명을 지녔을뿐더러 어떤 의미로 한국적 사상의 원류에 해당하는 분들과 고려시대의 중요 사상가들이 제외되었다. 또 조선시대의 특성상 유교사상이 지나치게 큰 비중을 차지한 느낌도 없지 않을 것이다. 하지만 조선의 유학 자체가 송학 내지 신유학의 단순한 이식이 아니라 중국에서 실현된 바 없는 독특한 유교국가를 만들려는 세계사적 실험이었거니와, 이 시대의 사상가들이 각기 자기 나름으로 유·불·선 회통이라는 한반도 특유의 사상적 기획에 기여하고자 했음이 이 선집을 통해 드러나리라 믿는다.

　조선시대 이전이 제외된 대신 사상선집에서 곧잘 소홀히 되는 20세기 후반까지 포함하며 이제껏 사상가로 이야기되지 않던 문인, 정치인, 종교인을 다수 망라한 점도 본서의 자랑이다. 한번에 열권씩 발행하되 전부를 시대순으로 간행하기보다 1~5권과 16~20권을 1차로 배본하는 등 발간 방식에서도 20세기가 너무 뒤로 밀리지 않게 배려했다. 1권 정도전에서 시작하여 30권 김대중으로 마무리되는 구성에 1인 단독집만이 아니라 2, 3, 4인 합집을 배치하여 선별의 아쉬움도 최대한 보충하고자 했으나, 사상가들의 목록은 당연히 완결된 것이 아니고 추후 보완작업을 기대해야 한다. 그럼에도 이 사상선을 하나의 '정전'으로 세우고자 했음을 굳이 숨기고 싶지 않다. 다만 모든 정전의 운명이 그렇듯 깨어지고 수정되고 다시 세워지는 굴곡이야말로 한국사상의 생애주기에 꼭 필요한 일이다. 아니, 창비 한국사상선 자체가 정전 파괴와 쇄신의 정신까지 담고 있음에 주목해주시기를 바란다. 특히 수운 최제우와 소태산 박중빈 같은 한반도가 낳은 개벽사상가를 중요하게 배치한 점은 사상선의 고유한 취지를 한층 부각해주리라 기대한다.

창비 한국사상선은 1966년 창간 이래 60년 가까이 한국학에 남다른 관심을 기울여온 계간 『창작과비평』, 그리고 '독자와 함께 더 나은 세상을' 꿈꾸어온 도서출판 창비의 의지와 노력이 맺은 결실이다. 문명적 대전환에 기여할 사상, 그런 의미에서 단순히 개혁적이기보다 개벽적이라 불러야 할 사상에 의미 있는 보탬이 되고 대항담론에 그치지 않는 대안담론으로서 한국사상이 갖는 잠재성을 세계의 다른 구성원들과 공유하는 계기가 된다면 더없는 보람일 것이다. 오직 함께하는 일로서만 가능한 이 사상적 실천에 독자 여러분의 많은 관심과 참여를 부탁드린다.

2024년 7월
창비 한국사상선 간행위원회 일동

차례

일러두기

1. 국립국어원 표기 규정을 따르되, 일부 표기에는 가독성과 당대의 맥락을 고려했다.
2. 각주는 모두 편저자의 것이고, 원주는【 】안에 표기했다.

유교왕국의 명재상 4인

조선의 재상 제도 및 네 재상

이 책은 조선왕국의 재상, 지위가 정승에 이르고 공적이 현저하며 많은 저술을 남겨서 사상가의 반열에 올려도 손색이 없는 인물로 편성한 것이다. 곧 선조 때 국난 극복에 공헌한 서애西厓 유성룡柳成龍(1542~1607)과 백사白沙 이항복李恒福(1556~1618), 효종 때 정승직을 걸고 대동법의 실시를 추진한 잠곡潛谷 김육金堉(1580~1658)과 정조를 보필해서 실학군주로 치적을 이루게 만든 번암樊巖 채제공蔡濟恭(1720~99), 이렇게 네 사람이다.

재상이란 승상과 같은 말이고 조선에서는 보통 정승이라고 불렀다. 군주를 보좌하는 최고 관직으로서 국정을 총괄한다는 뜻에서 총재라고도 일컬었다. 오늘날의 대통령 중심제하에서 총리에 해당하는 것이다. 조선왕국 국정의 중심부는 3정승 6판서에 양사兩司와 양관兩館 기구로 구성되어 있었다. 사헌부와 사간원의 양사는 백관을 규찰하고 언론을 담당하는 것이 주 임무이며, 홍문관과 예문관의 양관은 국왕 측근에서 경연과 글 쓰는 일을 수행하는 것이 주 임무였다. 이들 여러 국정기구는 유교국가의 성격을 잘 보여주는 것이지만 정승이란 존재 역시 그러했다. 특히 재상제는 유교국가인 조선의 특성을 대변한 면이 있었던 것으로 볼 수 있다.

조선왕국의 이론적 설계사로서 역할을 했던 정도전鄭道傳(?~1398)은 "방금 '밝은 군주와 어진 신하가 만나' 정성스런 뜻이 부합하고, 더불어 도모해서 유신維新의 정치를 펴게 되니 백년 천년에 한번 만날지 모를 거룩한 시대입니다"(『조선경국전』「재상연표」)라고 전망한 바 있다. 바야흐로 그는 신국가를 구상하면서 유교적인 정치를 현실화하기를 염원했던 것이다. 그는 "군주의 직은 재상 하나를 택하는 데 달려 있으며, 여러 집사들 이하는 관여하지 않는다"고 천명한다. 군주의 할 일은 오직 어진 재상 1인을 골라 국무를 총괄하도록 하는 데 있으며, 다른 백관들은 모두 여기에 관여할 수 없다는 취지다. 재상이란 존재가 대단히 부각되어 있다. 이 구상은 어디까지나 '밝은 군주와 어진 신하의 만남'이 전제되어 있음에 유의할 필요가 있다. 정치권력을 둘러싼 갈등은 예나 지금이나 끊이지 않았던 것이 그 실상이다. 정도전 자신도 조선 건국 후 몇 해도 가기 전에 죽임을 당하고 말았다. 그런데 정도전의 구상이 비록 훼손되긴 했어도 기본틀은 소멸되지 않았다. 유교적인 사대부 체제에서 그 원형까지 폐기될 수 없었기 때문이다. 16세기를 지나며 비변사가 국정의 중심으로 들어서고 의정부는 지워졌지만, 재상제는 3정승을 두는 형태로 조선왕조와 함께 존속되었다.

여기에는 우리로서 응당 돌아보아야 할 점이 있다. 중국사에서 조선조에 해당하는 명·청대에 재상제도가 없었다는 사실이다. 다 같이 유교국가를 표방했음에도 왜 이런 차이점이 발생했을까? 명대 초년에 개국공신으로 승상의 지위에 있던 호유용胡惟庸이 명태조에게 반기를 들다가 처단당했던 일이 직접적인 계기가 되었지만, 무엇보다도 중국에 있어서는 황제권력이 통치에 막강하게 관철되었던 데에 요인이 있었을 것이다.[1] 반면 사

---

1   중국에서 원제국을 청산하고 들어선 명의 태조인 주원장(朱元璋)은 승상제 폐지를 조훈(祖訓)으로 남겼다. 그런데 명청 과도기의 사상가 황종희(黃宗羲)는 명대에 좋은 정치가 없었던

대부의 지배구조가 견고하게 형성되었던 조선조에서는 국정운영에 유교적인 정치제도와 사회문화가 보다 강화되지 않을 수 없었다. 이 때문에 사대부 관료의 최고 정상에 재상이란 존재가 아무래도 요망되지 않았을까 한다. 재상제는 만인지상萬人之上의 바로 아래 만조백관의 맨 위에서 균형자의 역할을 맡는 구도였던 셈이다. 그런 만큼 유교정치를 구현하고자 하는 뜻이 재상제에 담겨 있었다고 볼 수 있다.[2]

여기 선정된 네 재상은 당면한 국가적 위기를 극복하고 민생의 어려움을 해결한 공적으로 인정을 받아왔다. 근대 이전에는 당파에 따라서 평가가 서로 엇갈렸지만 근대 이후로는 대체적인 합의가 이루어진 사안이다.

전체 편차는 시순을 따랐기에, 17세기 전후로 유성룡과 이항복이 앞에 놓였다. 이 기간의 대전란이 조선 500년의 분수령을 이루었던바 동아시아적 차원에서도 대전환의 계기가 되었던 사실을 중시한 모양새다. 곧 이어진 17세기 초중엽의 명·청 교체는 동북아의 역사전환이 현실화된 단계로 볼 수 있으며, 다음 18세기는 동북아 상황이 안정된 단계이고, 19세기는 동북아가 서세의 물결에 휩쓸리면서 세계사적 대전환이 일어나게 된 시대다. 김육과 채제공이 각각 처했던 조선 현실에서 고투하며 이룩했던 성취

요인을 승상제 폐지에서 찾았다. 황종희는 옛날 성군이 아들에게 전하지 않고 어진 이를 구해 전했던 것〔不傳子而傳賢〕을 정치의 원칙으로 생각했다. "후세에 천자는 아들에게 전하고 재상은 아들에게 전하지 않게 되었다. 천자의 아들이 모두 어질지 않더라도 재상은 현자를 구해 앉히는 것으로 해서 천자를 보좌할 수 있었던 것이다. 그런데 재상제가 폐기되고부터 천자의 아들이 한번 어질지 못하면 다시 현인과 더불어 하는 정치가 있을 수 없었다. 이에 '아들에게 전하는 의미'〔傳子之意〕 또한 상실한 것이 아닐까."(『명리대방록明夷待訪錄』「치상置相」)

2 조선왕국의 전면적 개혁을 설계한 유형원의 『반계수록』은 의정(議政)이란 명목으로 1정승을 세운다. 의정을 1인으로 하느냐, 3인으로 하느냐 문제로 여러 해 고심한 끝에 "승상 1인을 두는 것이 옳다"는 결론에 도달했다 한다.("置一相與并置三相, 累年不能決, 今乃曉然無疑, 置一相爲是." 『磻溪隧錄』권15, 「職官之制上」, 議政府條) 유형원은 현행의 3정승 제도는 그 본원적 의의를 살리기 어렵다고 보아 1정승을 구상한 듯하다. 비변사가 국정의 중심에 놓인 문제에 대해서도 유형원은 비변사를 설립한 방식 자체가 임시방편임을 지적하고 정승의 역할이 확대되는 방향으로 의정부의 위상을 회복하는 것이 옳다고 생각했다.(위의 책 권16, 「職官之制下」, 罷備邊司條)

를 통해 각기 시대의 문제점을 들여다볼 수 있을 것이라고 생각했다.

이 책의 주 테스트는 모두 해당 인물들의 문집이다. 네 인물 또한 예외 없이 정승이기 이전에 독서하는 선비(士)였으므로 문집 형태의 저작을 남긴 것이다. 이 점을 고려해서 그의 업적에 관한 제반 사실을 부각시키되 먼저 '기본 입장과 학술사상'을 살펴볼 수 있게 하는 내용을 각 편의 제1장에 배치했다. 이 1장은 예외 없이 '인물 개관'으로 시작되는데 모두 안종화安種和의 『국조인물지』의 기록을 인용해서 독자들께 그 사람의 생애 및 경력에 대한 기본지식을 가지고 핵심저작으로 들어갈 수 있도록 한 것이다. 그리고 문집 이외에 다른 저술이나 관련 기록을 찾아서 포함시키기도 했다.[3]

사상은 그 사람이다. 무릇 사람으로서 그 자신 발붙이고 호흡하는 시대의 제도문화 속에서 나름으로 성취한 내면의 논리가 곧 그의 사상이다. 나는 이 책을 엮으면서 재상 편이라는 점을 항시 염두에 두었다. 독자들께 그 사람의 삶과 사유에 대한 이해를 가지면서 아울러 그 시대의 흐름과 실상을 염두에 그려가며 읽어나가기를 바라마지 않는다.

창비 한국사상선에서 특히 『세종 정조』편은 조선왕국의 해석이라는 의미를 띤다는 점에서 이 책과 상호 연관성을 가진다. 이 책 속 경세가들의 실천과 사상은 조선이란 유교왕국의 성격을 이해하는 데 도움이 될 것이다.

유성룡: 전란의 위기에서 나라를 구하다

임진왜란이 일어난 그해에 서애는 50세로서 좌의정의 지위에 있었다.

---

3   예컨대, 유성룡의 경우 임진왜란에 대한 보고기록인 『징비록』은 비중을 크게 잡아서 수록했으며, 김육의 경우 『조경일록(朝京日錄)』이 병자호란이 일어난 바로 그 상황에서 중국을 다녀온 기록으로 의미가 크다고 보아 역시 별도로 한 장을 설정했다. 채제공의 경우는 『번암선생행장』이 신발굴 자료로서 그 인간 면모를 풍부하게 전하는 내용이므로 '행적 및 일화' 부분에 함께 포함시켰다.

이후 7년을 이은 전란에 그는 진심전력盡心全力하여 '구국재상'이란 칭호를 얻었다. 그와 밀접한 지연을 가진 공간은 안동의 하회다. 세계문화유산으로 등재되기도 한 이 마을에는 지금도 그의 자손들이 살고 있고 가까이에 병산서원이 있다. 그는 21세 때에 멀지 않은 도산으로 퇴계 선생을 찾아가서 제자가 되고 25세 때는 문과에 급제하여 벼슬길에 올랐다.

왜군이 부산에 상륙한 시점은 1592년 4월 13일인데 4월 30일에 국왕이 수도 서울을 포기해야 했다. 당시의 도로 사정이나 이동수단에 비추어 그야말로 파죽지세 그것이었다. 선조가 허둥지둥 궁성을 나와 서대문을 벗어날 때 벌써 남대문 쪽으로 불길이 치솟았다. 궁궐과 관청 및 민원을 샀던 저택들이 잿더미로 변했는데 맨 먼저 불이 붙은 곳은 장예원과 형조였다고 한다. 노비문서가 보관된 장소다. 적군이 실제로 서울에 진입한 것은 5월 3일이었다.

이 직전에 선조는 유성룡을 유도대장留都大將(수도 방어를 맡는 사람)으로 지명한다. 이에 도승지 이항복이 "유성룡은 반드시 호종하도록 해야 합니다"라고 진언했다. 이 진언이 접수되어 그가 국왕을 수행하게 된 것이다. 그 상황에서 어느 누구에게 수도방어의 임무를 맡겨도 패군지장이 될밖에 없는데 앞으로 예견되는 어려운 사태에 유성룡은 없어서 안 될 존재라는 판단 때문이었다고 한다.(『백사집』「서애유사」)

몽진하는 중도에도 유성룡은 반대파의 공격을 받아 일시 아무 직분도 없이 따라간 적이 있었다. 피난길에 오른 긴급 위기상황에서도 고질화된 당쟁은 은밀히 작동했다. 대적과 맞서기 위해서는 대책을 강구하고 아무쪼록 의병을 불러 모아야만 했다. 물론 당장 싸우는 일이 어려웠지만 명나라의 원군을 상대하여 협조하고 군량을 조달하는 문제가 실로 지난했다. 그는 영의정으로서, 체찰사로서 능력을 발휘하여 이런 등등의 난제들을 감당한 것이다. 7년 전쟁의 어려움을 수습하고 망국의 위기로부터 간신히 나라를 구할 수 있었다. 그러나 전쟁이 수습되어가는 단계에서 재현된 반대파의 집요한 공격에 그는 마침내 밀려나서 하회로 낙향하게 된다.

이후에 그는 66세로 향리에서 생을 마치는데, 이 기간에 자신의 일생을 마무리 짓는 작업을 수행했다. 국가사로서 중대한 제반 기록을 정리해놓는 한편, 자기 가문에 관련된 각종 저술을 남겨놓았다. 2장에 초록된『징비록懲毖錄』은 임진왜란의 전모를 전하는 국가적 기록이며, 3장의 '명군의 파병 경위와 선조의 퇴위 문제, 임란 시말기' 등은 역사의 증언으로서 중요하고 흥미롭다. 다음에 몇 가지 주제를 잡아 간략한 논평을 붙여보고자 한다.

1) 사유의 특징과 학문방법

앞에서 이 책의 네 인물이 공통으로 정승이기 이전에 독서하는 선비임을 지적했지만, 서애야말로 단연 성현지학聖賢之學에 힘쓴 학자다. 지금 보면 인문학자라고 표현하는 편이 적절할 것 같다. 우선 문학에 빼어나 글쓰기에 능력을 발휘했고 문신의 최고 영예인 대제학까지 역임했다. 그럼에도 일생의 사업이 경세의 실천이었으니 중심은 경세학에 있었다. 학문이 그 원동력이었던 셈이다.

그가 추구한 학문은 퇴계학통에 속했던 만큼 유학-주자학이었던 것은 말할 나위 없다. 공부는 어떻게 할 것인가? 이 기본적인 질문에 답해서 1장에 여러 편의 글이 제시되어 있다. 비록 단편적이지만 깊이 음미해볼 내용이다. 먼저「독서법」이란 짧은 글을 보자.

"무릇 글을 읽을 적에는 주석을 먼저 보지 말아야 할 것이다. 경문을 가지고 반복해서 상세히 음미하여 스스로 신의新意가 떠오르기를 기다렸다가 물러나서 주석을 참조, 비교해보면 경전의 뜻이 밝아져서 다른 사람의 설에 가려지지 않게 된다. 먼저 주석을 보게 되면 나의 마음속에 그 설이 걸려 있어서 끝내 나 스스로의 견해를 얻지 못한다."

옛날 공부는 경전을 읽는 데서 출발했는데, 서애의 이 같은 생각은 스스로 깨우침을 얻는, 즉 사고역량의 개발을 강조한 논리다. '思'자는 본디 농부가 밭을 갈고 가꾸듯 학자가 '마음의 밭'을 갈고 가꾸는 의미라는 것이다. 이에 관자管子의 말을 빌려서 "생각하고 또 생각하고 거듭 생각하라. 생각해도 통하지 않으면 귀신이 통하게 해줄 것"이라고 한다. 귀신의 도움이란 어디 밖에 있는 무엇이 아니고 자기 자신의 지극적성이라고 한다.(「학문은 사색을 위주로」)『중용』에서는 학문의 과정으로서 박학博學-심문審問-신사愼思-명변明辨-독행篤行의 5단계를 들었는데, 서애는 세번째로 신사가 놓인 것은 학문의 중심을 '신사'로 잡은 까닭이라고 본다. 신사란 사고역량을 확충하는 뜻이요, 곧 지식의 확충에 다름 아닐 터이다.

서애의 학문방법론은 요컨대 사고력을 강조하는 주지적 관점이다. "성현의 학은 행行을 중요시하면서도 지知를 더욱 귀하게 여긴다."(「지행설」) 지와 행은 유학의 쟁점 사안의 하나다. 양명학의 주자학 비판은 시발점이 바로 여기 있었다. 서애가 이 쟁점 사안 앞에서 고민한 끝에 세운 견해는 주체의 사고력을 확충하는 주지적인 방향이다. 그런데 서애가 꼭 양명학을 이단으로 보아 배격한 것은 아니었다. 서애 자신이 양명의 저작에 일찍부터 관심을 가지고 읽었던 사실을 술회했으며, 양명의 의도에도 공감한 바가 적지 않았다. 양명의 문제의식은 피상적인 사이비들의 속류적 행태를 경계하는 데 있다고 간주했다. 그런데 난점은 "굽은 것을 바로 잡으려다가 지나치게 되었다"(「지행합일설」)는 것이다. 양명의 문제의식 자체는 십분 긍정하면서도 마음 자체를 이理로 속단하여 지와 행을 일치시키는 양명적 심학의 논리를 수긍할 수 없었다. 그래서 지를 강조하면서 사람의 지는 어떤 지가 되어야 하느냐로 숙고한 것이다. 이에 진지眞知를 거론했다. 최고의 지는, 공자의 "아침에 도를 들으면 저녁에 죽어도 좋다"(「지행설」)는 그런 경지까지 상정한다.

서애의 주지적 관점은 정통 성리학의 이론에 입각해 있다. 거기에 기반하여 학자로서 주체를 수립한 것이다. 「『대학장구』의 보유에 대해 논함」에서는 주자의 설이라고 해서 그저 추종하지 않고 독자적으로 탐구하는 학문 자세를 엿볼 수 있고, 「이언적의 『구경연의』에 부친 글」에서는 성리학적인 경세학의 전통을 살펴볼 수 있다. 특히 지식을 중시했던 그의 학문자세는 국난에 임해서 지적 리더십을 발휘한 저력이 되었던 것으로 보인다.

2) 국가적 위기에 대처한 자세

3부에 실린 「임진란 시말기」는 서애가 아들에게 남긴 형식의 글로 유언처럼 비장하다. 글을 끝맺는 대목에서 전란 초기에 그 당장의 경험으로 증언할 사람이 지금은 오직 나뿐이라고 하며 "홀로 이 모진 목숨이 죽지 못하고 살아서 세상에 누를 끼치고 있으니, 말 한마디라도 당일의 심정과 사실을 밝히지 않는다면 죽어도 눈을 감지 못하고 무궁한 한이 남게 될 것"이라고 적었다. 스스로 무한히 죄책감을 느끼면서도 사실의 차원에서 반드시 기록으로 남겨야 한다는 데에 역시 무한한 사명감을 자각하고 있었다.

글은 "임진왜란으로 국사가 무너졌으니 당시 대신으로서는 그 죄책을 면할 수 없다. 이러쿵저러쿵 변명해봤자 허물만 더할 따름이다"로 시작한다. 그는 전쟁 초기뿐 아니라 전쟁이 끝나는 지점까지 우여곡절은 있었어도 대신으로서 도체찰사까지 맡아, 말하자면 총사령관의 직무를 수행했던 셈이다. 이 전쟁으로 일시 국가가 일패도지一敗塗地하고 백성의 삶이 붕궤되었다고 말하는 편이 일단은 실상이겠으나 이를 극복했고 결국 이길 전쟁이라는 평가도 가능할 것이다.

이때 서애가 취했던 자세에서 두가지 점을 확인할 수 있다. 하나는 책임의식이다. 자신의 처지에서 마땅히 최선을 다해 대응해야 한다는 사명감이다. 어쨌건 여지없이 패해 국사가 무너진 터이므로 책임의식으로부터 자유로울 수 없었다. 다른 하나는 기록의 정신이다. 자기 위치에서 진심전력했던 사실을 기록으로 남기는 일이다. 이는 변명과는 다른 차원에서 국가적 기록으로서 의미를 가질 수 있다. 그의 기록정신은 『서애집』과 『징비록』 등 실물이 현전한다. 자신이 국가적 위기에 대응했던바 그 구체적 내용으로서 두가지 문제를 다음에 거론해보려고 한다.

3) 전쟁사태에서 명과의 관계와 그 인식

일본의 한반도 침공에 중국이 참전함으로써 국제전의 양상을 띠게 되었던 16세기 말의 동북아 상황은 300년 후에 전개된 근대적인 동북아 상황의 예고편인 것도 같다. 한반도는 중국을 중심으로 한 세계의 조공질서 속에서 중국과 특히 친밀한 관계를 지속하여 근대에 이르렀다. 무엇보다도 지리적 조건에 요인이 있지만 국가적 생존전략이기도 했다. 그러면서 자국의 독자적 역사를 유지하고 문화를 발전시켰던 사실에 유의할 필요가 있다.

그런데, 임진왜란 당시 조선의 요청으로 명의 대군이 한반도에 진출하여 전쟁을 주도하게 된 특수 상황에서는 명과 조선의 관계에서 전에 없이 크게 다른 양상이 출현하기도 했다. 조선의 국운에 심대한 우려를 초래하기까지 한 일이다. 이는 깊은 성찰을 요하는 사안임이 물론이다. 여기서는 명이 조선에 원군을 대거 파견하게 된 경위를 우선 살펴보고 그에 따라 조선의 내정에 명이 개입했던 사실을 거론하면서 서애가 이에 대응한 자세 및 중국에 대해 가졌던 생각을 언급하려고 한다. 사안 자체가 본디 중대하고 복잡한데 아직 해명되지 않은 문제이므로, 서애가 남긴 원문을 통해 구체적 실상을 되도록 간략히 짚어볼 것이다.

명이 조선에 원군을 급파하게 된 경위는 이문학관 허징許澄에게 들은 이야기로 기록되어 있다.(3장 「명의 파병 경위, 선조의 퇴위 문제가 거론되다」) 『징비록』에도 이에 관한 언급이 나온다. 임진왜란이 일어나기 바로 전해에 일본의 국서가 왔는데 "군대를 거느리고 명나라로 건너가겠다"는 말이 들어 있었다. 우리 조정에서는 명조에 보고하다가는 사통私通했다고 문책을 받을까 두려우니 숨기자는 주장도 있었다. 서애는 이를 보고하지 않는 것은 대의에 옳지 않을 뿐 아니라 적이 정말 대국을 침범할 계획이 있어 다른 곳을 통해 듣게 되면 우리가 크게 곤경에 처하게 될 것이라고 주장했다. 서애의 주장이 받아들여져서 사신을 급파했다는 것이다. 허징의 증언에 의하면 명나라에 이미 다른 여러 경로를 통해 정보가 접수된 상태였다. 일본이 전쟁을 일으킨다는 소문이 명의 조야에 파다한데 조선에서만 보고가 없어 의심이 커진 형국이었다. 때마침 우리 사신이 가지 않았으면 조선이 일본과 한통속이 되어 배반하려 한다는 오해를 면할 수 없었을 것이다.

임진왜란이 발발한 뒤로 명의 입장에서는 전국토가 일본에 짓밟힌 조선을 어떻게 할 것인가? 명나라 조정의 의론이 분분했다. '압록강을 굳게 지키면서 상황을 관망하자'와 '이적夷狄들이 저희끼리 싸우는데 중국이 구원을 나설 것이 없고 압록강을 지키다가 강한 군사를 강 건너로 보내 위세를 떨치자'로 견해가 엇갈렸는데, "오직 병부상서 석성石星이, '조선은 구하지 않을 수 없다'고 역설하면서 '먼저 군기·화약 같은, 적을 방어할 도구를 보내야 한다'"고 하여, 주무장관의 주장이 채택된 것이다. "조선은 실제로 내복內服과 같습니다. 만약 왜가 조선을 점령하도록 놓아두면 요동을 침범해서 산해관에 미치게 되니, 북경이 위태로워질 것입니다. 이야말로 심장의 우환이 되는데 어찌 심상한 사태로 넘기겠습니까? 가령 고황제(명 태조)가 오늘날에 살아계시더라도 반드시 의심 없이 군기 화약을 내려줄 것입니다." 석성의 이 같은 논리가 설득력을 얻어 명은 드디어 대규모의 군대를 파견하고 은銀 3만냥을 원조하기에 이르렀다.

석성의 발언에서 '내복'이란 외복外服에 상대되는 개념이다. 내복은 행정관이 직접 통치하는 지방임에 대해 외복은 조공관계로 맺어진 나라다. 조선은 외복에 속하긴 하지만 중국의 심장부와 가까운 나라이기 때문에 내복과 다름없다는 의미다. 그래서 "왜가 조선을 점령하도록 놓아두면

(…) 심장의 우환"이 된다는 것이 석성의 논지다. 임진왜란 당시 명의 원군·원조는 명의 입장에서 꼭 필요하다는 주장이었다. 조선의 처지로서도 명에 긴급구조 요청이 불가피했으나 명의 입장에서도 강 건너 불처럼 결코 방관할 문제가 아니었음을 석성의 말을 통해 확인할 수 있다.

왜란이 일어난 이듬해 겨울의 일이다. 당시 적이 서울서 물러나 국왕이 환도하긴 했으나 한반도의 동남부를 왜군이 점거해 있는 상태였다. 이때 사헌司憲이란 인물이 명나라 황제의 특명을 띠고 조선의 서울로 왔다. 조선에서 그에 대한 호칭이 사천사司天使다. 영의정으로서 서애가 직접 벽제역까지 영접을 나갔다. 사천사가 서애를 대면해서 발한 제일성을 "내가 번경(서울)에 들어가면 새로운 거조가 있을 것이오"였다. 「사천자가 와서 있었던 일」(3장)이 바로 그때의 경위를 기록한 글이다.

사천사가 들어오기 직전 상황은 이러했다. 명나라 조정에서는 조선에 대한 여론이 좋지 않았던바 급사중給事中 위학증魏學曾이 올린 글에 조선 국왕을 교체하자는 등의 말이 들어 있었다. 병부상서 석성이 그래서는 안 된다고 강력히 반대하여, 칙서를 전달하고 실정을 살펴보도록 사헌을 조선에 파견한 것이다.

한편, 명의 조선지원군 후방본부가 요동에 있었는데 거기 나가 있던 윤근수가 위학증이 올린 글과 후방 본부장의 문건을 휴대하고 한발 먼저 들어왔다. 선조는 윤근수를 접견한 날의 밤에 따로 유성룡을 불러 위학증의 글을 보여주며 "나는 오래전에 이런 일이 있을 것으로 알았기 때문에 자리에서 물러나려 했소. 지금 과연 이렇게 되었구려"라고 말한다. 실로 국가의 운명이 걸린 중대사에 직면한 것이다.

유성룡은 위학증이 올린 글에 대한 소견을 다음과 같이 밝힌다. "그 문서를 보니 우리나라를 헐뜯고 비방한 말이 많았다. 대체로 조선은 왜를 방어하지 못해 중국에 우환을 끼치고 있으니 마땅히 이 나라를 둘이나 셋으로 분할하여 왜적을 막아낼 수 있는 자에게 맡기어 그로 하여금 조치하도록 하여, 중국을 방어하는 울타리로 삼아야 한다는 내용이었다." 중국의 입장에서 조선은 동쪽의 울타리다. 이 울타리가 우환을 끼치고 있으니 조선땅을 마음대로 처리하겠다는 생각이며, 먼저 선조를 퇴위시키자는 주장임이 물론이다. 이에 굽혀서 퇴위하려는 선조에게 유성룡은 다음과 같이 말한다. "이는 사리에 맞지 않은 망언입니다. 황조皇朝가 어찌 이런 언설에 흔들리겠습니까. 원하옵건대 의심하지 마옵소서. 오직 우리가 당연히 해야 할 일을 더욱 힘껏 하여 중국의 우환을 풀어주어야 합니다."

선조와 사천사의 회담은 그 이튿날 있었는데, 회담 직전에도 유성룡은 "지난밤에 상주한 말을 부디 유의하시라고 거듭 아뢰었다". 그럼에도 선조는 사천사에게 "신병으로 나라를 다스리기 어려우므로 세자에게 양위를 하려고 청하니, 바라건대 천사께서 주장하여 이 소원을 이루게 해달라"는 뜻의 말을 친필로 써서 준 것이다. 사천사 역시 친필로 답을 썼는데 대요는 이러했다. "불녕不佞 사헌은 명을 받들고 이 나라에 와서 국왕과 접해보니 지금 국도를 수복한 것은 '천병天兵'의 힘이라지만, 역시 왕의 복록이 융성하여 아직 다하지 않은 까닭이오. (…) 임금이 양위를 한 일은 당나라 숙종肅宗의 고사가 있긴 합니다. 응당 상주를 하여 천조의 조처를 기다릴 일입니다." 결국 선조의 퇴위로 가닥이 잡힌 것이다.

유성룡은 어가를 따라갔지만 회담장 밖에 있었기 때문에 그 중대사가 이미 결정된 뒤에야 알게 되었다. 그러고서 사천사는 곧바로 서울을 떠났다. 만약 이러고 끝나버렸다면 조선의 운명이 어떻게 되고 역사가 어떻게 진행되었을지 상상하기조차 어렵다.

이때에 척금戚金이란 인물이 유격장이란 직함으로 와 있었다. 유성룡은 그에 대해 "명장 척계광戚繼光의 조카로서, 재능이 기민하고 깨인 사람"이라는 평가하고 있다. 이때 척금이 나서서 큰 역할을 한 것으로 보인다. 척금은 급히 사천사를 중도에 회정하게 해서 장시간 논의한 끝에 유성룡을 부른다. 척금의 숙소에서 만나는데 그 장면이 극적이다. "좌우에 있는 사람들과 역관까지 모두 물리친 뒤 가운데 탁자 하나를 설치하고 그 위에 초두자루와 종이·붓·벼루를 놓았다. 탁자 북쪽으로 의자를 놓고 나를 앉으라고 하더니 종이를 가져다가 친히 10여 조항을 썼다. 그 제3조가 '국왕은 전위를 응당 빨리할 것(國王傳位當早)'이었고, 다른 조항들은 군무 처리에 관련한 일이었다. 다 쓰고 난 다음 나에게 읽어보라고 했다. 나는 나도 모르게 일어나서 정색을 하고 붓을 들어 다른 말은 않고 오직 다음과 같이 썼다. '제3조에 제시된 바는 배신으로서 차마 듣지 못할 일입니다. 대인은 만권의 책을 읽으신 터에 어찌 천하 고금의 일을 듣지 못했습니까? 소방小邦의 형세가 바야흐로 위태로운 지경인데, 만일 또 군신·부자의 사이에 잘못 조처하는 일이 있으면 화를 더욱 중대하게 만듭니다.' 그러고 나서 나는 공손히 서 있었다. 척금은 한동안 눈을 크게 뜨고 직시하더니 바로 붓을 들어 그 아래에다, '是'(옳다는 의미)라는 글자 넷을 쓰고 나서 드디어 그 종이를 걷어서 촛불에 태워버리고 이내 하인을 불렀다. 다시 더 아무 말이 없기에 나도 인사를 하고 나왔다."

이 일이 있던 다음날 유성룡은 "백관을 거느리고 사천사에게 글을 올려서 본국이 왜변을 당한 실상을 진술했다. 왜적이 대국을 침범하려는 것을 따르지 않다가 낭패를 보고도 후회하지 않는 데 있으며, 우리 주상이 즉위하신 이래 지성사대至誠事大를 하여 늘 걱정하고 면려한 사실을 수천자로 길게 진술한 것이다. 사천사는 이 내용을 자못 신뢰하여 받아들였다". 이리하여 중국발의 일대 위기는 일단 모면할 수 있었다.

중국 중심의 조공체제에서 외복의 내정內政에 대해서는 관여하지 않는 것이 관행이었다. 다만 전란사태로 인해 군대를 파견하고 주도권을 행사하는 특수상황에서 내정에 관여한 일이 발생한 것이다. 앞에 대략 정리된 내용에서 두가지 점을 적출해본다. 하나는 명이 왜 조선에 군대를 파견했던가 하는 점이다. 명으로서 조선은 동쪽 울타리였다. 울타리가 허술하면 도적이 들어올 염려가 있듯 조선이 허술하면 그 틈을 타서 왜적이 침범할 위험이 있다. 이는 너무도 당연한데, 조선을 적극 도와야 한다고 주장했던 병부상서 석성의 원병을 파견하자는 논리가 바로 이를 증명하고 있다. 다른 하나는 서애가 보였던 명에 대한 입장이다. 당초 일본의 국서를 명에 보고하느냐로 의견이 엇갈렸을 때부터 서애는 중국을 속이는 일은 '대의에 어긋난다'고 말했거니와, 사천사에게 우리 입장을 변호할 때도 '지성사대'라는 표현을 썼다. 조공체제의 질서를 마땅한 도리로 여기고 정성을 다했다는 뜻이다.

근대적 국제관계에서는 있을 수도 없고 이해하기 어렵지만, 근대 이전의 동아시아 국제질서가 그와 같았음은 분명히 객관적 사실이다. 기회주의적으로 넘기려 해서는 옳지 않은 도리였다. 정정당당하게 대응하되 거기에 나의 주체가 배제될 수 없었다. 그렇지만 지난 역사나 오늘을 돌아보면 이를 망각하는 경향이 허다했던 것 같다. 중국 중심의 조공체제는 근대적인 국제관계와는 같지 않은 것이지만, 오늘에 있어서도 비춰볼 필요는 분명히 있다.

4) 군사전략적 사고의 측면

서애가 남달리 군사전략적 사고를 했던 면모는 그의 핵심저작 곳곳에서 읽을 수 있다. 전쟁과정에서 서애가 더없이 통탄하며 애석해 마지않았던 두 지점이 있었다. 그 자신이 기획했던 전략구상이 이런저런 까닭으로 무위로 돌아간 때문이다. 1차는 명의 대군이 평양성을 공략하여 왜군이 대패해서 퇴각한 지점이고, 2차는 전황이 장기전으로 들어가서 왜군이 서울을 점령하고 있었던 지점이다.

1차시는 전쟁이 일어난 그해 추운 겨울이었다. 왜군 패잔병들이 대동강을 얼음 위로 건너서 주야로 달아나느라 얼어 죽고 굶어 죽는 판국에 이르렀다. 서애는 전황을 미리 예상하고 황해도방어사 이시언과 김경로에게 적의 퇴로에서 기습하도록 밀령을 내렸으나 김경로는 명을 따르지 않고 황해도 본영으로 가버려서 이시언이 기껏 낙오병 60명의 머리를 베는 데 그쳤다.(『징비록』,「명군의 참전과 평양 탈환」) 2차시는 왜군이 서울에 머물면서 북쪽으로 아군의 공격을 방어하는 상황인데 이때 서애는 명군의 왕필적王 必迪에게 편지를 보내 파주 방면으로 공격해서 적의 주력군을 붙잡아두는 한편, 명군 남방병사 1만명을 강화도로 돌려 한강 남쪽으로 기습을 하면 서울의 적은 돌아갈 길이 끊겨서 필시 용진(양평 방향)으로 도주할 것이라, 일거에 궤멸시킬 수 있다고 주장했다. 그러나 이여송은 북방의 장수이기에 공이 남방군에게 돌아가는 것이 달갑지 않아서 이 주장을 묵살했다는 것이다.(『징비록』,「권율의 행주대첩, 이후 양군의 대치」)

서애는 적군이 취한 전략은 전체적으로 보아 "서울을 점령하는 데까지는 공교했으나 평양으로 올라간 것은 졸렬했다"고 총평하고 있다. "평양이 무너지자 여러 도에 분산되어 있던 자들이 기운이 다 빠져서 서울을 그대로 점령하고 있다 해도 대세는 이미 크게 위축된 상태였다. 사방에 있는 우리 백성들이 곳곳에서 일어나 공격하니 적군은 머리와 꼬리가 길게 늘어져 있어서 서로 도울 길이 없어져, 끝내는 무너질밖에 없었다." 이어 서애는 다음과 같이 덧붙인다.

"아아! 적이 계교를 잘못 쓴 것이 우리로서는 다행이었다. 우리나라에 참으로 한 장군이 있어서 수만의 군사를 거느리고 기회를 보아 기발한 계교를 써서 길게 뻗은 적의 중간 허리를 잘라놓는 전략을, 평양성의 승전 직후 실행에 옮겼다면 적의 대군을 쓸어버릴 수 있었을 테요, 서울 이남에서 폈더라면 적군의 수레를 한대도 돌아가지 못하게 할 수 있었을 것이다. 만일 이렇게 했다면, 적은 정신이 나가고 간장이 파열되어 수십 수백년 동안 감히 우리를 쳐다보지도 못해 후세의 우환이 없어지지 않겠는가. 당시 우리나라는 쇠퇴가 누적되어서 이를 실행해 옮길 역량이 부족했거니와, 명군의 장군들 또한 이 전략을 구사할 줄을 몰랐다. 그래서 적군을 큰 탈 없이 돌아가게 만든 것이다."

서애는 전략적 과오가 민족사적 통한이 될 것으로 여기고 있다. 그가 대국大局을 시야에 넣고 전략적 사고를 할 수 있었던 능력은 과연 어디서 온 것일까? 대개 자신이 평생 닦은 학문이 그 원동력이 되었다. 거기에는 상호 관련된 두 측면이 있다고 본다. 하나는 주체의 측면, 즉 자아가 확고했던 점이다. 예를 들자면 선조가 서울을 포기하고 피난길에 올라 우왕좌왕하는 판에, 국왕부터 압록강을 건너가서 '천조'(명)에 호소할 도리밖에 없다고 하는데 서애는 단호하게 "안 됩니다! 대가大駕가 우리 땅을 한 걸음만 벗어나면 조선은 우리 것이 아닙니다"라며 반대했다.(백사 편, 「서애 유성룡 유사」) 나라의 중심이 빠지고 보면 민심이 무너지고 나라도 무너진다는 판단이다. 다른 하나는 국난에 직면해서 지적 리더십이 발휘된 점이다. 앞서 「사유의 특징과 학문방법」에서 "특히 지식을 중시했던 그의 학문자세는 국난에 임해서 지적 리더십을 발휘한 저력"이었음을 이미 지적했던 터이기에 여기서는 더 이상 거론하지 않겠다.

이항복: 전란의 위기에서 나라를 구하다

백사는 왜란이 일어난 해에 36세였다. 도승지로서 피난길의 임금을 수행하다가 병조판서로 특진을 한다. 이후 어렵고 복잡한 전쟁기간에 주무장관의 직을 다섯차례나 수행하고 정승의 지위에 오른다. 그리하여 정승으로서 극난한 전후복구와 민생회복의 사업을 추진하게 된다. 논공행상에서 그에게 수훈이 돌아가 사양을 하자 선조의 말은 이러했다. "경은 승정원의 장으로서, 병부의 장으로서 처음부터 끝까지 좌우에서 떠나지 않고 주선하여 진췌盡瘁하였으니 고충경절孤忠勁節은 내가 잘 아는 바다. 나는 이미 조종祖宗에 죄를 지었지만 경은 실로 조종의 충신이다."(『선조실록』, 선

조 37년 5월 2일)

　백사는 서애보다 14세 연하인데 배경이 서로 같지 않았다. 서애와 달리 백사는 중앙의 명문이어서 정치적 배경이 같지 않은데다가 학통도 달랐다. 그럼에도 백사는 서애를 적극적으로 옹호하고 협조해서 마침내 국난을 극복할 수 있었으며, 나란히 공신으로 봉작을 받기에 이르렀다. 전쟁이 종식되자마자 당쟁이 치열하게 재연되고 선조가 죽고 광해군이 왕위에 오른 정국에서 백사는 북쪽 변경의 북청으로 유배를 갔다가 유배지에서 62세로 숨을 거둔다. 이 경위는「인물 개관」에 비교적 상세하다.

　전체 3장으로 편성된 핵심저작에 대해 순서에 따라 논평해보고자 한다. 서애 편에서 주제를 따로 설정했던 방식과는 같지 않다. 긴요하고 해설을 요한다고 여겨지는 글을 들어서 언급할 예정이다. 그 인간상의 전모와 사상이 독자들에게 포착될 수 있기를 바란다.

백사의 학문사상

　그의 학문에 관한 내용으로는「회재 이언적의 유고에 부친 글」과「율곡 이이의 묘비에 쓴 말」,「박세채가『노사영언』에 부친 글」의 세 꼭지가 수록되어 있다.

　백사는 율곡학파에 속했고 당파적으로도 당연히 서인에 속했다. 하지만 학술사에 대한 그의 관점은 당파에 쏠리지 않았다. 그는 "우리 동방에 있어서는 퇴계의 공이 주자에 못지 않"음을 인정하면서 퇴계가 "회재 선생의 학문은 이치에 밝고 의리가 정밀하여 혼연히 천연으로 이루어진 것 같다. 우리 동방에서는 짝을 찾기 드물다"고 한 발언을 인용해서 "나는 퇴계 선생의 이 말씀을 따르겠다"고 선언했다. 그리고「율곡 이이의 묘비에 쓴 말」에서는 율곡이 도산으로 퇴계를 찾아가 도학의 요긴한 곳을 물었다는 사실을 특기하고 있다. 백사는 우리 동국의 학통이 고려 말의 정몽주에서 시작되었으며, 조선으로 와서 회재를 거쳐 퇴계에서 확립된 것으로 인식함과 동시에, 여기에 율곡을 접맥시킨 것이다.

율곡학파에서 백사의 위상이 높았으므로 당파상으로도 자연히 서인에서 백사의 비중이 컸다. 광해군 치세에 주도권을 잡았던 대북파는 인목대비를 폐위하는 사태를 일으켰다. 이른바 폐비사건이다. 이에 백사는 은퇴한 노재상으로서 폐비사건에 반대소를 올렸다가 멀리 유배를 간 것이다. 『노사영언』은 이 같은 당면한 정치적 문제에 대해 근본적으로 궁구하고 이론을 수립하려는 의도를 담고 있다(「박세채가 『노사영언』에 부친 글」).

그의 삶의 기본 자세

백사의 가치관을 다룬 글은 『국난에 임해서』와 「생업에 힘써야 한다」는 두 꼭지인데 차원이 서로 다르다. 「국난에 임해서」는 국가적 비상사태 앞에서 어떻게 처신해야 하는가를 다룬다. 백사는 국사를 우선시하고 사랑하는 가족까지 매정하게 돌아보지 않았다. 이 글은 일상이 회복된 전후의 어느 여름날 밤에 "대감께서는 심장이 너무도 강하시어 (…) 믿고 의지하기 어렵습니다"는 소실의 원성을 듣고 회상하는 형식의 기록이다. 글을 끝맺으며 "지금 와서 생각해보면, 당시 나의 처사가 비정非情에 가깝고 중도라고 할 것은 아니다. 실로 학자로서 취할 바는 아니라" 하면서도 "스스로 헤아리건대, 역량과 소양이 견고하고 뚜렷하지 못한 사람으로서 국난에 직면하여 이같이 처신하지 않으면 필시 허둥지둥하고 흔들려서 자신이 본래 닦은 행실을 잃어버리는 자가 많을 것이다. (…) 차라리 과격한 조처를 취하는 편이 처음부터 끝까지 온전히 시행할 수 있는 하나의 방법"이라고 말했다. 국난에 임해 취했던 그의 결연한 자세가 비록 학자적 일상과는 다르다고 했으나 이 또한 학문의 힘일 것이다.

「생업에 힘써야 한다」는 젊은 후학에게 보낸 편지글인데 사람으로서 마땅히 취해야 할 삶의 자세를 일깨운 내용이다. 사대부라도 노동을 부끄럽게 여기거나 농공상의 일을 멀리해서는 옳지 않음을 역설한다. 또한 서민과 이익을 다투는 식이 되어서는 안 된다고 한다. 18세기 박지원의 유명한 「양반전」에서 양반층을 향한 성토를 조기에 듣는 것도 같다. 끝맺는 대목에서 "우리나라 습속의 폐단에 대해 늘 개탄을 했"다고 하면서 "내가 걸어온 실상을 조용히 살펴보니 문文도 아니고 무武도 아니고, 농업도 상업도 하지 않았으니, 공연히 천지 사이에 한낱 커다란 좀벌레에 지나지 않을 따름"이라고 자기반성의 말을 덧붙이고 있다.

임진왜란 관련 기록

백사가 남긴 왜란 관련 기록으로서 네 꼭지를 뽑아 실었다. 문집에 실린 사적인 성격이지만 역사의 증언이란 의미와 함께 흥미로운 이야기가 곁들어 있다.

「서애 유성룡 유사」는 서애의 입장을 밝힌 자료로 누차 원용했는데 모두 국가 운명에 관계된 내용이었다. 여기서는 앞에 원용되지 않은 내용만 소개한다. 정유재란 당시 명군의 경략으로 왔던 양호楊鎬가 서애를 싫어해서 매우 곤혹스러웠음에도 서애는 추호도 저자세나 편법으로 대응하지 않고 원칙을 지켰으며, 그의 경외심을 불러일으켰던 일화가 대표적이다. 백사는 서애를 늘 변호하고, 친근했음에도 사적인 접촉은 조심한다. 한번은 서애가 탄핵을 받아 교외에 나가 있는데 이때 백사가 방문한다. 서애가 "공은 나의 집에 찾아오신 적이 없었소. 평양에서 한번 방문하더니 오늘 두번째로 들르시는구려. 공은 꼭 남이 오지 않을 때에 찾아오시니, 참으로 우습구려"라고 말했다.

다음은 「충무공 유사」다. 이순신 관련 기록은 서애 편이 보다 상세하지만 백사 또한 이를 비롯해서 「명량대첩비문」을 남겼다. 양쪽을 대비해 읽어보면 좋을 것이다. 여기서는 전쟁 당시 상황을 설명하면서 충무공의 말로 "만약 호남이 없으면 나라가 없다〔若無湖南 是無國家〕"고 한 대목이 특히 눈에 들어온다.

「전쟁 당시 여러 장수들에 대한 평가」는 제목 그대로 참전했던 여러 장수들에 대해 공과를 논평한 글이다. 전란 같은 국가 중대사를 겪고 나면 공정한 평가가 이루어지는 일이 중요하다. 그렇지 못해 시비가 엇갈려서 억울하게 되고 문제가 발생한 사례가 허다하다. 오늘의 일반화된 지식이나 견해와 다른 평가를 여기서 적잖게 접한다. 선조의 입을 통해 "이순신과 원균이 해상에서 격파한 공과 권율이 행주에서 승전한 공을 의당 으뜸으로 꼽아야 할 것이다"라는 발언이 나온다. 왕의 이 발언을 백사는 일단 '바꿀 수 없는 정론定論'이라고 하면서도, 실제와 거리가 있음을 서술상에서 해명하고 있다. 임금의 왜곡된 판단을 바로잡으려는 의도가 뚜렷하다.

마지막으로 「재인 박춘」은 최하층의 천민에 속하는 광대 이야기다. 박춘은 왜군의 포로가 되어 일약 1천명의 선봉장으로 기용이 된다. 조선에서는 천시 받는 신분의 사람이 왜군 진영으로 가서 등용된 일을 드러내서 우리 사회에 문제 제기를 하고 있다고 보겠다. 그 부대에서 광대 임세봉의 딸을 만나 탈출을 시키는 장면은 무척 인상적이다.

전후의 시무책

국왕에게 올린 상소 형식의 글 두 꼭지가 수록되어 있다. 두편 모두 선조 33년(1600)에 전후 수습책으로 올린 것인데 경위는 같지 않다. 왜적이 퇴각했고 명 지원군이 돌아가서 종전이 되었다고 하지만, 전쟁의 상흔이 워낙 심각한 상태에서 일상을 회복하는 길은 요원했다. 게다가 왜적이 언제 다시 쳐들어올지 우려되는 때였음을 염두에 둘 필요가 있다.

상소의 하나는 우의정으로서 도체찰사 겸 도원수라는 직함을 띠고 전라도의 연안 지역을 따라 쭉 돌아보고 올린 보고서다. 전반부는 총론적 성격이며, 후반부에는 건의안 15개 조목이 제시되어 있다. 앞서 언급한 '만일 호남이 없으면 나라가 없다'는 말은 까닭이 있어서 나왔다. 이순신의 해전에서의 위대한 승리는 전국토가 적군에 짓밟혔음에도 호남이 건재했기 때문에 가능했던 것이다. 그런데 정유재란 때에는 호남이 초토화되어버렸다. 당시 전라도 백성이 "우리는 임진난리 때에 죽을힘을 다해 나라를 위해 바쳤거늘, 정유년 난리 이후로도 나라에서는 옛 노고를 전혀 생각하지 않고 (부세 및 잡역 등을) 독촉만 더 심하게 하고 있다"고 불평하는 등 원망과 아우성이 높았다. 백사의 안목에서 눈앞의 시급한 구민은 곧 구국이었다. 열거된 15개 조목은 그 구체적인 방안들이었음이 물론이다.

다른 하나는 전국 차원에서의 복구 계획이다. 첫머리에 "대적이 쳐들어와서 변경을 점령해 있었고 명군이 경내를 압박하여 우리의 물력이 양군 사이에서 들볶이다 보니, 신민이 어디에도 발을 붙일 곳이 없었"다는 것이 그 당시의 실정이었다. 구체적 방안들은 역시 15조항으로 되어 있다. 3~5조항은 수도 서울의 옛 모습을 회복하는 문제다. 사방에 흩어진 사대부들은 나라에서 인재를 등용할 길을 열어주면 돌아오겠지만, 난리 중에 아무래도 이익을 좇아 움직이는 부상대고富商大賈들은 얼른 돌아오지 않을 터이므로 별도의 방안을 강구해야 할 것으로 보고 있다. 서울의 시전들을 곧 복원해야 한다는 말에서 그의 국가 재건의 의지와 함께 실용적인 자세를 엿볼 수 있다.

김육: 대동법의 실시에 주력한 재상

잠곡 김육은 16세기 선조 때 태어나 17세기에 활동한 인물이다. 광해군 치하에 성균관 학생으로 북인정권에 반대하는 행동을 하다가 생명의 위협을 느끼고 경기도 가평의 산중으로 도피했다. 인조반정 때까지 산골에서 숨어 지내며 생계를 위한 육체노동에 종사했다. 그곳의 지명인 잠곡을 자호로 삼은 것이다. 인조반정 직후에 비로소 출사를 하는데 당시 나이 44세였다.

17세기는 청이 굴기하여 중국대륙의 주인이 뒤바뀐 동아시아의 전환기였다. 그 과정에서 우리 한반도는 정묘호란과 병자호란의 시련을 겪어야 했다. 그즈음 조선과 명 사이의 사행길이 육로가 차단되어 해로를 이용해야만 했다. 이 상황에서 그는 해로로 사행을 가서 체류하는 동안에 병자호란의 놀라운 소식을 듣고 이듬해 여름에 귀환할 수 있었다. 이때의 기록이 2장 「중국사행기 ―『조경일록』」이다.

그의 정신과 학문 방향

그는 일찍이 "나라를 안정시키는 도리는 백성을 안정시키는 데 있다"는 생각을 확고히 가졌으며, 이 신념을 품고 대동법을 자기 일생의 과제로 밀고 나갔다. 그는 78세(효종 9년, 1658)로 세상을 떠나는데 죽음에 임박해서 임금에게 올린 상소와 졸기卒記가 『왕조실록』에 나란히 실려 있다. 『왕조실록』은 주요 인물의 사망과 관련해서 사자에 대한 논평을 게재하는 것이 관행이었다. 김육의 경우 예외적으로 임종의 상소와 졸기가 같이 수록되어 있다. 임종 상소의 후반부에서는 대동법을 호서에 이어 호남 지역에 실시할 것을 역설했고, 효종 또한 경의 뜻대로 시행하겠으니 우려하지 말라고 답한다. 실로 의미심장한데 대동법의 실시는 그에게 있어서 필생의 과제였음을 확인할 수 있는 대목이다.

그는 관료 학자다. 문집으로 『잠곡집』이 있으며, 이밖에도 『해동명신전』(9권 9책)과 『유원총보』(46권 32책)를 비롯해서 여러 종류의 서책을 저술하거나 편찬·간행했다. 학문에 전력한 학자도 미치지 못할 정도로 많은 분량이다. 여기서 중시할 점은 저술·간행한 책들의 성격이다.『해동명신전』은 역사를 인간 중심으로 정리한 우리의 기록문화 유산으로 당연히 높이 평가해야 할 문헌임에도 망각되고 말았다.『유원총보』는 말하자면 분류적 지식백과로서 공부하는 사람들에게 유용한 책이다. 실용이란 측면에서 공통성을 지니고 있지만 사람들을 두루 이롭게 하기 위한 공리적 성격의 책도 있다. 사람들의 선행을 권장하는『종덕신편種德新編』과 백성의 병을 구하기 위한『신응경神應經』이 그것이다.『신응경』은 침술 교범으로 전란으로 희귀해진 것을 찾아 간행해서 보급한 책이다. 의약품은 구입하는 것이 쉽지 않은 데 비해 침술은 바늘 하나만 가지고 묘리를 통하면 "죽은 사람도 다시 살려내는 효험을 볼 수 있으니, 침의 공덕은 대단하다"(『『신응경』에 부친 발문』)고 주장한다. 그가 착안한바 실용과 공리는 민생의 문제에 직결되었음이 분명하다.

이러한 잠곡의 학적 사고는 당시의 학풍에 비추어 이색적이다. 그에 대한 졸기에서 대동법의 실시 문제를 두고 김집金集과 갈등이 있었던 사실이 언급되어 있는데 대동법이 공리적이라는 것이 반대 명분으로 되었던 것이다. 하지만 그의 학문이 실용성과 공리성을 향해 전면적으로 전환된 것은 아니었다. 그는 기본적으로 주자를 신봉하는 학자였다. 오직 국정을 담당하는 입장에서 민생의 현실이나 국가의 형편으로 불가피한 선택이었다. 그의 생활 주변을 살짝 드러낸 누정기 몇 편은 17세기 서울의 풍경과 정조情調를 묘사한 산문인데「구루정기」를 통해서는 검소와 겸손의 생활태도를,「태극정기」를 통해서는 정신적 가치지향을 실감케 한다.

명에 마지막으로 다녀온 사행기

연행록이란 중국 중심의 동아시아 세계에 있어서 제국의 수도, 북경을 다녀온 기록을 가리킨다. 김육의『조경일록』은 연행록류의 하나이면서 특별한 의미를 갖는다. 그의 연행은 매년 연말에 정기적으로 가는 관례행사였으나 명과의 관계에서는 마지막이 되었다. 하필 병자호란이 일어난 지점이어서 그 8년 후에 명제국은 역사의 무대에서 영영 사라진 것이다.『조경일록』은 연행의 배경이 특수했을 뿐 아니라 내용 형식도 그에 상응해서 평가할 수 있다.

1620년대에 만주족이 무력으로 요동 지역을 장악한 때문에 조선과 명 사이의 사행길이 가로 막혔다. 그래서 부득이 바다를 이용해서 연행을 했는데 그 방식이 10여년 지속되었다. 이것은 연행의 역사에서 아주 특수한 상황이다. 해로 사행은 두 경로가 있었는데 산동반도를 통과하는 길과 발해만을 통과하는 길이다. 김육의 사행은 발해만으로 진입하여 영원寧遠으로 상륙한 코스였다. 바야흐로 명·청의 대군이 대치해서 천하를 다투는 판이었다. 김육 사행단은 포성이 쿵쿵 거리는 전장을 통과해서 제국의 심장부로 들어가 반년 이상 머물러 있어야 했다. 이 과정에서 그 자신의 경험과 소회를 일기체로 정리 기록한 것이『조경일록』이다. 외국 사신의 처지에서 이런저런 제약이 따랐기에 한계는 불가피했지만 읽어보면 자못 풍부하고 다양한 내용이 담겨 있다.

잠곡은 이 글에서 명제국이 이완 현상과 부패로 인해 무너져가는 실상을 묘사했다. 황제의 절대권력의 수단으로 환관이 비대해진 문제점과 종교 미신에 침혹한 사회 전반의 병폐를 부각시키고 있다. 그런 가운데서 가장 심각하게 보았던 것은, 국망의 위기가 목전에 있음에도 상하 곳곳에 만연한 뇌물 거래다. 그런 실태를 포착해서 생생하게 그려내는 데 그의 붓끝이 능력을 발휘한다. 한편으로 중국 문명에 대한 향수를 잃지 않았던 일면을 엿볼 수 있다. 3월 8일의 기록에는 모인乇寅이란 관원과 필담을 나누는 방식을 빌려서 중국의 정신문명을 흠모하는 속마음을 표출한다. 또한 상가를 자유롭게 돌아다니며 문인을 만나 마음껏 담소를 즐기지 못하는 것이 극히 한스럽다고 술회한다. 연행록은 18세기로 시대를 내려오면 그가 한스럽게 생각했던 바로 그 방식을 써서 다양화·풍부화를 성취할 수 있었다. 『조경일록』에서는 18세기 연행록에서 읽는 흥미로운 대목을 만날 수 있다.

대동법과 화폐 통용

대동법이란 세수에 관계되는 제도다. 조선 후기로 와서 국가재정은 전세田稅와 대동大同이 양대 근간인데 대동의 비중이 오히려 훨씬 컸다. 전세가 토지를 기준으로 부과되는 것임에 대해 대동은 본디 부역賦役으로서 호구에 부과되던 것이다. 대동법은 부역을 고르게 한다 함이 명분이었던바 토지에 부과하는 방식을 취한 것이다. 이 방식이 관철되면 부역 담당자들에게는 유리하고 토지 소유자들에게는 불리한 제도였다. 이 때문에 반발이 일어났고 방해공작이 집요했다. "반론이 벌떼처럼 생기고 비방이 고슴도치 털처럼 일어나는 데다가 간활한 이속들은 욕심을 다 채우지 못할까 걱정하고 호민豪民들은 그 사이에서 원망을 벌여놓는다."(「호서대동법절목서」) 반면에 "백성들이 논밭과 마을에서 춤을 추며 개들도 아전을 보고 짖지도 않"는다.(「정유년의 논의」)

이 대동법을 거론하자면 우선 고려하지 않으면 안 되는 문제점이 있다. 하나는 국가 세입에 결손이 발생해서는 곤란하다는 점이며, 다른 하나는 호구에 부과되던 부역 중에 존치해둔 부분이 있다는 점이다. 이 때문에 대동법은 애당초 개량적이고 전면적 개혁에는 미치지 못한 수준이었다. 비록 그렇긴 해도 대동법은 백성에게 이로운 제도였다. 그런데 이를 시행하자면 정교하게 설계해야 했고 긴 시일을 소요해야만 했다. 또 임금의 신뢰가 절대적으로 필요했다. 그래서 김육은 효종의 신뢰를 받으면서도 항상 정승의 직을 걸고 이를 추진한 것이다. 이처럼 그가 대동법에 자기의 온몸을 건 사상적 근거는 편민익국便民益國이다. 편민익국이라면 일찍이 세종이 훈민정음 창제의 동기로 작용한 사상이다. "대동법은 부역을 공평하게 하기 위한 편민의 방도이니 실로 당장의 시폐時弊를 구하는 좋은 계책입니다. 비록 대동법을 전국에 두루 시행하지는 못한다더라도, 경기·관동 지역은 이미 실시하여 효과를 보았습니다. 또 만일 호서와 호남에서 시행한다면, 백성을 편안하게 하고 나라를 유익하게 만드는 방도로서 이보다 더 큰것은 없습니다."(「호서·호남에 대동법 건의」) 김육의 이 발언의 요지 또한 편민익국이다. 그 자신이 벼슬길에 나서 최초에 올린 상소에서 개진한 취지였거니와, 명나라가 몰락하는 실태를 체감했던 사행을 통해서 개혁의 과제를 절감했을 터다.

　화폐에 관련한 몇 편의 글에서는 그가 동전의 주조와 통용에 관심을 가지고 구체적인 조처를 취했던 것을 읽을 수 있다. 대동법과 화폐 통용은 무관하지 않다. 우리 조선에서 화폐가 본격적으로 통용되기는 그가 세상을 떠난 10여년 뒤의 일이다. 그는 중국 사행의 과정에서 화폐가 편민익국의 유용한 수단임을 알게 되었을 것임이 물론인데 대동법을 추진하면서 화폐통용의 문제에도 자연히 적극성을 보이지 않았을까 한다.

채제공: 실학군주를 보필한 재상

　번암 채제공은 충청도 홍주의 주곡舟谷에서 태어나 서울서 성장한 18세기의 인물이다. 영조에서 정조로 이어진 18세기는 비교적 안정기로서 학술과 문학·예술이 활발하게 펼쳐진 시대다. 그래서 문예부흥기로 일컬어지기도 했던바 실학시대에 해당하는 기간이기도 하다. 그러나 당쟁사의 측면에서 보면 전혀 안정기라고 말할 수 없다. 경종에서 영조로 이동하는 단계에서 살육을 초래했던 당파적 갈등이 해소되기 어려웠던 까닭이다. 영조가 탕평책을 구사해서 갈등을 해소하려고 노력했지만 갈등은 안으로 잠복하여 여진이 끓는 상태였다. 정조의 친부 사도세자가 궁정에서 뒤주에 갇혀 죽임을 당한 비극은 그 때문에 야기된 사건이었다. 영조의 손자로 왕위에 오른 정조는 왕좌가 불안할 수밖에 없었다. 우선 자신의 정통성을 확보하고 왕권을 강화하는 일이 난제요 급무였다. 채제공은 이런 주군을 보위하며, 주군이 지향하는 실학시대를 꽃피우기 위해 이바지한 재상이다.

영조에서 정조로 이어진 군신관계

채제공은 영조 50년(1774)에 왕의 특지를 받고 평안도감사로 부임한다. 이때 그의 나이 54세로 이미 판서를 역임한 뒤였다. 유명한 시인 석북 신광수申光洙가 이 일을 기려서 지은 108수의 연작시 『관서악부』는 문학사의 기념비적 작품이다.

『번암선생행장』은 알려지지 않은 문헌으로 처음 듣는 일화들이 담긴 자료여서 여기 뽑아 실었는데 특히 감사 부임이 관심을 끈다. 영조는 평양으로 떠나는 이 신하를 불러 가까이 다가서게 하더니 자신의 팔을 들어 만지게 하며, "이제 평안도에 대해서는 나의 마음이 놓이지만 내가 너를 생각하는 마음을 어찌할 것이랴"는 뜻의 말을 손수 써서 하사한다. 그리고 왕세손(정조)은 환약을 건네준다. 이에 채제공은 그 감회를 담은 시로 표현한다. 영조와 왕세손이 그에 대해 무한한 신뢰감을 보여주는 이 장면은 극적이다. 「인물 개관」에는 사도세자가 대리청정을 하다가 결국 죽임을 당한 경위가 대략 서술되어 있다. 이때 채제공은 세자를 구출하기 위해 10여 일 읍소를 한다. 영조는 후일에 자신의 잘못을 깨닫고 뉘우쳤으나 이미 돌이킬 수 없는 노릇이었고, 정조의 신변은 친부 살해에 관여된 집단에 둘러싸인 꼴이었다. 왕위에 올랐을 때는 더 말할 나위 없었다. 정조가 채제공을 불러서 직접 한 말이 있다. "선대왕(영조)께서 일찍이 손을 잡고 이르기를 '나와 너희 부자 사이를 두루 온전히 하려고 노력한 것은 채 아무(채제공)다. 참으로 나에게 있어서는 순신純臣(진실한 신하)이요 너에게 있어서는 충신이다'라고 하시었다." 정조의 가슴속에는 양대에 걸친 관계로 '충신 채제공'이 각인되었음을 알게 한다.

정조가 당면한 정통성의 확립은 왕권의 유지와 직결된 사안이다. 왕권이 불안정한 데서 수반되는 여러 난점을 채제공이 거론했을 때 정조는 "군왕의 기강, 조정의 공론, 벼슬아치들의 청렴, 사대부의 문풍, 민생의 궁핍이 모두는 지금 당면한 국정 가운데서 제일 먼저 손꼽히는 문제이고 급히 힘써야 할 과제"라 하며, "이 일들에 위엄을 세우고, 주관하고, 감찰하고, 진작하고, 돌보아줄 방도들은 경이 책임지고 힘써주기를 바라노라"(「채제공과 정조가 주고받은 말」)고 당부한 것이다. 채제공은 정조의 치세에서 10년을 독상獨相으로 있었다.

학문전통에 대한 인식: 성호 이익의 존재

번암은 18세에 오씨와 결혼하여 일찍 사별하고 그 안타까운 정감을 담은 산문과 시를 남기는데 산문은 부인이 손수 쓴 『여사서女四書』란 책에 부친 서문이며, 시는 짓다 둔 모시옷을 두고 읊은 「백저행白紵行」이다. 마침 처숙부가 약산藥山 오광운吳光運이어서 그 문하에 다니게 되며 약산과 가까운 국포菊圃 강박姜樸의 문하에도 출입한다. 오광운과 강박은 당시 남인가에서 손꼽히는 문인이다. 약산과 국포는 그를 국사國士(나라의 큰 선비)로 인정하여 경국제민經國濟民의 임무를 맡을 것으로 기대했다.

18세기 당시 성호 이익은 재야학자로서 일세의 종주宗主같은 존재였다. 번암은 성호 사후 「성호 선생 묘비문」을 짓는다. 번암이 선생을 만난 것은 실상 한번뿐이었다. 자신이 국사에 바쁜 때문이었으나, "그 심향心香에 젖어들지 못함을 스스로 무척 아쉽게 여겼"음을 술회한다. 글을 마무리 짓는 데서 천명한 말이 특히 주목을 요한다. "우리의 도는 본디 이어진 계통이 있으니 퇴계는 우리 동방의 부자夫子다. 그 도는 한강寒岡 정구鄭逑에게 전해졌고, 한강은 그 도를 미수眉叟(허목)에게 전했고, 선생은 미수를 사숙한 분이다. 미수를 배우고 퇴계의 학을 이었으니, 후대의 학자들은 사문斯文이 정통을 계승하여 속일 수 없음을 알 것이다."퇴계-한강-미수-성호로 잡은 학문의 이어짐을 도통으로 인식하고 있다. 그리하여 "이를 알아야만 지향점을 잃지 않는다"고 천명한 것이다.

이 대목에 덧붙일 말이 있다. 채제공 편의 핵심저작에서는 다른 편과는 달리 「역사상의 인간 모습」을 묘사한 무명인 내지 하층민의 전기류를 읽어볼 수 있다. 각종 인간 부류의 구체적 모습이다. 추상도가 높은 도통을 중시하면서도 보통 인간들의 생생한 삶에까지 관심이 닿는데, 이는 오씨 부인을 생각하는 시와 산문을 남긴 마음과 통하는 듯하다.

신해통공과 화성 신도시

번암이 소년 시절에 선배들로부터 크게 촉망을 받았던 '경국제민'의 정신은 핵심저작 중의 「경세학의 실천」에 대략 담겨 있다. 경세학의 실천이라면 여전히 농본사회였으므로 민생을 위한 대책이 중요한 일이었음이 물론이다. 그런데 신해통공과 화성 건설이 중대한 과제로 그의 앞에 놓이게 되었다.

신해통공은 수도 서울에 취해진 상업유통에 관한 조처다. 요컨대 독점적 상행위를 단속해서 자유로운 물화의 유통을 가능케 했다. 그전에는 서민들이 저마다 물화를 소지하고 서울로 들어오는 것을 '난전亂廛 단속'이란 명목으로 규제해왔다. 이것은 독점적 상행위의 이권을 도와주는 처사인데 이 권한을 다른 어디가 아니고 독점상업을 하는 자들에게 부여하고 있었다. 이 때문에 물가가 뛰어올랐다. "신이 젊었을 때 들은 바와 비교해보면 세곱절, 다섯곱절도 넘"는(「독점상행위의 혁파」) 지경이 되었다 한다. 이 때문에 생필품 가격까지 폭등해서 사람들의 생활이 극히 곤궁해지는 형편에 이르렀다. 이를 엄히 단속하면 안 될 까닭이 없을 텐데 이권과 관이 결탁되어 도무지 단속이 이뤄지지 않았다. 이에 강력히 단속하기 위한 법을 제정해서 "지금 법을 제정한 뜻을 진서와 언문"으로 포고할 것을 건의했다.(「땔나무 상인의 간사한 폐단으로 인해 도고를 거듭 단속하다」) 이 조처가 신해년(1791)에 취해졌기에 신해통공이라고 일컬어진다. 이에 치솟은 물가가 잡혔으며, 상업유통이 활발해지는 효과도 거둘 수 있었다. 그런데 특권적인 육의전이 제외됨으로 해서 그 성과는 제한적일밖에 없었다.

화성은 정조가 사도세자의 묘를 옮겨 현륭원을 만들고 수원을 유수부로 승격시키면서 바꾼 명칭이다. 번암은 이 화성부에 신도시를 건설할 계획을 제출한다. 도회의 경관을 갖추어 사람들이 모여 살기 좋은 공간으로 만들기 위한 구상이었다. 그가 내놓은 방안에서는 두가지 점을 짚어볼 필요가 있다. 하나는 도시에 대한 개념으로, 그는 도로의 양 옆으로 큰 상점이 줄줄이 늘어선 경관을 제시한다.(「상업유통을 일으켜 신도시 규모를 갖추는 구상」) 이것이 그의 염두에 있는 신도시다. 다른 하나는 신해통공에서 중시했던 바로 그 상업유통이다. 사람들을 모여들게 하려면 "장사로 이익을 얻는 재미를 보도록 하는 것"이 신도시를 일으키는 요령이라고 한 것이다. 이렇게 되면 "주민은 자연히 살아가는 것을 즐거워하는 마음이 생길 터이고, 다른 지방의 사람들도 반드시 불러들이지 않아도 필시 제 발로 찾아오게 될 것입니다"(앞의 글)라고 전망했다.

서교 문제

서교란 서양발의 종교, 즉 천주교를 지칭한 것이다. 서세와 함께 서양의 학술 종교가 조선에 알려지기는 벌써 17세기였으나 그것이 종교로서 움직이기 시작한 것은 정조 때다. 바로 정조 15년(1791)에 이른바 진산사건(「서교 문제와 대응책」)이 일어나서 크게 문제시되고 10년 후인 1801년 이른바 신유사옥邪獄에 이단사교를 제거한다는 명분으로 정조의 우호세력이 대거 숙청되었다. 이때 이가환은 죽고 정약용은 유배를 가야 했다. 진산사건이 이처럼 기폭제로 작동한 데에는 홍낙안의 장서長書가 있었다. 장서란 홍낙안이 채제공에게 보낸 서한이다. 이 상황에서 정조는 채제공에게 더욱 기대게 된다. "믿는 자나 믿는다고 공격하는 자 모두 경이 아는 사람들이 다."(『서교문제로 정조와 논의하다』) 서교 때리기에 남인의 공서파가 앞장 선 형국에서 정조로서는 채제공의 역할에 기대를 걸 수밖에 없었다.

그 당시 정쟁의 마당에서 서교는 어떤 의미를 지녔던가? 정조 연간의 정국 흐름을 잠깐 돌아보면 왕당파와 비왕당파가 대립하는 꼴이었다. 시파時派와 벽파僻派라는 당쟁사의 용어를 빌려보는 것도 좋겠다. 왕당파는 남인 시파가 주류였지만 노론 쪽에도 시파가 없지 않았다. 남인 쪽에도 벽파가 있었는데 남인벽파가 공서파로 앞장선 것이다. 홍낙안이 그 공격수다. 이런 정쟁 마당에서 서교는 왕당파를 공격하는 신예 무기, 즉 이데올로기로 이용되었다. 어떤 사상 종교를 이데올로기로 차용하자면 예나 지금이나 그 실체를 악마화하고 그 폐해를 과장하기 마련이다. 서교를 이단사설로 규정지어 공격의 무기로 삼은 것은 악마화의 전형 아닌가. 지금 우리 한국 사회에서 천주교와 기독교가 가진 위상을 생각해보면 실로 역사의 아이러니라고 할 것이다. 당시에도 서교의 전파 속도는 역마처럼 빠르다느니 거기에 감염된 자가 10에 8, 9명이 된다느니 하고 과장한 것이다. 당시 유교 사회에 있어서 서교를 악마로 둔갑시킨 이데올로기적 공격이 위력을 발휘했던 것이 물론이다. 정조는 채제공에게 '경이 견지하는 의리가 올곧다'며 무한한 신뢰감을 표명했으나 이데올로기적 공격에는 역부족이었다. 채제공은 1799년 초에 당시 유행한 전염병으로 서거하고 그 이듬해 정조도 승하하면서 드디어 신유사옥의 역풍이 몰아친다. 역사는 마침내 정조의 개혁정치가 종막을 내리고 19세기 조선왕국의 몰락기로 급진했다.

맺음말: 평결

이상 유교왕국의 명재상 네 사람을 각각 따로 거론했다. 이 한국사상선 제8권의 핵심저작을 엮고 나서 평설까지 작성한 끝마무리로서 전체를 통괄해서 편자 나름의 소견을 정리해본다. 여기에 일종의 생각거리를 독자들에게 제공해보자는 뜻을 담기도 했다.

1) 유성룡과 이항복의 경우 외침으로 인한 국가 민족의 위기를 극복한 공적을 중시해서 평가했다.

2) 김육의 경우 대동법의 실시를 통해 고투, 민생을 구제하는 데 기여했고 채제공의 경우 정조를 보필하여 신해통공 실시나 화성 건설에서 상업 유통의 진흥책을 강구한 점을 중시했다. 양자 공히 그 사상적 방향을 편민익국便民益國으로 평가했다.

3) 조선에 대해서는 유학을 숭상한 왕조국가라는 사실을 전제조건으로 인식하는 것이 당연하다. 따라서 이들 재상의 경세사상은 유학을 기본으로 하여, 이를 평생 연마하고 정치에 적용하려고 노력했던 점을 인정했다.

4) 또 하나의 전제조건이 있는데 재상도 어디까지나 왕의 신하라는 엄연한 사실이다. 그들은 조선왕조의 체제를 부정할 수 없었고 실제로도 부정하지 않았다. 대동법이나 신해통공 같이 백성 또는 서민을 위한 개혁적인 조처도 한계가 분명하여 개량적인 성격으로 추진될밖에 없었다. 개량적인 방식도 옳게 하자면 오히려 더 어렵다는 점을 아울러 유의할 필요가 있다. 대전란으로 인한 여러 어려움을 해결하고 극복함에 있어서도 결국 근본적 개혁이 아닌 복원의 수준에서 벗어날 수 없었다.

5) 당쟁은 조선의 정치 상황에서 고질적인 병폐였다. 앞서 거론한 중에도 당쟁과 연관된 언급이 종종 있었다. 이런저런 실상을 파악하는 데는 그 관계를 무시할 수 없으나, 그 정책들이 당파적 대립을 넘어서서 성사되었다는 점에 유의할 필요가 있다. 유성룡과 이항복은 남인과 서인으로 당파

가 달랐고 입장도 거리가 있었다. 그럼에도 이항복은 유성룡을 적극 옹호하여 나란히 구국의 공을 이뤄냈다. 대동법을 추진함에 있어서는 김육이 서인계 인물임에도 남인계의 허적許積 등이 동참해서 한마음으로 밀고 나갔다. 정조 때는 정치 상황이 달라졌다. 이때 시파나 벽파의 대립으로 기존의 당파적 갈등이 변모되는 양상이 발생한 것이다. 그러나 기존 당파의 완고한 벽을 넘어서지는 못했다. 친왕적 성격의 시파가 개혁정치를 주도하다가 채제공이 사망하고 곧이어 정조가 사망함에 따라 왕국이 몰락의 길로 급진하는 것을 끝내 되돌리지 못하고 말았다. 이 대목에서 하나의 가설적 견해를 제출해본다. 정조는 조부 영조에게 받은 정치적 유산인 탕평책을 활용하여 자기 치세에서 국가의 중심에 우뚝 서는 포석을 하고 국정을 확실히 주도, 장악하려고 했다. 말하자면 절대왕정을 의도한 것이다. 재상으로서 정조를 보필한 채제공의 역할은 이런 각도에서 평가할 수 있다.

6) 유성룡 편에서는 그가 전쟁 중에 보여주었던 전략적 사고를 특히 주목했다. 전략은 본디 군사작전에 직결된 말이지만, 인간만사에 없을 수 없는 일이다. 다른 재상들도 국정의 대과제를 앞에 놓고는 전략적 사고로 기획하고 추진하면서 세부까지 촘촘하게 챙겼기에 성사할 수 있었음이 물론이다. 이 사상선의 재상들은 대체로 독실한 학문의 힘에서 우러나는 전략적 사고를 하는 특성이 보인다. 유성룡은 우리가 당면한 국난은 어느 누구에게 의존할 일이 아니라 우리 스스로 해결해야 된다는 의식이 남달리 뚜렷했기에 능히 전략적 사고를 할 수 있었다. 여기에 덧붙여두자면 내가 없는 객관은 있을 수 없지만 객관의 힘이 부실한 주체는 성립하기 어려운 것이다. 이 전략적 사고를 오늘날 너나없이 망각하고 살아가는 듯하다.

유성룡

유성룡(1542~1607)의 표준 영정. 국립현대미술관 소장.

1장
유성룡의 사상적 입장과 학문

인물 개관

유성룡柳成龍(1542~1607)은 자 이견而見, 호 서애西厓이며, 본관이 풍산으로 유중영柳仲郢의 아들이다. 퇴계 이황에게 나아가 학문을 배웠는데, 퇴계가 "이 사람은 하늘이 낸 인물이다"라고 칭찬했다. 갑자년(1564, 22세) 생원 진사에 오르고 병인년(1566, 24세) 문과에 올라 한원翰苑(예문관)에 뽑혔다.

서장관으로서 명나라에 사신으로 갔을 때의 일이다. 그곳의 태학생 수백명이 모여 있는 것을 보고 명나라의 유명한 학자로 누구를 손꼽는지 물었다. 그들끼리 서로 돌아보더니 왕양명王陽明과 진백사陳白沙 두 사람을 드는 것이었다. 그는 "진백사는 도를 보는 것이 선명하지 못하며 왕양명은 선禪을 위주로 하고 있다. 두 분이 다 설문청薛文淸의 학문이 바른 것만 못하다"[1]고 말했다. 그들 중에 한 학생이 나와서 "선비들이 방향을 크게 잃은

---

[1] 설문청(薛文淸)은 명대에 정주학의 정통으로 평가되는 학자인 설선(薛瑄), 문청은 그의 시호다. 왕양명(王陽明)은 왕수인(王守仁)이며, 진백사(陳白沙)는 진헌장(陳獻章)이다. 이들은 심학(心學)을 위주로 하는 학문을 일으켰다.

것이 오래되었는데 공이 일깨워주셨으니 우리의 도에 다행입니다"라고 말했다 한다.

경인년(1590, 48세) 우의정이 되고 영의정에 이르렀다. 임진년(1592, 50세) 몽진蒙塵하는 어가가 평양에 이르렀을 때 대간의 탄핵을 받아 정승 자리에서 물러나게 되었다. 도체찰사都體察使로 임명되자 임금께 아뢰어 훈련도감을 설치하고 건장한 장정 수천명을 모집하여 조총과 창검으로 훈련을 시킨 다음, 편대를 지어 호위를 하도록 하자 인심이 곧 안정되었다. 논공행상에서 광국호성光國扈聖 2등훈을 받아 풍원부원군으로 봉을 받았다.

임인년(1602, 60세) 염근리廉謹吏(청렴하고 신중한 관인)로 뽑혔다. 당시 정승 이항복이 그를 가장 위로 치켜올리며 좌중의 사람들을 보고 "이 어른은 한 가지 선행만으로 평가할 수 없다"고 주장했다. 대제학에 기용된 바 있었는데 흐린 물을 배격하고 맑은 물을 일으켜서 자못 존재감이 돋보였지만 그 때문에 사람들의 참소를 받은 나머지, 서울을 떠나 자기 고향 집으로 돌아가서 10년을 지내다가 세상을 떠났다.

그는 성격이 겸손하고 말을 온공하게 하여 누구에게 감정을 드러낸 적이 없었다. 그래서 강경한 기풍은 적은 편이었다. 시호는 문충공文忠公이다. 이항복이 오봉五峯 이호민李好閔을 대면해서 "근세의 명재상으로 유정승이 제일이다"라고 논평했다 한다.

그의 아들 유진柳袗은 자 계화繼華, 호 수암修菴인데, 경술년(1610)에 진사시에 장원을 하고 인조 때 유일遺逸[2]로 천거를 받아서 벼슬이 지평에 이르렀다.

—안종화安種和 『국조인물지國朝人物志』 권2[3]

---

2   본래 재야의 훌륭한 인재를 가리키는 말인데, 과거를 통하지 않고 인정을 받아 추천을 받은 자를 은일이라고 지칭하기도 했다.

3   편자 안종화는 19세기 말 20세기 초에 활동한 역사학자다. 『국조인물지』는 조선시대의 인물들을 왕조별로 나누어 행적을 정리한 책이다. 『국조인물고』를 비롯해서 많은 서적을 참고해 엮은 것이다. 3권 3책으로 출판사와 연대는 밝혀져 있지 않으나 20세기 초의 애국계몽기에

학적 사유의 특징

독서법

무릇 글을 읽을 적에는 주석을 먼저 보지 말아야 할 것이다. 경문을 가지고 반복해서 상세히 음미하여 스스로 신의新意가 떠오르기를 기다렸다가 물러나서 주석을 참조, 비교해보면 경전의 뜻이 밝아져서 다른 사람의 설에 가려지지 않게 된다. 먼저 주석을 보게 되면 나의 마음속에 그 해석이 담겨 있어서 끝내 나 자신의 견해를 얻지 못한다.

—『서애문집』권15, 「독서법讀書法」

학문은 사색을 위주로

「홍범洪範」[4]에서 "생각한다는 것은 예지叡智를 뜻함이다. 예지는 성인을 만들 수도 있다"고 했다. 공경·현명·궁리·지모(肅·乂·哲·謀) 또한 사고하지 않고는 될 수 없다. 사고는 오행五行의 토土에 해당하니 금金·목木·수水·화火에 토 기운이 개입되지 않은 곳이 없는 것과 같은 이치다. 공자가 이르기를 "학습만 하고 사고하지 않으면 실제에 어두워지고, 사고만 하고 학습을 하지 않으면 위태롭다"고 했다.『중용』의 박학博學·심문審問·신사愼思·명변明辨·독행篤行, 이 다섯가지 또한 신사가 중심이 되기 때문에 중간에 놓인 것이다. 맹자도 이르기를 "마음이 맡는 것은 사고하는 일이니 사고하면 얻고 사고하지 않으면 얻지 못한다"라고 했다.

간행된 것으로 추정된다.

4   『서경』의 편 이름. 홍범은 큰 법이라는 의미의 말이다. 원래 세상을 구하는 법을 물으러 찾아
     온 주나라 무왕에게 기자가 준 글이라고 한다. 여기에 인용한 것은 오행(五行)에 이어 오사
     (五事)를 말한 데서 나온다.

이는 하늘이 나에게 부여하신 것이다. 성현의 학문은 전적으로 사고를 위주로 한다. 사고하지 않으면 입으로 떠들고 귀로 듣고 흘리게 될 뿐이니 아무리 많이 학문을 해도 어디에 쓸 것인가. 지금 어떤 사람이 입으로 다섯 수레의 책을 외우지만 뜻을 물으면 까맣게 모른다. 이는 다름이 아니요 스스로 생각을 않기 때문이다. 대개 생각 사思라는 글자는 '밭 전田' 아래에 '마음 심心'을 붙인 것이다. 즉 마음의 밭을 갈고 가꾼다는 의미다. 즉 사람이 마음의 밭을 갈고 가꾸기를 농부가 잡초를 제거하여 좋은 곡식을 기르는 것처럼 하는 것이다. 이렇게 하면 마음이 저절로 바르게 되고 뜻이 성실해질 터이니 악한 생각은 물러가고 천리天理가 저절로 밝아진다. 정일精一의 공부도 이와 같다.

『관자管子』에는 "생각하고 또 생각하고 또 거듭 생각하라. 생각해도 통하지 않으면 귀신이 곧 통하게 해줄 것이다. 이는 귀신의 힘이 아니고 정성의 지극함에서 오는 것이다"라고 했다.

이것이 '독서치사讀書致思'의 방법이니 사색의 의미는 참으로 크다.

──『서애문집』 권15, 「학이사위주學以思爲主」

지행설知行說

성현의 학은 행行을 중요시하면서도 지知를 더욱 귀하게 여긴다. 아무리 행을 독실하게 하더라도 지가 지극하지 않으면 몸에 익숙해지지 않고 행동이 분명하지 못하게 된다. 이런 사람을 착한 군자라고 할 수는 있겠지만 끝내 은미隱微한 경지에 이르러 극치에 도달하기는 부족하다.

공자 문하의 제자들 중에서 덕행으로 민자건閔子騫·염백우冉伯牛·중궁仲弓이 손꼽혔지만 일관一貫의 의미는 이 세 사람에게 말하지 않고 유독 자공子貢을 불러서 일러주었다.[5] 아마도 위의 세 사람은 지극한 행실이 있었지만 지는 미치지 못했기 때문이었을 것이다.

맹자는 이르기를 "비유하자면 지는 기술이요, 성聖은 힘이다. 1백보 밖에서 활을 쏘아 목표지점까지 날아가는 것은 너의 힘이지만 명중하는 것은 너의 힘이 아니다"라고 했다. 백이伯夷와 유하혜柳下惠가 시중時中[6]을 공자와 같이 할 수 없었던 것은 행이 미치지 못했기 때문이 아니요, 지의 경지가 공자에 미치지 못했기 때문이다. 『주역』에서 이르기를 "그칠 곳을 알아서 그치면 거의 이를 수 있으며, 끝낼 곳을 알아서 끝내면 의리를 보존할 수 있다"고 했다. 성현은 시종始終과 본말本末을 관통하는 것은 오로지 지知라고 생각한 것이다.

옛사람이 지라고 말한 것은 진지眞知다. 그렇기에 『논어』에서 "아침에 도를 들으면 저녁에 죽어도 좋다"고 한 것이다. 듣는다는 것은 길에서 얻어 들은 것이 아니다. 요즘 언어·문자의 말단을 주워 모아서 성性을 논하고 이理를 논하여 스스로 그것을 지라고 생각하며 자신의 몸과 마음에 조금도 관계됨이 없는 것은 모두 덕을 버리는 태도다. 곧 공자가 지적한 '말만 번드르르한〔佞〕 자'다. 이런 것을 '지'라고 한다면 어찌 천리나 먼 것일 뿐이랴!

—『서애문집』권15, 「지행설知行設」

주재설

'주재主宰' 두 글자는 곧 나의 몸을 다스리고 본성을 함양하는 묘리다. 예로부터 학문을 논한 말이 많지만 착수한 곳을 찾아보면 주재 이 한마디에 지나지 않는다.

---

5   공자가 증삼(曾參)을 불러서 "우리의 도는 하나로 꿰뚫었다"고 말했다. 여기서 '일관(一貫)'은 이를 가리킨다. 이 말이 『논어』의 「이인(里仁)」에 나온다. 그런데 여기서 왜 자공이라고 했는지는 미상이다. 착오로 생각되기도 한다.

6   사람이 처신하고 실행함에 있어서 미달하거나 지나침이 없는 것. 시의(時宜)에 적합함을 뜻한다. 맹자는 공자를 백이와 유하혜에 대비해서 시중을 지킨 성인이라고 말했다.

대체로 사람의 몸이란 한갓 피와 살뿐이다. 눈은 밝게 살피고 귀는 잘 들으며, 입은 맛을 분간하고 손과 발은 민첩하게 움직인다. 이 모두를 주재하는 것은 오직 마음이다.

『중용』에서 이르기를 "중화中和를 이루면 천지가 제자리에 자리 잡고 만물이 양육된다"고 했으니, 중中이란 주主이고 화和를 이루게 하는 것은 재宰다. 『대학』에서 이른바 "마음이 없으면 보아도 보이지 않고 들어도 들리지 않고 먹어도 그 맛을 모른다"고 했으니, 이는 주재가 없는 데서 생기는 병통이다. 줏대가 확고히 서서 차분하게 동요하지 않고 움직임을 제어하면 작용이 마침내 통하게 된다. 눈 코 귀 입과 사지의 작용 모두 통틀어 이 마음의 명을 받아, 그 사이에서 끊임이 없으면 총명이며, 예지 또한 모두 여기서 나오는 것이다. 성인의 도 또한 이와 다름없기에 나는 주재설을 짓는다.

—『서애문집』 권15, 「주재설主宰說」

양명학에 대한 관심과 비판

『양명집陽明集』

이 왕양명王陽明의 문집은 내가 17세 때 아버지를 따라가서 의주에 있을 적에 얻은 책인데, 그 경위는 이렇다. 사은사 심통원沈通源이 연경에서 돌아와, 단속을 제대로 못한 것으로 대간臺諫의 탄핵을 받아서 파직 당해 압록강 가에 짐바리를 버리고 갔다. 그 짐 속에 이 문집이 들어 있었던 것이다. 당시에는 왕양명의 글이 아직 우리나라에 들어오지 않았다. 내가 이것을 보고 반가워 아버지께 말씀드리고 글씨 잘 쓰는 아전을 시켜서 베끼도록 했다. 이후 상자 속에 간직해둔 것이 어언 35년이다.

임진년 7월에 왜군이 안동 땅에 들어와서 나의 고향집과 함께 원지정사遠志精舍도 불에 탔다. 그 통에 가장家藏의 문적들이 온통 소실되었는데 용케도 이 몇 권이 숲속에 남아 온전했다. 이 책을 다시 대해, 나도 모르게 눈물을 흘리며 슬픈 마음이 들었다. 다른 짐과 함께 넣어 돌아오는 길에 제천에 당도해서 전후 사실을 대강 이와 같이 적는다. 앞으로 자손들이 이 책을 보배롭게 간직하여 다시는 유실되지 않도록 하려는 뜻에서다.

계사년(1593, 선조 26) 중구일 하루 전에 쓰다.

— 『서애문집』 권18, 「서양명집후書陽明集後」

지행합일설知行合一說

왕양명은 지와 행을 합해 하나라고 주장하여 주자의 설을 힘껏 부정했다. 그의 의도를 어떻게 볼 것인가?

지행설은 부열傅說로부터 시작되었으니 이른바 "아는 것이 어려운 것이 아니요, 행하는 것이 어렵다"는 말이 그것이다. 『중용』에서는 지행을 세 등급으로 나누었는데 태어나서부터 아는 생지生知, 배워서 아는 학지學知, 어렵게 아는 곤지困知 등이 지다. 편안히 행하는 안행安行, 힘써 행하는 역행力行, 면려해서 행하는 면행勉行이 행인 것이다. 말이 더욱 상세해진 셈이다.

공자는 이르기를 "지知가 거기에 미치더라도 인仁으로 지키지 못하면 아무리 얻었더라도 필시 잃는다"고 했다. 공자는 지와 행을 나누어 본 것이다. 『대학』에서는 격물치지格物致知를 지라고 일렀으니 성의誠意·정심正心·수신修身은 행에 해당하는 것이다. 더 추구해 올라가 유정유일惟精惟一에서 정精은 지요 일一은 행임이 분명하다. 정주程朱의 설은 내력이 있고 귀결되는 곳이 있어서 결코 바꿀 수 없다. 그런데 왕양명은 정주의 설을 혐오하여 기어코 지행을 하나로 합치고자 하니, 왜 그런지 모르겠다.

왕양명의 의도를 살피건대 대개 시속의 학문이 밖으로 치닫는 것을 깊이 경계하여 이에 한결같이 본 마음을 위주로 한 나머지, 무릇 마음을 붙여서 강구하는 것을 모두 행으로 생각한 것이다. 이는 대체로 굽은 것을 바로 잡으려다가 지나치게 되었다고 볼 수 있다.

자하子夏는 이르기를 "넓게 학문을 하고 뜻을 독실히 가지며 절실히 묻고 사고하면 인仁이 그 가운데 있다"고 했으며, 정자程子는 이르기를 "학문은 편달을 해서 안으로 내 몸에 붙게 하는 데 있다. 넓게 학문을 하고, 뜻을 독실히 지키며 절실히 묻고 사고하면 어떻게 인仁은 그 가운데 있게 되는가? 학문하는 사람은 이 점을 생각하여 얻음이 있어야 하니 이것이 곧 위아래로 관통하는 방법이다"라고 했다. 이 말씀은 왕양명의 설과 유사하면서 논리를 세운 것이 평정하여 신기하게 말을 만드는 병통이 없다. 참으로 정자의 말씀은 왕양명이 미칠 바 아니다.

—『서애문집』 권15, 「지행합일설知行合一說」

양지설良知說 비판

허령虛靈은 마음의 본체요 지각은 마음의 작용이다. 그러므로 거기에 갖추어진 이理는 인의예지仁義禮智이니 이른바 성性이다. 그런데 만약 허령과 지각을 성이라고 하면 옳지 않다. 불교의 학이 매우 이치에 가까운 것 같으면서도 크게 진실을 어지럽히는 까닭은 바로 마음을 이理로 인식하기 때문이다. 그렇기 때문에 비록 스스로 체體가 먼지와 모래에까지 두루 미쳐 무한히 원만, 융통한다고 하지만 인륜의 도리와 사물의 이치는 살피지 못하고 있다. 유교와 불교의 나누어짐은 여기에서 비롯되는 것이다.

『대학大學』에서 "지에 이르는 것은 격물에 있다[致知在格物]"고 했는데, 안다는 것은 마음이 아는 것이요, '물'이란 사물의 이치다. 주자는 이를 풀이하여, "사람 마음의 영험함은 앎이 없는 것이 없고, 천하의 사물은 이치가 없는 것이 없다. 다만 이치를 다 궁구하지 못하므로 그 지 또한 다 통할 수 없다"라고 했다. 이 실로 안과 밖을 통합하는 방법이다. 왕양명은 오직 '치양지致良知'를 학으로 삼고 도리어 주자의 이론을 지리멸렬하고 바깥으로 돈다고 헐뜯으니, 이야말로 불교의 설이다.

무릇 마음이란 허령한 것이지만 이미 기氣에 속해 있으니, 그 청탁淸濁·수박粹駁·후박厚薄·혼명昏明은 타고난 자질로 인해서 만가지로 다르다. 그런데 이제 한 글자도 모르는 보통 사람이 아무 짓도 않고 오뚝이 몸과 마음을 고요히 다잡아서 "발휘하여 성인과 같이 절도에 맞게 되기"를 구하다니, 내가 알기로 이는 결코 가능한 일이 아니다. 설령 홀연히 무언가 얻는 것이 있다 하더라도 이는 마음의 그림자일 뿐이요, 3천 3백의 정미하고 심오한 의미는 실상 막연하여 아는 것이 없다. 요순堯舜의 정일집중精一執中의 학문과는 정히 배치되는데, 어떻게 이를 가지고 주자와 더불어 논할 수 있을 것인가.

——『서애문집』 권15, 「왕양명이치양지위학王陽明以致良知爲學」

학문의 방향과 시론

『대학장구』의 보유補遺[7]에 대해 논함

『대학大學』에는 원래 격물치지格物致知 장章이 없는데 주자가 정자의 뜻에 따라 보충했다. 후세에 노재魯齋 왕백王柏,[8] 정학正學 방효유方孝孺[9] 등

---

7   『대학장구』는 주자가 『대학』을 장과 구로 나누어 해설한 책의 명칭이다. 이 책에서 주자는 격물치지에 대한 설명이 결락된 것으로 보아 보충을 했다. 이 보유 부분이 불필요한 것으로 보는 견해가 제기되어 학술상의 한 쟁점이 되었다. 이에 관해 서애가 논한 것이다.
8   남송 말의 학자. 학문이 견실하고 저술이 많았다. 『노재집』을 지었다.
9   명대 초기의 학자. 충절을 세운 것으로 추앙을 받았다. 자기 거처를 '정학'이라고 하여 정학으로 일컬어졌다.

학자는 격치장格致章이 없어진 것이 아니라고 보고 경전의 본문에서, '지지知止'와 '물유본말物有本末'의 두 구절이 이에 해당된다고 보았다. 우리나라 회재晦齋 이언적李彦迪의 견해도 왕백·방효유와 같은데, 다만 '물유본말'을 '지지'의 앞에 놓았다. 근래 소재蘇齋 노수신盧守愼은 이를 탁견으로 보았다. 그런데 나도 일찍이 경문經文의 어세語勢와 맥락脈絡을 반복해 따져보고 나서 그렇게 볼 수 없음을 알았다.

저 이른바 '물物에 본말本末이 있고 일에 종시終始가 있으니, 먼저 할 것과 뒤에 할 것을 알면 도에 가깝다'고 한 것은 윗글을 맺었을 뿐만 아니라, 바로 아래 문장으로 나아가는 발단이 된다. 이른바 '선先'이란 그 이하의 '선치기국先治其國' 아래 6개의 선先 자를 가리키는 것이요, '후後' 또한 아래의 '물격이후지지物格而後知至'의 7개 후後 자를 가리키며, 이른바 '본말本末'이라는 것도 아래 글의 '천자天子에서부터 서인庶人에 이르기까지 모두 다 수신을 근본으로 삼는다'와 '근본이 어지러운데 말단이 잘 다스려지는 일은 없다'에서 가리키는 근본과 말단이다. 이는 그 말뜻이 관통하고 앞뒤가 서로 이어져 한 자도 보태고 뺄 것이 없다. 전체의 뜻은 성학聖學이 몸과 마음에 절실한 공부임을 밝혀서 엉뚱한 데서 찾지 않도록 하려는 것이다. 깊이 음미하고 음미해보면 무궁한 맛이 있다. 이제 만약 이 두 절節을 떼어버리고 따로 격치장格致章을 만들어서, '고지욕명명덕古之欲明明德'을 '지선至善'의 뒤로 이어놓으면, 아래의 '선후본말先後本末'이란 글의 의미가 성글어서 사람의 마음을 깨우치기에 부족함을 곧 알게 된다. 이는 한갓 전하는 경문의 결함을 보완하려는 욕구 때문에, 경문이 전체로 자연스럽게 이루어져서 끝내 무너뜨리거나 바꿀 수 없음을 알지 못한 것이다.

나 또한 격치장은 따로 만들어 넣을 필요가 없다고 늘 생각해왔다. "대학의 도는 명덕을 밝히는 데 있다[大學之道 在明明德]"는 데서부터 곧바로 "평천하平天下"에 이르기까지 격치를 말하지 않은 것이 없는 듯하다. 대개 이른바 "대학의 도란 명덕을 밝히는 데 있으며, 백성을 새롭게 하는 데 있으며, 지선至善에 머무르는 데 있다"고 한 뜻은, 대학의 도가 다른 데 있지 않고 오직 이 세가지에 있음을 말한 것이다. 그 아래 성의誠意·정심定心·수신修身·제가齊家·치국治國·평천하平天下는 곧 명덕·신민의 조목이요, '지극히 선한 데서 그친다(止於至善)'고 한 것은 그 안에 있기 때문이다. 이른바 격치란 성의·정심·수신이 하는 일을 구하는 데에 지나지 않는다. 이렇게 해서 성의가 되고, 이렇게 해서 정심이 되며, 이렇게 해서 수신이 되고, 이렇게 해서 제가·치국·평천하가 되며, 이렇게 하여 격물치지의 학이 되니, 어찌 분명하고도 구비되어 있지 않은가. 오직 학문하는 사람으로서는 마음을 차분히 가지고 몸으로 익혀서 이미 닦아놓은 길을 따라, 착실히 실지實地 공부를 하는 거기에 있을 따름이다.

이는 선유들의 정설이다. 후학이 그 만분의 일도 들여다보지 않고, 어찌 감히 이에 대해 가볍게 논할 수 있겠는가. 의리는 무궁한 것이다. 천지처럼 광대한 것에 대해서도 사람들이 오히려 유감이 있거늘, 마음에 의심되는 바가 있으면 어찌 억제하고 있을 것인가. 세상에 늦게 태어나 선철들에게 바로잡아주기를 직접 구하지 못함을 탄식하면서 애오라지 이를 기록하여 스스로 깨우치고 뒷날 혹시 나의 진보가 있을까를 기대한다.

— 『서애문집』 권15, 「대학장구보유大學章句補遺」

이언적의 『구경연의九經衍義』에 부친 글

나는 처음 서산西山 진덕수眞德秀의 『대학연의大學衍義』[10]를 읽으면서 매번 책을 어루만지며 이렇게 탄식했다.

"천하 국가를 다스리는 도리가 여기에 갖추어져 있구나. 여기서 군자가 세상을 깊이 우려하고 임금을 절실히 사랑하는 것을 보겠도다."

---

10   남송대의 학자 진덕수가 지은 책. 『대학』의 뜻을 원용해서 수신, 제가, 치국, 평천하의 도리를 진술한 내용이다. 성리학의 경세학으로서 중요한 저술이다.

지금 또 회재 선생이 지은 『구경연의』를 읽으면서는 진서산 이후로 드디어 이 책을 보고 선생이 세상을 근심하고 임금을 사랑하는 마음이 더욱 깊고도 절실했음을 알게 되었다.

　생각건대 회재 선생은 외진 우리 동방의 땅에서 태어나 도를 상실하고 문文이 쇠퇴한 후세에 떨치고 일어서 이치를 따짐이 정밀하고 본 마음을 지킴이 정성스러웠다. 조정에 올라가 임금을 섬김에 하나같이 요순 삼대三代를 목표로 삼았으니 그 늠름한 기상은 훌륭한 군주를 보좌할 만했다. 밝은 시대를 만나 찬성贊成의 지위에 이르렀으니 또한 불우했다고 말할 수 없다. 그럼에도 선생의 도는 조정에서 하루도 시행되지 못한 것이다. 그 말년에는 권력을 잡은 간신의 참소에 걸려들어서 백수 노인으로 서쪽 변경에서 귀양살이를 하며 고난을 겪어야 했다. 보통 사람이라면 좌절하여 꺾이지 않으면 대개 현실에 대한 고민을 하지도 않게 된다. 그럼에도 선생은 천명을 알고 시운을 받아들인 나머지 오직 경전을 고찰하여 치국의 법도를 발휘해서 신하된 도리를 잊지 못하는 뜻을 붙인 것이다. 그 충성스러운 마음이 참으로 거룩하다.

　진서산의 『대학연의』는 향리에 물러나 있으면서 한가롭게 지낼 때에 이루어졌다. 반면에 선생의 이 『구경연의』는 배척을 받고 죽음의 땅에 떨어져 있는 가운데서 저술한 것이다. 나는 선생의 『구경연의』를 더욱 어렵다고 말한다. 앞서 말한 대로 세상을 우려하고 임금을 사랑하는 마음이 더욱 깊고 절실했던 것이다.

　이 책은 모두 27편이다. 수신修身·존현尊賢·친친親親을 논한 내용이 15편이고, 천명을 본받으며 지나치고 넘치는 것을 경계한 내용이 12편이다. 경대신敬大臣 이하의 편은 미처 저술하지 못한 채 돌아가셨다. 천고의 한으로 남았다.

　이 책을 두고 논할 것 같으면, 위에 도가 서서 황극皇極이 세워지고 어진 인재가 등용되어 모든 공적이 제대로 이루어지면, 구족九族[11]이 화목하고 백성들이 공평하게 다스려질 수 있을 것이다. 이것이 구경九經의 강령綱領으로 선생이 해명하신 내용이다. 별록別錄에 기재된바 천명의 운세가 나타날 즈음에서 반복해 논했으니, 넘치지 않고 유지해나가는 근본으로 생각한 대목에 이르러 더욱 정중하고도 지극히 자상하다. 군주가 실로 여기에서 체득을 하고 깨닫게 된다면, 말하지 아니한 부분에까지 자연히 조리가 분명하여 통달할 수 있을 것이다. 선생이 소망한바 만년토록 태평시대를 열어갈 길은 다른 데서 구하기를 기다릴 것 없이 여기서 이루어지리라.

융경隆慶 기사년(1569, 선조 2)은 지금 임금이 즉위하신 2년이 되는 해다. 선생의 숨은덕과 그윽한 빛이 차츰 드러나 위에 알려져서 포상을 하고 증직을 하고 문묘에 배향하는 조처가 내려졌다. 그리고 저술을 수습하여 본도(경상도)에 명해 순서대로 간행하여 집집마다 갖추어 두고 사람마다 읽을 수 있도록 했다.

몇 년 전에 선생의 손자 이준李浚이 경주에서 천릿길을 찾아와서 부탁하기를, "평소에 지으신 문집은 이미 간행되어 세상에 유포되어 있으며, 이『구경연의』도 뒤늦게 간행의 일이 시작되어 머지않아 끝나게 됩니다. 청컨대 이 책의 경위를 써서 후인들이 알도록 해주시기를 소망합니다"라고 했다. 나는 이 일을 중하게 여겨 감히 허락하지 못하다가 더욱 간청하므로 끝내 거절하지 못했다.

예로부터 성현이 세상 다스리는 도리를 말씀한 것으로『대학』보다 자상한 것이 없고 '구경'보다 긴요한 것이 없다. 진서산이 먼저『대학』의 내용을 풀이했고, 뒤에 회재 선생이 구경의 뜻을 창달할 수 있게 했다. 천하 국가를 다스리는 도리는 이에 크게 갖추어져서 남음이 없게 되었다.

여기에 또한 느끼는 바가 있다. 도가 폐하고 흥하는 것은 인사에 달려 있는 것 같지만 실로 천명에 매어 있다. 그러므로 "도가 장차 흥하는 것도

---

11   친족을 총괄하여 이르는 말. 자기를 중심으로 위로 4대, 아래로 4대에 속하는 사람들이다. 일
      설에는 부계, 모계, 처계에 속하는 사람들을 구족이라고도 한다.

천명이요, 폐하는 것도 천명이다"라고 했다. 그렇다면 선생의 책이 전에는 빛을 보지 못하다가 지금 빛을 보게 되고, 전에는 파묻혔다가 지금 행하게 되니 이 어찌 우연이겠는가. 지금부터 밝아질 것은 더욱 밝아지고 행해질 것은 더욱 잘 행해져서 저 요순 삼대의 정치가 우리 동방에 거룩하게 일어날 날이 기대된다. 그러면 선생이 당초 충성을 다 바쳤던 뜻이 처음에는 막혔지만 앞으로 어찌 우리나라에 무한한 복을 끼치지 않겠는가. 삼가 위와 같이 책 뒤에 쓰노라.

——『서애문집』 권17, 「구경연의발九經衍義跋」

시의 의미

나는 시를 잘하지 못한다. 그러나 시의 의미를 대략 이해하고 있다. 시는 마땅히 청원충담淸遠沖澹[12]하여 말 밖에 뜻을 부치는 것을 귀하게 여긴다. 그렇지 않으면 진부한 말이 될 뿐이다. 고금의 절구 가운데서 이백李白의 시 한편을 들어보자.

동정호에서 바라보니 서쪽으로 강물이 나뉘고
물이 다한 남쪽 하늘 구름 한점 보이지 않네
해지는 장사長沙에는 가을빛이 아득하니
상군湘君을 어디로 찾아가 조문할까?

洞庭西望楚江分 水盡南天不見雲
日落長沙秋色遠 不知何處弔湘君

이는 참으로 천만리에 다함없는 뜻이 느껴지니, 워낙 빼어나 도저히 미

---

[12] 한시의 품격상의 용어. 청원(淸遠)은 맑고 고원한 느낌을 주는 경지, 충담(沖澹)은 자연스러우면서 담박한 느낌을 주는 경지를 지칭한다.

치기 어렵다. 다음으로 유우석劉禹錫의 시를 들어보자.

　　봄 강에 달이 떠 큰 둑이 평평한데

　　둑 위의 아가씨들 손잡고 나란히 간다

　　노랫소리 끝나도 얼굴은 보이지 않고

　　노을 비치는 나무에 자고새 소리 울리네

　　春江月出大堤平 堤上女郎連袂行

　　唱盡新詞懽不見 紅霞映樹鷓鴣鳴

이 또한 절창이다. 이 시를 읽어보면 신기神氣가 동하면서 큰 강둑의 풍경이 눈앞에 들어오는 것 같다. 우리 동인의 시는 기상이 툭 트이지 못해서 아쉽다. 오직 이주李胄[13]의 충주 자경당自警堂에 부친 시는 들어볼 만하다.

　　수면이 침침하고 물 기운 어두운데

　　밤중에 고기가 뛰어 베갯머리에 들리네

　　여강驪江의 달 가까워 밤도 밝은데

　　죽령이 하늘에 빗겨 님은 보이지 않네

　　池面沈沈水氣昏 夜深魚躍枕邊聞

　　明宵泊近驪江月 竹嶺橫天不見君

이 시는 말이 자못 자연스러워서 청원한 느낌이 드니 다른 사람이 배워서 미칠 바 아니다.

—『서애집』 권15, 「시의詩意」

13　성종에서 연산군 시기에 걸치는 인물. 호는 망헌(忘軒)이다. 김종직의 문인으로 무오사화에서 귀양을 갔다가 죽었다. 시인으로 명성이 높았는데 『망헌집』을 남겼다.

허난설헌의 시에 붙임

나의 벗 허미숙許美叔(허봉)은 세상에 드문 재주를 지닌 사람인데 불행히
도 일찍 죽었다. 나는 그가 남긴 글을 보면 언제고 무릎을 치며 감탄했다.
어느 날 미숙의 아우 허단보許端甫(허균) 군이 그의 죽은 누이가 지은『난설
헌고蘭雪軒藁』를 보여주었다. 나는 놀라 소리쳤다.

"기이하도다! 부인의 시가 아니로구나. 허씨의 집안에 어떻게 기특한 재
주를 지닌 사람이 이처럼 많단 말인가?"

나는 시학에 대해 잘은 모르지만 소견대로 평해보겠다. 말을 만들고 뜻
을 담는데 하늘의 꽃이나 물속의 달같이 투명하고 영롱하여 붙잡을 수 없
으니 움직임은 옥이 서로 부딪히는 듯하며, 빼어나기는 숭산崇山 화산華山
이 다투어 솟아오르는 듯하다.[14] 가을 연꽃이 물에 비치고 봄 구름이 공중
에 떠도는 것 같다. 높은 것은 한漢·위魏의 시를 능가하며, 나머지도 성당
盛唐(당나라 때 시의 전성기)의 시에 견줄 만하다. 사물을 느끼고 회포를 불러
일으키는 데 이르러는 우시민속憂時悶俗의 뜻이 있어 더러 열사의 기풍이
보였다. 한점도 세상의 때 묻은 기운이 없으니, 옛날 시의「백주柏舟」나 '동
정東征'만 아름다운 것이 아님을 알겠다.[15] 나는 허단보에게 말했다.

"돌아가 수습해서 보배롭게 간수하여 한 가문의 글로 비치해두어 후세
에 전하지 않게 되는 일이 없도록 하는 것이 좋겠네."

만력 경인년(1590) 한겨울에 서애는 한양의 우거에서 쓰다.

—『서애별집西厓別集』권4,「발난설헌집跋蘭雪軒集」

---

14 화산은 중국의 서쪽에 있는 산이고 숭상은 중국의 가운데 있는 산으로 오악에 손꼽히는데
    특히 산세가 빼어난 것으로 유명하다.

15 「백주(柏舟)」는『시경』「용(鄘)」에 있는 시의 작품명이며, '동정(東征)'은『시경』「소아(小
    雅)」의「점점지석(漸漸之夕)」에 "무인동정(武人東征)"이란 구절에서 나왔다. 이들의 시적
    아름다움에 난설헌의 시가 못지않다는 의미로 추정된다.

2장
『징비록』(선)

서문

『징비록懲毖錄』은 어떤 책인가? 왜란이 일어난 뒤의 일을 기록한 것이다. 그 앞의 일에 대해서도 약간 기록했는데 난의 발단이 된 일이었기 때문이다.

아아! 임진년의 참상은 이루 말할 수 없는 지경이었다. 불과 몇십일 사이에 삼도三都(서울 개성 평양)를 빼앗겼고 팔도가 무너졌으며, 임금이 몽진을 한 것이다. 그런 지경에 오늘이 있게 된 것은 하늘의 도움이다. 또한 역대 임금의 어질고 두터운 은택이 백성들에게 견고해서 고국을 그리워하는 마음이 사라지지 않았던 데다가, 우리 성상의 사대事大의 정성이 황제를 감동시켰기에 존형存刑[1]의 군대를 여러 차례 파견했다. 그러지 않았던들 크게 위태로웠을 것이다. 『시경』에 "나는 지난 일을 경계하여 후환에 대비한다"[2]는 구절이 있다. 이는 내가 『징비록』을 지은 이유다.

---

1   중국이 전통문명을 지키기 위해 군대를 파견하는 일을 뜻하는 말. 제(齊) 환공(桓公)이 형(刑)과 위(衛)를 구원한 고사 '존형구위(存刑救衛)'에서 유래했다.

2   이 원문은 "予其懲而毖後患"(『시경』 「주송周頌」 「소비小毖」)이다. 전에 잘못한 일을 경계하

나같이 부족한 사람이 백성들이 유랑하고 국정이 어지러운 즈음에 중책을 맡아서 위기를 막아내지 못하고 나라가 무너지는 것을 구하지 못했으니, 이 죄는 죽어도 용서받지 못할 일이다. 그럼에도 오히려 향리에 돌아와 생명을 보존하고 있으니 어찌 나라의 관대한 처분을 받는 것이 아니겠는가. 근심 걱정과 두려움이 어느 정도 진정되어 지난날을 회상해보건대 항시 두렵고 부끄러운 마음에 얼굴을 둘 곳이 없다.

이제 한가한 가운데 임진년(1592)에서 무술년(1598) 사이에 내가 보고 들은 일들을 대강 서술하니 모두 해서 상당한 분량이다. 장계狀啓, 소차疏箚, 문이文移(공문) 같은 문건 및 잡록도 뒤에 붙였다. 비록 볼 만한 내용은 없다 해도 이 또한 당시의 역사기록이므로 버릴 수 없는 것들이다. 이 기록으로 향리에 몸을 붙이고 있으면서 충성을 바치고자 하는 간절한 뜻을 담았으니, 어리석은 신하가 나라의 은혜에 보답하지 못한 죄상을 드러내고자 함이다.

—『징비록』의 책머리

임진왜란 직전의 한일 간 교류

1586년, 일본국 사신이 서울에 오다

만력萬曆 병술(1586) 연간에 일본국 사신 귤강광橘康廣(타찌바나 야스히로오)이 자기 나라의 임금 평수길平秀吉(토요또미 히데요시)의 국서를 가지고 왔다.

처음에 일본국의 왕 원源(미나모또) 씨가 홍무洪武(1368~98) 초년에 나라

여 후환을 대비한다는 의미. 이 구절을 따서 이 책 이름을 '징비록'이라고 붙인 것이다.

를 세워 우리나라와 수교한 것이 거의 2백년이었다. 당초에는 우리나라 또한 사신을 보내 경축하고 조문하는 예의를 갖추었는데 신숙주申叔舟가 서장관書狀官으로 다녀온 것이 그 하나였다. 후에 신숙주는 임종에 다다라 성종이 하고 싶은 말이 있는지 묻는 데 대해, "원하옵건대 우리나라는 일본과의 우호를 잃지 말아야 합니다"라고 아뢰었다. 성종이 이 말에 느껴서 부제학 이형원李亨元과 서장관 김흔金訢을 보내 일본과 친목을 닦으려고 했다. 그런데 이 사행이 대마도對馬島(쓰시마)에 당도했을 때에 풍랑으로 인해 병을 얻었다는 보고서를 받고서, 성종은 대마도 도주島主에게 국서와 예물을 전하고 돌아오게 했다. 이후로 다시 사신을 파견하지 않았다. 그리고 저쪽에서 사신이 올 적마다 절차에 따라 예우를 할 따름이었다.

이 당시에 평수길이 원源 씨를 대신해서 임금이 되었다. 평수길에 대해 "혹은 본디 중국 사람으로 왜국에 흘러들어왔다고 하며, 또 혹은 나무꾼이었는데 어느 날 국왕이 길에서 우연히 보고 기특하게 여겨 군대에 소속을 시켰다고도 한다. 용감하고 싸움에 능해 공적을 세워서 높은 자리에 올랐고 인하여 권력을 잡았다. 마침내 국왕 자리를 빼앗아 차지한 것"이라고 한다. 또 혹은 "원 씨는 다른 사람에게 살해되었는데, 평수길이 그자를 죽이고 나라를 빼앗았다"고도 한다.

평수길은 군대를 써서 여러 섬을 평정하여 일본 66주州를 통일한 다음 드디어 외국을 침략하려는 뜻을 품었다. 그리하여 "우리 사신은 조선에 가는데 조선 사신은 오지 않으니 이는 저들이 우리를 무시하는 것이다"라고 하면서 귤강광을 보낸 것이다. 그리하여 조선도 일본에 사신을 파견할 것을 요청하는데, "지금 천하는 짐의 손에 들어왔다"는 등 국서의 표현이 심히 오만했다. 원 씨가 사망한 것이 대개 십여년이 지났는데, 여러 섬의 왜인들이 매년 우리나라를 오고 가면서도 자기 나라의 엄중한 법령이 두려워 발설하지 않았기 때문에 우리 조정에서는 일본의 실정을 전혀 모르고 있었던 것이다.

귤강광은 당시 나이가 오십여세로 용모가 괴기했으며 머리와 수염이 반백이었다. 역로를 지날 때에 꼭 제일 좋은 방을 차지했고 행동이 거만하기 짝이 없어 전에 왔던 사신들과는 사뭇 달랐다. 사람들이 아주 괴상하게 여겼다. 전부터 해오던 관행으로 일본 사신이 지나가는 연도沿道의 여러 고을에서 경내의 백성들을 동원하여 창을 들고 길 양쪽에 늘어서 시위하여 저들에게 위엄을 보였다. 귤강광은 인동仁同 지역을 통과할 적에 창을 들고 늘어선 것을 눈을 흘겨 보고 "너희들의 창은 자루가 짧구나" 하고 비웃었다. 그리고 상주 고을에 당도해서는 목사 송응형宋應洞이 접대하는데 악공과 기생을 동원하여 모양을 갖추었다. 귤강광은 송응형이 노쇠한 것을 두고 역관을 통해서 말하기를 "이 사람은 여러 해 싸움터에서 고생하느라 머리와 수염이 많이 세었지만, 사또는 기생들 사이에서 아무 근심 없이 지내셨을 텐데 수염이 하얘진 것이 무슨 까닭이오?"라고 했다. 물론 비꼬는 소리였다.

　서울에서는 예조판서가 연회를 베풀었다. 술이 거나해지자 귤강광은 후추를 꺼내 잔치 자리에 펼쳐 놓았다. 기생이며 악공 들이 앞을 다투어 집어 가서 자리가 일시에 어지러워졌다. 그가 객관으로 돌아가서 한숨을 쉬며 역관을 보고 "너희 나라는 망했다. 기강이 이미 무너졌으니 망하지 않고 기다릴 것이 무엇이랴"라며 비웃더라는 것이다.

　일본 사행이 돌아갈 때 우리 조정에서는 해로에 어둡다는 이유를 들어서 저들 국서에 답만 하고 사신을 파견하는 것은 허락하지 않았다. 귤강광이 돌아가서 보고를 하자 평수길은 대노하여 귤강광을 죽이고 멸족을 시켜버렸다.

　대개 귤강광과 그의 형 귤강년橘康年은 원 씨 때부터 우리나라에 내조來朝하여 직명職名을 받았던 터였다. 그의 말이 우리나라 입장을 위하는 듯싶은 까닭에 평수길에게 죽임을 당했다고 한다.

—『징비록』 권1,「만력병술간일본국사萬曆丙戌間日本國使」

1589년, 일본국 사신 평의지가 오다

일본국 사신 평의지平義智(宗義智, 소 요시또시)가 왔다. 평수길은 귤강광을 죽이고 나서 우리나라에 평의지를 보내 사신을 보내줄 것을 재차 요청한 것이다. 평의지는 그 나라의 총 사령관인 평행장平行長(小西行長, 코니시 유끼나가)의 사위로서 평수길의 심복이기도 했다. 대마도 태수 종성장宗盛長(소 모리나가)은 대대로 대마도를 맡아 다스리는 한편 우리나라를 섬겼다. 평수길은 이때 종宗 씨를 몰아내고 그 대신 평의지가 맡도록 했다. 우리나라가 바닷길에 익숙하지 않다는 이유로 사신 파견을 거부했기 때문에, 평수길은 평의지를 옛 대마도주의 아들이라 거짓말을 하고, 바닷길을 잘 알아서 안내하겠다고 말을 했다. 곧 우리가 거절할 말이 없도록 만드는 한편 우리의 허실을 엿보려는 수작이었다. 평조신平調信(柳川調信, 야나가와 시게노부)과 중 현소玄蘇(겐소) 등도 함께 왔다.

평의지는 나이가 젊지만 날래고 용감하여 다른 자들이 두려워하여 그 앞에서는 엎드려 기면서 감히 쳐다보지도 못했다. 그는 동평관東平館에 오래 머물면서 기어이 우리나라 사신을 맞아 함께 돌아가려고 했다. 하지만 우리 조정의 의론이 계속 엇갈리고 있었다.

그 몇 해 전에 왜구가 전라도 손죽도損竹島를 침범하여 변장邊將 이태원李太源을 죽이고 사람을 잡아간 사건이 있었다. 그때 사로잡힌 우리 변방의 백성으로 사을배동沙乙背同이란 자가 배반하여 왜놈의 앞잡이가 되어서 노략질을 한다는 말이 있었다. 이 일에 대해 조정에서 분개하여 "이 반민을 일본이 응당 돌려보내야 통신사 문제는 논의할 수 있으니, 저들에게 성의가 있는지 이를 통해서 살펴보자"는 주장이 나왔다. 일본 사신을 접대하는 사람이 이 말을 넌지시 전했다. 평의지는 "어렵지 않은 일이다" 하고 즉시 평조신을 보내 자기 나라에 보고하도록 하자, 몇 달 지나지 않아서 우리 백성으로 저 나라에 붙잡혀 있는 십여명을 모두 끌어다가 바쳤다. 성상은 인정전으로 나와서 군대의 위엄을 크게 벌이고 사을배동 등을 묶어 꿇어 앉히고 죄를 물은 다음 밖에서 참형을 했다. 평의지에게 내구마內廏馬[3] 한 필을 상으로 내려준 뒤에 일본 사신 일행을 불러 보고 연회를 베풀었다. 평의지·현소 등이 전당으로 들어와 성상께 차례로 잔을 올렸다.

당시 나는 예조판서를 맡고 있었다. 일본 사신들에게 예조에서 연회를 베푸는데 사신을 보내는 사안이 오래도록 결말을 짓지 못하고 있어서, 나는 대제학으로서 국서를 지으려고 "빨리 논의를 결정하여 문제가 생기지 않도록 해야 합니다"라고 아뢰었다. 다음 날 아침의 진강進講(경연) 때에 지사知事 변협邊協 등 역시 "의당 사신을 보내 답례를 하고 아울러 저쪽의 동정을 살펴보는 것 또한 실책이 될 것은 없습니다"라고 아뢰었다. 이에 비로소 조정의 논의가 정해져서, 사신으로 보낼 적임자를 택하도록 지시했다. 대신들이 첨지僉知 황윤길黃允吉을 상사로, 사성司成 김성일金誠一을 부사로, 전적典籍 허성許筬을 서장관으로 선정했다. 이들은 드디어 경인년 (1590) 3월에 평의지 등과 함께 출발했다.

당시 평의지가 공작새 두마리와 조총, 창, 칼 등속을 선물로 바쳤다. 공작새를 명하여 남양부南陽府 앞바다의 섬에 풀어주도록 하고, 조총은 군기시에 내려보냈다. 우리나라에 조총이 들어온 처음이었다.

—『징비록』권1,「일본국사평의지래日本國使平義智來」

황윤길과 김성일이 통신사로 일본을 다녀온 이야기

신묘년(1591) 봄에 통신사 황윤길과 김성일 등이 일본에서 돌아왔다. 왜인 평조신, 현소 등도 함께 왔다.

---

3   궁정에서 임금이 타기 위해 기르는 말. 내구마를 하사한 것은 특별한 은전이었다.

당초 황윤길 등이 지난해 4월 29일 부산포에서 배를 타고 대마도에 도착하여 1개월을 머문 다음, 다시 바닷길로 40여리를 가서 이끼도一岐島에 이르렀다. 하까따博多, 나가또長門, 나고야郎古耶를 거쳐 7월 22일에 비로소 저들 국도國都에 당도했다. 대개 저들이 일부러 길을 돌아 곳곳에서 체류했기 때문에 몇 달이 걸려 도착한 것이다.

일행이 대마도에 머물 때 평의지가 산사山寺에서 연회를 개최하여 사신들을 초대했다. 사신들이 먼저 자리에 앉아 있는데, 평의지가 가마를 타고 문으로 들어와 계단에서 내렸다. 김성일이 대노하여, "대마도는 우리나라 변방의 신하다. 왕명을 받고 온 사신을 어찌 감히 이처럼 모멸한단 말인가? 나는 이 연회를 받을 수 없다"고 소리치며 곧 자리를 박차고 일어섰다. 허성 등도 따라서 일어섰다. 평의지는 가마를 멘 자에게 허물을 돌려서 그 자를 처형해서 목을 가져다 사죄하는 것이었다. 저들은 이때부터 김성일을 경외하여 예절을 다해 대우하고 만나면 말에서 내렸다.

국도에 도착해서는 큰 절에 유숙했다. 평수길은 마침 동산도東山道로 정벌을 나간 터여서 몇 달을 머물어야 했다. 평수길이 돌아온 뒤에도 궁전을 수리한다는 핑계를 대고 국서를 받아들이지 않았기 때문에, 전후 5개월이 지나서 비로소 국명國命을 전할 수 있었다.

이 나라는 천황을 높여서 평수길 이하 모두 신하의 예로 처신했다. 평수길은 저들 국내에서 왕으로 호칭하지 않으며 관백關白이나 박륙후博陸侯라고 칭했다. 관백이란 중국의 한나라 곽광霍光이 어린 황제에게 모든 정사를 미리 보고했다는 데서 유래한 말이다.

평수길은 접견할 때 우리 사신 일행이 가마에 타고 날라리와 피리를 불어 선도할 수 있게 했으며, 궁전 안으로 들어가서도 당堂에 올라서 예를 거행할 수 있게 했다. 그는 용모가 왜소하고 추루하며 얼굴색도 검어 볼품이 없지만 눈빛은 번쩍여서 사람을 쏘는 것 같다고 했다. 세겹으로 자리를 설치하고 남향하여 앉았는데 검은 관모에 검은 도포를 착용했고, 신하 여럿이 줄지어 앉아 있었다. 그러고서 우리 사신을 인도하여 자리에 나아가게 하는 것이었다. 연회의 제반 기구가 갖춰지지 않았고 탁자가 하나씩 앞에 놓였을 뿐이다. 거기에 구운 떡 한 그릇이 놓여 있고 질그릇에 술을 따라 마셨다. 술맛은 텁텁했으며 예법도 극히 소략했다. 술 마시는 것을 몇 순배 돌고 그쳤으며, 읍하고 잔을 주고받는 등의 절차도 없었다.

조금 지나서 평수길은 일어나 안으로 들어가는데, 자리에 앉아 있던 자들 모두 일어서지도 않았다. 이윽고 어떤 사람이 평복으로 어린 아기를 안고 나와 대청 위를 돌아다니기에 바라보니 다름 아닌 평수길이다. 좌중의 사람들은 부복해 있을 따름이었다. 이윽고 평수길은 밖으로 나와서 한동안 우리나라 악공들을 불러 풍악을 성대하게 연주하도록 한 다음에 감상하는 것 같았다. 안고 있던 아기가 옷 위에 오줌을 누자 평수길은 웃으며 시종을 불렀다. 여자 하나가 달려 나와 아기를 받아들었으며, 평수길은 옷을 갈아입었다. 이 모든 일들이 제멋대로라 실로 방약무인傍若無人이었다.

우리 사신들이 인사하고 일어섰다. 이후로 그를 다시 만나지 못했다. 상사와 부사에게 은 400냥을 주었고, 서장관과 통사 이하에게도 차등을 두어 주었다. 우리 사신들이 귀국하려는데 때맞추어 답서를 써주지 않고 먼저 출발하라고 했다. 이에 김성일이 "우리가 사신으로 국서를 받들고 와서 만일 답서를 받지 못하면 국명을 길에 버리고 돌아가는 것이나 마찬가집니다"라고 주장했다. 황윤길은 붙잡혀 있게 될까 두려워 서둘러 떠나서 경계의 바닷가에 머물러 답서를 기다렸다. 답서가 처음 왔을 때 뜻과 표현이 어긋나고 오만하여 우리가 기대하는 내용이 아니었다. 김성일은 답서를 접수하지 않고 여러 차례 수정을 받은 다음에야 발행을 했다. 지나는 곳곳에서 저들이 선물을 주었으나 김성일은 이것들을 모두 다 물리쳤다.

황윤길은 부산에 배가 닿자 정황을 서둘러 보고하는데 "반드시 전쟁이 있을 것이다"라고 했다. 귀환한 직후에, 임금이 직접 하문할 때도 황윤길은 대답이 같았으며, 김성일은 "신은 그런 점을 보지 못했습니다"라 하고

서 "황윤길처럼 인심을 동요시키는 것은 마땅치 않습니다"라고 말했다. 이에 논의가 엇갈려서 혹은 황윤길의 주장을 따랐고, 혹은 김성일의 주장을 따랐다. 내가 김성일에게 "그대의 말이 황윤길의 말과 같지 않은데 만약 전쟁이 나면 어찌할 것이오"라고 묻자 그의 말은 이러했다.

"나라고 어찌 꼭 왜인들이 끝내 움직이지 않을 줄 알겠소? 다만 황윤길의 말이 너무 무거워 중앙과 지방이 온통 경동하고 현혹이 될까 우려한 까닭에 완화해서 말했을 따름이외다."

—『징비록』권1

일본의 동향을 중국에 보고하는 문제

이때 왜의 국서가 왔는데 '군대를 거느리고 명나라로 건너가겠다'는 말이 들어 있었다. 나는 이 사실을 응당 사유를 갖추어 중국에 알려야 한다고 주장했으며, 수상[4]은 왜국과 사통을 한 것으로 명조의 문책을 받을까 우려되니 숨기는 편이 좋겠다고 주장했다. 나는 다음과 같이 말했다.

"이웃 나라와 무슨 일이 있어 내왕하는 것은 어쩔 수 없는 일이니, 성화成化 연간(1465~87)에도 일본이 우리나라를 통해 중국에 조공을 청한 일이 있어, 즉시 사실대로 아뢰었고 칙서勅書를 내려 회유回喩한 사실이 있었습니다. 전에도 이미 있었던 일이고 오늘날만 이런 것이 아닙니다. 지금 숨기고 보고하지 않는 것은 대의에 옳지 않을 뿐 아니라 적이 정말 대국을 침범할 계획이 있어 다른 곳을 통해 듣기라도 한다면 명조는 도리어 우리를 왜와 같은 마음이라고 의심하게 될 것이니, 속이려 들다가는 그 죄가 이웃 나라와 통신通信했다고 문책을 받는 것보다 훨씬 무거워질 것입니다."

이런 나의 견해를 조정에 동의하는 사람이 많아서 드디어 김응남金應南

---

4   삼정승 중의 수석인 영의정을 가리킴. 당시 영의정은 이산해(李山海)였다.

등이 중국으로 급파되었다.

그때 복건福建(푸젠) 사람 허의후許儀後와 진신陳申 등이 일본에 붙잡혀 있다가 저쪽 정황을 이미 비밀히 알려왔고 류우큐우琉球國 왕자 상녕尙寧이 사신을 연이어 보내 소식을 전했다. 유독 우리나라만 사신이 오지 않았기에, 명조에서는 조선이 일본과 한통속이 되었는가 하는 의심이 생겨서 의론이 자자했다. 각노閣老 허국許國[5]은 일찍이 우리나라에 다녀간 적이 있던 사람으로 홀로 조선은 지성껏 사대를 하는 나라이니 필시 왜국과 더불어 배반하지 않을 것이라고 하면서 '우선 기다려 보자'고 주장했다. 얼마 후에 김응남 등이 당도하자 허국은 기뻐했으며, 명조의 여론 또한 바뀌게 되었다고 한다.

——『징비록』 권1, 「시왜장유솔병기입유월時倭長有率兵起入六月」

전쟁 대비책

우리 조정에서는 왜적의 침공을 우려하여 변경 문제에 밝은 신하들을 뽑아 경상·전라·충청 삼도로 내려 보내서 방비하도록 했다. 김수金晬를 경상감사로 삼고, 이광李洸을 전라감사로 삼고, 윤선각尹仙覺을 충청감사로 삼은 것이다. 무기를 정비하고 성곽과 해자를 수축하게 했다. 경상도 지역에 성을 수축한 것이 가장 많았으니, 영천 청도 삼가 대구 성주 부산 동래 진주 안동 상주 좌·우 병영에 신축하거나 혹은 중수하기도 했다. 당시 평온이 오래 지속되었던 까닭으로 중앙과 지방이 모두 안일에 젖어서 인민들은 노역을 싫어하여 원성이 도로에 가득 찼다. 나와 동년인 전 전적典籍(성균관 소속의 벼슬) 이로李魯는 합천 사람인데 나에게 편지를 보내 말했

---

5   명나라의 내각태학사[閣老]를 지낸 인물(1527~96). 그가 명종 22년(1567) 한림검토(翰林檢討)의 직함에 있을 때 조선에 사신으로 왔던바 청렴했던 것으로 이름을 남겼다.

다. 성을 쌓는 일은 좋은 대책이 아니라고 하면서 "삼가三嘉[6] 앞으로 정진
鼎津이 가로막혀 있거늘 무엇 때문에 부질없이 성을 쌓는다고 백성을 수고
롭게 할 것이 있겠소?"라고 했다. 무릇 만리의 넓은 바다도 왜군이 건너왔
는데 일의대수一衣帶水(띠처럼 좁은 물)의 한계를 왜적이 건너지 못할 것이라
고 생각하다니 그의 소견은 허술하기 이를 데 없다. 사람들의 의론이 대개
이 같았다.

　홍문관에서도 상소하여 논했는데 경상·전라 양남에서 축성한 것들은
모두 지세의 유리함을 살리지 못했다고 했다. 성은 넓게 잡아서 사람을 많
이 수용할 수 있어야 좋다고 생각한 것이다. 가령 진주성은 험한 위치에 서
있어서 방어하기 좋았는데 이때 이르러 좁다고 하여 동쪽 면의 아래 평지
로 옮겼던 것이다. 후일 왜적이 이곳으로 진입해서 마침내 성을 지키지 못
했다. 대저 성은 견고하면서 작은 것을 귀하게 여기거늘 도리어 널찍하지
못한 것을 걱정하고 있다. 이 역시 지금 세상에 통행하는 논리다. 군정軍政
의 근본, 장수 선발의 요건, 조직 훈련의 방법에 있어서는 백에 하나도 이
루어지지 못해 실패하는 데 이르렀다.

　정읍현감 이순신을 발탁해서 전라좌도 수군절도사(수사)로 보냈다. 이
순신은 담력과 계략이 있었으며, 말을 잘 타고 활도 잘 쏘았다. 일찍이 조
산진造山鎭[7] 만호萬戶(진鎭을 맡는 무관)로 있을 적에 북쪽 국경에 일이 많았
다. 이순신이 계교를 써서 배반한 되놈 우을기내于乙其乃를 유인해 붙잡아
다 병영으로 보내 참수했다. 그래서 우환이 잠잠해지게 되었다. 순찰사 정
언신鄭彦信이 이순신에게 녹둔도鹿屯島[8]의 둔전屯田(병사들이 경작하는 농지)을
방비하도록 지령했다. 어느 날 안개가 짙게 끼었는데 군졸들이 벼를 추수
하기 위해 나가서 방책 안에는 10여명 밖에 남아 있지 않은 상태였다. 이

6　삼가는 지금 합천군에 통합된 현 이름인데 이 지역으로 낙동강이 흐르고 있다.
7　함경도의 경흥(慶興)에 있었던 지명으로 포구와 진영이 있었다.
8　함경도 경흥의 두만강 하구에 있는 지명. 이곳을 개간하여 둔전을 만들었다.

때 되놈 기병들이 사방에서 몰려들었다. 이순신은 책문을 닫아 잠그고 방책 안에서 유엽전柳葉箭[9]을 연달아 쏘아서 적기 수십이 말에서 넘어졌다. 저들이 놀라 물러서자 이순신은 책문을 열고 단기로 달려 나가면서 크게 부르짖었다. 저들이 뿔뿔이 도망치는데 추격해서 노략질해간 물건들을 빼앗아 돌아왔다. 조정에는 그를 이끌어주는 사람이 없어 무과에 오른 10여 년이 지나도록 진출하지 못하다가 비로소 정읍현감이 되었다. 왜의 위협이 날로 급박해짐에 임금이 비변사에 명해 장수 중에서 재능이 있는 자를 각기 천거하도록 하여 내가 이순신을 호명했던 것이다.

— 『징비록』 권1, 「조정우왜朝廷憂倭」

전쟁 초기의 상황

4월 13일, 왜군의 부산 상륙

임진년(1592) 4월 13일에 왜군이 국경을 건너 쳐들어와서 부산포가 함락당하고 첨사僉使 정발鄭撥이 사망했다.

그전에 일본인 평조신과 현소 등이 통신사와 함께 와서 동평관에 머물고 있을 때였다. 비변사에서 황윤길과 김성일을 시켜 저들을 찾아가 사적으로 술자리를 베풀어 위로하는 동시에 저들의 정황을 캐물어보아 내막을 살펴서 대응책을 의논하는 것이 좋겠다고 하여 허락이 내려졌다. 김성일이 동평관으로 찾아갔을 적에 현소가 은밀히 들려준 말이었다.

"중국과 일본은 오랫동안 단절이 되어, 일본은 중국과의 조공길이 오래 통하지 못하고 있소. 평수길은 이 때문에 분노하고 치욕을 느껴서 군대

---

9 화살의 일종. 화살촉이 버들잎처럼 생겨서 붙여진 이름. 태조 이성계가 유엽전을 쏘았던 기록이 『조선왕조실록』에 보인다.

를 일으키려 하는 것입니다. 그러니 조선이 먼저 명에 주달奏達을 하여 조공할 길이 열리도록 한다면 필시 무사하게 될 것이오. 그러면 일본 66주의 백성들도 전쟁의 노고를 면할 수 있겠소이다."

김성일이 대의를 들어 꾸짖고 타이르자, 현소는 "옛날 고려가 원나라 대군을 인도해서 일본을 쳐들어왔던 까닭에 일본은 조선에 대해 원수를 갚고자 합니다. 이 점은 형세상 당연한 일이 아닌가요"라고 하는데, 그의 말이 자꾸 고약하게 나갔다. 이후로 다시 더 말을 하지 않았고 평조신과 현소는 자기 나라로 돌아갔다.

신묘년(1591) 여름, 평조신이 또 부산포에 와서 변경을 지키는 무관에게 말하기를, "일본은 대명大明과 국교를 트고 싶은데 조선이 이를 위해 아뢰어준다면 매우 다행이겠소. 만일 그렇지 않으면 양국 사이의 평화는 깨지고 말 것입니다. 이는 큰 문제이기 때문에 지금 와서 알립니다"라고 했다.

그 무관이 그대로 조정에 보고했다. 당시 명나라 조정의 여론이 조선이 일본과 교신하는 것을 잘못으로 여긴 데다가, 저들의 태도가 거칠고 오만한 것에 분노하여 대응을 하지 않았던 것이다. 평의지는 십여일간 부산포에 배를 정박하고 답신을 기다리다가 잔뜩 성질이 나서 돌아갔다. 이후로 저들은 다시 오지 않았다. 부산포의 왜관에 머물러 있던 일본인들이 항시 수십명 되었는데 차츰 돌아가고 왜관이 거의 비어서 사람들이 이상하게 여겼다.

4월 13일, 이날 적의 선박들이 대마도에서부터 바다를 덮어, 바라보면 끝이 어딘지 보이지 않았다. 부산진 첨사 정발은 절영도絶影島(영도)로 사냥을 나갔다가 허겁지겁 성으로 돌아왔다. 왜군이 곧이어 상륙하여 사방으로 구름처럼 밀려드니, 얼마 지나지 않아 성이 함락된 것이다. 경상좌수사 박홍朴泓은 적의 기세가 굉장한 것을 보고 감히 대적할 생각도 못하고 성을 버리고 달아났다. 왜군은 부대를 나누어 서평포西平浦와 다대포多大浦를 함락했다.

이때 다대포 첨사 윤홍신尹興信은 힘껏 싸우다가 전사했다. 경상좌병사 이각李珏은 보고를 받고 병영에서 동래성으로 들어오다가 부산이 함락되자 겁을 집어먹고 어쩔 줄 몰라 하다가는, 성 밖에서 안팎으로 호응하는 형세를 짓자는 핑계를 대고서 성을 벗어나 소산역蘇山驛으로 물러가서 진을 쳤다. 동래부사 송상현이 이곳에서 함께 성을 지키자고 종용했으나 이각은 끝내 따르지 않았다.

4월 15일에 적군은 동래성으로 쳐들어왔다. 부사 송상현은 남쪽 문루에 올라서 반나절을 지휘하던 끝에 성이 함락되었다. 송상현은 꿋꿋이 앉은 자세로 칼을 맞아 죽었다. 저들은 그가 죽음으로 성을 지킨 것을 가상히 여겨 그의 시신을 염을 해서 관에 넣어 성 밖에 묻고 비석을 세워 놓았다.

여러 군현들은 적이 온다는 소문만 듣고도 무너져 달아났다. 밀양부사 박진朴晉은 동래로 내려오다가 황급히 길을 돌려 작원관鵲院關 요새를 막아 적군을 방어하려고 했다. 적군은 양산을 함락하고 작원관에 이르러 방어하고 있는 것을 보고 산의 후면으로 개미 떼처럼 달라붙어 어지럽게 쏟아져 내리니 길목을 지키던 군사들은 모두 흩어져 달아났다. 박진은 급히 밀양으로 돌아와서 무기고와 창고에 불을 지른 다음 성을 버리고 산으로 들어갔다.

경상좌병사 이각은 서둘러 병영으로 돌아가서 먼저 자기의 첩을 내보냈다. 성안이 흉흉하여 병영도 하룻밤 동안 경동한 일이 네다섯차례나 있었다. 이각은 새벽에 틈을 타서 빠져 달아나버렸다. 군대가 크게 무너져서 적군은 길을 나누어 진격했다. 여러 고을들이 연이어 함락을 당해 감히 대적하는 자는 어디에도 없었다. 김해부사 서예원은 성문을 닫고 고수했지만 적군이 성 밖의 들판에서 보리를 베어 해자를 메워서 순식간에 성벽과 높이가 가지런해져 어렵지 않게 성안으로 넘어들 수 있었다. 초계군수草溪郡守 이 아무는 먼저 달아났고 서예원도 뒤이어 빠져나갔다. 성이 마침내 함락된 것이다.

순찰사 김수金睟는 당초에 진주에 있다가 전쟁이 난 줄을 알고 동래로 달려가던 도중에 적군이 이미 접근했다는 말을 듣고는 더 가지 못했다. 진주로 회군해서도 어찌할 줄을 모르고 기껏 여러 고을에 격문을 띄워 백성을 적군으로부터 도피시키라고 효유할 따름이었다. 이 때문에 온 도내가 텅 비어 더욱 어떻게 할 도리가 없게 되었다. (하략)

—『징비록』 권1, 「사월십삼일 왜병범경四月十三日倭兵犯境」

왜적의 침략 사실이 처음 서울로 보고되다

4월 17일 이른 아침, 왜적이 침략한 보고가 처음 올라왔다. 경상좌수사 박홍朴泓이 보낸 장계狀啓였는데, 대신들과 비변사 빈청賓廳에 모여 알현하기를 청했으나 불허하여 즉시 문서로 아뢰었다. 이일李鎰을 순변사로 삼아 가운데 길로, 성응길成應吉을 좌방어사로 삼아 왼쪽 길로, 조경趙儆을 우방어사로 삼아 서쪽 길로 내려보내고, 유극량劉克良은 조방장助防將으로 삼아 죽령을 지키게 하며, 변기邊璣는 조방장으로 삼아 조령을 지키도록 한다는 것이었다. 또 경주부윤 윤인함尹仁涵은 유신儒臣이라 겁이 많으므로 전 강계부사 변응성邊應星을 불러내서 경주부윤을 삼자고 했다. 모두 각각 군관을 뽑아서 데리고 가라는 지시였다. 그런데 이윽고 부산이 함락되었다는 보고가 올라왔다. 이때 부산진은 적에게 포위를 당해 사람들이 들어갈 수 없었기에, 박홍의 장계에 "높은 데서 바라보니 붉은 깃발이 성안에 가득하여 성이 이미 함락된 줄 알았다"고 되어 있었다.

이일은 서울에서 정예병 3백명을 거느리고 가고 싶어 했다. 그런데 병조에서 선발한 명단을 받아보니 모두 여염과 시정의 하릴없는 무리 및 이속과 유생이 태반이었다. 떠날 임시에 점검해보니, 유생들은 모두 관복을 입고 시권試卷을 들고 있었으며, 이속들은 평정건平頂巾을 쓰고 있었다. 빠지기를 소원하는 자들이 관정에 가득 차 있어서 보낼 만한 자가 없었다. 이일도 왕명을 받은 지 사흘이 지나도록 출발을 못 했다. 그러다가 이일은 우선 출발하고 뒤미처 별장別將 유옥兪沃이 거느리고 따라가도록 조처했다.

나는 병조판서 홍여순洪汝諄이 임무를 수행할 능력이 없고 군사들 중에 원망하는 자가 많으니 교체해야 한다고 아뢰었다. 이에 대신 김응남을 병조판서로 삼고 심충겸沈忠謙을 병조참판으로 삼았다. 또 대간이 글을 올려 "마땅히 대신을 체찰사로 정해 여러 장수들을 통제해야 한다"고 요청했다. 수상이 나를 이에 응하게 해서 체찰사가 되었다. 그래서 나는 김응남을 부체찰사로 삼도록 요망했다. 전 의주목사 김여물金汝吻은 무략武略이 있는 사람인데 당시 무슨 일로 연루가 되어 옥중에 있었다. 나는 김여물로 하여금 죄를 대신하여 공을 이룰 수 있게 해달라고 아뢰었다. 그리고 무사를 모집하여 비장裨將 임무를 감당할 만한 자 80여 명을 얻었다.

이윽고 급한 보고가 연달아 올라왔다. 적의 선봉이 이미 밀양·대구를 지나 곧 대령大嶺(조령이 위치한 소백산맥)으로 가까이 오고 있다는 소식이었다. 내가 김응남과 신립에게 "적이 깊이 접근하여 일이 아주 위태합니다. 장차 어찌하면 좋겠소?"라고 물으니, 신립은 "체찰사는 내려가시더라도 전쟁을 아는 장수가 아닙니다. 이일이 고군분투하여 전선에 있거늘 후원 부대가 없소이다. 어찌 한 맹장을 밤새 달려 보내서 이일과 호응하여 싸우도록 하지 않으십니까"라고 말했다. 신립의 의도는 자신이 내려가서 이일의 원군이 되어 싸우려는 것으로 보였다. 나와 김응남은 청대請對[10]를 하여 신립이 말한 것 같이 아뢰었다. 성상은 즉시 신립을 불러 물으시고 드디어 신립을 도순변사都巡邊使로 삼았다.

신립이 대궐 밖으로 나가서 군사를 모집하는 조처를 취했는데, 거기 응하는 무사가 없었다. 그때 나는 중추부中樞府에 있으면서 떠날 준비를 하고 있었다. 신립이 내가 있는 곳으로 왔다가 마침 내가 모집한 무사들이 계

---

10   긴급하거나 긴밀할 사유가 있을 때 임금께 면대를 청하는 것.

단 아래 많이 늘어서 있는 것을 보고 심히 노여운 안색을 드러냈다. 김 판서(김응남)를 가리키며 나를 향해서 "대감은 이런 분을 데리고 가서 어디에 쓰겠습니까? 원컨대 소인이 대감의 부사副使가 되어 따라가고자 합니다"라고 말하는 것이었다. 나는 신립이 자기를 따라가겠다는 무사가 모이지 않아서 화가 난 사실을 알고 웃으면서, "다 같이 국사를 맡고 있는데 어찌 너와 나를 구분 짓겠소? 영감은 내려갈 길이 급하니 내가 모집한 군관들을 먼저 데리고 가시오. 나는 따로 모집해서 뒤에 가겠소" 하고 군관의 명단을 그에게 건네주었다. 신립은 뜰 가운데 모인 무사들을 둘러보며 "따라오라" 하고, 이내 그들을 거느리고 나갔다. 무사들은 모두 풀이 죽어 떠났다. 김여물 또한 함께 갔는데 마음이 즐겁지 않은 기색이었다.

신립이 출정할 때에 성상은 불러 보시고 보검寶劍을 내리면서 "이일 이하 명령을 따르지 않는 자는 이 칼을 쓰라"고 하명을 했다. 신립은 사은을 하고 물러나 빈청에 들러 대신들에게 인사했다. 그러고 나서 계단을 내려가는데, 머리에 쓴 사모紗帽가 홀연 땅에 떨어졌다. 이를 본 사람들이 모두 놀라 얼굴빛이 변했다. 용인에 당도하여 올린 장계에 자기의 서명이 빠져 있어서 그의 마음이 어지러운 것이 아닌가 하고 걱정을 하는 사람들이 있었다.

—『징비록』 권1, 「십칠일조 변보시지十七日早朝邊報始至」

김성일이 체포되었다가 초유사로 임명되는 경위

경상우병사 김성일을 하옥시키라는 왕명이 있었다. 체포당해 오는 도중에 도리어 그를 초유사招諭使로 임명했으며, 함안군수 유숭인柳崇仁을 병사로 임명했다.

당초 김성일이 상주에 이르렀을 적에 왜적이 국경을 넘어 들어왔다는 소식을 듣고는 밤낮으로 말을 달려 본영本營에 도착했다. 도중에 조대곤曺

大坤과 만나 경상우병사의 관인을 교환 받았다. 당시 적군은 벌써 김해를 함락하고 나서 경상우도 여러 고을로 부대를 나누어 진격하여 짓밟고 있었다. 김성일이 중도에 적병과 조우했는데 부하 장병들이 모두 달아나려 했다. 김성일은 말에서 내려 호상胡床(걸상의 일종)에 버티고 앉아 움직이지 않고 군관 이종인李宗仁을 불러 "너는 용맹한 장사다. 적을 보고 먼저 달아나서는 안 된다"고 소리쳤다. 그때 금가면金假面을 쓴 적장 하나가 칼을 휘두르며 돌격해왔다. 이종인은 말을 달려 나가서 화살 한발에 그자를 거꾸러뜨렸다. 여러 적들이 물러나 달아나고 감히 덤벼들지 못했다.

김성일은 도임하자 곧 흩어진 군사들을 불러 모으고 각 군현에 격문을 보냈는데 서로 연계하여 적군과 싸우려는 계책이었다. 그런데 성상은 김성일이 전에 일본에 사신으로 다녀와서는 "적이 쉽사리 침략하지 않을 것"이라고 말하여 인심을 해이하게 만들고 나랏일을 그르쳤다 하여 의금부도사를 보내 붙잡아 오도록 했던 것이니 일이 장차 어떻게 될지 예측할 수 없었다.

감사 김수金睟는 김성일이 체포당해 간다는 말을 듣고 나와 길에서 작별을 고했다. 김성일은 언사와 기색이 변함없이 자기 신상에 관해서는 한마디도 언급하지 않고 오직 김수에게 힘을 다해 적을 칠 것을 면려하는 말뿐이었다. 하자용河自溶이란 늙은 아전이 감탄하여 "자신을 돌보지 않고 오직 국사에 대해서만 걱정하니 참으로 충신입디다"라고 말했다.

김성일이 충청도 직산 땅에 이르렀을 즈음에 성상의 노여움이 풀린 한편, 김성일이 경상도 사민士民의 마음을 얻은 줄을 알았던 것이다. 그래서 드디어 그의 죄를 용서하여 경상우도의 초유사로 삼아 도내의 인민들을 깨우쳐서 의병을 일으켜 왜적을 치도록 한 것이었다. 그때 유숭인은 전공이 있었기에 특진을 시켜서 병사로 삼은 것이다.

—『징비록』 권1, 「체경상우병사김성일하옥逮慶尙右兵使金誠一下獄」

서울을 포기하고 떠날 때의 상황

4월 30일 새벽, 어가가 서쪽으로 몽진을 했다. 신립이 출정한 뒤에 도성 사람들은 날마다 승전보를 기다렸는데, 전날 저녁에 전립을 쓴 세 사람이 말을 달려서 숭인문崇仁門(동대문)으로 들어왔다. 도성 사람들이 앞다투어 전장 소식을 물었다. "우리는 순변사(신립) 군관의 노복입니다. 어제 순변 사가 충주에서 패하여 죽고 부대도 궤멸되어 저희만 몸을 빠져나와서 이 렇게 달려 왔습니다. 집안 사람들에게 알려서 피난하게 하렵니다." 이 말 을 들은 사람들 모두 크게 놀라 말이 널리 퍼져서 금방 도성 안에 가득한 사람들이 벌벌 떨었다.

이날 초저녁에 재상들을 불러 피난 갈 일을 논의했다. 성상이 동상東廂 으로 나와 바닥에 앉아 등촉을 밝혔고 종실의 하원군河原君·하릉군河陵君 등이 모시고 앉았다. 대신이 "사태가 여기에 이르렀으니 어가를 잠시 평양 으로 옮기시어 명나라에 원병을 청해 수복할 일을 도모하옵소서"라고 아 뢰었다.

장령 권협權悏이 청대請對하고 무릎으로 다가가서 "서울을 고수해야 합 니다"라고 아뢰는데, 그 말이 아주 거칠었다. 나는 "아무리 급박한 때라도 군신 간의 예절이 이래서는 안 됩니다. 물러서 계문啓聞(신하가 글로 임금에게 아뢰는 문서)을 해야 하오"라고 말을 하니, 그는 "좌상께서도 이렇게 말하십 니까! 그렇다면 서울은 버려도 된단 말입니까?"라고 거듭 소리 질렀다. 나 는 계문하여 "권협의 말은 심히 충직하나, 사태가 이렇게 하지 않을 수 없 습니다"라고 아뢴 다음에, 이어서 왕자들을 여러 도에 나누어 보내 근왕병 을 호소해 모집하되 세자는 어가를 따르도록 아뢰었다. 의론이 이렇게 정 해졌다. 대신들은 합문 밖에서 어명을 받았다.

임해군臨海君은 함경도로 가는데 영부사 김귀영金貴榮과 칠계군漆溪君 윤탁연尹卓然이 따라갔다. 순화군順和君은 강원도로 가는데 장계군長溪君

황정욱黃廷彧과 호군 황혁黃赫, 동지 이기李墍가 따라갔다. 황혁의 딸이 순화군의 부인이고 이기는 원주 사람이어서 함께 보낸 것이다.

이때 우의정 이양원李陽元은 유도대장留都大將으로 남고, 영의정과 재상급의 수십명을 호종하도록 지명했다. 나는 명을 받은 것이 없었는데 승정원에서 "호종에 유 아무가 없어서는 안 됩니다"라고 아뢰어 이에 호종하도록 지명을 받았다. 내의內醫 조영선趙英璇과 승정원 이속吏屬 신덕린申德麟 등 십여명이 "서울을 버릴 수 없습니다"라고 소리쳤다.

이윽고 이일의 장계가 올라왔다. 궁궐을 지키던 병사들은 뿔뿔이 흩어져버렸고 물시계도 울리지 않았기에, 선전관청에서 횃불을 구해 와서 장계를 읽을 수 있었다. 장계에는 "적군이 금명간에 서울로 진입할 것입니다"는 말이 들어 있었다. 장계가 올라온 한참 후에 어가가 출발했다. 삼청三廳[11]의 금위군이 다 달아났고 캄캄한 중에 서로 몸이 부딪혔다. 마침 우림위羽林衛(임금을 호위하는 부대) 소속의 지귀수池貴壽가 지나가는 것을 내가 알아보고 호종을 하라고 꾸짖으니, 지귀수는 "감히 힘을 다하지 않으리까"라 말하고 동료 2인을 소리쳐 불러왔다.

어가가 경복궁 앞을 지나는데 시가지의 양쪽에서 곡하는 소리가 울렸다. 승문원 서원書員 이수겸李守謙이 내가 탄 말의 고삐를 잡고서 "승문원에 있는 문서는 어떻게 합니까"라고 물었다. 나는 긴요한 문서는 수습해가지고 따라오라고 이르자 이수겸은 통곡하며 발길을 돌렸다. 돈의문敦義門(서대문)에서 돌아보니 남대문 안의 큰 창고에 불이 나서 화염이 하늘로 치솟고 있었다.

사현沙峴(안현의 별칭)을 넘어 석교石橋(홍제교)에 이르자 비가 내리기 시작했다. 경기감사 권징權徵이 따라와서 호종했다. 벽제역에 다다랐을 즈음에 비가 많이 내려 일행이 모두 비에 젖었다. 성상은 역사에 들어갔다가 잠시

---

11   겸사복(兼司僕)·내금위(內禁衛)·우림위(羽林衛)를 합해서 일컫는 말. 내삼청이라고도 하는데 임금을 호위하는 임무를 맡음.

뒤에 나와서 곧 출발했다. 관료들 중에 도성으로 돌아간 자가 많았으며, 시종이나 대간臺諫 중에도 더러 뒤로 떨어져서 따라오지 않는 자들이 있었다. 혜음령惠陰嶺을 넘어갈 즈음에는 비가 거세게 퍼부어서 궁궐 사람들은 허약한 말을 타고 물건으로 얼굴을 가리고서 울고불고 하며 걸었다. 마산역馬山驛을 지나가는데 어떤 사람이 밭 가운데서 바라보고 통곡하며 "나라가 우리를 버리고 가다니 우리들은 누구를 믿고 살아갑니까"라고 부르짖었다.

임진강에 이르렀을 때까지 비는 그치지 않았다. 성상은 배에 올라서 수상과 나를 불러 면대할 수 있게 되었다. 강을 건널 무렵에는 날이 이미 어두워서 사방을 분간할 수 없었다. 임진강 남쪽 언덕에 전부터 승청丞廳(나루터 사무소)이 있었는데, 적군이 이 건물의 목재로 뗏목을 만들어 강을 건너는 데 이용할까 싶어 불을 지르니 불빛이 강의 북쪽까지 비쳐 강을 건너서 가기 쉬웠다. 초경(저녁 8시 전후)에 동파역東坡驛[12]에 도착했다. 파주목사 허진許晉과 장단부사 구효연具孝淵이 지대차사원支待差使員으로 이곳에 나와서 임시 주방을 차려놓았다. 그런데 호위하는 사람들이 종일 주린 탓에 주방으로 뛰어들어 음식을 훔쳐 먹었다. 임금이 드실 음식이 떨어지게 되자 허진과 구효연은 두려워 도망치고 말았다.

5월 1일, 아침에 성상은 대신들을 불러서 물었다. "남쪽 여러 도의 순찰사로서 근왕勤王을 할 자가 있는가?"

날이 저물어서 어가가 개성으로 향해 떠나려 했지만 경기도 이졸들이 모두 달아나서 호위할 사람이 없었다. 마침 황해감사 조인득趙仁得이 본도의 병사를 거느리고 도우러 왔다. 서흥부사 남의南嶷가 먼저 도착했는데 병사 수백명과 말 50~60필이 되었다. 출발할 즈음에 사약司鑰 최언준崔彦俊이 앞으로 나와 "궁중 사람들이 어제부터 아무것도 먹지 못했습니다. 지

---

12   서울에서 개성으로 가는 길목인 장단 지역에 있었던 중요한 역.

금까지 못 먹었는데 좁쌀이라도 구해 요기를 해야 갈 수 있겠습니다"라고 말했다. 남의가 거느린 병사들이 소지한 식량에서 쌀과 좁쌀이 섞인 것 두세말을 구해 왔다. 정오께 초현참招賢站에 이르러, 황해감사 조인득이 내조來朝하여 도로에 장막을 치고 일행을 영접했다. 백관이 이때야 비로소 식사를 할 수 있었다.

저녁에 개성부에 당도해서 성상은 남문 밖의 공관에 머물렀다. 이때 대간이 교대로 상소를 올려 수상(영의정 이산해를 가리킴)에 대해서 '교결오국交結誤國'[13] 등의 죄목으로 탄핵했는데, 성상은 받아들이지 않았다.

5월 2일, 대간이 다시 탄핵을 하여 수상 이산해가 파직되어 내가 그 자리에 올랐고 최흥원崔興源이 좌의정, 윤두수尹斗壽가 우의정이 되었다. 함경북도병사咸鏡北道兵使 신할申硈이 교체되어 왔다.

이날 정오에 성상이 개성의 남문 성루에 서서 인민을 위유하는 글을 내렸다. 그리고 각자 생각하는 바를 말하도록 지시하셨다. 어떤 사람이 앞으로 나와 부복하고 있어서 성상이 "무슨 말이 있는가"라고 묻자, "정승 정철을 불러오기를 원하옵니다"라고 아뢰었다. 이때 정철은 강계江界에 유배가 있었던 것이다. 성상은 "알았다" 하시고 즉시 정철을 불러 행재소行在所(임금이 임시로 머무는 곳)로 오게 했다. 저녁에 숙소로 들어갔다.

나는 죄로 영의정에서 파직이 되었으며,[14] 유홍劉泓이 새로 우의정에 임명되고 최흥원과 윤두수가 차례로 승진했다.

적이 아직 서울로 진입하지 않았다는 소식이 들렸다. 사람들이 몽진을 서둔 것이 잘못이라는 비난을 퍼부었다. 이에 승지承旨 신잡申礏을 서울로

---

13   궁중의 사람과 결탁해서 국사를 그르치게 만들었다는 의미.

14   유성룡이 영의정에 임명되었다가 파직된 것은 5월 2일, 선조가 피난길에 오른 하루이틀 사이에 일어난 일이다. 『서애선생연보』의 기록에 의하면 이산해가 영의정에서 파직된 요인인 '오국', 나랏일을 그르쳤다는 죄목은 좌의정으로 있었던 자신도 면할 수 없다면서 영의정 자리를 고사했다. 그리하여 이날 저녁에 승지 신잡 등이 공박하여 파직된 것이다. 이에 따라 서애는 평양에 당도할 때까지 아무 직책이 없는 상태로 호종을 하게 되었다.

보내 형세를 알아보게 했는데, 5월 3일에 적군이 서울로 들어왔고, 유도대장 이양원과 도원수 김명원金命元은 달아났다는 것이었다.

처음에 적군은 동래에서 길을 세 갈래로 나누어 올라왔다. 제1로는 양산·밀양·청도·대구·인동·선산을 경유해서 상주에 이르러 이일의 군대를 무너뜨렸다. 제2로는 경상좌도의 장기·기장을 거쳐 좌병영이 있는 울산을 함락하고, 경주·영천·신녕·의흥·군위·비안을 지나 용궁의 하풍진을 건너 문경으로 진출하여 제1군과 합류해서 조령을 넘어 충주로 들어오고, 거기서 다시 두 길로 나뉘었다. 제1로는 여주에서 강을 건너 양근을 거쳐 용진 나루를 건너 서울의 동쪽으로 들어왔으며, 제2로는 죽산·용인을 거쳐 한강의 남쪽에 이르렀다. 제3로는 김해를 거쳐 성주로 와서 무계현茂溪縣에서 강을 건너 지례·금산金山을 거쳐 충청도 영동으로 진출하여 청주를 함락하고 경기도로 향했다. 적들은 기치·창검이 천리를 연이었고 총성이 끊이지 않았다. 통과하는 곳마다 십리 혹은 오륙십리마다 험한 곳에 요새를 세우고 병사들을 주둔시켜 지켰으며, 밤에는 횃불을 올려 서로 호응했다.

아군 도원수 김명원은 한강의 제천정濟川亭에 있었다. 적군이 오는 것을 바라보고 감히 싸울 생각도 못하고 군기와 총포·기계를 모두 강 속에 던져 버리고 옷을 바꿔 입고 달아났다. 종사관 심우정沈友正이 강력히 말렸지만 끝내 따르지 않았다. 이양원은 도성 안에 있다가 한강의 부대가 무너졌다는 말을 듣고 서울을 지킬 수 없다고 생각하여 역시 빠져나가서 양주로 도주했다.

강원도의 조방장 원호元豪는 처음에 병사 수백명을 거느리고 여주의 북쪽 강안을 지켜 적과 대치해서 적이 며칠 동안 강을 건너지 못했다. 얼마 뒤에 강원도 순찰사 유영길柳永吉은 원호를 본도로 귀환하라고 불렀다. 적은 민가와 관사를 마구 헐어서 목재를 취해 긴 뗏목을 만들어 강을 건넜다. 그러다가 물에 떠내려가서 죽은 자들도 많았다. 원호가 떠나고 나자 한 사람도 강을 지키는 자가 없어 저들은 며칠을 두고 강을 건넜다. 이에 세

갈래 길로 나누어 올라온 적군이 모두 모여 서울로 달려든 것이다. 서울의 백성들은 이미 먼저 흩어져 도망한 때문에 도성 안에는 사람이 없었다. 김명원은 한강 방어에 실패하고 나서 행재소로 향했고, 임진강에 이르러 장계를 올려 상황을 보고했다. 그에게 경기도와 황해도의 병사를 거두어 신할과 함께 임진강을 지켜서 적군이 서쪽으로 진격할 길을 차단하도록 명했다.

이날(5월 3일) 어가는 개성을 떠나 황해도 금교역에 머물렀다. 나는 비록 파직된 처지였지만 감히 뒤에 처질 수 없어 따라갔다. 5월 4일, 어가는 흥의興義·금암金巖·평산부平山府를 통과하여 보산역에 머물렀다. 개성을 떠날 때 급히 서둘다가 종묘의 신주를 목청전穆淸殿[15]에 두고 왔다. 종실 한 사람이 "적이 있는 곳에 신주를 버려둘 수 없다"고 읍소하여 개성 사람을 달려 보내 신주를 모시고 돌아왔다.

이달 5일에 어가는 안성·용천·검수역을 지나 봉산군에 머물렀다. 6일에는 황주로 가서 머물고, 7일에 중화를 거쳐 평양으로 들어갔다.

— 『징비록』 권1, 「사월삼십일효 거가서순四月三十日曉車駕西巡」

국면의 전환

해전에서 이순신의 승리와 그 의미

전라수군절도사 이순신이 경상우수사 원균, 전라우수사 이억기 등과 함께 거제도 해양에서 적의 수군을 대파했다.

처음에 적군이 상륙했을 때 원균은 저들의 형세가 굉장한 것을 보고 감

---

15   개성의 숭인문 안에 있는 건물. 원래 고려 태조의 옛 집터였고 이곳에 태조의 영정이 모셔져 있었다.

히 나서서 싸울 생각도 못해 백여척의 전선과 화포·병기 등을 전부 바다 속에 가라앉혀버리고 수하의 비장 이영남李英男·이운룡李雲龍 등과 함께 네척의 배에 타고 달아나, 곤양 어귀에 이르러 상륙하여 적을 피하려고 했다. 그리하여 수군 만여명이 무너진 것이다. 이때 이영남이 "공公은 나라의 명을 받아 수군절도사에 임명되었거늘 지금 군사를 버리고 상륙하여 달아나고 보면 후일 조정에서 죄를 물을 때 무엇이라고 답하시겠습니까? 전라도에 요청히여 더불어 싸우다가 만일 이기지 못하면 그때 가서 달아나도 늦지 않을 겁니다"라고 충고하자, 이 말을 옳게 여긴 원균은 이영남을 이순신에게 보내 구원을 요청했다. 이순신은 각자 맡은 구역이 있으니 조정의 명이 있지 않으면 어떻게 구역을 넘어서 나갈 수 있겠느냐며 거절했다. 원균은 이영남을 다시 보내 구원을 요청하여 전후로 왕복한 것이 대여섯 차례에 이르렀다. 이영남이 그냥 돌아오면 원균은 뱃머리에 앉아 바라보고 통곡했다.

얼마 뒤에 이순신은 판옥선板屋船 40척을 거느리고 이억기와 약속하여 함께 거제도로 진군했다. 원균과 합세해서 출동하여 견내량에서 적선과 조우했다. 이순신이 "이곳은 바다가 좁고 물이 얕아서 배를 돌리기가 어렵소이다. 후퇴하는 척하고 적을 유인하여 넓은 바다에서 싸우는 것이 좋겠소"라고 말하자, 원균은 분노한 끝이라 당장 대거 진격해 싸우자고 주장했다. 이순신은 "공은 병법을 잘 모르시는군요. 그렇게 하다가는 필시 패할 것이외다"라고 말했다. 드디어 깃발을 흔들어 아군의 선척들이 물러서니 적군은 크게 기뻐 앞을 다투어 좁은 해협을 빠져나왔다. 이때 이순신이 북을 쳐서 울리는 소리에 아군의 선단은 일제히 돛을 돌려 바다 가운데 벌이고 늘어서 적의 함선들과 정면으로 대치했다. 양 진영 사이의 거리가 수십 보에 지나지 않았다.

이에 앞서 이순신은 새로 거북선을 제작했다. 목판으로 선상을 덮어서 위가 동글고 불쑥한 것이 마치 거북의 등 같았다. 전사와 노 젓는 사람들이 모두 그 안에 들어 있으면서 전후좌우에 화포를 많이 장착하고 종횡으로 베 짜는 북(梭)처럼 움직였다. 대포를 적선으로 향해 연달아 쏘아댔다. 많은 배들이 일제히 나서서 공격하니 연기와 화염이 하늘에 가득 차서 적선이 무수히 불에 탔다. 적장은 누선樓船(층배)에 올라타고 있었는데 몇길 높이의 망루 위에 울긋불긋한 천과 비단으로 휘장을 둘러놓았다. 이런 누선도 대포에 맞아 파괴되고 병사들이 다 물에 떨어져 죽은 것이다.

이후로 왜적은 연전연패하여 부산포나 거제도에 있으면서 감히 출동하지를 못했다. 어느 날 이순신이 전투를 독려하던 중, 적의 유탄에 왼쪽 어깨를 맞아 피가 팔꿈치까지 흘렀다. 그는 아무 말도 않고 있다가 전투가 끝난 뒤에야 칼로 살을 찢어 탄환을 꺼냈다. 탄환이 살 속에 몇 치나 박혀서 그것을 본 사람들은 낯빛이 변했지만 본인은 옆에 사람과 담소를 나누었다.

조정에서는 승전보가 올라오자 크게 기뻐했다. 성상은 이순신을 1품으로 올리고 싶어 했으나 지나치다고 말하는 자가 있어서 정2품 정헌대부正憲大夫로 승진을 시켰다. 이억기와 원균도 정3품 가선대부嘉善大夫로 올려주었다.

그에 앞서 적장 평행장은 평양을 점령하자 글을 보내, "일본의 수군 수십만이 바야흐로 서해상으로 올라올 터이니 대왕의 용어龍御는 장차 어디로 갈지 모르겠소이다"라고 했다. 대개 적군은 원래 수군과 육군이 합세하여 서쪽으로 올라오려는 전략이었는데, 이때 수군의 패전으로 드디어 저들의 한쪽 팔이 잘린 꼴이 되었다. 평행장은 평양은 얻었지만 형세가 고립되어서 감히 더이상 진공해 올라오지 못한 것이다. 그리고 우리나라는 전라도와 충청도, 황해도, 평안도의 연해 지대를 보전함으로써 군량미의 조달이 가능하고 위아래로 명령과 보고가 통하게 되어, 중흥을 이룩할 수 있었던 것이다. 아울러 중국 땅 요동의 금주金州·복주復州·해주海州·개주蓋州·천진天津 등지가 전쟁에 휘말리지 않아서, 명군이 육로로 지원할 수 있었으므로 적을 물리칠 수 있었던 것이다. 모두 그 한번의 해전이 승리한 공적이었다. 아아, 어찌 하늘의 도움이 아니겠는가! 이순신은 3도의 수군을 이끌고 한산도에 주둔하여 적군이 서쪽으로 진출하는 길을 차단한 것이다.

——『징비록』 권1, 「전라수군절도사이순신全羅水軍節度使李舜臣」

전라도 웅치의 전투

적군이 전라도 지경으로 쳐들어오자, 김제군수 정담鄭湛과 해남현감 변응정邊應井이 힘껏 싸우다가 죽었다.

당시 왜적은 경상우도를 통과해서 전주 쪽으로 쳐들어 올라왔다. 정담·변응정 등은 저들을 웅치[熊嶺]16에서 방어했다. 목책을 설치하여 산길을 차단하고 장병들을 독려하여 하루 종일 싸워서 적군을 무수히 쏘아 죽였다. 적군이 물러서려는데 마침 날이 저물고 화살이 다 떨어졌다. 이에 적군이 재차 공격을 하여 정담과 변응정이 함께 전사하고 마침내 방어선이 무너졌다.

다음 날 적군이 전주로 진격해 올라왔다. 관리들은 모두 달아나는 판인데 전 전적典籍인 전주 사람 이정란李廷鸞이 성으로 들어가서 이속과 백성들을 거느리고 전주성을 굳게 지켰다. 그때 적군은 다수의 정예군이 웅치의 싸움에서 죽었기 때문에 기세가 쇠한 상태였다. 전라감사 이광李洸이 성 밖으로 의병疑兵을 설치해놓아 낮에는 깃발이 휘날렸고 밤에는 온 산에 횃불이 환했다. 적군은 성 아래 당도해서 주위를 몇 바퀴 둘러보다가 감히 공격하지 못하고 물러섰다. 돌아가는 길에 저들은 웅치에서 전사한 시체들을 모두 모아 길가에 묻어주고 큰 무덤 몇 개를 만들어 거기에 목비를 세운 다음, "조선국 충간의담忠肝義膽을 조문하노라"고 새겨놓았다 한다. 대개 힘껏 싸운 것을 아름답게 여긴 뜻이다. 이 웅치 전투로 전라도 전체가

---

16   전주에서 진안으로 가는 중간에 있는 고개. 지금 완주군 소양면 신천리 지역이다. 웅현(熊峴)이라고도 표기하는데 우리말로 웅치다.

온전히 보전될 수 있었다.

——『징비록』권1, 「적병범전라도賊兵犯全羅道」

각 도에서 일어난 의병의 활약상

이때 각 도에서 의병을 일으켜 적군을 토벌한 이들이 아주 많았다. 전라도에서는 전 판결사判決事 김천일金千鎰, 첨지僉知 고경명高敬命, 전 영해부사 최경회崔慶會 등이 있다.

김천일은 자가 사중士重인데, 의병을 이끌고 먼저 경기도 지역에 이르렀다. 나라에서 가상히 여겨 그 칭호를 '창의군'이라고 내려주었다. 얼마 후에 유지하기 어려워 강화도로 들어갔다. 고경명은 자가 이순而順으로 고맹영高孟英의 아들로 문학에 재능이 있었다. 역시 향병을 모집해 거느리고 각고을로 격문을 보내 대적해서 싸웠다. 적과 싸우던 중에 패하여 죽음에 그의 아들 고종후高從厚가 대신 부대를 지휘하여 '복수군'이라고 일컬었다. 최경회는 후일 경상우병사가 되어 전주성 싸움에서 전사했다.

경상도에서는 현풍 사람 곽재우郭再祐, 고령 사람 전 좌랑 김면金沔, 합천 사람 전 장령 정인홍鄭仁弘, 예안 사람 전 한림 김해金垓, 교서관 정자 유종개柳宗介, 초계 사람 이대기李大期, 군위의 교생 장사진張士珍이 있다. 곽재우는 곽월郭越의 아들로 재략이 뛰어나서 적군과 자주 싸웠는데 적이 그와 싸우는 것을 겁냈다고 한다. 정암진鼎嚴津을 고수하여, 적이 의령 땅으로 들어오지 못한 것은 그의 공이라고 사람들이 말했다. 김면은 무장 김세문金世文의 아들로 거창 우척현牛脊峴에서 적을 막아 여러 번 물리쳐서 이일이 알려져 우병사로 발탁되었는데 나중에 진중陣中에서 병으로 죽었다. 유종개는 의병을 일으킨 지 얼마 되지 않아 적과 조우하여 죽으니, 나라에서 그 뜻을 가상히 여겨 예조참의로 추증했다. 장사진은 앞뒤로 쏘아 죽인적병이 아주 많아 적들이 그를 장 장군이라고 일컬으며 군위 지역으로는 감히 들어오지 못했다. 어느 날 적이 군사를 매복시키고 유인하니 그는 복병 가운데로 깊이 들어가서 크게 소리치며 역전하다가 화살이 떨어졌다. 적이 그의 한쪽 팔을 잘랐는데 남은 팔로 분투하다가 죽었다. 이 사실이 알려져서 수군절도사로 증직이 되었다.

충청도에서는 승려 영규靈圭, 전 제독관 조헌趙憲, 전 청주목사 김홍민金弘敏, 서얼 이산겸李山謙, 선비 박춘무朴春茂, 충주사람 조덕공趙德恭, 내금위 조웅趙雄, 청주사람 이봉李逢이 있다. 영규는 용맹하고 전투를 잘해 조헌과 함께 청주를 수복했고 후에 적에게 패해 모두 전사했다. 조웅은 아주 용감하고 말 위에 서서 달리는 재주가 있어 적을 많이 죽였는데 전사했다.

경기도에서는 전 사간 우성전禹性傳, 전 정랑 정숙하鄭淑夏, 수원사람 최흘崔屹, 고양사람 이로李魯와 이산휘李山輝, 전 목사 남언경南彦經, 유학 김탁金琢, 전 정랑 유대진兪大進, 충의위忠義衛 이일李軼, 서얼 홍계남洪季男, 선비 왕옥王玉이 있다. 홍계남이 가장 날래고 용감했다.

이 밖에도 각각 자기 지역에서 100여명 혹은 수십명을 모아 의병으로 칭호한 자가 헤아릴 수 없이 많았는데 기록할 만한 공적은 없고 옮겨 다니다가 흐지부지된 정도였다.

또한 승려 유정惟政(사명당)이 있다. 그는 금강산 표훈사에 있었는데, 적군이 금강산으로 들어오자 중들이 모두 달아났으나 유정은 꼼짝 않고 앉아 있었다. 적은 감히 그에게 접근하지 못하고, 으레 합장하여 경의를 표하고 떠났다. 내가 평안도에 있으면서 군사를 일으켜 국난에 대응하도록 하는 글을 사방에 보냈다. 이 글이 금강산에 이르자 유정은 불탁佛卓 위에 글을 펼쳐 놓고 여러 승려들을 불러 모아 읽으며 눈물을 흘렸다. 드디어 승군을 일으켜 서쪽으로 진출하여 근왕勤王을 하매 평양에 도착할 즈음에는 천여명에 이르렀다. 평양성 동쪽에 주둔하여 순안의 군대와 합류하여 형세를 이루었다.

그리고 호성감湖城監(종실 중 한 작위)이 100여명을 거느리고 행재소에 당도했다. 나라에서 그를 호성도정湖城都正으로 승진시켰으며, 순안에 주둔하여 대군과 합세하도록 했다.

함경도에서는 평사 정문부鄭文孚와 훈융첨사訓戎僉使 고경민高敬民이 가장 공이 컸다.

—『징비록』권2,「시각도기의병時各道起義兵」

명군의 참전과 평양 탈환

임진년 12월에 명나라 군대가 대규모로 출동했다. 병부우시랑 송응창宋應昌이 경략經略[17]으로, 병부원외랑 유황상劉黃裳과 주사主事 원황袁黃이 찬획군무贊畫軍務로 요동에 주둔해 있었다. 제독 이여송李如松은 대장으로, 3영장 이여백李如栢, 장세작張世爵, 양원楊元 및 남방의 장수 낙상지駱尙志, 오유충吳惟忠, 왕필적王必迪 등을 이끌고 압록강을 건너니 병사의 숫자는 4만여명에 이르렀다.

이에 앞서 유격 심유경沈惟敬[18]이 자국으로 돌아가서, 왜군은 과연 군사를 거두고 움직이지 않았다. 그런데 약속한 50일이 지나도 심유경이 돌아오지 않으므로 저들은 의심을 하여 "신년에는 압록강에서 말의 물을 먹일 것이다"라고 큰소리를 쳤다. 그리고 적진으로부터 도망쳐 나온 자들이 다들 "적이 성을 공략할 도구를 대대적으로 수리한다"고 말하여 사람들이 더욱 겁을 냈다. 12월 초에 심유경이 돌아와서 평양성으로 다시 들어가 며칠 머물다가 서로 간에 약속하고 떠났는데, 무슨 말을 했는지는 듣지 못했다.

---

17   명대에 중요한 군사 업무를 맡기기 위해 특설된 고위직.

18   본래 중국의 절강성 출신인데 상업 활동을 하며 일본과 교류, 소통한 인물이었다. 임진왜란 때 유격장군으로 임명되어 명과 일본 사이의 강화 임무를 계속 맡았다. 정유재란 당시 교섭의 복잡한 일로 문제시되어 명나라 조정에 죽임을 당했다.

이때 명나라 군대가 안주에 이르러 성 남쪽에 주둔했는데, 기치와 병기의 위용은 귀신의 조화처럼 대단해 보였다. 내가 제독을 만나 의론할 말이 있다고 면담을 요청하자, 제독은 동헌에 있으면서 들어오도록 허락했다. 그를 만나보니 훤칠한 장부였다. 의자를 마주 놓고 앉아, 나는 소매 속에서 평양 지도를 꺼내놓고 지형을 손가락으로 가리키며 군대가 진입할 길을 설명했다. 제독은 나의 말을 경청하면서 내가 가리키는 곳을 곧 붉은색으로 표시했다. 그러고는 말했다. "왜적이 믿는 것은 조총뿐이오. 우리는 대포를 쓰는데 모두 5, 6리도 더 날아가니 저들이 감히 우리를 어떻게 대적할 수 있겠소?" 이야기를 끝내고 돌아온 후에 제독이 부채에다 시를 써서 보내왔다. 그 시는 이러하다.

군대를 거느리고 별빛 아래 강을 건너니
삼한의 땅이 위태롭다 해서라오
우리 황제 날마다 승전보를 기다리시니
이 신하 밤에 술잔 들어 즐기지도 못하네
봄이 오면 살기殺氣 돌아 내 마음 더욱 굳세지리
이번 가면 요괴들 뼈가 벌써 썰렁해질 거라
담소 중에도 어찌 승산이 없으랴 자신하며
항상 꿈속에서도 출정하는 말을 탄다오

提兵星夜渡江干 爲說三韓國未安
明主日懸旌節報 微臣野釋酒杯歡
春來殺氣心猶壯 此去妖氛骨已寒
談笑堪言非勝算 夢中常憶跨征鞍

이때에 안주성 내에는 명군이 가득했다. 나는 백상루百祥樓에서 묵고 있었다. 그런데 밤중에 갑자기 어떤 중국 사람이 군중밀약 3개조를 가지고 와서 보여주었다. 그의 성명을 물었으나 끝내 대답을 하지 않고 갔다.

　제독이 부총병副總兵 사대수査大受를 먼저 순안으로 보내 왜놈을 속여 "명나라에서 이미 화의和議를 허락했다. 유격 심유경이 곧 올 것이다"라고 거짓말을 했다. 저들은 기뻐하며 현소는 시를 지어 바쳤다.

　　부상扶桑(일본)이 전쟁을 그치고 중화에 복종하게 되니,

　　사해구주四海九州가 하나로 되는도다

　　따스한 기운 변방의 눈을 녹이니,

　　천지에 봄이 찾아와 평화의 꽃 피겠네

　이날은 계사년(1593) 정월 초하루였다. 저들의 소장小將 평호관平好官(타께우찌 기찌베)이 부하 20여명을 거느리고 순안으로 심유격을 맞으러 가려고 왔다. 부총병 사대수가 이들을 달래 함께 술을 마시는 중에, 대기시킨 복병이 들이쳤다. 평호관을 사로잡고 따라온 병사들을 마구 살육하여 겨우 세명만 달아났다. 저들은 비로소 명나라 대군이 진입한 것을 알고 진영이 크게 소요했다.

　당시 명의 대군은 이미 숙천에 당도해 바야흐로 군영을 설치하고 저녁밥을 짓는 중이었다. 이 보고를 받자, 이여송은 활시위를 당겨 울리며 즉각 기병 몇과 순안으로 달려가서, 여러 군영의 군사들을 속속 출동시켰다. 다음 날 아침, 명군은 평양성을 포위하고 보통문과 칠성문七星門으로 공격했다. 적군은 성 위로 올라가 홍·백기를 줄지어 세워놓고 맞서 싸웠다. 명군은 대포와 불화살로 공격을 하는데, 포성이 굉장히 울려서 수십리 안통의 산악이 흔들리고, 불화살은 베를 짜듯 공중에 펼쳐지니 연기가 하늘을 뒤덮었다. 불화살이 성안으로 날아가서 곳곳에 불이 일어나고 성안의 나무도 온통 불탔다. 낙상지駱尙志와 오유충吳惟忠 등은 친히 부대를 인솔하여 개미 떼처럼 성에 달라붙어 오르는데, 한 사람이 떨어지면 뒷사람이 올라

가 조금도 물러서지 않았다. 적군의 칼과 창이 성벽 위에서 아래로 뻗어내린 모양이 마치 고슴도치 바늘 같았지만 명군이 더욱 힘을 발휘해 달려드니, 적은 더 이상 버티지 못하고 내성內城으로 물러섰다. 칼을 맞고 불에 타서 죽은 자들이 무수했다.

명군이 평양성으로 진입하여 내성으로 들어가 보니, 왜군은 성 위에 토벽을 만들어 구멍을 뚫어놓아 바라보면 마치 벌집 같았다. 그 구멍 사이로 조총을 난사했기 때문에 명나라 병사들도 많이 부상을 입었다. 제독은 궁지에 몰린 적군이 죽기로 덤벼들 것을 염려하여, 군대를 수습해 성 밖으로 물러서 적의 탈주로를 열어주었다. 그날 밤에 적군은 얼음을 타고 강 건너로 달아났다.

이전에 나는 안주에 있으면서 명의 대군이 곧 올 것이라는 것을 알았다. 그래서 은밀히 황해도 방어사 이시언李時彦과 김경로金敬老에게 적의 퇴로에서 기다릴 것을 지시하면서, "두 부대가 길목에 잠복해 있다가 적이 지나가는 것을 기다려 뒤에서 추격하면, 적군은 굶주리고 지쳐서 도주할 것이다. 싸우고 싶은 생각도 못 할 것이므로 모조리 잡을 수 있다"고 강하게 주의를 주었었다. 이시언은 곧 중화로 갔지만 김경로는 다른 일이 있다고 핑계를 대면서 회피했다. 군관 강덕관姜德寬을 보내 재차 독촉해서야 김경로는 마지못해 중화로 갔다. 그러다가 적이 퇴각하기 하루 전에 황해도 순찰사 유영경柳永慶의 공문을 받고 재령載寧으로 가버렸다. 이때 유영경은 해주에 있으면서 김경로를 자신의 보호로 삼고 싶어 했고 김경로도 적과 맞서 싸우는 것을 꺼려해서 피해 가버린 것이었다.

적장 평행장平行長(고니시 유끼나가)·평의지·현소·평조신 등은 패잔병을 거느리고 밤낮으로 달아나느라고 기운이 빠지고 발이 다 부르터 절뚝거리며 걷는 꼴이었다. 논밭에서 기어가다가 손가락으로 제 입을 가리키며 구걸하는 자들까지 있었다. 그럼에도 우리나라 사람들은 하나도 나서서 공격하지 않았고, 명군 또한 저들을 추격하려 들지 않았다. 홀로 이시언이 저들 뒤를 쫓다가 감히 접근해 가지 못하고 기껏 굶주리고 병든 낙오자 60여 명의 머리를 베는 데 그쳤다.

당시 평양 성중에는 왜군 장수로 평수가平秀嘉(우끼따 히데이에)가 있었다. 그는 관백(토요또미 히데요시)의 조카라고도 하고 사위라고도 하는데, 나이가 어려 일을 주관하지 못하고 군무를 총괄한 것은 평행장이었다. 가등청정加藤淸正(카또오 기요마사)은 함경도에서 아직 돌아오지 않은 상태였다. 만약 평행장·평의지·현소 등을 붙잡았다면 서울의 적은 저절로 무너졌을 것이고, 서울의 적이 무너지고 보면 가등청정 또한 귀환하는 길이 단절되고 군사들 마음도 흉흉해져서 아무래도 동해를 따라 내려올 수밖에 없겠지만 전혀 기를 펴지 못했을 것이다. 한강 이남에 주둔한 적들 역시 차례로 와해될 것임은 말할 나위 없다. 명군은 북을 울리며 서서히 진군하여 부산까지 내려가서 승리의 술잔을 실컷 마실 터였다. 삽시간에 우리나라 전역이 깨끗해졌을 것인데 이 어찌 몇 년 동안 계속 혼란과 어려움을 겪을 일이 있겠는가? 한 사람의 어긋난 행동이 천하사에 관계되었으니 참으로 통탄할 노릇이었다.

이 사실을 장계로 보고하여 김경로를 처형하도록 요청했다. 나는 평안도 체찰사體察使의 직위여서 김경로는 나의 관할이 아닌 까닭에 이렇게 한 것이다. 조정에서는 선전관 이순일李純一을 보내 표신標信을 가지고 개성부로 가서 김경로를 처형하기 위해 제독에게 알렸다. 제독은 "김경로는 죽여 마땅하지만 아직 적을 다 몰아내지 못했으니 한명의 무사도 아껴야 할 형편이다. 우선 백의종군하도록 하여 공을 세우면 죄를 용서 받도록 하는 것이 좋겠다" 하며, 자문咨文을 작성해서 이순일에게 주어 보냈다.

—『징비록』권2,「천병대발병天兵大發兵」

장기전으로 들어간 상황

이여송의 벽제관 패전

제독 이여송이 파주로 진출하여 왜적과 벽제관 남쪽에서 싸웠는데 이롭지 못해 개성으로 돌아와 주둔했다.

처음에 평양을 수복했을 때 대동강 이남의 연도에 있었던 적진들은 모두 철수했다. 제독은 적을 추격하려고 나서면서 나에게 "지금 대군이 내려가려는데, 듣건대 가는 길에 식량과 말 먹일 풀이 없다고 합니다. 의정議政(서애를 가리킴)은 기왕에 대신으로 계시니 국사를 생각하여 수고로움을 아끼지 말고 급히 내려가서 대비를 하여 소홀함이나 착오가 없어야 할 것입니다"라고 당부하는 말을 했다. 나는 곧 인사하고 떠났다.

이때 명군의 선봉부대는 벌써 대동강을 건너 남쪽으로 내려가는데 수레와 병기가 길을 꽉 메워서 갈 수가 없는 형편이었다. 나는 샛길로 빨리 가서 명군에 앞서 밤에 황해도 중화中和에 들렀다가 황주에 당도했을 때는 이미 삼경三更(밤 11시~새벽 1시)이 되었다. 적군이 금방 물러난 시점이어서 도로 주변이 온통 아무것도 없이 황량했고 인민들도 미처 모이지 않았기 때문에 계책이 도무지 서지 않았다. 그래서 급히 평안도 감사 이원익李元翼에게 공문을 보내 김응서金應瑞 등이 거느린 군인들 가운데 전장에서 견딜 수 없는 자들을 뽑아내 평양에서부터 군량을 이고 지고 뒤를 따라서 황주로 보내도록 했다. 또 한편으로 평안도의 세 고을 양곡을 청룡포靑龍浦에서 황해도로 수송하도록 했다. 모두 미리 준비해둔 일들이 아니고 상황에 따라 급하게 진행하는 일이어서, 대군이 곧이어 오면 군량이 떨어질까 노심초사하지 않을 수 없었다. 황해감사 유영경이 준비한 양곡이 상당히 많았으나 왜적이 두려워 산골짜기에 분산시켜두었다는 보고를 받았다. 그러니 백성들을 독려해서 실어 나르게 하여 연도에 소요되는 군량을 조달하기 어려웠다. 이윽고 대군이 개성부에 당도했다.

정월 24일, 왜적은 우리 백성들이 내응內應할까 의심하는 한편 평양에서 패배한 것이 분하여 서울 도성 안의 사람들을 모조리 죽이고 관서와 민가를 온통 불태워버렸다. 그리고 서쪽 길에 연이어 있던 적진의 군사들도 서울로 모여들어서 저항할 방도를 도모하고 있었다. 나는 제독에게 신속히 밀어붙일 것을 계속 요망했으나, 제독은 여러 날 머뭇거리고 있었다. 그러다가 출병하여 파주에 다다른 다음 날에, 부총병 사대수査大受와 아군 장수 고언백高彦伯이 병사 수백명을 거느리고 먼저 정탐을 나갔다. 벽제역 남쪽의 숫돌고개에서 적과 조우하여 백여명을 잃었다.

제독은 이 보고를 받고 대군은 남겨두고서, 가정家丁[19]인 기마군 천여명만을 거느리고 그곳으로 급히 나아갔다. 혜음령을 지날 때 말이 넘어지는 바람에 낙마를 하여 부하들이 얼른 붙들어 일으켰다. 이때 적군은 숫돌고개 후면에 대군을 매복시켜놓고 고개 위에는 몇백명밖에 없었다. 제독은 고개 위쪽만 바라보고 자기 부대를 두 날개로 벌려서 진격했다. 적군이 고개에서 내려와 양군이 접전하는데, 숫돌고개 뒤편에 매복해 있던 적군이 갑자기 치고 나오는데 만여명이나 되었다. 명군은 이 형세를 바라보고 겁부터 났지만 이미 싸움이 시작되어 어쩔 도리가 없었다. 이때 제독이 거느린 군사는 모두 북방의 기병으로, 화기는 없고 무딘 단검만 소지하고 있었다. 적군은 보병을 위주로, 소지한 칼은 길이가 모두 3~4자尺(90~120센티미터)에 이르렀고 날카롭기 비할 데 없었다. 맞붙어 싸우면 좌우로 칼을 휘둘러서 인마가 온통 다 쓰러지니 그 예봉을 당해낼 길이 없었다. 제독은 형세가 위급한 것을 보고 후위 부대를 불렀지만 도착하기도 전에 전위의 부대가 이미 참패하여 사상자가 무수했다. 적 또한 군사를 거두어들이고 더 이상 추격하지 않았다.

---

19   이여송의 집에서 양성한 군대를 가리키는 것으로 보인다. 그런 만큼 친근하고 정예부대로 만들 수 있었을 것이다.

날이 저물어 제독은 파주로 물러섰다. 비록 패전한 일을 겉으로 드러내지 않았으나 기운이 크게 저상된 상태였다. 가까이 신임하는 가정家丁들을 잃어버린 일로 밤중에 통곡을 했다. 다음 날 동파역으로 퇴군하려 하기에, 나는 우의정 유홍, 도원수 김명원과 이빈李薲 등을 데리고 제독의 장막 앞으로 갔다. 제독이 장막 밖으로 나오는데 여러 장군들이 그 좌우에 늘어서 있었다. 내가 도원수에게 힘껏 말했다.

"이기고 지는 것은 병가지상사兵家之常事입니다. 마땅히 형세를 살펴서 다시 진군해야 할 일이거늘 어찌 가볍게 움직이려 하십니까?"

"우리 부대는 어제 적군을 많이 죽였으니 불리할 것이 없소이다. 다만 비가 와서 땅이 진창이 되어 군대가 주둔하기 불편하므로, 동파역으로 돌아가서 병사들을 쉬게 한 다음에 나아가려 합니다."

나와 여러 사람이 그의 결정에 강력히 반대하자 제독은 이미 자기 조정에 올린 주본奏本의 초고를 보여주는 것이었다. 거기에는 "도성에 있는 적군이 20여만이나 되어 중과부적衆寡不敵"이라고 되어 있었으며, 끝에 가서 "신臣은 병이 심하니 다른 사람이 이 임무를 맡도록 해주시기를 청원합니다"라는 말이 들어 있었다. 내가 경악하여 손가락으로 지적하면서 "적군의 수는 얼마 되지 않습니다. 어떻게 20만이나 되겠습니까"라고 말하자, 제독은 "내가 어찌 알겠소? 당신 나라 사람의 말이오"라고 하는데, 대개 핑계 대는 말이었다. 명군의 장수들 가운데서도 장세작張世爵이 제독에게 퇴군할 것을 앞장서 권하는데 우리들이 강하게 반대하여 물러서지를 않으니 제독은 순변사 이빈을 발로 차며 물러가라고 소리치는 것이었다. 그 소리와 얼굴색이 아주 거칠었다.

이때 날마다 큰비가 내리는데 도로변의 산을 적군이 불태운 바람에 온통 민둥산으로 바뀌어 쑥 한 포기 보이지 않았다. 게다가 역병에 걸려 며칠 사이에 쓰러져 죽은 말이 거의 1만필에 이르렀다.

이날 명군 3영營이 임진강을 건너서 동파역 앞에 머물렀다가 다음 날 다시 동파역에서 개성부로 이동하려는 것이었다. 나는 다시 또 역설을 했다.

"대군이 한번 물러서고 보면 적의 기세는 더욱 교만해져서 원근의 사람들이 놀라 떨 것이요, 임진강 이북 지역까지 지켜내기 어려울 것입니다. 원하옵건대 이곳에 조금 더 주둔해 있으면서 형세를 보아 움직이기 바라옵니다."

제독은 말은 그러겠노라고 했지만 진심이 아니었다. 우리가 돌아가자, 제독은 말을 타고 개성부로 돌아가버렸다. 여러 진영이 다들 개성으로 철수했고, 다만 부총병 사대수查大受와 유격 관승선毌承宣이 군대 수백명으로 임진강을 지킬 따름이었다.

나는 동파역에 그대로 머물러 있으면서 매일 사람을 보내 제독에게 다시 진군해달라고 간청했다. 제독은 거짓으로 "날이 개고 길이 마르면 응당 나설 것"이라고 응답했지만 실은 출동할 의사가 없었다.

명군이 개성부로 돌아간 뒤로 여러 날 지나자 군량이 바닥났다. 오직 수로를 따라서 강화도의 좁쌀과 건초를 구해오고, 또 충청도와 전라도에서 세곡이 약간 배로 올라오는데 양이 얼마 많지 못해 금방 바닥이 나서 형편이 심히 급박했다. 하루는 명군의 장수들이 군량이 떨어졌다는 이유를 들어 제독에게 군대를 돌릴 것을 요청했다. 제독은 대노하며 나와 호조판서 이성중李誠中, 경기좌감사 이정형李廷馨을 불러 관정 아래 무릎을 꿇리고 큰소리로 힐책을 하면서 군법으로 다스리겠다고 했다. 나는 다급히 사과를 했는데 국사가 이 지경에 이른 것을 생각하매 나도 모르게 눈물이 쏟아졌다. 제독은 딱한 표정을 지으며 다시 명군 장수들을 돌아보며 화를 내 말했다.

"너희들이 전에 나를 따라 서하西夏를 정벌할 적에는, 병사들이 여러 날 굶주려도 감히 돌아가자는 말을 하지 않아, 마침내 큰 공을 세웠다. 지금 조선이 며칠 동안 식량 공급을 제때 못 했다 하여, 어떻게 감히 '회군하자'는 말을 한단 말이냐? 너희들은 갈 테면 가라. 나는 적을 쳐서 없애기 전에는 돌아가지 않겠다. 말가죽으로 나의 시체를 싸가지고 갈 뿐이다."

장수들은 모두 머리를 조아리며 잘못을 빌었다. 나는 나와서 명군에 대한 군량 공급에 문제를 일으킨 것으로 개성 경력經歷 심예겸沈禮謙을 곤장형에 처했다. 이어서 군량을 실은 배 수십척이 강화에서 후서강後西江에 닿아 겨우 무사하게 되었다.

이날 밤에 제독은 총병 장세작을 보내 나를 불러 위로하고 또 군사軍事를 논의했다.

—『징비록』권2, 「이제독진병파주李提督進兵坡州」

권율의 행주대첩, 이후 양군의 대치

전라도 순찰사 권율權慄이 행주에서 적군을 물리치고 파주로 이동했다.

이에 앞서 권율은 광주 목사로 있다가 이광李洸 대신 전라도 순찰사가 되어 군사를 이끌고 중앙으로 올라왔다. 권율은 이광 등이 평지에서 싸우다가 패한 것을 경계하여 수원에서는 독성산성禿城山城에 주둔했기 때문에 적이 감히 공격하지 못했다. 명군이 장차 서울로 진입할 것이라는 말을 듣고 한강을 건너 행주산성에 진을 치고 있었다. 이에 적군이 서울에서 대거 출동하여 행주산성을 공격할 것이 겁나 군사들의 마음이 동요하여 달아나려고 했다. 그러다가 큰 강이 뒤에 있어서 달아날 길이 없으므로 어쩔 수 없이 돌아와서 목숨을 걸고 싸운 것이다. 화살이 비 오듯 날아오는데, 적은 진을 셋으로 나누어 차례차례 공격했으나 세번 다 패퇴했다. 마침 해가 져서 적군이 물러나서 서울로 되돌아갔다. 권율은 군사들에게 적의 시체를 가져다 사지를 찢어 나무에다 여기저기 걸어놓아 분노를 풀도록 했다.

이윽고 적군이 재차 출동하여 기어코 복수하려고 한다는 말을 듣고 두려워 진영의 목책을 철거한 다음, 군대를 거느리고 임진강으로 이동하여 도원수 김명원과 합류했다. 나는 그 말을 듣고 단기로 말을 달려 파주산성으로 가서 형세를 살펴보았다. 대로의 요충인데 지형이 깎아지른 듯해서 주둔할 만한 곳이었다. 즉시 권율에게 명해 순변사 이빈과 합세하여 지키면서 적군이 서쪽으로 올라오는 것을 차단하도록 했다. 방어사 고언백과 이시언, 조방장 정희현鄭希玄과 박명현朴名賢 등은 유병遊兵이 되어 해유령蟹蹂嶺[20]을 막게 했다. 또 의병장 박유인朴惟仁·윤선정尹先正·이산휘李山輝 등에게 오른쪽 길로 가서 경릉敬陵과 창릉昌陵 사이에 매복해 있으면서 각기 병사를 거느리고 수시로 출동하여 적군을 공격하되 적이 많이 나오면 피해 싸우지 말고 적게 나오면 곳곳에서 맞아 치게 했다. 이로부터 적은 도성 밖으로 나와 땔나무와 말 먹일 풀을 구하지 못해 죽는 말이 많았다.

그리고 창의사倡義使 김천일, 경기수사 이빈, 충청수사 정걸丁傑 등에게 배를 타고 용산·서강으로 통하여 적의 세력을 분산시키게 했으며, 충청도 순찰사 허욱許頊이 경기도 양성에 있는 것을 본도로 돌아가서 적군이 남쪽으로 내려가는 형세에 대비하도록 했다.

또 경기·충청·경상의 관군과 의병에게 공문을 보내 각기 그곳에서 좌우로 적의 진로를 차단하라고 지시했으며, 양근군수 이여양李汝讓에게 용진을 지키게 했다. 여러 장수들이 벤 적의 머리를 모두 개성부 남문 밖에 걸어놓았는데, 제독의 참군參軍 여응종呂應鍾이 이것을 보고서 "조선 사람들도 이제는 적병의 머리를 공 쪼개듯이 베는군" 하며 반가워했다.

어느 날 적군이 동대문 밖으로 나와 양주 적성積城에서 대탄大灘(한탄강)에 이르기까지 수색했지만 얻은 것이 없었다. 사대수査大受는 내가 적의 습격을 받을까 걱정하여 충고하기를 "탐문하는 사람 말이 '사 총병摠兵과 유 체찰사體察使를 납치하려 한다'고 하니 일시 개성으로 피하는 것이 어떻겠습니까?"라고 했다. 이에 나는 "탐문하는 사람 말은 근거가 없는 듯합

---

20   경기도 양주와 파주 사이의 고갯길로 임진왜란 당시에 육군이 이곳에서 최초로 승리를 거둔 바 있다.

니다. 적은 지금 대군이 가까이 있을까 의심하는 판인데 어느 겨를에 감히 가볍게 강을 건너겠습니까? 우리가 한번 움직이면 민심이 필시 동요할 것이니, 조용히 기다리는 것이 좋겠습니다"라고 대답했다. 사대수는 웃으며 "그 말씀이 옳습니다. 적군이 온다 해도 나와 체찰사는 생사를 함께하는 처지인데 어찌 나 혼자 가겠습니까" 하고는 그가 거느린 용사 수십명을 나누어 나를 호위하게 했다. 이들은 아무리 비가 억수로 쏟아져도 나를 수호하는 데 태만함이 없었다. 적군이 도성으로 돌아갔다는 보고를 받은 뒤에야 그만두게 했다.

그 후로도 적군은 권율이 파주에 있다는 것을 탐지하고 보복하려고 대군을 이끌고 서쪽으로 나와 광탄에 이르렀다. 파주산성 몇 리 거리에 군사를 멈춰두고 있다가 오시午時(낮 12시 전후)에서 미시未時(오후 2시 전후)까지 공격하지 않고 있다가 물러났다. 뒤에는 다시 나오지 않았다. 대체로 저들은 지형을 볼 줄 아는데, 권율이 극히 험준한 곳에 자리 잡고 있기 때문이었다. 나는 왕필적王必迪에게 편지를 보내 말했다.

"적은 지금 험준하고 견고한 지형에 주둔하고 있어서 공격하기 쉽지 않습니다. 우리 대군은 응당 진군하여 동파나 파주에 머물러 있으면서 저들의 꼬리를 밟아 붙잡아두고, 명군 중에 남방 병사 1만명을 뽑아 강화도에서 한강 남쪽으로 돌아 불의에 기습하여 여러 적진을 공격하면, 서울의 적군은 돌아갈 길이 끊겨서 필시 용진 쪽으로 도주할 것입니다. 인하여 후발 부대가 한강나루의 여러 곳을 덮치면 적을 일거에 소탕할 수 있습니다."

왕필적은 무릎을 치며 기발한 전략이라고 탄복했다. 나는 36명을 뽑아 충청도 의병장 이산겸의 진지로 가서 적군의 동향을 살펴보게 했다. 이때 적의 정예군은 모두 서울에 있고 후방의 병사들은 모두 지치고 나약한 자들뿐이었다. 정탐군이 기뻐 달려 돌아와서, "1만명도 필요 없습니다. 2, 3천명만 있으면 적을 격파할 수 있습니다"라고 보고했다. 그러나 이 제독은 북방의 장군이기에 이번 전쟁에서 남방 군사에 대해서는 철저히 견제하여 남방군이 공을 세우는 것을 달가워하지 않은 까닭에 이 계책을 허용하지 않은 것이다.

—『징비록』권2,「전라도순찰사권율全羅道巡察使權慄」

정유재란

명랑대첩

통제사 이순신이 진도 벽파정碧波亭 아래서 적군을 대파하고 장수 마다시馬多時를 죽였다. 이순신은 진도에 도착해서 겨우 전선 십여척을 수습할 수 있었다.

이때 바다에 가까운 지역의 사람들 중에 배를 타고 피난한 이들이 수없이 많았다. 이순신이 왔다는 소식을 듣고 환호하지 않는 사람이 없었다. 이들을 도별로 나누어 부르자 원근에서 모여들어, 이순신은 부대의 후방에 이 피난선들을 배치하여 형세를 이루는 데 도움이 되었다.

적장 마다시는 해전에 능하기로 명성이 있었다. 저들이 전선 2백여척을 거느리고 서해로 올라오려 하여 벽파정 아래서 조우하게 된 것이다. 이순신은 12척의 배에 대포를 싣고 조류를 따라 이곳에 이르러 물의 흐름을 이용해 공격하니 적은 패주했고 아군의 위세가 크게 떨쳤다.

이때에 이순신은 8천여명의 병력을 거느리고 고금도로 진출하여 주둔했다. 군량미가 부족한 것을 걱정하여, 해로통행첩海路通行帖을 만들어 "전라·경상·충청 삼도 해안의 민간선박 가운데 이 통행첩을 소지하지 않은 배는 공사를 막론하고 간첩으로 보아 통행을 금한다"고 명을 내렸다. 이에 배를 이용해 피난하는 사람들도 모두 와서 이 첩을 받아갔다. 이순신은 배의 크기에 따라 차등을 두어 쌀을 납부하고 첩을 받아가게 했는데, 대선

3석, 중선 2석, 소선 1석이었다. 피난선 사람들은 모두 재물과 곡식을 싣고 바다로 나왔기 때문에 쌀을 바치는 것이 어렵지 않았으며, 통행을 금하지 않을 것을 소망했다. 10여일 동안에 군량 10만여석을 얻을 수 있었다. 그리고 사람들을 모아 동과 철을 운반하여 대포를 주조했으며, 나무를 베어 배를 만들었다. 일마다 순조롭게 진행되었다. 원근의 피난 나온 사람들이 이순신에게 와서 의지했는데, 임시 거처나 움막을 마련해서 장사를 하여 살아가게 하니, 고금도에 모두 다 수용할 수 없을 정도였다.

이윽고 명나라에서 수병도독水兵都督 진린陳璘이 들어와서 고금도로 내려와 이순신과 합세하게 되었다. 진린은 성질이 포악하여 다른 사람과 불화하기 때문에 모두들 우려했다. 진린이 남해로 내려가는데 우리 임금이 나와 그를 청파靑坡 들에서 전송했다. 내가 진린을 만나보니 그는 우리 수령들을 멸시하여 욕보인 일이 있었으며, 찰방 이상규李尙規를 끈으로 묶어 끌고 다녀서 피가 얼굴을 덮었다. 역관을 시켜 이상규를 풀어주도록 권했으나 듣지 않았다. 내가 함께 앉아 있는 대신에게 "안타깝소. 이순신의 군대가 장차 패하겠습니다. 진린과 같이 있으면 간섭을 받고 서로 다툴 텐데 필시 지휘권을 빼앗고 우리 군사들에게 멋대로 폭력을 쓸 것이오. 이순신이 거역하면 저의 노여움을 증폭시킬 것이요, 순응하면 한정이 없을 터이니 어찌 패하지 않을 수 있으리까?"라고 이야기했더니 모두들 "그렇겠소" 하며 탄식할 따름이었다.

이순신은 진린이 곧 내려올 것이라는 소식을 듣고 병사들에게 대대적으로 사냥하고 물고기를 잡게 하여 사슴이나 개, 돼지, 해산물 등속을 많이 확보하고, 술도 성대하게 준비해놓고 기다렸다. 진린의 선박이 해역으로 들어올 때 이순신은 의식을 갖추어 멀리 나가 영접했고, 도착하자 크게 잔치를 베풀어주니 장수부터 병졸들까지 모두 다 마음껏 취했다. 명군의 장졸들이 너나없이 "과연 훌륭한 장군이로다" 하고 칭송이 자자했으며, 진린 또한 진심으로 기뻐하는 표정이었다.

오래지 않아 적의 배가 근처의 섬에 침범했다. 이순신은 전선을 보내 격파해서 적의 수급首級 40개를 얻었다. 이순신은 모두 진린에게 양보하여 그의 공이 되도록 하니, 진린은 뜻하지 않은 일이어서 흡족해했다. 이로부터 진린은 여러 가지 일들을 이순신에게 의논했으며, 밖에 나갈 때도 이순신과 수레를 나란히 하고 감히 앞서서 나아가지 않았다. 양군이 서로 약속하여 명군과 아군 사이에 구분이 없게 했다. 백성의 하찮은 물건이라도 훔친 자는 잡아다가 매를 때리니, 명군도 감히 이순신의 명을 어기는 자가 없었다. 섬의 분위기도 엄숙해졌다. 진린이 임금께 글을 올려, "통제사는 천하를 경영할 재능과 위기의 나라를 구한 공적이 있다"고 찬양했다. 대개 진린이 이순신에 대해 진심으로 감복한 때문이다.

—『징비록』 권2, 「통제사이순신파왜병統制使李舜臣破倭兵」

노량해전, 이순신의 죽음

정유년(1598) 10월, 유정劉綎 제독이 순천에 있는 적의 본영을 재차 공격했다. 통제사 이순신이 수군을 거느리고 적의 구원군을 바다에서 크게 격파했는데 그는 이 싸움에서 전사했다. 적장 평행장은 성을 버리고 달아났다. 부산·울산·하동 연해의 왜군들이 모두 물러섰다.

이때 평행장은 순천 지역의 예교芮橋[21]에 성을 쌓고 버티고 있었다. 유제독이 대군을 동원하여 공격했으나 불리하여 순천으로 물러섰다. 얼마 후에 다시 공격했다. 이순신과 명군 장수 진린은 바다의 어구를 틀어막고 접근했다. 평행장이 사천에 주둔한 자기네 장수 심안돈오沈安頓吾(시마즈 요시히로)에게 구원을 요청한 것이다. 심안돈오는 바다로 구원을 왔는데 이순신이 진격하여 크게 격파했다. 적의 선박 2백여 척을 불태웠으며, 죽이고

---

21   일명 왜교(倭橋) 또는 왜성(倭城). 정유재란 때 일본군이 본영으로 축조했던 곳으로, 지금의 순천 신성포 지역이다.

포로로 잡은 수는 헤아릴 수 없이 많았다.

적군을 추격하여 남해도 경계에 이르러 이순신은 화살과 총탄을 무릅쓰고 지휘하다가 날아오는 총탄이 가슴에 명중하여 등 뒤로 나갔다. 좌우에서 부축하여 장막 안으로 들어갔는데 "지금 바야흐로 싸움이 치열하니, 내가 죽었다는 말을 절대 하지 말라"는 말이 끝나자 바로 숨이 멈췄다. 형님의 아들인 이완李莞은 본디 담력과 국량이 있는 사람이었다. 이 죽음을 비밀로 하고 통제사의 명령으로 전투를 더욱 독려하여 군중이 이런 사실을 알지 못했다.

이완은 진린이 탄 배가 적군에 포위당한 것을 바라보고 선단을 지휘해 급히 구하러 달려갔다. 적군이 흩어진 뒤에 진린은 자신을 구원해준 데 감사를 표하기 위해 사람을 보냈다가 비로소 이순신이 전사한 줄을 알았다. 진린은 이 말을 듣자마자 의자에서 땅에 몸을 던지며 "노야老爺(중국어의 존칭)가 생존해 계시면서 나를 구원해주신 줄 알았소. 어떻게 돌아가셨나요" 하며 가슴을 치고 통곡했다. 전군이 모두 통곡하여 소리가 온 바다를 흔들었다.

평행장은 우리 수군이 저들 구원군을 추격하는 동안에 자기들 본영을 지나가자 그 틈을 타서 달아났다. 그에 앞서 7월에 왜의 우두머리 평수길이 죽었던 까닭으로 연해 지역에 점거하고 있던 적군이 모두 물러난 것이다.

이순신의 사망 소식이 알려지자 아군과 명군 진지에 울음소리가 이어서 울렸다. 울음소리가 친부모의 상을 당해 애통하는 듯했다. 영구가 지나가는 지역마다 인민들이 제사를 지내며, 상여를 붙들고 "공은 실로 우리를 살려주셨거늘, 지금 공이 우리를 버리고 어디로 가십니까"라며 통곡하여 길이 막혀 상여가 나아가지 못했다. 길 가는 사람들도 눈물을 뿌리지 않는 자가 없었다.

나라에서는 이순신을 의정부 우의정으로 추증했다. 명의 형군문邢軍門(형개)은 "응당 바다에 사당을 세워 그의 충혼을 기려야 한다"고 말했는데,

이 일은 끝내 이루어지지 못했다. 이에 바닷가 사람들이 자발적으로 힘을 모아 사당을 세우고 이름을 민충사愍忠祠라고 붙이고 철마다 제사를 드렸다. 사당 앞으로 오가는 상선이며 어선에 탄 사람들도 다 제사를 지낸다고 한다.

——『징비록』권2, 「유제독재공순천적영劉提督再攻順天賊營」

이순신, 그 인간 면모

이순신은 자가 여해汝諧이고 본관은 덕수다. 그의 조상 이변李邊은 벼슬이 판중추부사에 이르렀고 강직한 것으로 이름이 있었다. 증조부 이거李琚는 성종을 섬겨 연산군이 동궁으로 있을 적에 강관講官이 되어서는 엄정하여 임금도 꺼리는 존재였다. 일찍이 장령으로 있을 적에는 주저함이 없이 탄핵을 하여 백관들이 두려워한다는 뜻에서 '호랑이 장령〔虎掌令〕'이란 일컬음을 얻었다. 조부 이백복李伯福은 가문의 음덕으로 벼슬했고 부친 이정李貞은 벼슬하지 않았다.

이순신은 어렸을 적에 영특하고 활발하여 구속받기를 싫어했다. 동네 아이들과 전쟁놀이를 하면서 나무를 깎아 활과 화살을 만들어 혹시 뜻을 거스르는 자가 있으면 화살로 그의 눈을 쏘려고 하니 어른들이 그 앞을 지나가지 못하는 일도 있었다. 장성함에 활을 잘 쏘아 무과로 진출을 했다. 그의 가계는 대대로 유학을 하는 집안이었는데 그가 처음으로 무과에 합격하여 권지훈련원봉사權知訓鍊院奉事로 보임이 된 것이다.

병조판서 김귀영金貴榮이 자기의 얼녀孽女를 그에게 보내 첩으로 삼게 하고 싶었으나 받아들이지 않았다. 누군가 그 까닭을 묻자 "내가 처음으로 벼슬길에 나섰는데 어찌 권세가에 기대어 출세의 수단으로 삼겠소"라고 대답했다. 병조정랑 서익徐益이 자기와 가까운 사람이 훈련원에 있었다. 이 사람을 절차를 뛰어넘어 승진시키려고 추천했으나 훈련원의 장무관掌

務官이었던 이순신이 불가하다고 주장했다. 서익은 이순신을 불러 관정에 세워놓고 힐책하는데 그는 기색이 변함없이 굽히지 않고 곧바로 답변했다. 서익은 역정을 내고 기세를 부렸지만 그는 조용히 말하면서 끝내 조금도 숙이지 않았다. 서익은 본디 성격이 강하고 오만한 사람이어서 동료들도 다투기를 조심하는 사람이었다. 이날 관정에 있던 하급관리들이 모두 서로 쳐다보며 혀를 내두르며, "이분은 감히 본조의 인사권자와 맞서다니, 자기 앞길을 전혀 생각하지 않는 건가"라고 했다. 해가 저물어서야 서익은 부끄러운 마음이 들어 기가 죽어서 그에게 나가보라고 했다. 식자들은 더러 이 일로 이순신을 알게 되었다.

그가 옥중에 있을 때, 일이 어떻게 될지 예상할 수 없었다. 옥리가 조카 이분李芬에게 은밀하게 "뇌물이 있으면 면할 수 있다"고 말했다. 이 말을 듣고 분노하여 "죽게 되면 죽을 뿐이다. 구차하게 도리를 어기면서까지 살려고 하겠느냐"라고 했다. 스스로 지킴이 있는 것이 이와 같았다. 평소에 말과 웃음이 적었으며, 외모가 단아하여 수양하고 근신하는 선비 같으면서도 속에 담력과 기백이 있었다. 자기 몸을 생각하지 않고 나라를 위해 죽었으니, 이는 본디 그 자신의 속에 축적이 있어서였다.

그의 형으로 이희신李羲臣과 이요신李堯臣이 있었는데 모두 먼저 죽었다. 그는 두 형의 자녀들을 먼저 생각하고 자기 자녀는 다음이었다. 재주가 빼어났으되 운수는 부족하여 재능을 백의 하나도 펴지 못하고 죽었으니, 아 애석하도다!

—『징비록』권2,「이순신李舜臣」

그의 전장에서의 모습

통제사는 군중에 있을 때는 밤낮으로 경계를 엄하게 하여 갑옷을 벗은 적이 없었다.

견내량에서 적과 대치하고 있을 적에 모든 선박들이 다 닻을 내렸고 밤에 달빛이 아주 밝았다. 통제사는 갑옷을 입고 북을 베개 삼아 누워 있다가 문득 일어나 앉았다. 옆에 있는 사람을 불러 소주를 가져오라 하여, 한잔을 마시고 나서 여러 장수들을 불러 앞으로 나오게 하여 이렇게 지시했다.

"오늘 밤은 달이 밝다. 적은 속이는 술수에 능한데, 달이 없을 적에는 당연히 우리를 기습하겠지만 달이 밝을 때를 틈타 기습하는 수도 있다. 경비를 더욱 엄하게 해야 한다."

그 뒤 나팔을 불어 선박들은 일제히 닻을 올리게 하고 척후선斥候船에 명을 전해 취침 중에 있는 척후병들을 깨워서 비상사태에 대비토록 했다. 얼마 지나서 척후선이 급히 와서 적이 오는 것을 보고했다. 이때 달이 서산에 걸려서 산 그림자는 바다로 거꾸러져 바다의 반쪽에 어둠이 드리웠는데 무수히 많은 적선이 어두운 가운데 곧 아군 쪽으로 접근하고 있었다. 이에 중군中軍이 대포를 쏘고 함성을 지르자 모든 배들이 일제히 호응해 나섰다. 적군은 이미 준비가 있는 줄을 알고 조총을 발사하여, 그 소리가 바다를 진동하고 탄알이 비 오듯이 쏟아졌다. 적군은 마침내 더 접근하지 못하고 퇴각했다. 장수들은 통제사를 신처럼 여기게 되었다.

— 『징비록』 권2, 「통제재군統制在軍」

왜란에 대한 전략적 분석

왜적은 가장 간교하여 작전을 할 때 하나같이 사술邪術에서 나오지 않은 것이 없다. 그런데 임진년 왜적의 일을 돌아보면 저들은 서울을 점령하는 데까지는 공교했으나 평양으로 올라간 것은 졸렬했다.

우리나라는 평온으로 이어진 것이 백년도 넘어 백성들이 전쟁을 모르고 있다가 갑자기 적이 쳐들어왔다는 말에 그만 허둥지둥 멀고 가깝고 없이 무너지고 너나없이 넋이 나갔다. 왜군은 파죽지세로 열흘 사이에 곧 서울로 진입했기 때문에, 지혜 있는 자들이 꾀를 내고 용맹한 자들이 결단을 내릴 겨를도 없이 인심이 붕궤되어 수습할 도리가 없었다. 이는 병가의 우수한 전법이자 저들의 교묘한 전술이었다. 때문에 적이 공교했다고 말한 것이다.

그리하여 자기들이 계속 승전했던 위세를 믿어 뒤를 돌아보지 않고, 전선을 여러 도에 분산시켜 미친 듯 날뛰었던 것이다. 군대는 나눠지면 형세가 약해질밖에 없고 진영이 천리에 뻗어 있으면 유지하기 어렵다. 이른바 강노지말強弩之末[22]이란 말도 있다. 장숙야張叔夜[23]가 말한 "여진女眞은 싸울 줄 모른다. 어떻게 고립된 부대로 적중에 깊이 들어갔다가 무사히 돌아올 수 있겠는가"와 유사한 경우다.

명군 4만이 평양을 공략하여 격파했다. 평양이 무너지자 여러 도에 분산되어 있던 자들이 기운이 다 빠져서 서울을 그대로 점령하고 있다고 해도 대세는 이미 크게 위축된 상태였다. 사방에 있는 우리 백성들이 곳곳에서 일어나 공격하니 적군은 머리와 꼬리가 길게 늘어져 있어서 서로 도울 길이 없어져, 끝내는 무너질밖에 없었다. 그래서 "평양으로 올라간 것은 졸렬했다"라고 말한 것이다.

아아! 적이 계교를 잘못 쓴 것이 우리로서는 다행이었다. 우리나라에 참으로 한 장군이 있어서 수만의 군사를 거느리고 기회를 보아 기발한 계교를 써서 길게 뻗은 적의 중간 허리를 잘라놓는 전략을, 평양성의 승전 이후 실행에 옮겼다면 적의 대군을 쓸어버릴 수 있었을 테요, 서울 이남에서 폈더라면 적군의 수레를 한대도 돌아가지 못하게 할 수 있었을 것이다. 만일 이렇게 했다면, 적은 정신이 나가고 간장이 파열되어 수십 수백년 동안 감

---

22   노(弩)는 활의 종류로 아주 강력한 것이다. 아무리 강한 노에서 날아가는 화살이라도 마지막에 가서는 힘이 다 빠지게 된다는 의미.

23   북송 말기의 인물. 송이 여진족 금의 공격을 받는 상황에서 중요한 역할을 했다.

히 우리를 쳐다보지도 못해 후세의 우환이 없어지지 않았겠는가.

당시 우리나라는 쇠퇴가 누적되어서 이를 실행해 옮길 역량이 부족했거니와, 명군의 장수들 또한 이 전략을 구사할 줄을 몰랐다. 그래서 적군을 큰 탈 없이 돌아가게 만든 것이다. 전혀 징계심도 두려움도 받은 바 없이, 우리에게 온갖 것을 요구하게 만들었다. 그리하여 기껏 하등책을 써서 봉공封貢으로 달래려 했던 것이다. 어찌 탄식하지 않을 수 있으랴! 어찌 애석하지 않으랴! 지금 생각해도 두 주먹이 부르르 떨린다.

—『징비록』, 「녹후잡기錄後雜記·용병用兵」

3장
전란의 참상과 그 대책

왜군에 점령당한 서울

임진년 4월 30일, 임금의 행차가 도성을 나가자, 난민이 일어나 장례원掌隸院과 형조부터 불을 질렀다. 이 두 기관은 공노비·사노비의 문서가 있는 곳이다. 그리고 내탕고에 들어가서 금은과 비단을 약탈했고, 경복궁·창덕궁·창경궁을 온통 불 질러 남은 것이 없었다. 역대의 보물과 문무文武의 전각, 홍문관 소장의 서적이며 춘추관의 역대 『실록』 및 다른 곳에 소장된 고려조의 사초, 『승정원일기』가 온통 잿더미로 변했다. 왕자 임해군臨海君의 저택이며 병조판서 홍여순洪汝諄의 집도 적이 들어오기 전에 우리 백성들 손에 먼저 불타버린 것이다.

왜적이 쳐들어오자 도성 안의 백성도 다들 피해 달아났다가 오래지 않아 차츰 돌아오기 시작하더니, 민호와 저자가 가득 차서 왜적과 뒤섞여 사고팔고 했다. 왜적은 성문을 지키고 우리 백성들에게 발급한 첩帖을 착용하면 출입을 금하지 않았다. 이에 백성들은 저마다 그 첩을 받아 차고, 혹은 적에게 부역을 하며 감히 위반하지 못했다. 적에게 아첨하고 달라붙어 앞잡이가 되고 악행을 자행하는 자들까지 있었다. 혹시 적을 죽이려고 모의하는 일이 있으면 이자들이 고발을 하여 종루 앞이나 숭례문 밖에서 극히 참혹하게 살해하여 본보기를 보이니, 해골이 쌓여 있었다.

왜군이 입성한 당시에도 궁궐이 불탔지만 공사의 건물들은 그래도 온전했다. 왜장 평수가平秀家는 종묘에 거처했는데 밤에 괴상한 사태가 발생하여 종묘 안에 있던 왜졸이 폭사暴死하는 등의 일이 종종 일어났다. 누군가 여기는 조선의 신령이 있기 때문에 오래 거처할 곳이 못 된다고 말했다. 이에 평수가는 두려워서 소공주댁小公主宅으로 옮겨가고 종묘를 소각해버렸다.

이듬해 정월, 명군이 평양성을 수복했을 때 평행장平行長 등이 도망쳐 서울로 올라와서 우리 백성이 내응하지 않을까 싶어 간교한 술책으로 하룻밤 사이에 성중의 가옥들에 온통 방화를 하고 사람들을 마구 죽였다. 생존자가 거의 없는 지경이었다. 다만 남산 기슭으로는 왜인들이 거주하여 자못 온전했다.

전수全守라는 아전이 나를 따라 안주安州에 와 있었고, 그의 처자는 서울에 남아 있었다. 12월에 제독의 군대가 출격한다는 것을 알고 나는 그에게 "명군이 평양을 쳐서 섬멸하면 나머지 적군은 필시 서울로 달아날 것이니 적들이 독하게 분풀이를 하여 우리 백성을 다 죽일 염려가 있다. 너는 서울에 들어가 있는 우리 정탐군에게 부탁하여 너의 가족들을 속히 대피시켜야만 화를 면할 수 있을 듯싶다"고 일렀다. 그때 마침 금군禁軍 최윤원崔閏元이 조정의 명을 받고 서울로 정탐을 떠나는 길에 안주를 거쳐가기에, 전수는 그 편에 밀서를 자기 가족에게 보내 강화도로 가도록 해서 다행히 죽음을 면할 수 있었다.

이듬해 4월 왜군이 서울에서 나가고 나서 기아와 전염병으로 사망한 자가 열에 여덟아홉이 되었다. 실로 생민의 일대 액운이었다. 사람이 잘못한 일로 일어난 일이지만, 운수의 관계도 있었다. 그 몇 년 전에 형혹성熒惑星이 적시성積尸星의 기운을 범하더니 끝내 이런 참화가 일어난 것이다. 그리고 한성부 판윤 임열任說이 서울 도성 밖의 사산四山 기슭을 백성들이 파고 경작한 땅이 많은데 흙을 쌓아 둔덕을 만들어 경계를 세우자고 건의했다. 그래서 동소문으로부터 숭인문·수구문(광희문의 별칭)을 지나 남벌원南伐原에 이르기까지 둔덕을 쌓아 길게 늘어져 있었다. 멀리서 바라보면 그 늘어선 모양이 공동묘지가 총총히 있는 것처럼 보였다. 사람들이 모두 길조가 아니라고 생각했다. 둔덕을 쌓는 작업이 끝나기도 전에 난리가 난 것이다. 계사년(1593)과 갑오년(1594) 사이에 굶어 죽고 병들어 죽은 사람들의 시체가 도성 밖 동쪽에 버려졌다. 평안도의 승려 몇이 들것이나 가래 등속을 준비해 와서 시신과 해골을 거두어 큰 구덩이를 파고 묻었다. 이 모두 그 쪽에 있어서, 둔덕을 쌓은 것이 그 조짐이 되었다는 말이 있었다. 역시 괴이한 일이다.

——『서애문집』 권16, 「기난후사記亂後事」

정토사 중이 왜적을 죽인 이야기

정토사淨土寺의 중들이 왜적을 죽인 이야기는 우습기도 하다. 그때 적군이 서울을 점령하고 있으면서 매일 성 밖으로 나가서 약탈을 일삼았다.

정토사는 도성 서편으로 20리 거리여서 기왕에 적의 왕래가 많았다. 그래서 중들과 서로 낯이 익어 의심하지 않게 되었다. 고양 사람 이산휘李山輝가 절의 중들에게 이렇게 저렇게 하여 적을 죽이라고 계교를 일러주었다.

어느 날 왜적 넷이 절에 들렀다. 중들은 반갑게 나가 맞이해 승방으로 안내한 뒤에 자리를 펴고 앉게 했다. 분주히 밥을 짓자 저들은 접대가 자못 후함에 아주 흐뭇해했다. 밥이 다 되어 저들 넷의 공양을 받들어 엄숙한 태도로 올리고 노승 하나가 주인석에 앉아 먹기를 권했다. 저들은 마음을 툭 놓고 의심 없이 밥을 먹었다. 식사가 끝나자 더운물을 달라고 청했다. 이때 중들은 미리 물을 펄펄 끓여 놓아서 불처럼 뜨거웠다. 네 중이 각기 큰 바가지에 끓는 물을 가득 담아주자 저들은 각각 바리를 들고 물을 받으려고 얼굴을 위로 들어 올렸다. 그 순간 중들이 일시에 끓는 물을 저들의 얼굴에 끼얹었다. 저들 모두 방바닥에 엎드리자 중들이 일제히 달려들어 몽둥이로 때려죽였다. 죽은 자들을 보니 눈알이 모두 끓는 물에 익은 상태였다. 즉시 시체를 끌어내다가 산에 묻어버렸다.

당시에 저들이 촌락으로 들어갔다가 혹시 사살을 당한 자가 생기면 남은 놈들이 돌아가 알려서 반드시 대거 출동하여 보복을 자행했다. 이날은 네 놈만 따로 나왔다가 모조리 죽고 살아남은 자가 없어서 마침내 절이 무사하게 되었다.

—『서애문집』 권16, 「정토승살적淨土僧殺賊」

시급히 조처해야 할 일에 관해 올린 글(1593년 겨울)

무릇 사람의 지혜는 지나간 일은 잘 보지만 닥쳐올 일은 보지 못합니다. 난리를 겪은 뒤에 귀중히 여기는 바는 경험한 일이 많아 경계함이 깊기 때문입니다.

지금 나라 형편이 위태롭기가 달걀을 포개놓은 모양으로도 비유하기에 부족합니다. 모름지기 여러 가지 계책을 세우되 지난 일을 깊이 반성하여 관리들을 독책하고 격려하여 모두 촌음을 아껴 오로지 끝까지 난경에 빠진 형세를 수습할 도리를 도모해야 합니다. 그러지 않고 그럭저럭 형식에만 이끌리다 보면, 몇 개월 뒤에는 적합한 기회에서 멀어져 손을 쓸 수 없는 지경에 이를 것입니다.

신은 어리석음을 무릅쓰고 마땅히 실행할 일들을 조목조목 열거하여 채택하실 데에 대비하고자 합니다. 생각나는 대로 기록하여 순서가 없지만 실정을 곧바로 진술했고 빈말을 하지 않았습니다. 바라옵건대 마음을 기울여 판단하시기를 비옵니다.

1) 적이 물러간 뒤에 응당 호조는 긴급히 1년 쓸 경비의 양을 헤아리되 아무쪼록 절약하여 백성이 납부할 곡물을 정해야 할 것입니다. 또한 모든 고을을 황폐한 곳과 조금 나은 곳으로 구분지어 혹은 예전대로 혹은 반감을, 혹은 전감을 하는 등 미리 분명히 정해 공문을 내려보내되 이를 확실히 알게 해야 합니다. 그래야 조정의 혜택이 아래까지 두루 미쳐서 탐관오리가 중간에 빙자해서 손을 쓸 수 없습니다. 이것이 오늘의 급선무입니다.

어가가 환도하신 지도 벌써 몇 달이 지났는데 해당 관서에서 아직 상세히 알리지 않고 납부하기를 독촉하는 것이 전날과 다름없습니다. 각 관아의 하인으로 할 일 없어진 자들이 민간에 나가서 허위로 공물貢物을 방납防納한다고 하면서 갖가지 폐단을 일으킵니다.[1] 구렁텅이에서 겨우 살아남은 백성들은 곤란을 견딜 수 없는 지경인데, 이는 경기도가 더욱 심합니다.

호조의 임무는 지극히 중대합니다. 그런데 판서와 참의는 지방에 나가 있고 참판도 명나라에 가려고 합니다. 평상시라도 이렇게 해서는 안 되겠지만 오늘날이야 어떻다 하겠습니까? 신은 생각건대, 긴급히 계획을 세워 조처하되 마음속에 미리 정해놓고 일을 주관할 사람을 엄정히 택하여 당상관과 낭청관(정3품 이하의 관원)으로 삼되 일반 규정에 얽매이지 말고 필히 재능 있는 사람을 구해 경리의 책임을 무겁게 함으로써, 백성이 조금이라도 실질적인 혜택을 입게 하고 국가의 재용도 더 이상 고갈되지 않도록 하면, 크게 다행이겠습니다.

2) 경기도 백성이 적의 화를 가장 심하게 입어 수백리 내에 밥 짓는 연기가 오르지 않는 지경이니 겨울이 지나고 봄이 오면 기근으로 살아남을 사람이 거의 없을 것입니다. 그렇게 되면 무언가 일을 해보려 해도 도리가 있

---

1   나라에 바치는 공물을 상인이나 하급 관리가 대신 바치고 그 댓가를 받는 것이 방납인데 이 과정에서 많은 이득을 챙겨 백성에게 큰 폐해를 끼쳤다.

겠습니까? 지금 사방이 온통 고갈되어 곡식을 옮겨 구제할 길이 없습니다. 오직 신이 전에 아뢴바 소금의 이익을 때맞추어 나누어주는 것이 다소나마 이로움이 있을 듯합니다. 속히 3천여석을 마련해서 수참水站의 조운선 및 민간 선박을 동원하여 한강을 따라 두 길로 운반하되, 한쪽은 충주 쪽으로 충주·단양·청풍·제천·연풍·괴산·음성 등 고을에 사는 백성에게 나눠주고, 다른 한쪽은 원주 흥원창興元倉의 위아래로 원주·지평·횡성·춘천·양근·여주·이천·광주廣州 고을의 백성을 구제합니다. 그리고 1천섬은 벽란도에서 임진강으로 올라가 개성부·풍덕·교하·고양·파주·장단·포천·삭녕·양주 등지에 거주하는 백성에게 나누어줍니다. 용인·과천·금천·수원·부평 등지는 모두 바다와 가까우므로, 경기감사에게 명해 염석鹽石·해홍海洪·황각黃角 등을 준비하되 실농하여 기근이 가장 심한 곳을 보아 차례대로 구휼하게 하옵소서. 이렇게 하면 민간에서는 소금과 곡식을 교환할 수 있으며 마련된 초식草食에 소금을 적당히 넣어 끓이면 굶주린 배를 채워 수일 동안 연명할 수 있을 것입니다. 이 일은 모두 호조의 책임이니 마땅히 한 사람에게 일을 전담시켜 서둘러 조처하여 시각을 다투어 시행해야만 효과가 있습니다. 이 일은 오직 적임자를 얻는 데 달려 있습니다. 또한 바라옵건대 물이 얼기 이전에 속히 거행하옵소서.

3) 내년에 필요한 곡식의 종자는 조정에서 이미 강구했지만 요즘 일이 다분히 실효가 없어 먼 곳에서 수일 사이에 가져오기 어렵습니다. 또한 해당 부서에 명해서 빨리 계획하여 수로가 얼어 통행할 수 없기 전에 모두 파악하여 운반해둔 뒤라야 명년 봄에 때 맞춰 파종할 수 있습니다. 또한 바다의 섬에 둔전屯田[2]을 실시하면 반드시 이로움이 있고 서울의 백성들도 도움을 받을 수 있습니다. 다만 경작할 사람이 없어 걱정인데 여러 섬에 목자牧子로 등록된 수가 많습니다. 이들은 감목관監牧官이 사적으로 착취

---

2   지방에 주둔한 군대의 군량으로 쓰기 위해 경작하는 땅. 후세에는 둔전으로 인해 많은 문제가 발생했는데 이 경우는 긴급한 상황에 대응책으로 제안된 것이다.

하는 사람들일 뿐입니다.[3] 예컨대 강화도의 목자는 호로 계산하여 100호가 넘으니, 다른 곳은 미루어 짐작할 수 있습니다. 만일 개간할 섬을 찾아 10명씩 짝을 지어 농기구를 주고 논이나 밭에 필요한 종자를 주어 그 지대의 실정에 맞게 농사를 짓도록 한 뒤 관에서 절반을 취하고 나머지 절반을 경작자가 먹게 하면, 공사 간에 좋을 것입니다. 서울 가까운 곳에 곡식이 많으면 저절로 나머지 백성에게도 파급될 것입니다. 왕년에 서울의 백성들 태반이 강화도의 곡식을 교역해서 먹었고, 피난민과 여러 곳의 관군이며 의병도 다들 강화도 한곳에 많이 의존해 살았습니다. 이것은 뚜렷한 증거입니다. 안정된 뒤에는 다시 목장으로 환원해도 무방할 것입니다. 더구나 목장은 너무 많을 것이 없습니다. 수초가 잘 자라 말을 먹이기에 알맞은 곳을 가려서 목장으로 이용하고 나머지 좋은 땅은 농사를 지어 이득을 취한다면 전혀 잘못된 계책이 아닙니다.

중국 당나라 말기에 낙양洛陽이 병란으로 피폐했는데, 장전의張全義가 낙양의 관장이 되자 유민들을 불러 모아 땅을 나눠주고 개간하도록 하여 각기 둔보屯堡를 두었습니다. 그 자신이 직접 현장을 돌아다니며 농사와 양잠을 권장했습니다. 그 결과 몇 년 사이에 낙양이 다시 충실하게 되었습니다. 지금 역시 경기도 백성을 위한 조처를 장전의가 낙양에서 했던 것처럼 해야 할 것입니다. 춘추시대 위衛나라가 이적에게 멸망지경이 되었을 때에 문공文公이 대백大帛의 갓을 쓰고 대포大布의 옷을 입고 백성들을 거둬들여 곡식을 소중히 여기고 농사에 힘쓰도록 했습니다. 이에 나온 시가 있으니, "단비가 내리자 마부에게 명하여, 별빛에 말을 몰아 뽕나무 밭으로 나가네"[4]라고 했습니다. 이런 점들은 성상께서 특히 유념하실 일입니다. 나라의 근본을 두터이 하기를 이처럼 부지런히 하여 10년을 기약하면,

---

3   목자는 소나 말을 기르는 일을 맡은 사람을 지칭하는 말. 감목관은 국가에서 필요한 말의 관리를 맡는 지방의 관원.

4   『시경』의 「용풍」 「정지방중(定之方中)」의 제3장.

황량한 땅이 낙토로 변하고 나라는 영구히 아름다워질 것입니다.

4) 신은 금년에 동파역에 오래 있으면서 형세를 대강 살펴보았습니다. 가을에는 경상도에서 원주로 가는 길을 취해 지평·양근으로 올라와 용진龍津[5]을 건너 서울로 들어오면서 그 사이의 지형이 험하고 가로막힌 도로가 어디 어디인지 두루 살펴보았습니다. 전년에 적군이 나는 듯이 몰아쳐서 대번에 충주로 쳐들어오니, 한강의 긴 요새가 믿을 수 없는 것이 되고 말았습니다. 만일 서울 쪽의 양근과 여주 등지에 무장을 갖춘 굳센 병졸로 강을 따라 방책을 세우고 기계를 많이 설치하여 결사적으로 지켰으면, 적군이 그렇게 쉽게 곧바로 진격할 수 없었을 것입니다. 이제라도 당연히 지략 있는 중신을 속히 보내 충주와 원주 아래쪽의 물길이 얕고 깊음을 조사해서 긴요한 곳을 파악하여 계획을 세우고 경략하여 앞뒤 대책을 강구해야 합니다. 그 남쪽으로 이천·여주·광주는 서울의 왼쪽 날개가 되고, 수원·남양·부평·인천은 오른쪽 날개가 됩니다. 이들 고을에 병졸을 모아 잘 훈련시키고 양곡을 비축하여 요지를 찾아 지키도록 하면, 서울의 형세는 자못 방어가 되어 위급할 때에 의지할 수 있을 것입니다.

광주의 남한산성으로 말하면, 광주의 치소에서 동쪽으로 5리쯤 떨어져 있는데, 백제의 시조가 도읍한 땅이어서 온조성溫祚城이라고도 부릅니다. 형세가 아주 유리하고 그 안에 우물과 밭이 있으니 수리하면 방어를 할 수 있습니다. 이 밖에도 수원의 독성禿城, 금천衿川의 금지산衿芝山, 인천에 있는 산성들은 다 험준한 요새여서 꼭 지켜야 하는 곳입니다. 만일 적절히 보수하고 군대를 주둔시켜서 엇갈려 바라보아 상보하는 형세를 이루게 만들면 방비가 아주 튼튼해질 것입니다. 자연히 인심도 믿는 곳이 있어 겁내지 않으며, 적군이 들어와도 머리와 꼬리가 자유롭지 못해서 함부로 움직이지 못할 것입니다. 이 여러 곳 또한 마땅히 아울러 순찰하여 돌보아야 합니

---

5   양평에서 여주 쪽으로 건너는 남한강의 나루로, 지금 양평이라는 지명은 양근과 지평 두 고
      을을 합한 것이다.

다. 비록 백성의 힘이 쇠약해서 때맞추어 대응하지 못하더라도 필시 강구할 대책이 나오게 될 것입니다.

지금 서울이라고 돌아와서 사방을 둘러보았자 개미 한마리 의지하고 살 곳이 없다 싶어도 지형의 유리함으로 말하면 백이百二[6]의 견고함이 있습니다. 이런 곳을 버려두고서 복구할 방도를 도모하지 않는다면 이는 식자의 판단을 기다릴 것 없이 기막히게 한심한 노릇이 아니겠습니까? 또한 충주는 서울의 상류에 위치하고 죽령과 조령이 만나는 지점이어서 목구멍처럼 요긴한 길목입니다. 서울이 빈 땅처럼 되어 있으니 마땅히 유의하며 크게 조처해야 할 것입니다.

또한 경기도에 전체를 통괄하는 장수가 하나도 없고 오직 전 이천부사利川府使 변응성邊應星이 방어사의 임무를 겸하고 있다가 방금 조그만 일로 파직되었습니다. 신의 생각으로는 변응성을 응당 방어사로 삼아서 모든 고을을 오고 가면서 방비하는 등의 조처를 맡도록 하고 아울러 수원·이천·양근·광주 등지에서 예전의 관병과 의병을 소집하여 어느 정도 훈련을 시켜서 긴급 시에 대응하도록 하면, 통괄하는 사람이 하나도 없어 서로 통하지 못하는 데 비교할 수 있겠습니까.

서해 물길을 대비하는 일도 시급합니다. 강화도와 교동도는 전에 적군이 눈앞에 바라보이는 데서도 건너서 침입하지 못했습니다. 이는 배가 없었기 때문입니다. 이제 적군도 이미 이런 줄 알고 거제도 등지에 둥지를 틀고 있으면서 날마다 침략할 기회를 노리고 있습니다. 또한 수사에게 명하여 별도로 계획을 세워 충돌이 일어나는 것을 대비해야 합니다. 강화도의 제반 문제는 모름지기 백방으로 조처해서 뜻하지 않은 우환에 대비해야 합니다.

5) 영남 지역에서 적과 대치한 형세는 날로 위태로운데, 명나라의 조치

---

6   지형이 극히 견고함을 이르는 말. 두 사람이 백명을 대적할 만한 곳이라는 뜻이다.

가 합당함을 잃어 좋은 기회를 놓친 때문입니다. 지금 듣건대 명은 조공을 허락해달라는 저들의 요청을 끊어버려 분통이 일어 그 화가 당장 급박해질 것이라고 합니다.

신이 전부터 경상도에 살아서 의병들의 정황을 잘 알고 있습니다. 여러 해를 굶주리고 지친 오합지졸을 모아놓은 터라 도망치고 흩어지는 것이 연달아서, 많아야 백여명이고 적으면 30, 40명이 산골짜기에 숨어 있으니 싸울 의욕이 있겠습니까. 또한 군사들이 병기를 갖지 못해서 활과 화살을 소지한 자는 열에 한둘도 못 됩니다. 단지 때때로 숲속에서 몰래 엿보다가 혹시 풀을 베러 나오는 적병이나 오고 가는 자들을 쏘아 죽이고서 승전했다고 보고하는 정도입니다. 기실은 적군의 큰 무리와 겨뤄보지 못했으니, 유익함이 얼마나 되겠습니까? 게다가 경상우도의 연해 지역인 김해·웅천·창원·고성·곤양·사천·진주까지 모두 수복하지 못한 땅이고, 다만 고령·합천이 그런대로 백성이 조금 남아 있습니다. 그 위로 성주·금산金山·지례·개령에서 상주·선산·문경·함창에 이르기까지는 황무지 상태입니다. 경상좌도로 말하면 울산에서 그 아래로는 모두 적의 소굴이 되어 양식이 나올 곳이 없고 군사도 동원할 도리가 없습니다. 믿는 것은 명군뿐입니다. 양곡을 실어다가 지탱하는 것으로 말하면, 충청·전라 두곳도 여력이 없습니다. 백번 계획하고 천번 생각해도 뒷일을 위한 계책이 서지 않으니, 부질없이 통곡할 따름이옵니다. 근래 경략 송응창宋應昌이 누차 요충지에 방어 시설의 설치를 말한 것도 부득이하여 한 말이지만 어찌해볼 힘이 없습니다. 아무리 방어 시설을 설치하고 진지를 구축해도 식량이 없으면 군사가 없고, 군사가 없으면 지킬 도리가 없습니다. 하지만 지금 기회를 놓쳐 도모하지 않고, 한두달이 지나서 식량이 더 떨어지고 군사가 더 흩어지면, 아무리 수습하고 부르려 해도 그 형세는 더욱 어려워질 것입니다.

또한 각 도의 의병은 여러 해를 두고 적과 대치하고 있으니, 그중에 용맹하고 싸움에 익숙한 군사도 적지 않습니다. 그런데 굶주리고 피로하여 스스로 떨쳐 일어나지 못하고 있으니 약한 자는 구렁에 빠져 죽고 강한 자는 달아나 도둑이 됩니다. 나날이 쇠진해가니, 참으로 애석합니다. 신은 바라옵건대, 충청·전라·경상 3도에 별도로 중신을 내려보내 편의에 따라 조처할 권한을 부여하여 군사 동원, 군량 조달 등 일체의 군정을 주관해 처리하도록 하옵소서. 그리고 남은 백성들을 안무하여 정예병을 가려 뽑아서 명군을 따르게 합니다. 장준張浚이 독부督府를 개설하고 소하蕭何가 관중關中을 다스려서 기지로 삼았던 것처럼 하면,[7] 아마도 방어를 위한 설비도 차츰 손을 쓸 수 있을 것입니다.

근래 왕명을 받고 나가는 지방관들이 앞뒤로 이어지고 있지만 관리가 많아질수록 일은 더욱 안 되는 실정입니다. 멀리 조정에서 지휘를 하려 해도 기회와 곡절이 번번이 맞지 않습니다. 이런 잘못은 오직 적임자를 골라 보내지 못하고 체통이 서지 않는 때문입니다. 이 역시 모름지기 긴급히 경장更張을 한 연후에라야 가능합니다.

——『서애문집』권7, 「조진시사계條陳時事啓」, 1593년 겨울

명의 파병 경위, 선조의 퇴위 문제가 거론되다

윤9월 17일, 전 파주 목사 허징許澂이 일이 있어서 남방으로 내려왔다가 하회에 있는 나에게 들러서 난리가 일어난 초기의 일을 말해주었다.

신묘년(1591)에 허징이 이문학관吏文學官[8]으로 성절사聖節使 김응남을 따라서 북경에 갔을 때의 일이다. 그때 통신사가 막 돌아와서 일본에 대한 정

---

7   장준(張浚)은 송대의 인물로 강남 지역에 독부(督府)를 개설했고, 소하(蕭何)는 한나라 건국공신으로 관중(關中) 지역을 잘 다스려서 통일의 기반을 닦았다.

8   중국과의 외교문서를 담당하는 관원. 중국과 주고받는 문서는 독특한 용어가 많기 때문에 이를 맡는 전문 인력이 필요했다.

보를 얻어 우리나라에서 예부에 문서로 그 사실을 알리려는 길이었다. 중
국 경내로 들어가자 길에서 만나는 사람들이 손가락질을 하며 자기네끼리
귀엣말을 하는 것이 종종 보였다. 그리고 도무지 친절하지 않아서 전과 다
른 느낌이 들었다. 산해관山海關에 당도했을 때 관문 밑의 사람들 여럿이
소리를 질러 "너희 나라가 왜놈과 한통속이 되어 배반을 했다지. 무엇 때
문에 들어왔느냐"고 꾸짖는 말을 하는 것이었다. 동행한 당릉군 홍순언洪
純彦[9]은 노련한 역관이어서 일에 능란한 인물이었다.

가정嘉靖 정묘년(1567)에 명의 각로閣老 허국許國이 우리나라에 왔을 적
에 홍순언은 수행통사隨行通事가 되어 각로의 사인舍人 유심兪深과 아주 친
숙한 사이가 되었다. 이때에 우리 사신이 우려한 나머지 홍순언과 상의하
여, 홍순언이 밀서를 유심에게 써서 보내 본국의 사정을 미리 허각로에게
설명하도록 했다. 은밀히 사람을 사서 먼저 보낸 것이다.

이윽고 우리 사신 행차가 통주通州에 당도했을 때 길에서 바라보니 한
사람이 높은 언덕에 앉아 손짓으로 부르고 있었다. 당릉군과 허징이 얼른
언덕으로 올라가니, 다름 아닌 유심이었다. 유심이 하는 말이 이러했다.

"근자에 복건성福建省 등지에서 다들 당신 나라가 왜를 유인하여 중국
을 침범하려 한다는 보고가 올라와 말이 자자합니다. 각로가 혼자 변호하
여 '반드시 그럴 리가 없다' 하고 또 '조선의 사신이 오래지 않아 오게 되
면 반드시 변란을 보고하는 내용이 있을 것이다. 만일 오지 않으면 의심할
만하다'라고 말했더라오. 그리고 과도관科道官이 황제에게 글을 올려 너희
나라의 사신이 오기를 기다려 국문鞫問할 것을 청하는데 각로는 '사실을
알지 못하고서 먼저 사신을 국문하는 것은 먼 나라를 대하는 도리가 아니
다'라고 했다오. 그래서 여론이 조금 숙어져서 당신 나라가 변란을 보고하
는 것을 기다려 처리하기로 했답니다. 마침 지금 편지를 받고 각로는 매우

---

9   선조 때의 역관. 명과의 외교관계에서 이룬 공적으로 당릉군(唐陵君)의 봉을 받았다. 그의
     사적을 기록한 책으로 『당릉군유사』가 있다.

좋아하며 나를 시켜 먼저 나가서 맞아 알리라고 하여 왔지요."

그는 말을 마치자마자 옆에서 사람이 볼까 걱정된다면서 바삐 일어서 돌아보지도 않고 떠났다. 사행이 북경에 도착하자 곧 자문咨文을 예부에 올렸다. 예부시랑 한세능韓世能 역시 임신년(1572)에 우리나라에 사신으로 왔던 사람이었다. 그는 직접 손으로 글을 써서, "황상이 본국의 자문을 보고 매우 기뻐하시니, 당신들은 틀림없이 상을 받을 것이오"라고 했다.

귀국할 임시에 사신들이 하직인사를 하고 광록시光祿寺에서 연회를 받았다. 연회가 끝날 즈음 중관中官이 안에서 나와 황상의 명으로 사신 일행을 데리고 회극문會極門으로 들어갔다. 이 문은 황극전皇極殿 안에 있으며, 거기에 태액지太液池(황궁 안에 있는 연못)도 있어서, 외인은 감히 들어가지 못하는 곳이었다. 바라보니, 포대袍帶[10]를 착용한 내관들이 삼삼오오 짝을 지어 말을 조련시키는데 그 광경이 극히 한가로워 보통 그림에서 보던 바와 꼭 같이 느껴졌다. 내관이 술과 안주를 내와 취하도록 마시고 먹을 수 있게 했으니 특별한 대우였다. 그리고 포유襃諭의 조칙이 내려 백금白金(은)·저사紵絲·채단彩段을 상으로 받았다. 사신에게 내려주는 상으로서 예외적인 우대였다.

다음 임진년에 허징이 또 신점申點을 따라 북경에 가서 옥하관玉河館에 있을 때에 왜군이 본국을 침범하여 어가가 서쪽으로 떠났다는 소식이 들렸다. 이때에 명나라 조정에서는 의론이 통일되지 않았는데 대개 세가지로 갈렸다. 하나는 압록강을 굳게 지키면서 관망하자는 주장이고, 다른 하나는 이적夷狄들이 서로 싸우는데 중국이 구원할 필요가 없고 응당 압록강을 지키다가 강한 군사를 보내 강을 건너가 위세를 떨치자는 주장이었다. 오직 병부상서 석성石星[11]이 "조선은 구하지 않을 수 없다"고 역설하면

---

10   귀인이 착용하는 비단 상의와 허리띠.

11   임진왜란 당시 명나라의 병부상서로서 조선에 파병할 것을 역설했는데 정유재란이 일어나 패전하게 되자 황제의 노여움을 사서 하옥되어 옥중에서 죽었다.

서, "먼저 병기·화약 같은, 적을 방어할 도구를 보내야 한다"고 주장했다. 그런데 과도관이 황상에게 올리는 문서에 "병기·화약을 외국에 주는 것을 금하는데 이는 고황제高皇帝(명 태조)가 정한 법이므로 어길 수 없다"고 했다. 석상서가 극력 다투어 다음과 같이 주장했다. "이른바 '외국'이란 멀리 떨어져 있어 포용할 수 없는 지역을 가리키니 저들의 성패는 중국과 아무 상관이 없는 것입니다. 조선은 실제로 내복內服과 같습니다. 만약 왜가 조선을 점령하도록 놓아두면 요동을 침범해서 산해관에 미치게 되니, 북경이 위태로워질 것입니다. 이야말로 심장의 우환이 되는데 어찌 심상한 사태로 넘기겠습니까. 가령 고황제가 오늘날에 살아계시더라도 반드시 의심 없이 병기 화약을 내려줄 것입니다." 드디어 의론이 정해졌다. 우선 두 지대支隊의 군대를 출동시켜 국왕을 호위하는 한편 호군은犒軍銀 3만냥을 내려주었다. 이 모두 석상서의 힘이었다.

이어서 허징은 "석상서는 신장이 8, 9척이나 되고 용모가 출중해서 바라보면 덕기가 있고 눈빛이 형형하더랍니다. 사신을 대하면 우리나라 사정을 이야기하며 눈물을 흘리곤 했답니다. 그의 성정이 진실하고 간절함이 이와 같았지요. 당시 만일 병부를 주관하는 자리에 이런 인물이 없어 다른 주장이 득세했다면 우리나라의 일은 위태롭기 그지없었을 것입니다. 그런데 공을 이루었지만 자기 몸을 보존하지 못했으니, 참으로 안타까운 노릇입니다"라고 말했다. 그와 나는 서로 바라보며 탄식했다.

——『서애문집』권16, 「잡저雜著」

사천사司天使의 일을 기록함(1593년 겨울)

계사년(1593) 4월, 왜적이 서울을 떠나 남쪽으로 물러났다. 이해 10월에는 임금이 해주에서 떠나 환도했는데 공사 간에 아무것도 없이 담벼락만

서 있을 따름이었다. 11월 중에 명나라는 행인사行人司의 행인 사헌司憲을 파견했다.[12]

이보다 앞서 중국 조정에서는 우리나라가 떨치지 못한 나머지 적에게 제압을 당할까 우려하여 논의가 많았다. 급사중給事中으로 있는 위학증魏學曾이 상주하여 조선 문제의 처리를 논했는데, 심지어는 조선을 분할하거나 임금을 바꾸자는 등의 말이 들어 있었다. 이 문제가 병부로 넘어가서, 병부상서 석성이 불가함을 강력히 주장했다. 이에 조선으로 사헌을 파견, 칙서를 받들고 가서 전하고 또 조선의 실정을 살펴보도록 했던 것이다.

당시 경략 송응창宋應昌이 요동에 머물러 있었는데 해평군海平君 윤근수尹根壽가 사후배신伺候陪臣으로 송 경략의 군문軍門[13]에 가 있었다. 어느 날 송응창이 급사중 위학증이 상주한 글을 윤근수에게 보이며 말했다.

"조정의 여론이 이와 같은데 너희 나라는 장차 어떻게 대처할 것인가? 이 일은 내가 힘을 다해 보류해놓았소. 하지만 당신은 돌아가서 당신 나라 왕에게 보고하여 좋은 대책을 세우도록 할 것이오."

윤근수는 요동에서 환국하여 먼저 이 일을 장계로 올렸다. 또 송 경략이 우리나라 배신陪臣들에게 보내는 차부箚付도 휴대했다.[14]

윤근수는 행궁으로 나아가 숙배한 뒤에 바로 묵사동墨寺洞의 거처로 나를 찾아왔다. 날이 어두운 시각인데 내가 나가서 대면하자 다른 말이 없이 오직 손으로 책상을 두세번 치면서, "이 일을 장차 어찌하면 좋겠소"라 부르짖으면서 큰소리로 우는 것이었다. 내가 꼼짝 않고 있으려니 윤근수가 말했다.

"송 경략이 우리 조신들에게 보내는 차부가 있는데 내일 아침에 조정에

---

12 행인(行人)은 『주례(周禮)』 「추관(秋官)」에 나오는 관직명. 명대에 행인사(行人司)를 두었는데 행인은 황제의 명에 따라 그 명을 전달하거나(傳旨), 위무하거나(撫諭) 책봉(冊封)하는 등의 일을 수행했다.

13 명대에 총독과 같은 군의 고위 사령부.

14 배신(陪臣)은 제후국의 신하가 천자에 대해 자신을 일컫는 말. 조선의 신하는 중국 황제에 대해 이렇게 칭했다. 차부(箚付)는 상급기관에서 하급기관에 내려보내는 공문.

제시하려고 합니다. 제공들이 어떻게 처리하실지 모르겠습니다."

나는 말했다.

"이 차부에 무슨 말이 적혀 있는지 모르겠으나, 우리 배신이 관여할 일이 아닌 것 같습니다. 영감이 받아온 것은 사리에 맞지 않소이다."

그는 아무 말도 않고 있다가 일어섰다. 이튿날 아침에 내가 비변사로 나갔다. 시임대신 좌의정 최흥원崔興源은 병으로 나오지 못했고, 우의정 윤두수는 세자를 수행하며 남쪽으로 내려가서 홀로 나만 있었다. 판중추부사 심수경沈壽慶이 원임대신原任大臣으로서 자리에 나와 있었다. 이윽고 윤근수가 나와서 차부를 내 앞으로 내놓았다. 나는 그것을 보지도 않고 말했다.

"차부에 담긴 내용은 조신이 처리할 문제가 아닌 듯하오. 보아서 어떻게 하겠습니까?"

심공 또한 "그렇다"고 말했으며, 좌중의 여러 대신들 중에 병조판서 심충겸沈忠謙 등은 '펴서 봐도 무방할 것'이라는 뜻으로 말했다. 나는 소리를 높여서 말했다.

"송 경략이 만약 공적으로 우리나라 일을 말할 것이 있으면 응당 우리 주상께 자문을 보내야 할 것이오. 지금 자문이 없이 차부만 있으니 그 가운데에 말한 내용이 만약 뜻밖에 헤아릴 수 없는 문제여서 보아도 처리할 수 없는 일이면, 차라리 보지 않는 편이 나을 것입니다."

그리고 심충겸에 대해서 책망해 말했다.

"해평군海平君이 차부를 거부하지 못하고 받아가지고 온 일을 두고, 대감은 전에 '순종으로 바른 방도를 삼는 것은 부녀자의 태도에 가깝다'고 말씀하더니 지금은 왜 말이 전과 다릅니까?"[15]

---

15 '순종으로 바른 방도를 삼는 것은 부녀자의 태도에 가깝다'는 말의 원문은 '近於婦人似順爲正'(『맹자』「등문공화滕文公下」)이다. 진정한 대장부라면 정당한 도리를 지켜야 옳은 데 비교한 말이다. 해풍군이 송 경략으로부터 차부를 받아가지고 온 일이 옳지 못했음을, 심충겸도 지적했다는 의미다.

이 말에 심 판서는 얼굴이 붉어지며 더 말이 없었다. 윤근수 또한 어쩔 수 없이 차부를 다시 거두어가지고 나갔다. 이날 성상이 나를 불러보시고 윤근수가 올린, 위학증이 상주한 문서를 보여주며 말씀하셨다.

"나는 오래전에 이런 일이 있을 것으로 알았기 때문에 자리에서 물러나려 했소. 지금 과연 이렇게 되었구려."

그 문서를 보니 우리나라를 헐뜯고 비방한 말이 많았다. 대체로 조선은 왜를 방어하지 못해 중국에 우환을 끼치고 있으니 마땅히 이 나라를 둘이나 셋으로 분할하여 왜적을 막아낼 수 있는 자에게 맡기어 그로 하여금 조치하도록 하여, 중국을 방어하는 울타리로 삼아야 한다는 내용이었다. 신은 다 보고 나서 계문했다.

"이는 사리에 맞지 않은 망언입니다. 황조皇朝가 어찌 이런 언설에 흔들리겠습니까. 원하옵건대 의심하지 마옵소서. 오직 우리가 당연히 해야 할 일을 더욱 힘껏 하여 중국의 우환을 풀어주어야 합니다."

얼마 후에 사헌司憲 천사天使가 곧 온다는 보고가 들어왔다. 내가 대신으로서 전례에 따라 벽제역으로 영접을 나갔다. 도승지 심희수沈喜壽가 동행했다. 당시 벽제역은 건물이 타서 몇 칸만 남은 상태였다. 사행인이 나와 마주 앉았다. 술을 들어 따라주는데 어조는 자못 부드러웠다.

"내가 번경藩京[16]에 들어가면 새로운 거조가 있을 것이오."

나는 의문이 들었으나 깊이 묻지 않고 술 몇 잔만 들고서 인사하고 나왔다. 밤새 달려서 사경四更(새벽 3시 전후)에 서대문 밖에 당도하여 길가에서 잠깐 눈을 붙였다. 그리고 성문이 열리자마자 대궐로 들어가 천사가 했던 말을 모두 계문했다.

이날 정오에 천사가 서교에 도착하여 성상이 모화관 안으로 나가 영접하여 선도先導를 해서 남별궁南別宮[17]에 당도했다. 여기서 칙서를 폈다. 칙

---

16 명의 관점에서 조선이 변방국이기 때문에 서울을 번경이라고 말한 것이다.

17 서울의 송현동에 있었던 별궁. 청나라 사신이 묵는 장소로 이용되기도 했다.

서의 내용은 모두 경계심을 가지고 자강自强에 힘쓰도록 하라는 것인데, 뜻이 준엄했다. 대략은 이러하다. "조정이 속국을 대우하는 은의恩義는 여기에서 그친다. 앞으로 왕이 나라를 다스림에 만일 다른 변이 일어나면 짐은 왕을 위해 무슨 일을 도모할 수 없다."

칙서의 선포가 끝나자 사천사와 우리 임금이 사행인을 만났다. 그리고 상은 밤에 환궁하시어 신을 불러서 들어갔다. 신을 대면하자,

"내가 경을 만나 보는 것도 오늘뿐이오. 비록 밤이 깊었지만 경을 직접 보고 작별하고 싶기 때문에 이렇게 불렀소."

라고 하더니 탄식하며 말씀하셨다.

"경은 재주와 학식이 옛사람과 비교해 부끄러움이 없지만 나 같은 왕을 만났기 때문에 뜻을 펴지 못했구려."

신은 황공하여 아뢰었다.

"보잘것없는 신이 잘못 중책을 맡아서 국사를 이 지경으로 만들었으니 모두 다 신의 죄입니다."

"그렇지 않소. 옛사람 중에 자사子思와 같은 인물이 위衛 나라에 있었어도 위나라가 땅이 줄어들고 쇠약해짐을 면하지 못했고, 제갈공명 같은 재능으로도 한漢나라를 다시 일으켜 세우지 못했소. 어떻게 한번의 승패로 사람을 논할 수 있겠소."

그 밖에 이런저런 칭찬을 하여 이르는 말씀을 하시고 내시를 돌아보며 술을 가져오라고 명하셨다. 내관이 향온香醞 한 사발을 가져오자, 나에게 내리시며 마시도록 했다.

"이것으로 서로 작별이오. 내일 나는 천사 앞에서 왕위를 내놓겠소."

신이 아뢰었다.

"천조天朝(명을 가리킴)는 우리나라가 떨치지 못함을 우려한 것입니다. 칙서의 요지는 권면하고 견책하는 뜻이지, 이 밖에 다른 의미가 있겠습니까. 원하옵건대 성상의 뜻이 흔들려서는 안 됩니다. 내일 일이 잘못되어서는

절대로 불가하오니 천행으로 참작하시어 처리하소서. 신은 감히 죽음으로써 청하옵니다."

성상은 묵묵히 아무 말씀도 없으시기에 신은 밤이 깊어서 물러 나왔다.

사관史官의 당일 기록은 이렇게 되어 있다.

상이 환궁하자 즉시 공을 불러 보시고 탄식하기를, "옛말에 '영웅이 헛되이 죽는 것은 가석可惜한 일'이라고 했는데 경의 재주로서 나 같은 임금을 만난 때문에 할 일을 하지 못했소"라고 하시매, 공은 눈물을 흘리며 위와 같이 아뢴 것이다. 상은 이르기를 "국사가 여기에 이른 것은 경의 죄가 아니오. 자사가 위나라에 있었어도 그 쇠약함을 구하지 못했고, 제갈공명도 한나라를 중흥하지 못했다오. 경의 학문과 재능이 어찌 옛사람에게 많이 양보할 것이오. 다만 섬기는 임금이 용렬한 군주이지"라고 했다. 공은 가슴이 미어지고 황공하여 대답하지 못했다. 상은 내시를 돌아보며 술을 가져오라 하여 공에게 마시도록 하면서, "이 술로 서로 작별이라"고 하시자, 공은 할 말을 잃고 위와 같이 대답한 것이다. 밤이 깊어서 자리를 파했다.

이튿날 성상이 남별궁으로 행차하여 문안 서편의 작은 방에 잠시 계시면서 신을 부르시기에 들어갔다. 밖의 일을 물으시므로 신은 지난밤에 상주한 말을 부디 유의하시도록 거듭 아뢰었다. 성상은 아무 답이 없이 다른 말씀만 했다. 잠시 후에 사천사가 나와서 앉아 성상께서도 들어가셨다. 연회가 반쯤 지났을 때에 성상이 소매 속에서 첩을 꺼내 천사에게 건넸다. 첩에는 신병으로 나라를 다스리기 어려우므로 세자에게 양위를 하려고 청하니, 바라옵건데 천사께서 주장하여 이 소원을 이루게 해달라는 뜻이었다. 성상의 친필이었다. 사천사가 즉시 홍첩紅帖에다가 직접 답을 썼다. 대요는 이러했다.

"불녕不佞 사헌은 명을 받들고 이 나라에 와서 국왕과 접해보니 지금 국도를 수복한 것은 '천병天兵'의 힘이라지만, 역시 왕의 복록이 융성하여 아직 다하지 않은 까닭이오"라 하고 붙인 말이 있었다.

"임금이 양위를 한 일에 대해서는 당나라 숙종肅宗의 고사가 있습니다. 응당 상주를 하여 천조의 조처를 기다릴 일입니다. 사헌은 일개 행인이니, 무슨 힘이 될 수 있으리까. 왕이 굳이 꼭 자리를 물러나려 하는 것은 무슨 까닭인지 모르겠습니다. 듣고 싶소이다."

성상은 즉시 붓을 들어 답했다. "다른 뜻은 없고 질병으로 국사를 감당하기 어려운 고로 이럴 따름입니다."

사천사는 이를 보고서 고개를 끄덕였다. 당시에 나는 어가를 따라갔지만 밖에 있었기 때문에 연회 중에 있었던 이 일은 미처 알지 못했다. 날이 저물어서 성상은 환궁을 하셨다. 그리고 곧바로 어첩 및 사천사의 홍첩을 신의 처소로 보내와서 그간의 일을 알도록 하시었다. 나는 즉시 계啓를 올려 아뢰었다.

"이 국가 중대사를 신이 앞서 극력 아뢰었음에도 응답을 듣지 못했습니다. 또 그 논의의 자리에 참여하지 못했습니다. 결국 대신의 도리를 잃었으니 크게 황공하옵니다."

이때에 도성에 있던 명군의 장수들은 서북으로 다 돌아갔고 유격장 척금戚金만 남아 있었다. 척금은 다른 누가 아니라 중국의 명장 척계광戚繼光[18]의 조카로서, 재능이 기민하고 깨인 사람이었다. 급히 가서 사천사를 중도에 맞아 함께 다시 서울로 돌아와서 밤과 낮으로 사천사의 처소에서 더불어 의논했다.

이날 저녁에는 유격장 척금이 사람을 보내 나를 맞아서 그의 숙소에서 서로 만났다. 좌우에 있는 사람들과 역관까지 모두 물리친 뒤 가운데 탁자 하나를 설치하고 그 위에 초 두자루와 종이·붓·벼루를 놓았다. 탁자 북쪽으로 의자를 놓고 나를 앉으라고 하더니 종이를 가져다가 친히 10여 조항

---

18   명대 중엽의 명장. 특히 왜구와의 전쟁에 대응하여 전술을 개발했다. 저술로서 『기효시서 (奇效新書)』가 있다.

을 썼다. 그 제3조가 "국왕은 전위를 응당 빨리할 것[國王傳位當早]"이었고, 다른 조항들은 군무 처리에 관련한 일이었다. 다 쓰고 난 다음 나에게 읽어 보라고 했다. 나는 나도 모르게 일어나서 정색을 하고 붓을 들어 다른 말은 않고 오직 다음과 같이 썼다.

"제3조에 제시된 바는 배신으로서 차마 듣지 못할 일입니다. 대인은 만 권의 책을 읽으신 터에 어찌 천하 고금의 일을 듣지 못했습니까? 소방小邦의 형세가 바야흐로 위태로운 지경인데, 만일 또 군신·부자의 사이에 잘못 조처하는 일이 있으면 화를 더욱 중대하게 만듭니다."

그러고 나서 나는 공손히 서 있었다. 척금은 한동안 눈을 크게 뜨고 직시하더니 바로 붓을 들어 그 아래에다, "是"(옳다는 의미)라는 글자 넷을 쓰고 나서 드디어 그 종이를 걷어서 촛불에 태워버리고 이내 하인을 불렀다. 다시 더 아무 말이 없기에 나도 인사를 하고 나왔다. 이때는 시각이 2경(밤 10시 전후)이 된 즈음이었다.

내가 대궐에 나아가 이 일을 아뢰려고 했다. 성상이 전위傳位의 일로 조정에 누차 교시를 내리시어 조신들이 그 불가함을 극력 진정해도 단념시키지 못하는 판에 지금 이 일까지 들으시면 성상의 뜻이 더욱 견고해져 일만 더 어려워질 것으로 생각되었다. 그래서 좌상 최흥원崔興源의 집으로 찾아가 만나서 말을 나누었다.

다음 날 나는 백관을 거느리고 천사에게 글을 올려서 본국이 왜변을 당한 실상을 진술했다. 왜적이 대국을 침범하려는 것을 따르지 않다가 낭패를 보고도 후회하지 않는 데 있으며, 우리 주상이 즉위하신 이래 지성사대 至誠事大를 하여 늘 걱정하고 면려한 사실을 수천자로 길게 진술한 것이다. 사천사는 이 내용을 자못 신뢰하여 받아들였다.

이날 밤에 척금이 또 나를 불러, "천사의 뜻이 크게 돌아갔으니, 국왕은 걱정하지 말고 오직 국사에 진력하면 될 것이오"라고 말하더니, 이어 덧붙였다. "내가 오래 여기 있으면서 국왕과 서로 친숙해졌는데 나와 국왕은 같은 임자생壬子生으로 동갑입니다. 일찍이 천사를 보고 힘껏 주선을 했다오." 나는 두 손을 맞잡고 그에게 감사의 뜻을 표하여 말했다. "원하옵건대 노야는 처음부터 끝까지 이 마음을 지키시어 소방의 정성이 천조에 전해지도록 하시면 소방의 사람들이 받는 노야의 베풂이 적지 않겠습니다."

척금은 모두 수긍했다. 나 또한 이 일은 감히 성상께 보고하지 못했다. 며칠 뒤 사천사와 척 유격, 그리고 심 유격 등이 남산의 산마루로 올라가서 서울 도성 안을 내려다보며 이야기를 나누었다. 그때 따라간 역관이 들은 말은 대개 이러했다. 사천사가 전위의 일에 대해 언급하자, 심 유격이 말하기를, "지금 위급한 때를 당해, 노숙한 국왕이 있어야 어려움을 헤쳐나갈 수 있겠는데, 전위는 마땅한 일이 아닌가 합니다"라고 했다. 사천사는 또 "국왕이 장자를 두고 어린 아들을 세우려 하니 아마도 '그 어미를 사랑하면 그 아들을 안아준다'는 것이겠지요"라고 말했다.

"그렇지 않아요. 임해군과 광해군은 같은 어머니의 형제인데 어머니는 벌써 세상을 떠났습니다. 광해군을 세우려는 것은 이 나라 사람들의 뜻입니다. 임진년의 변란 때 서울 사람들이 여러 왕자들의 궁을 태웠을 때 광해군의 궁은 태우지 않았으니, 역시 인심이 돌아가는 방향을 알 수 있습니다." 이 말에 사천사는 "그렇군" 하며 머리를 끄덕이더라는 것이었다.

이로부터 성상은 연일 사천사를 상대했는데 그는 공손하게 예우하는 태도를 보였다. 어느 날 사천사가 우리나라의 재상과 병사를 맡은 장관들을 불러서 나와 경림군 김명원金命元, 해평군 윤근수, 병조판서 이항복李恒福이 함께 갔다. 사천사는 역시 탁자를 놓고 따로 나를 불러 탁자 동쪽에 앉게 하더니 좌우에 있는 사람들을 다 물러가게 하고 요동 두목遼東頭目 한 사람만 남겨두었다. 요동 두목에게 "글자를 아느냐 모르느냐"고 물으니 그가 "모른다"고 하자 그 자리에 남아 있게 한 것이다. 나에게 글자를 써서 보이는데 "들건대 너희 나라에 아무 재상이 나라를 망친다고 하니 과연 그런가"라고 했다. 뜻밖의 말이기에 깜짝 놀라 나 역시 글자를 써서 대답했다.

"그 사람은 소생과 한 조정에서 같이 일하는 사람입니다. 어렵고 위태로운 시기를 당하여 저마다 각기 동분서주하는 노고가 있습니다. 이 밖에 다른 일은 잘 모릅니다."

"군자는 당을 짓지 않는다고 하는데, 군자 역시 당을 짓습니까?"

나는 그만 말이 막혔다가 이내 답을 썼다.

"가령 누가 무슨 잘잘못이 있으면 과군寡君(자기 임금을 지칭하는 말)에게 아뢸 수 있겠으나 어떻게 노야에게 말할 수 있습니까?"

사천사는 웃으며 이런 점은 자기도 벌써 알고 있다면서 "그만두고 다른 말이나 하자"고 하더니 또 쓰는 것이었다.

"천조의 장수들이 지방에서 폐해를 끼치는 일이 많다는데 사실입니까? 누가 심한지 숨기지 말고 바로 말해주시오."

"소방은 천조가 구제해주는 힘을 입어서 오늘이 있게 되었습니다. 여러 장수들이 각기 약속을 준수하고 군사들을 단속하고 있는데 무슨 소란이나 폐해가 있겠습니까."

사천사는 또 쓰기를,

"내가 듣건대 조선 사람들 말이 '왜적은 얼레빗이요, 천병은 참빗이라'[19]고 한다니 과연 그렇습니까?"

라고 하기에, 나는 대답했다.

"예로부터 군대가 주둔하는 데는 가시덤불이 자란다고 했는데 소소한 소란이나 피해야 어찌 없을 수 있겠습니까? 아무래도 형세가 전혀 없을 수 없는 일입니다. 그러나 천군이 참빗이란 말은 천번 만번 그럴 이치가 없고, 중간에 말을 만들어낸 것임이 틀림없습니다. 원컨대 노야는 믿지 마옵소서."

이어서 다시 몇 마디 문답을 하고 파했다.

그러고 나오니 해평군 등 여러분들이 "천사가 하는 말이 무슨 일이냐"

---

19   얼레빗은 빗살이 굵고 성긴 빗이고, 참빗은 빗살이 가늘고 촘촘한 빗이다. 여기서는 명나라 군대가 일본군에 못지않게 폐해가 큰 것을 풍자한 뜻이다.

고 묻는데 나는 다 말하기 어려워서 천병이 지방에서 소란과 피해를 끼치는 등을 물었다고만 대답했다.

사천사는 7일 동안 머물다가 돌아갔다. 우리나라에 신칙申飭(단단히 타이름)하는 자문咨文을 주고 따로 차부를 나에게 주었는데, 산하를 재조再造하라[20]고 당부하는 말이긴 했으나 두서가 없었다. 나는 그를 다시 벽제관까지 전송하고 돌아왔다.

당시 나는 정승의 자리에 외롭게 있었는데 심신을 기울여서 다행히 무사히 넘길 수 있었다. 천사 사헌이 나에게 캐어물은 일들은 명군 사이에서 돌아다니는 허황한 말에 불과하다. 거의 실언에 가깝다고 하겠다.

—『서애문집』 권16, 「기계사동사천사사기癸巳冬司天使事」

임진란 시말기

임진왜란으로 국사가 무너졌으니 당시 대신으로서는 실로 그 죄책을 면할 수 없다. 이러쿵저러쿵 변명해봤자 허물만 더할 따름이다. 오직 그 당시의 사실만은 대략 한두가지라도 진술하여 너희들이 알도록 하지 않을 수 없다.

당초에 정사 황윤길과 부사 김성일이 일본에서 돌아와 적정에 대해 보고한 말이 서로 달랐다. 내가 어느 날 김성일을 직접 만나 "당신의 말이 황윤길 정사와 다른데, 만일 왜군이 실지로 온다면 어떻게 할 것이오"라고 물었더니, 김성일도 이렇게 말했다.

"나 역시 어찌 왜군이 반드시 오지 않는다고 하는 것이겠소. 다만 황윤길의 말이 너무 과도해서 마치 왜군이 우리 사신의 뒤를 바로 쫓아 따라오는 것 같아서 인심이 흉흉하기 때문에 이같이 말했을 따름입니다."

---

20   '산하를 재조하라'고 말한 뜻은 나라를 크게 개조하라는 의미다.

나는 밤낮으로 왜군들이 쳐들어올까 걱정하여, 무릇 국경 수비의 문제에 관해 생각한 바가 있으면 도모해보려고 하지 않은 것이 없었다. 한번은 영의정과 의정부에 함께 앉아서 과연 왜적의 변란이 있을까 없을까를 논하는데 내가 했던 말이다.

"나는 왜군이 반드시 올 것으로 생각합니다. 오늘날 나라가 평온한 것이 오래되어 변경에 난리가 있을 것을 걱정하지 않을 수 없소이다. 또한 한가지 일을 들어 말하면 동해에 있는 고기가 근래 서해로 이동하여 한강으로 올라오는 일이 있다고 합디다. 이 또한 바다의 기류가 바뀌어서 그런가 합니다."

전라도 수사 자리가 비어서 정읍현감으로 있는 이순신을 천거하여 대신하게 했다. 그리고 임진년 봄에는 경상도 우병사 조대곤曹大坤이 너무 늙어 대응하기 어렵다고 보아 경연에서 이일李鎰을 대신 보내도록 제안했다. 이일을 기일보다 먼저 내려보내서 국경 수비의 조치를 취하게끔 하여 갑자기 일어나는 사태에 대비하도록 하려는 뜻이었다. 그런데 병사를 담당한 장관이 어렵겠다고 말해서 실행되지 못했다. 또한 경상·전라 두 도의 제승방략制勝方略[21]은 군사를 나눈 것이 타당치 않기에 원래의 진관鎭管 제도를 회복하여 서로 엇물리게 하여 변란에 대비할 수 있도록 제안하여 이를 본도에 내려보냈다. 이 또한 시행되지 못했다.

왜군들은 조총을 잘 사용하여 우리나라의 승자총통勝字銃筒을 가지고는 상대하기 어려웠다. 이때 일본에서 보낸 조총이 새로 도착해서 계문을 올려 훈련부정 이봉李鳳을 시켜 서울에 있는 상번군사上番軍士를 거느리고 조총 쏘는 법을 연습하도록 청했다. 논하는 자들이 모두 긴치 않게 여겨 마침내 시일이 지나도록 아무런 효과가 없었다.

그러므로 왜군이 오지 않는다고 하여 방비를 태만하게 한 것은 실상 나

---

21   여기서는 적을 제압하여 승리를 이루는 책략을 의미한다. 세종 때 김종서가 여진에 맞서 싸우기 위한 대응책으로 지은 책 이름이 『제승방략』이었다.

의 뜻이 아니었다. 다만 구구한 나의 소견으로 인심이 먼저 동요하면 지혜와 용기가 모두 고갈될 것이기 때문에 반드시 먼저 진정시키고 그런 연후에 제반 일을 착수할 뜻이었다. 또한 듣건대 남방의 축성하는 일이 곳에 따라서는 지세를 옳게 잡지 못하고 민력을 헛되이 수고롭게 한다고 했는데 이는 홍문관에서 올린 차자箚子(약식으로 올린 상소문)로 인해서 잘못 진술한 점도 있었던 것 같다. 오래된 일이라 어떻게 말했는지는 잘 기억하지 못하겠다.

적의 공격이 깊이 진입함에 조정의 의론이 응당 체찰사를 파견해야 여러 장수들을 통제할 수 있다 하여 내가 분수 넘게 이 임무를 맡게 되었다. 즉시 병조판서 김응남을 부관으로 삼기를 청하여 그와 함께 중추부에 앉아 일을 보았다. 이때 의주 목사 김여물이 일에 연좌되어 옥중에 있었는데, 그 사람이 자못 무략이 있으므로 석방시켜서 따라다니도록 요청했다. 마침 신립이 갑자기 들어와서 나와 부관에게 이렇게 말했다.

"듣자니 적군이 벌써 밀양을 지나 곧 조령 아래까지 접근한다는데, 조정에서는 이일 홀로 고단한 군대를 거느리고 전선에 나가 싸우게 하고 뒤에는 받쳐주는 장수가 없으니 사태가 매우 위급합니다. 체찰사가 아무리 내려가더라도 싸워본 장수가 아니거늘, 만약 상황이 급박하지 않다면 뒤에서 여러 장수들을 통제할 수 있겠지만 당장은 형세가 긴급하니 어찌 맹장을 뽑아 시간을 다투어 내려보내 우선 이일의 군대를 지원하도록 하지 않으십니까?"

나는 그의 말이 옳다고 여겨 즉시 대답했다.

"영감의 말이 옳습니다만, 보낼 만한 무장이 없으니 어떻게 해야 좋겠습니까?"

이 말이 떨어지자 신립은 말했다.

"국사가 지금 급한데 누군들 안 되겠습니까. 비록 소인이라도 만일 가라고 명하시면 가지 않을 수 없습니다."

내가 그의 면전에서 탄식하며, "영감의 국가에 바치려는 충성은 누구도 따를 수 없겠소이다. 이는 큰일이오. 우리들이 응당 즉시 청대하여 아뢸 것이오. 상께서 필시 영감을 불러 하문하실 것이니 이 뜻으로 아뢰도록 하십시오"라고 말했다. 그러고는 즉시 부관과 함께 청대하여 신립이 말한 대로 아뢰었다. 우리가 물러나오자 이어 신립이 들어갔다. 드디어 신립이 순변사로 임명을 받고 나왔다.

이때에 나는 부관과 함께 돌아와 중추부에 있으면서 군관 응모자 80명을 점검하여 명단을 작성하고 들어가 아뢰려고 했다. 신립이 다시 와서 그 일을 말하면서, "나도 궐문 밖에 나가 군관을 모집하려 합니다" 하고 나갔다. 그런데 얼마 후에 들어와서 노여운 기색으로 중추부의 뜰에 서 있는 군관들을 보고, "너희들은 어찌 괴로운 일을 싫어하여 내가 모집하는 데 응모하지 않느냐" 하더니 나를 보고 "군관에 응모하는 자가 하나도 없으니, 이건 너무 심합니다"라고 말했다. 나는 그에게 "다 같이 국사를 보는데, 어찌 너와 나를 나눌 것이 있겠소. 내가 모집해놓은 사람들을 영감이 먼저 데리고 가시오. 나는 뒤에 갈 것이니 다시 모집해서 가도 될 것이오"라 말하고 이어 군관 명단을 그의 앞에 던져주었다. 신립은 명단을 집어 들고 뜰에 서 있는 군관들을 돌아보며 "따라오라"고 하여 거느리고 갔다. 김여물 또한 함께 갔다.

신립이 내려간 지 며칠이 지났다. 나는 신립이 갔으니 며칠 기다리고 있다가 적의 형세를 듣고 행장을 차려 출발하는 것이 좋겠다고 잘못 생각했다. 황망하여 두서를 차리지 못하는 사이에 일의 판단을 잘못한 실수가 있었던 것이다. 바야흐로 군관을 다시 모집하여 떠나려는데, 뜻하지 않게 4월 28일 저녁에 신립의 패전 소식이 올라와서 인심이 흉흉하여 어찌할 줄 몰랐다. 승정원의 아전이 날이 어두운 가운데 와서 "왕의 어가를 호종하는 데 낙점이 되었으니 따라가셔야 합니다"라고 전했다. 그 이튿날 새벽에 바로 나는 어가를 호종하여 길을 떠났다.

당시의 실정은 위와 어긋나지 않는다. 일언반구라도 틀리거나 꾸밈이 있으면 반드시 천지신명의 벌을 받을 것이다. 그때의 일은 다른 사람만이 모르는 것이 아니고 너희들 또한 모른다. 죽은 신지사申知事(신립)나 김판서金判書(김웅남)에 대해서는 물어볼 도리가 없다. 홀로 이 모진 목숨이 죽지 못하고 살아서 세상에 누를 끼치고 있으니, 말 한마디라도 당일의 심정과 사실을 밝히지 않는다면 죽어도 눈을 감지 못하고 무궁한 한이 남게 될 것이다. 그래서 한두가지를 대략 기록해두니 이 밖에 다른 일은 감히 다 쓰지 못한다. 쓰는 일 또한 다할 수 없구나.

— 『서애문집』 권16, 「서임진사시말시아배書壬辰事始末示兒輩」

왜군은 병법을 안다

병법에는 정正이 있고 기奇가 있다. 그런데 장수가 만약 기奇를 쓸 줄 모르고 정도만 쓰다가는 싸움에 번번이 패하고 말 것이다.

무릇 군대에서 진을 치고 부대를 나눌 적에 반드시 중군·전군·후군·좌군·우군을 둔다. 그래서 전군이 적을 맞으면 좌군·우군이 두 날개가 되어 적군을 둘러싼 뒤에 중군과 후군이 협력하여 전군을 옹호해서 머리와 꼬리가 서로 구원하는 형세를 이룬다. 이것이 '기'·'정'의 대체적인 법이다.

소촌召村 찰방 이시경李蓍慶은 돌아가신 정승 이양원李陽元의 아들이다. 임진왜란 당시 그는 부친을 따라 주로 양주와 포천 지경에 있으면서 누차 왜군이 진을 치는 것을 보았다고 한다.

"저들은 군대를 나눌 때에 으레 다섯으로 만든다. 일진一陣이 적과 대치하면 뒤의 두 진은 좌우로 날개를 벌려서 적을 포위한다. 좌우의 두 머리가 적을 만나면 또 뒤의 두 진이 그 바깥으로 둘러 나와서 언제고 우리 군사를 저들의 포위 속으로 몰아넣는다. 그래서 적군의 눈을 어지럽히고 마음에 겁이 나게 만들어 싸워보지도 않고 저절로 궤멸하게 만든다. 왜군은 도처에서 이런 술수를 써서 승리를 얻었는데, 우리 장수들은 끝내 깨닫지 못하여, 매번 군사를 한데 모아놓고 모두 함께 나섰다가 실패를 보고 만다."

이는 비변사에서 이시경이 나에게 들려준 말이다. 다른 하나는 훈련도감에서 항복한 왜인에게 자기 나라의 진법을 시범 보이도록 한 것인데 극히 간단하고 쉽다.

지금 군사들을 나누어 셋으로 편성해서 삼겹의 진을 만드는데 앞줄은 깃발을 들고, 중간 줄은 조총을 들고, 뒤의 줄은 짧은 창검을 든다. 적을 만나면 앞줄의 깃발을 든 자들이 양쪽으로 나누어 벌려 서서 포위하는 형태를 만들며, 중간 줄의 조총을 든 자들이 일시에 총을 발사하여 적진을 공격하면 적병은 많이 총상을 입어 동요하게 된다. 저들이 좌우에 포위한 군사가 있는 것을 보면 필시 도망을 칠 것이다. 이때 뒷줄의 창검을 든 자들이 뒤에서 추격하여 마구 적들을 찌르고 베고 한다.

이 두가지의 진법은 옛날 법은 아니지만 역시 긴요한 술책이다. 싸움 마당에는 고정된 형세가 있을 수 없고 목적은 오직 적에게 이기는 데 있을 뿐이다. 악무목岳武穆[22]은 이르기를 "진을 친 뒤에 싸우지만, 병법에서 변함없는 도는 운용의 묘에 있다. 하나의 고정된 생각만 가지고 운용하는 마음이 없이 오직 고법만 고집하면 조괄趙括[23]처럼 되지 않을 자 드물 것이다"라고 했다.

이 모두를 기록하여 훗날에 장수가 된 자들에게 전해주려 한다.

──『서애문집』 권16, 「왜지용병倭知用兵」

---

22 악비(岳飛). 무목은 그의 시호. 북송대의 충신으로 병법에도 밝았는데 주화파에 의해 죽임을 당했다.

23 중국 전국시대 조나라의 인물. 병법을 이론적으로는 잘 알았으나 실제 상황에 적절히 대처하지 못해 크게 패했다.

핵심저작

이항복

이항복(1556~1618)의 초상.

1장
이항복, 학문 사상과 자세

인물 개관

이항복李恒福(1556~1618)은 자 자상子常, 호 백사白沙, 본관은 경주이고, 이몽량李夢亮의 아들이다. 태어나서 이틀이 지나도록 젖을 빨지 않고, 사흘이 되어도 울지를 않았다. 집안 사람들이 걱정을 하여 소경 점쟁이 박견朴堅에게 물어보았더니 그의 말이 "이 아이는 장래 크게 귀한 사람이 될 것입니다"라고 했다. 8세 때는 부친이 '칼 검劍' 자와 '거문고 금琴' 자를 넣어 시를 지어보라고 했더니, "칼은 장부의 기상이요 거문고는 태곳적 소리로다(劍有丈夫氣, 琴將太古音)"라고 했다. 9세 때는 문 앞에 서 있는 버드나무를 두고 시를 지어보라고 하자, "동풍이 살짝 불어 봄을 재촉하니 길가의 버드나무 황금색을 띠었네(東風潛向陌頭催, 陌頭楊柳黃金色)"라고 했다. 그리고 「선우야연도單于夜宴圖」[1]를 보고서 이렇게 읊었다.

---

[1] 중국 북방의 흉노족이 크게 세력을 떨쳤던바 그들 추장인 선우(單于)가 연회를 벌이는 그림을 가리킴.

음산陰山에서 사냥을 마치자 달빛이 어슴푸레

철마鐵馬 무리 지어 밤 서리를 밟았도다

장막 속에서 호가胡歌 소리 따라

술동이 옆에서 좌현왕左賢王이 춤을 추네[2]

열두어살 적에는 의기가 남달랐다. 하루는 새 옷을 입고 밖에 나갔다가 이웃의 허름한 옷을 입은 아이가 몹시 부러워하자 즉시 벗어 주고, 신까지 벗어주고 맨발로 돌아왔다. 모친이 그 뜻이 어떤가 떠보려고 일부러 화를 내서 야단을 쳤더니 대답이 "그 아이가 아주 욕심을 내서 주지 않을 수 없었습니다"라고 했다. 모친은 기특하게 여겼다. 이후 차츰 자라면서 용맹을 부리기 좋아하여 씨름과 축국蹴踘[3]을 좋아했다. 그러다가 모친의 준절한 꾸짖음을 듣고 나서 깊이 뉘우치고는 자중하여 학업에 힘썼다.

나이 25세 때 문과에 급제했다. 율곡 이이가 추천한 한림翰林 3인에 들었다. 기축년(1589) 정여립 옥사에 문사랑問事郞으로서 일처리가 명민하여 임금이 재주를 크게 칭찬했다. 임진왜란 당시 임금의 어가를 호종해서 의주까지 올라갔다. 명나라 사신 양방형楊邦亨이 그를 존경하고 중시하여 "동방에 이런 인재가 있었던가"라고 탄복했다 한다. 경략經略[4] 양호楊鎬는 어려운 일을 만날 적마다 꼭 이 상서를 찾았다. 무술년(1598)에 우의정에 임명되었고 경자년(1600)에는 도체찰사가 되어 안민방해安民防海(백성을 안정시키고 해역을 방어함)를 위한 16개 대책을 제출했다.

신해년(1611)에 정인홍鄭仁弘이 임금께 글을 올려서 회재晦齋·퇴계退溪

---

2   좌현왕(左賢王)은 흉노족 귀족의 칭호로서 여기서는 흉노의 추장을 지칭하는 시적 표현으로 쓰였다.

3   발로 공을 차는 운동의 일종. 중국에서 오랜 옛날부터 행해졌으며, 우리나라에도 고려 이래로 받아들여졌다.

4   임진왜란 때는 송응창(宋應昌)이 이 직무를 띠었으나 요동에 머물러 있었고, 정유재란 때에 양호(楊鎬)가 경략으로 들어왔다.

를 비방하자, 태학생들이 들고일어나 상소하여 논박하면서 정인홍을 유림 명단에서 삭제한 뒤 권당捲堂[5]을 했다. 이에 광해군은 진노하여 금고禁錮[6] 조치를 내리자 이항복은 정인홍이 사심을 품고 현인을 헐뜯는다고 강력히 반대하며 태학생들을 벌줄 수 없다고 주장했다. 광해군은 마지못해 이 주장을 받아들였다. 임숙영任叔英이 과거시험의 대책對策에서 척신戚臣을 맹비난함에 광해군이 그를 급제자 명단에서 삭제하도록 명했다. 이에 이항복이 면대해서 역설하여 일이 풀려 다시 합격이 되었다.

영창대군의 옥사가 일어남에 이항복은 결연한 태도로 '나는 뜻을 확고히 정했다'라고 속으로 부르짖었다. 정조鄭造·윤인尹認 등이 폐비론廢妃論[7]을 들고 나왔을 때 이항복이 건의하기를, "누가 전하께 이런 계책을 올렸단 말입니까? 순임금은 아버지가 완악하고 어머니도 미욱하여 위태롭고 어긋남이 극도에 달했습니다. 그래도 울부짖으며 간절하게 부모의 과오를 보지 못한 듯했으니, 이 실로 아비가 아무리 자애심이 없더라도 아들로서는 부모에게 불효하는 일은 있을 수 없습니다. 그러므로 '춘추의 의리'에 '아들이 어머니를 원수로 여기는 의리는 없다'고 되어 있는 것입니다. 더구나 공급孔級의 처는 공백孔白의 모친인데 효성의 중대함은 어찌 다름이 있겠습니까?[8] 지금 마땅히 효도로 나라를 다스려야만 온 나라에 교화가 이루어질 희망이 있거늘 이런 말을 어떻게 성상의 귀에 들리도록 한단 말입니까"라고 아뢰었다. 조야에 이 글을 본 사람들은 누구나 비분하여 눈물을 흘렸다.

---

5   성균관의 학생들이 집단적인 항의를 표하기 위한 행동으로 일제히 성균관을 비우고 나가는 일. 공당(空堂)이라고도 했다. 동맹휴학에 해당하는 말이다.

6   처벌의 일종으로 관리에 임용되는 자격을 정지시키는 것.

7   광해군은 국왕으로서 인목대비를 폐위하는 조처를 취했는데 이를 '폐비'라고 한다. 인목대비는 광해군에게 친모는 아니라도 선조의 비(妃)이므로 모자의 관계를 부인할 수 없는 일이었다. 그래서 의리상으로 크게 제기된 문제가 폐비론이다.

8   공급(孔級)은 공자의 손자(자字는 자사子思)다. 공백(孔白)은 공급의 아들이므로 공급의 처는 공백에게 어머니가 되는 것이 물론이다.

이항복에게 유배의 조처가 내려서 함경도 북청으로 떠나게 되었다. 살아서 돌아오지 못할 줄로 생각하고 염殮에 쓸 수의와 관까지 준비하도록 하여 유배 길을 떠났다. 어느 날 꿈에 선조가 임하여 계시는데, 유성룡·이덕형·김명원·이산해 등이 입시해 있었다. 선조가 광해군의 이름을 부르며 "무도하여 골육을 해치고 모후母后를 유폐시키다니 폐위하지 않을 수 없다"고 말했다. 이덕형이 아뢰기를 "이항복도 가까운 곳에 있으니 불러서 함께 의논하는 것이 좋겠습니다"라고 아뢰자 선조는 허락했다. 꿈이 깨서 자제에게 "내가 죽을 날이 멀지 않다"고 말했다. 과연 그 이틀 뒤에 세상을 떠났는데, 나이 63세였다. (…) 그가 철령鐵嶺(강원도에서 함경도 가는 길목에 있는 고개)을 넘어갈 때 지은 노래가 있다.

철령 높은 재에 자고 가는 저 구름아
고신원루孤臣冤淚를 비 삼아 떼어다가
임 계신 구중궁궐에 뿌려본들 어떠하리

이 노래가 서울에 널리 퍼져서 궁인들도 배워서 불렀다. 어느 날 광해군이 후원에서 주연을 벌이고 노는 중에 이 노래를 듣고 누가 지었는가 물었다. 궁인이 사실대로 아뢰자 광해군은 슬픈 기색으로 눈물을 흘리며 주연을 파했다. 그러나 끝내 그를 돌아오도록 하지 않았다. (…)

그는 대제학을 역임했고, 호성평난扈聖平難 이등공신으로 오성부원군의 봉을 받았고 청백리로서 시호는 문충공이다.

— 안종화, 『국조인물지國朝人物志』 권2

학문 사상

회재 이언적의 유고에 부친 글

　회재晦齋 선생의 「원조 5잠元朝五箴」과 태극太極을 논한 위의 글 5편은 남창南窓(김현성)이 글씨를 쓴 것이다. 선생의 손자 이준李浚이 이것을 가지고 나를 찾아와서 글을 청했다.

　「원조 5잠」은 선생이 27세가 되던 해의 첫날 아침에 지었던 글이다. 일찍부터 공경을 지키고 마음을 수양하는〔持敬收心〕 공부가 빨랐던 것이 물론이려니와, 이 글 또한 벌써 원숙했다. 아름답고 심오하다! 그 울림이 훌륭하여 대아大雅의 소리라 하겠다. 정백자程伯子(정호程顥를 가리킴)는 23세에 「정성서定性書」를 지었고, 정숙자程叔子(정이程頤를 가리킴)는 18세에 호학론好學論을 지었으며, 주자朱子는 17세에 학문이 대성했다. 옛날의 걸출한 인물들은 실로 백발에 이르기까지 하나하나 쌓아 계단을 오르듯 하지 않은 이가 허다했다. 누가 대기만성이라고 했던가.

　태극을 논한 글은 생각이 깊고 논의한 언어가 투철하다. 퇴계는 이 글에 대해 "날카로운 견해며 독창의 묘미가 정밀하게 꿰뚫고 위아래로 끝까지 순수하여 온전히 바른 데서 나온 것이다"라고 논평했다. 퇴계의 이 말씀을 내 어찌 의심하겠는가.

　포희씨包羲氏(복희씨)의 팔괘八卦에 단사彖辭와 효사爻辭에 전傳이 없었더라도 후세에 분명하게 전해져서 지금과 같이 의심이 없게 되었을까. 나는 일찍이 이 점에 의문이 있었다. 단사와 효사, 전이 없었더라면 후세에 주역에 대한 학식이 없어 기껏 산가지나 배열해놓은 것처럼 보아서 그 의미를 궁구하지 못한 나머지 끝내 파묻혀서 뜻이 드러나지 못하게 되지 않았을까 싶다. 만일 신도神圖가 전해짐에 있어 이 세 성인이 이치로 판단하고 행사行事로 드러내고 해석하여 전하기를 부지런히 하고 수고롭게 하지

않았다면 어떻게 후세에 제대로 밝혀질 수 있었겠는가.[9]

공자의 도는 지극히 커서 하늘에 해와 달이 떠 있는 것 같다. 그럼에도 사마천司馬遷이 "공자의 이름을 천하에 드러내는 데 자공子貢이 전후에서 도왔다"고 했으니, 타당한 말이다. 맹자는 이르기를 "백이伯夷는 성인으로 맑은 분이고 이윤伊尹은 성인으로 업무를 수행한 분이며, 유하혜柳下惠는 성인으로 조화로운 분이다. 그런데 공자는 집대성을 한 성인이라고 볼 수 있다"[10]고 했다. 주자에 이르러는 염계濂溪(주돈이周敦頤) 이하 여러 학자들에 대해 논술을 하여 지침을 세워놓았으니, 후세의 공부하는 사람들은 이를 '스승의 설'로 인정하여 표준으로 삼아 감히 달리 말하는 사람이 없었다. 맹자가 양주楊朱·묵적墨翟[11]을 배척한 공은 우禹임금에 못지않다. 주자가 온갖 이치를 밝힌 공 또한 맹자에 못지않은 것이다.

우리 동국으로 말하면 중국에 비해 늦은 편이긴 하지만, 정포은鄭圃隱(정몽주)으로부터 시작하여 우리 조선으로 들어와서 몇몇 유현儒賢이 배출되면서 도의 맥락이 이어져왔다. 다만 문헌상의 근거가 부족하고 제가의 설이 나뉘고 갈라져서 제대로 길을 찾아가기 어려웠는데, 우리 퇴계에 이르러 드디어 크게 정해졌다. 세상에 논하는 사람들이 우리 동방에 있어서는 퇴계의 공이 주자보다 못하지 않다고 한다. 그렇다면 후세로 가서도 천하의 명망을 지닌 인물이 이어서 또 나오지 않겠는가.

지금 퇴계의 말씀을 보니 "회재 선생의 학문은 이치에 밝고 의리가 정밀

---

9   신도(神圖)란 황하에서 신마(神馬)가 등에 지고 나왔다는 도상인데 하도(河圖)라고도 한다. 포희씨, 즉 복희씨가 이를 보고 팔괘(八卦)를 그렸던바, 주나라 때에 문왕이 단사(彖辭)를 지었고 주공이 효사(爻辭)를 지었고, 공자가 전(傳)을 지었다. 이것이 『주역』이다. 다음 구절의 '세 성인'이란 곧 문왕과 주공, 공자를 지칭한다.

10   『맹자』「만장상(萬章上)」에 나오는 말. 맹자가 성인으로 일컬어지는 분들과 대비하여 공자를 평가한 내용이다. 맹자는 공자가 이전의 성인들을 집대성한 공적으로 평가한 것이다.

11   양주와 묵적은 공자와는 사상이 기본적으로 달랐다. 맹자는 양주와 묵적을 이단으로 비판하여 공자를 정통으로 하는 유가의 사상을 수립했다. 이러한 이론적 작업이 우왕이 홍수를 막아낸 공적에 못지않다고 말했던 것이다.

하여 혼연히 천연으로 이루어진 것 같다. 우리 동방에서는 짝을 찾기 드물다"고 했다. 나는 퇴계 선생의 이 말씀을 따르겠다.

—『백사집』권2, 「회재선생유고발晦齋先生遺稿跋」

율곡 이이의 묘비에 쓴 말

전에 우리 선종宣宗(선조) 임금이 문文을 숭상하고 학문을 진작시켜 유신儒臣을 쓰기 좋아한 까닭으로 조정에 오른 인물들을 보면 문학으로 빛나는 인재가 많았다.

하늘이 인물을 내실 때 반드시 무슨 징조가 있었다. 구름은 용을 따르고 바람은 범을 따르는 법이라, 성왕이 일어나면 훌륭한 보필이 나오게 된다. 이때로 말하면, 이이李珥 선생 같은 분이 거룩한 세상을 만나 옛날 도를 계승하고 후학을 개발하는 책무를 지고 장차 큰일을 이룰 듯싶었다. 그러더니 갑신년(1584) 정월에 하늘이 선생의 수명을 빨리 빼앗아 간 것이다. (…)

덕수 이씨는 알려진 지 오래지만 공에 이르러 더욱 크게 드러났다. 처음에 진사 신명화申命和가 한 딸을 특별히 사랑했는데, 영특함이 남달라서 고금의 서책에 두루 통하여 글을 잘 짓고 그림을 그리는 데도 빼어났다. 신씨는 원래 명족인 데다가 남다른 규수이기에 좋은 혼처를 구하기에 힘써, 드디어 양가의 혼사가 이루어진 것이다. 가정嘉靖 병신년(1534)에 신씨 부인이 몸이 무거운데 용이 바다에서 솟아 방으로 들어오더니 아이를 안아서 부인에게 안겨주는 태몽을 꾼 뒤에 아들을 낳았다. 공은 나이 3세에 벌써 스스로 글자를 깨쳐 알았다. 5세 때에 신씨 부인의 병환이 위중하자 외가의 사당에 기도를 드렸으며, 12세 때에 부친이 병석에 들어 눕자 역시 그렇게 하여 사람들이 다 기특하게 여겼다. 16세에 모친이 돌아가심에 상사喪事에 효성을 지극히 하여 시묘侍墓를 3년 동안 하루같이 하고 상복을 벗지 않았다.

18세 때는 구도求道에 뜻을 두어 발길이 절에 닿아 머물다가 우연히 불가의 책을 펼쳐보던 중 생사에 관한 설에 감동했고, 돈오법頓悟法이 있다는 말을 듣고서 '큰길이 숫돌처럼 평평하다는데 어떻게 하면 이처럼 신속한 길이 있을까' 하는 마음이 들었다. 19세에 출가하여 금강산으로 들어가 계정戒定[12]을 굳게 닦던 중에 마음에 홀연 떠오른 생각이 있었다. '온갖 것들이 하나로 돌아가면 하나는 어디로 간단 말인가?' 이 의문점은 아무리 따져보아도 끝내 풀리지 않았다. 그래서 불교의 학문을 다 버리고 드디어 책상자를 다시 들춰서 공자의 가르침이 담긴 책을 꺼내 받들어 읽었다. 그러다가 그해를 넘긴 뒤 절에서 나왔다. 공에 대해 서울의 노숙한 학자들은 모두 관심을 가져서 높이 인정했고 동년배들은 서로 안면을 갖기를 원했다. 이때 퇴계 선생이 도산陶山에 은거해 있으면서 도학을 궁구해 밝힌다는 말을 듣고 찾아가 주일응사主一應事[13]의 요지를 물었다. 이로부터 체용體用[14]을 겸비하고 지행知行에 아울러 나아가 글로 표현한 것이 우아하고 여유가 있었다. (…)

이에 공은 벼슬에서 물러나기를 청한 뒤 60일이 지나서 병으로 일어나지 못했다. 이때 나이 49세였다. 공의 자는 숙헌叔獻인데 학자들이 존경하여 율곡 선생이라고 부른다. 저술로서 「인심도심설人心道心說」 「선악기도善惡幾圖」 「학교규범學校規範」 「성학집요聖學輯要」 「소학집주小學集註」 그리고 문집 10권이 세상에 통행하고 있다. 묘소는 파주 자운산紫雲山 아래에 있으며, 부인 노씨와 함께 묻혀 있다. 부인은 노경린盧慶麟의 딸인데 아들을 두지 못했다. 소실에서 낳은 아들로 경림景臨, 경정景鼎이 있다. 노씨 부인은 임진왜란 때 신주를 모시고 피난을 가는 중에 산기슭에서 왜적을 만

---

12   마음을 다져서 경계하고 조심하여 동요하지 않음.
13   마음을 확고히 갖고 여러 가지 일에 대응하는 자세.
14   체는 근본, 즉 주체를 의미하며, 용은 쓰임 즉 행위로 실현하는 부분이다. 이는 본말(本末)의 논리구조인데 주체를 도덕적으로 확립하여 현실에 바르게 대응한다는 뜻을 갖는다.

나 꾸짖다가 살해를 당했다. 이 일이 알려져 정려旌閭가 세워졌다.

공이 대사간으로 서울에 계실 적에 나는 약관의 나이로 공이 우거하는 댁으로 찾아가 뵈었다. 공은 학문하는 요지를 자세히 일러주시며 "나는 이미 돌아갈 뜻이 있다네. 자네가 마음이 있으면 나를 석담石潭으로 찾아오게"라고 말씀하셨다. 그때 공은 돌아가지 못했고 나 또한 세상일에 골몰했다. 게다가 공이 인사를 담당하는 이조판서의 자리에 있었기 때문에 출세를 도모한다는 혐의를 받을까 싶어, 공의 대문에 들어서는 일을 나 스스로 조심하여 공이 이룩한 높은 경지를 들어볼 기회를 갖지 못했다.

──『백사집』권4, 「율곡선생비명栗谷先生碑銘」

박세채가 『노사영언魯史零言』에 부친 글

『노사영언』은 이항복이 편찬한 책이다. '노사'란 『춘추』를 가리킨다. 공자가 자기 시대의 역사를 쓰면서 『춘추』라고 서명을 붙였는데 자기 나라인 노魯를 중심으로 한 기록이기 때문에 여기서는 『노사』라고 한 것이다. 한편 그 시대의 역사를 구체적으로 서술한 『좌전』이란 책이 별도로 있었는데 「좌전」을 『춘추』의 틀에 결합시켜서 편성한 책이 나왔던 바 이를 통상 『춘추좌전』이라고 일컬었다. 이항복은 『춘추좌전』이 오류가 있고 읽기에 복잡한 점이 있다고 보아 개편작업을 했다. 지금 이 『노사영언』이다. 이항복이 『노사영언』을 편찬한 의도는 폐비론이 크게 문제시된 광해군 당시의 정치 상황과 관련이 있다. 『노사영언』은 모두 30권 15책으로, 서문을 쓴 박세채朴世采가 전반적으로 손질을 가하고 범례를 붙인 것으로 보인다.

『춘추』라는 경은 성인이 세상을 다스리는 법을 갖추어놓은 책이다. 주나라가 쇠약해진 이후로 천년에 걸쳐 뜻있는 인사들이 서책으로 포부를 펴고 밝힌 것이 무려 10여 가家(대가를 이루었다는 의미)에 이르지만 뒤에 모두 인멸이 되어 일컬어지지 않게 되었으며 오직 『좌씨左氏』 내외전內外傳[15]

이 세상에 널리 통행하고 있다. 이에 학관學官[16]을 세우기까지 되어 수천년
이 지난 오늘에 이르도록 더욱 성행하는 실정이다.

그 내용을 살펴보건대 대체로 나라의 기록으로 옛 역사의 남겨진 글들
을 직접 조사하고 열국列國의 큰 사건들을 정리 나열해서 성경聖經(『춘추』를
가리킴)의 단안斷案에 나누어 맞춰 넣었다. 각국의 기록이 많은데 한 시대의
위아래로 교훈이 되고 경계가 되는 말이 도리에 근본을 두고 실정에 부합
하며 정밀하고도 아름다워서 아울러 전하는 글들의 결함을 보충할 수 있
다. 이런 점으로 논하건대 옛날에 일컫던 훌륭한 사관의 능력을 지닌 자가
아니면 어떻게 이렇게 할 수 있겠는가. 그런데 두씨杜氏[17]가 전傳을 경經에
결합시킬 때에 장을 구분하고 편을 나누면서 더러 처음과 끝이 맞지 않게
되는가 하면 외전外傳이 따로 떨어지고 어긋나기도 하여 통일이 되지 못했
다. 경서를 읽는 후생들이 비교해서 살펴보기 어렵기 때문에 갈피를 잡고
꿰뚫어 이해하는 효과를 얻지 못한 나머지, 같고 다름을 맞추고 상세하고
간략함을 참작하여, 일을 기록하고 말을 기록한 뜻을 총괄하기 어려울밖
에 없다. 성경의 도리를 따로 궁구하여 도움을 얻고자 한다면 아마도 지금
고故 승상 백사 이문충공李文忠公이 편찬한바 『노사영언』이 거기에 해당할
것이다.

이공은 영특한 재분을 타고난 데다가 학문의 폭이 대단히 넓었다. 이윽
고 벼슬길에 나아가 선조 임금의 각별한 지우知遇를 받아서 마침내 국난
을 구하는 공훈을 이루었다. 그리고 금용金墉의 화[18]를 당함에 이르러는 능

---

15 『좌씨』는 좌구명이 편찬한 것으로 지금 전하는 『춘추 좌씨전』을 가리킨다. 일반적으로는
    『좌전(左傳)』이라고 부른다. 이 『좌전』에서 서사를 위주로 하는 것을 외전, 의론을 위주로
    하는 것을 내전이라고 한 것이다.
16 가르치는 일을 전담하는 관원. 한나라 때 오경박사를 두어 경전을 강의하게 했다.
17 두예(杜預). 진(晉)나라 때 인물로 좌구명의 저술인 『좌전』을 『춘추』에 결부하여 재편하는
    작업을 맡았다. 이것이 후세에 널리 읽혔다.
18 광해군 때 인목대비가 폐비 조처를 당해 서궁에 있었던 사실을 지칭한 말. 금용은 원래 진
    (晉)나라의 궁성 이름이다.

히 정당한 의론을 제기하여 군신모자君臣母子의 윤리를 바로 세웠으니 그 수립한 바가 실로 견줄 데 없이 우뚝했다. 이에 공은 본디 경서와 역사에 독실했던 터여서, 정승의 임무에서 벗어남에 당해 곧 문을 닫고 경전 및 낙건洛建의 몇 분 군자의 저술에 마음을 기울였다.[19] 그런 중에도 풀이하고 음미하면서 혹은 깎아내기도 하고 붙이기도 하며 하루도 손에서 놓지 않은 책이 있었으니『좌씨전』이었다.

이 책을 편찬함에 있어서 사건을 기술한 말을 위주로 하되 요지를 밝히고, 의리義理를 따라서 실사를 드러내며, 논설을 채택하여 빠진 것을 보충하고, 주석을 아울러서 의문을 풀었다. 그러면서 번쇄한 곳을 고치고 어지러운 대목을 다듬고 허황한 부분을 조절하는가 하면, 넣고 빼고 바로잡고 하여 한 저술로서 큰 틀을 엮어 이루었다. 그 문장 서술은 간결하고, 그 서사는 핵심을 잡고, 그 시작과 끝이 조리가 정연하며, 그 성패와 시비가 쉽사리 밝혀져서 손바닥을 환히 들여다보는 것 같다. 감히 경문經文을 끌어오고 석례釋例를 끌어오지 않았으되 성인의 필삭지의筆削之義[20]를 얻어, 사적을 상고하고 진위를 변별함에 당해서는 도리어 간략하고도 능히 해박하며, 친근하면서도 능히 원대하다. 그리하여 후학들이 회통해서 꿰뚫어보는 효과가 있는 것은 물론이고, 그 이른바 일을 기록하고 말을 기록하는 전체적인 뜻을 구별해 궁구했으니 성현의 경서에 도움되기로 이 책을 놓아두고 어디 가서 구할 것인가?

이공이 유배지에서 돌아가시고 나서 비로소 이 책이 출현했다. 몇 가지 이본이 있어서 서로 대조해보고 참작했으나 온전히 바로잡을 겨를이 없었다. 중간에 정묘년(1628)과 병자년(1636)의 전란을 겪어 전적이 흩어지는

---

19   낙건(洛建)은 낙양과 복건을 줄인 말. 낙양에는 북송의 학자 소옹(邵雍)이 있었고, 복건에는 남송의 학자 주희(朱熹)가 있었다. '낙건의 몇 분 군자'란 송대의 성리학자들을 가리킨다.

20   역사서술의 수법으로서 정당한 일은 채택해 쓰고 불의한 것은 삭제하는 방식을 가리키는 말이다. 필삭지의로 역사를 서술한 고전적인 책이 곧 공자의『춘추』다.

중에도 이 초고는 어렵게 보존이 될 수 있었다. 공의 풍모를 아는 이들은 모두 학문이 침체하여 빛나지 못하는 것을 안타깝게 여겼는데, 지난해 가을에 공의 손자 이시현李時顯이 성주목사로 나가면서 그 아들 이세귀李世龜에게 명하여 공의 성법成法[21]을 받들어 전부 정리하도록 했다. 중간에 글자가 빠지거나 착오가 있는 것을 교정 보완했다. 장차 간행하려 하면서 몇몇 사우士友들에게 논의한 다음, 나 세채世采에게 교정을 보고 서문과 범례凡例를 작성해서 저술의 대강을 밝혀줄 것을 부탁했다. 고루하고 문견이 부족한 나로서는 공의 저술에 말을 붙이는 일이 외람되지만, 나의 백부 분서汾西(박미朴瀰) 공은 공의 종표손從表孫으로[22] 항상 공을 스승으로 섬겨서 직접 편집의 일을 맡기도 해서 자못 칭찬을 받으셨다. 세채는 어려서부터 이 책의 경위에 대해 들어, 평소 존경하는 마음을 가져서 끝내 사양하지 못하고 위와 같이 소견을 붙인 것이다.

무릇 선비가 경전을 연구하는 뜻은 장차 세상에 쓰이려는 데 있다. 세도를 상실한 이후로 전문지도顓門之道[23]가 변고를 만나 비방·중상을 당해 바른 도리를 잃지 않은 자가 드물 지경이 되었다. 그때 공은 유독 경전을 궁구해서 정도正道와 권도權道를 알아 '아들 된 도리로서 어머니를 원수로 여길 수 없는 의리〔子無讐母之義〕'를 천명한 것이다. 그리하여 그 자신은 멀리 귀양을 가서 죽었지만, 그에 힘입어 의리를 잃지 않고 적용하여 실천으로 옮긴 것이 매우 절실하고 분명했던 것이다.

이 『춘추』 한 경이 후세에 미친 공은 참으로 크다. 비단 이 책뿐이 아니겠으나, 공의 책을 읽은 이들은 마땅히 가장 먼저 강구하지 않을 수 없는 노릇이다. 청컨대 이것으로 후세의 군자를 기다린다.

---

21   정해진 법. 여기서는 규범이 잡혔다는 의미.
22   종표손이란 혼인관계로 사촌이 된 쪽의 손자 항렬을 가리키는 말이다. 즉 백사의 자형으로 민선이란 사람이 있었다. 민선의 외손자인 박미가 바로 박세채의 백부다.
23   일가를 이루어 문호를 갖춘 것을 이르는 말.

숭정 기원 갑인(1674) 8월에 표후생表後甥 반남潘南 박세채朴世采는 삼가 쓰다.

─『노사영언(魯史零言)』 권수, 「노사영언서」

허균의 시고에 부친 글

세상 사람들은 과연 시에 어떤 좋음이 있고 어떤 귀함이 있다고 하여 애호해 마지않는가? 이 무슨 까닭일까? 기교를 부리고 흥얼거려서 한때 사람들을 감탄하게 만드는 데 불과하지 않는가.

나는 일찍이 시인과 광대는 풀벌레 같은 부류라고 말했다. 시인은 상념으로 울고 광대는 입으로 우는 것이다. 풀벌레의 재주는 목으로 우는 것, 날개로 우는 것, 다리로 우는 것, 가슴으로 우는 것 등등 우는 방법은 제각각 다르지만 각기 재주로 사람을 즐겁게 하는 것은 마찬가지다. 그런데 수고로움과 편함으로 말하면 풀벌레는 제일 편하고 광대는 그다음이며, 시인이 가장 괴롭다.

풀벌레가 우는 것은 때가 되면 천기자동天機自動(자연이 저절로 변하는 것)으로 우는 것이요 무슨 사연이 있어서 우는 것이 아니다. 광대는 술 마시는 옆에 서서 사람을 웃기면서 온종일 복을 비노라면 입술이 타고 혀가 굳어지지만 자신의 진심과는 상관이 없다. 입술은 수고롭지만 정신은 편안하다. 시는 뱃속까지 뽑아내어 입으로 토해내고 손으로 쓰고 눈으로 보고 귀로 듣고 나서야 겨우 한 구절을 이루게 된다. 오관육정五官六情 가운데서 수고하여 부지런히 애쓰는 것이 3분의 2가 된다.

세상에서 이 세가지 중에서 순위를 매기는 것을 보면, 시인은 예우하여 대청에 오르는데 광대는 마당에 서 있고 풀벌레는 종신토록 풀 섶이나 섬돌 사이를 벗어나지 못한다. 그렇다면 인정이 수고로움을 귀히 여기고 편안함을 천히 여기는 것인가? 옛날 말에 이르기를 "귀한 자는 남을 부리고,

천한 자는 남에게 부림을 당한다"[24]고 했다. 만사 만물이 어찌하여 평등하지 못한가? 나는 뒤늦게 이 실상을 깨달아 손가락을 깨물고 시에 대해 말하기를 꺼려한다. 그럼에도 부득이한 경우를 만나면 마치 술병이 나서 술을 자제하는 사람이 해장술을 마시려 드는 꼴이 되고 만다.

지금 허군은 삼교三敎에 통하고 백가百家를 읽은 데다가 더욱 불가어佛家語를 좋아하며 시로써 외관을 장식하고 있다. 장차 좋은 벼를 뽑아내고 잡초를 가꾸는 데 수고를 아끼지 않고 부지런히 함으로써 도리어 광대나 풀벌레보다 아래 있으려는 것이 아닐까. 심하다, 깨닫기 어려움이여!

누군가 말하기를 "사람의 마음은 거북 껍질 비슷하다. 거북 껍질을 지지면 외부로 조짐이 나타나는 것이 마치 생각이 움직여서 시로 읊어지는 것과 같다"고 한다. 나는 이르기를, 비유컨대 생각이 물이라면 시는 얼음이다. 물이 응고되면 얼음이 되었다가 풀리어 다시 물로 환원되는 것처럼 생각이 움직이면 시를 이루고 시를 읊고 나면 다시 생각으로 돌아간다. 이에 나는 생각이 특출하지 않으면 시가 좋지 못하고 마음이 맑지 못하면 생각이 특출할 수 없기 때문에, 맑고 특출한 생각으로 느낀 생각을 읊어야만 능히 사람을 감동시킬 수 있는 줄 알았다.

나는 늘그막에 와서 아주 끊어버린 것이 시다. 오늘 마침 저문 때에 돌아가다가 허군이 사냥하는 것을 마주쳤다. 나도 모르게 수레에서 내렸으니, 누가 나를 이렇게 만든 것인가? 시란 과연 좋은 것이고 귀하게 여길 것인가?

―『백사집』 권2, 「성소잡고서惺所雜稿序」

<hr>

24   원문은 "貴者役人, 賤者役於人"인데 『맹자』에 나오는 말이다.

훈련도감에서 상업출판을 시작한 일

훈련도감이 둔전屯田을 폐지한 이후로 군량을 보충할 방도라면 사소한 것까지 반드시 빠짐없이 찾아내, 더러 서책을 간행·판매하여 군량에 충당하기도 했다. 그러다가 안평대군이 쓴 인쇄본 몇 책을 구해 그 서체를 새겨서 활자를 제조해놓으니 자형이 둥글면서 보기에 좋았다. 이 활자로 맨 처음 『한창려집韓昌黎集』[25]을 간행하자 이를 좋아하는 벼슬아치들이 다투어 달려들어 드디어 팔려나갔다. 때에 따라 줄고 늘고는 있지만 그 잉여가 쌓이고 그 이득이 생겨서 창고 담당자가 남음이 있는 것을 보고하여, 많은 이들의 녹봉이 자못 많아졌다. 너나없이 발생하는 이익을 우러러 보게 되니 상업으로 만족을 얻게 된 것이다.

이 일은 어찌 양병養兵의 이로움뿐이겠는가. 또한 무武에 문文을 붙인 셈이어서 서로 도움이 있게 되었다. 다만 안타까운바, 간행하는 책자 대부분이 과거시험에 소용되는 소책자로서 팔리기 쉬운 내용들이다. 고경대전古經大傳에 이르러서는 소서素書 은문隱文[26]처럼 여겨 시속의 사람들은 팔을 내젓고 거들떠보지 않으니, 고경대전은 간행할 틈이 없었던 것이다.

아, 시류를 좇아 어지러워지는 것이 어디 서책뿐이겠는가. 앞으로 만일 이번 일을 따라서 사업을 확장해나간다면, 10년 뒤에는 우리 동방의 서적들이 굉장하게 한우충동汗牛充棟을 이루게 될 것으로 기대한다. 이 『한창려집』이 맨 처음으로 나왔으니 강물의 근원처럼 된 것이다. 후세의 군자들은 힘쓸 바다.

——『백사집』권2, 「훈간도감인한창려집발訓鍊都監印韓昌黎集跋」

---

25   당나라 때의 대 문장가인 한유(韓愈)의 시문집.

26   소서(素書) 은문(隱文)은 접근하기 어려운 책을 지칭하는 말로서, 소서는 아주 옛적에 비단에 쓴 책을, 은문은 은밀한 내용이 담긴 책을 가리킨다.

기본 자세

국난에 임해서

신축년(1601) 7월 19일 밤, 날씨가 무더운데 달빛이 환했다. 베개에 기대어 소실과 새벽까지 한가로이 이야기를 나누었다.

"대감께서는 심장이 너무도 강하시어 무정하게 떨쳐버리는 일이 많으므로, 급한 때에 믿고 의지하기 어렵습니다."

"무슨 말이지?"

"지난 임진년 난리 초에 변방에서 올라오는 보고가 급박해진 다음에야 감역監役이 말을 보내 들어오라 해서 대감과 대면하여 작별하게 해주었습니다. 집으로 들어와서 보니 손님들이 대청마루에 가득 차 있다가 밤이 깊어서 손님들이 다 흩어진 뒤에 사람을 시켜 알아보았더니, 대감께서는 별채에서 방금 이불을 덮고 누워 계신다고 했습니다. 감역이 들어가서 작별 인사를 드릴 수 있도록 하여 그의 말대로 중문으로 들어갔습니다. 대감께서는 제가 오는 것을 바라보고는 문을 닫아걸고 아무 응대도 않으시는 것이었습니다.

제가 문밖에 서서, 잠시 방으로 들어가 뵙고 잠깐 결별하고 죽을 수 있게 해달라고 간청했습니다. 대감은 대꾸하시기를 '나도 인정 없는 사람은 아니다만, 큰일이 눈앞에 닥쳤으니 사적인 감정을 돌아볼 겨를이 없구나. 지금 마주보고 눈물을 흘리고 앉았다가는 일에 아무런 도움도 없이 한갓 마음만 산란하게 만들 뿐이다. 너는 형을 따라서 가거라. 형이 네가 살 길을 가르쳐줄 것이다' 하고 끝내 응대해주시지 않았습니다.

다음 날 새벽에, 대감께서 조정으로 가실 적에 저는 죽기를 작정하고 대감 앞으로 달려들어 관복을 붙들고서 저를 보고 어떻게 하라고 지시해주십사고 했으나, 대인께서는 두번 세번 옷자락을 뿌리치다가 끝내 패도佩刀

를 뽑아 잡힌 옷자락을 끊어버릴 것 같았습니다. 제가 어쩔 수 없이 조금 뒤로 물러서자 대감은 뒤도 돌아보지 않고 떠나셨습니다. 난리를 당해 이렇게 하시니 제가 믿고 의지하기 어렵다고 말씀드린 것입니다."

나는 저의 말을 듣고서 당시의 일을 회상해보니, 과연 그때 내가 가족들과 헤어지는 마당에서 연연하여 마음이 산란해지면 어가를 모시고 서쪽으로 가서 무슨 어려운 일을 당할 때도 마음이 흔들리게 되면 의지대로 밀고 나가기 어려울 것이라는 생각이 들었다. 그래서 마침내 집안 사람들과 만나지 않기로 작정하여, 어린아이가 눈앞에서 재롱을 부리는 것도 안 보려고 중문을 닫아 차단을 했다. 심지어는 누님이 집에 오셨는데도 대면하여 석별하는 것을 허용하지 않고 오직 혼자 바깥사랑에서 계속 지내다가 곧바로 호종扈從 길에 올랐던 것이다. 지금 와서 생각해보면, 당시 나의 처사는 비정非情에 가깝고 중도라고 할 것은 아니다. 실로 학자로서 취할 바는 아니라고 하겠다. 그렇지만 스스로 헤아리건대, 역량과 소양이 견고하고 뚜렷하지 못한 사람으로서 국난에 직면하여 이같이 처신하지 않으면 필시 허둥지둥하고 흔들려서 자신이 본래 닦은 행실을 잃어버리는 자가 많을 것이다. 그러니 만일 차분히 감당하기 어렵겠거든 차라리 과격한 조처를 취하는 편이 처음부터 끝까지 온전히 시행할 수 있는 하나의 방법이라고 생각한다. 지금 행조行朝[27]에서 조처한 일들을 점검해보니, 크게 옹색하고 성급한 데에 이르지는 않았던 것 같다. 이제 당시로부터 10년이 지나 의지도 많이 줄어들고 혈기도 약해졌다. 혹시 그런 때를 다시 만난다면 필시 그때처럼 처신하고 그때처럼 명쾌하지 못하면 낭패를 보는 지경에 이르기 쉬울 것이다. 그래서 이 사실을 기록하여 스스로 경계하는 바다.

—『백사집』권4,「잡기雜記」

---

27   임금이 임시로 머무는 곳을 가리키는 말. 여기서는 임진왜란 당시 피난을 가서 있었던 장소.

실무에 힘써야 한다

일전에 농사짓는 일에 대해 이야기하다가 미진한 채로 돌아와서 족하足下의 고론高論을 천천히 음미해보았소이다. 문제점이 어디서 왔는가를 따져본바 시속을 따라 밖으로 돌아서 실지를 확고히 밟지 못한 데 있는 것 같소. 과연 그렇다면 일에 방해됨이 적지 않겠기에 편지 한통을 작성하여 그 논의를 결말짓고 싶소이다. 내가 관직에서 물러나 있는 이후로 글쓰기에 게을러 제대로 될까 모르겠소. 지금 찾아온 사람으로 인해서 전의 논의를 되풀이하는 것이오.

일찍이 듣건대, 『시경』에서 "하늘이 백성을 내시매 물物이 있으면 원칙이 있다"고 했지요. 물이란 곧 일(事)이라, 사람이 천지 사이에서 살아가자면 일이 없을 리가 없지요. 더구나 배고프면 밥 먹고 추우면 옷 입는 것은 일상생활에서 큰일이라, 무릇 사람이 세상을 살아가자면 마땅히 스스로 힘써야 할 바이로되 아무리 힘쓰더라도 바른 도리를 어겨서 얻으면 이는 원칙에 벗어나 옳지 않지요. 오직 천도를 지키고 땅에 근거해서 절제하고 삼가 도리를 다해 의롭지 않은 얻음이나 분수에 넘치는 기대를 버린 다음에라야 사물의 원칙이라고 할 것입니다.

기왕에 생명을 타고난 사람들을 살아가도록 하자면 이 일은 군주 혼자 할 수 없고 필히 어진 자를 구해서 함께 다스려야 합니다. 그러자면 농사일은 할 겨를이 없는 까닭으로 마음을 수고롭게 하는 자는 남의 수고의 결실을 받아먹어야 하기에 녹봉을 지급하는 제도가 나왔습니다. 그런데 농사일을 하지 않는 대신에 받는 녹봉으로 충분히 살아갈 수 있음에도 백성들과 하찮은 이익을 다투는 모양이 되면 군자는 이를 부끄럽게 여겼던 것이라오.

옛날에 장문중臧文仲을 두고 그의 첩이 자리 짜는 것에 대해 공자는 어질지 못하다는 비난을 했고,[28] 공의휴公儀休가 자기 채소밭에 아욱을 뽑아버린 일을 두고 역사서에서 청렴하다고 칭찬했는데,[29] 까닭이 다 여기에 있지요. 일이 비속하다고 하여 좋지 않게 여긴 것은 결코 아닙니다.

우리나라는 국속이 중국과 달라 사람이 태어나서부터 귀천이 명분으로 정해지니 천한 자는 아무리 총명하고 특출하더라도 선비가 될 수 없고, 귀한 자는 아무리 어리석고 부족하더라도 농사나 장인의 일을 하려고 들지 않으니 이 유래가 오래되었지요. 제 스스로 일하여 밥을 먹으려고 논밭에 나가지를 않으므로 일년 내내 흥뚱거릴 따름입니다. 맹자는 이르기를 "육신을 게을리하여 부모의 봉양을 돌보지 않는 것은 첫째 불효"고 했으니, 이런 무리들이 이 말씀을 들으면 어떻겠소? 하늘이 만물을 내신 뜻과 성인이 원칙을 세운 도리로 다스린다면 이들이야말로 우리 유가의 죄인으로 우두머리가 되기에 알맞은 것이 아니겠소.

순자荀子도 이르기를 "사민四民의 업에 종사하지 않는 자는 간민姦民이다. 간민이 생기지 않아야 왕도王道가 이루어진다"고 했지요. 그래서 주공周公의 법에는, 흰 관에 검은 테를 두르고 다섯치의 끈을 드리운 것을 게을리 노는 자의 차림새라고 하여, 고을 사람들이 모이는 자리에 참여하지 못하게 했더랍니다. 오늘날과 비교하면 어떻다고 하겠소? 세상의 태만한 자들이 농담이나 하며 노는 것을 고상한 취미로 여기고, 부지런히 일하는 것은 비속한 것처럼 여깁니다. 농사를 비속한 일이라 하다니 순임금이나 장저長沮·걸닉桀溺이며 동소남董邵南 같은 이들이 예전에 이 일을 했으며,[30] 장인의 일을 천하다고 하는데 윤편輪扁[31]이 수레바퀴를 잘 깎았고, 장사를

---

28 장문중(臧文仲)은 노나라의 대부였는데 자기 첩에게 자리를 짜게 한 일이 있었다. 이 일을 두고 공자는 이익을 탐내니 어질지 못하다고 지적했다.(『공자가어』에 나오는 말)

29 공의휴(公儀休)는 노나라의 고위직에 있었는데 자기 밭에서 생산되는 채소가 맛이 좋은 줄을 알고 농민과 이익을 다툴 수 없다 하여 뽑아버리게 한 일이 있었다.

30 장저(長沮)와 걸닉(桀溺)은 춘추시대 초나라의 은자인데 이 두 사람은 나란히 밭을 갈았다. 동소남(董邵南)은 당나라 사람으로 밤에는 글을 읽고 낮에는 들에 나가 일을 했다.

31 『장자』에 나오는 인물로 제나라 환공 앞에서 고도의 기술을 자랑한 적이 있다.

천한 것이라 하다니 관중管仲·교격膠鬲 같은 분들이 예전에 하지 않았소.[32] 순임금을 본받을 필요가 없다고 하면 그만이겠거니와, 그렇지 않다면 지금 이런 말을 하는 자들은 도대체 어떤 도리를 따르겠단 말이오? 그런 일들 중에서 옳고 이로운 관계를 세밀하게 살펴 중도를 헤아려서 잘못이 없는 사람이 곧 군자이겠지요. 옛날 어디에서 놀고먹는 자를 귀하게 여겼던가요?

그런데 성인 문하에 사이비似而非가 끼어 출입하면서 농사일 배우기를 청한 것은 부끄러운 일이 되었으며,[33] 농단壟斷을 해서 이익을 챙기는 짓은 부끄러운 일이지요. 하나같이 사업에 마음을 두고서도 분별할 줄을 모른다면 자기도 모르는 사이에 세속에 점염이 되어 날로 천리를 어기고 인욕을 좇는 데로 치닫게 될 터이니, 이 또한 살피지 않을 수 없습니다.

근세에 모재慕齋(김안국) 선생은 물러가서 여주 땅에 있을 적에 몸소 논에서 곡식 거두는 일을 감독하여 한 알이라도 타작마당에 버려지지 못하게 하며 이르기를 "모두 하늘이 주신 것이다"라고 하셨다 합니다. 율곡 선생은 해주海州에 있을 적에 대장간을 설치하여 호미를 만들어 내다 팔아서 생계에 도움을 삼았더랍니다. 이런 일을 일부러 해서 고상한 행위로 삼은 것이 아니고, 의리상 마땅히 해야 할 경우에는 대인도 부끄럽게 여기지 않았던 것이지요.

오늘날에는 시속의 폐단이 넘쳐서 온 세상이 바람에 휩쓸리듯 하고 있습니다. 내가 직접 겪어본 일을 들어서 말하겠소이다. 소시에 고향에서 상

---

32 관중(管仲)은 제나라 사람으로 소시에 장사를 하다가 등용되어 훌륭한 재상이 되었다. 교격 (膠鬲)은 은나라 말기의 인물로 장사를 하다가 주나라 문왕에게 기용되었다.

33 공자의 문하에 번지(樊遲)라는 제자가 있었다. 번지가 농사와 원예의 일에 대해 공자에게 배우기를 청한 일이 있었다. 공자는 그에게 농업과 원예에 대해서는 그 일에 능숙한 사람에게 물으라고 대답하고 그가 간 뒤에 번지를 소인이라 일컬었다.(『논어』「자로」) 소인이란 일반 백성 즉 서민을 가리킨다. 사이비가 생기면서 농사를 천한 일처럼 생각하게 되었다는 의미. 다만 농사는 본디 서민의 업무이므로, 공자에게 묻는 것은 경우에 맞지 않는다는 뜻이다.

중상喪中에 있을 때 보았는데, 그 마을의 어떤 노인이 7세 된 아이 종을 데리고 밭으로 나가서 쟁기를 잡고 아이에게 지시하여 이리이리 하라고 말하고는 아이가 시키는 대로 하지 못하자 자신이 쟁기질을 합디다. 종일 십여 차례 이렇게 하는 동안에 밭은 어느덧 다 갈아졌지요. 그렇게 한 뜻은 겉으로 아이를 가르친다는 핑계를 대고 양반이 밭을 가는 부끄러움을 감추고자 했던 것이라오.

그리고 지난해 내가 귀종龜宗에 가서 생계를 도모할 때인데, "땅이 저습해서 쪽풀이나 심기에 알맞겠다. 염료를 채취하여 팔면 족히 먹고 살 수 있겠구나"라고 말했더니 옆에 한 무변武弁이 있다가 깜짝 놀라서 "어떻게 이런 미천한 일을 하시겠단 말입니까?" 하고 펄쩍 뛰었어요. 나는 처음에 그의 생각이 이처럼 미혹이 된 줄은 예상하지 못했기에 "내 이미 녹봉에서 멀어졌으니 밭을 갈지 않고 어떻게 하겠는가"라고 일렀더니 그는 다시 또 "어찌 산천을 더럽힐 수 있겠습니까? 애써 쪽을 심지 않아도 사람은 저절로 살아가는 이치가 생기는 법입니다"라고 합디다. 내가 고집하여 뜻을 돌리려 하지 않자, 그는 오히려 강경한 어조로 나를 설득하려고 드는 것입니다. "완평상공完平相公(이원익)을 보지 못하셨습니까? 아무 하는 일 없이 한가로이 앉아계시니, 세상에서 이 어른을 청고淸高하다고 일컫습니다. 어찌 저처럼 하시지 않고 굳이 이런 천한 일을 하려고 드십니까?"

나는 그제야 아무리 입으로 말해서 그를 깨우치기 어려운 줄 알고 "도가 같지 않으면 일을 함께 도모할 수 없다지" 하고는 더 이상 말하지 않았지요. 그 후로 노원蘆原[34]에 있을 적에 이웃의 어떤 사람이 무슨 일 때문에 큰 소리로 하는 말을 들으니 "내 비록 못난 사람이지만 호미 들고 직접 논밭으로 나간 일은 없다"고 합디다. 물론 농사일을 부끄럽게 여긴 것이지요.

위의 한 사람은 무변이고 다른 둘은 시골사람입니다. 말이 속되고 어리

---

34   노원은 지금 서울의 노원구 지역이다. 백사는 벼슬에서 물러났을 때 일시 이곳에서 머무른 바 있다.

석지만 시류에 물들어 있어서 갑자기 바뀌기 어려우니 아무리 말을 많이 해서 타일러보았자 소용이 없겠지요. 족하足下로 말하면 평생 고인의 글을 읽고 고인처럼 되기를 스스로 기약했으니, 후일 입언立言[35]의 군자가 되어 후세에 교훈을 남길 것은 의심할 여지가 없겠소. 그럼에도 이렇게 말을 길게 늘어놓는 것은, 뒤에 끼치는 폐단은 이 정도뿐이 아니겠기에 그러는 것이오. 지금 잠간의 이야기로 그치지 않기를 바라는 뜻이라오.

나는 젊은 시절에 길을 헤매며 시 읊조리기에 빠졌다가 늦게야 자못 깨달아, 10년 동안 글을 읽어 하늘과 땅이 만물을 낳고 기르는 마음과 성인의 본말의 가르침을 대략 엿보게 되었소. 우리나라 습속의 폐단에 대해 늘 개탄을 했으나, 이제는 나도 이미 늙은 몸이라 몸소 논밭을 갈지도 못하고 아내는 길쌈도 못하는 형편이라오. 또한 학문에 스스로 힘쓰지도 못하여 평소의 뜻을 저버리고 있소. 내가 걸어온 실상을 조용히 살펴보니 문도 아니고 무도 아니고, 농업도 상업도 하지 않았으니, 공연히 천지 사이에 한낱 커다란 좀벌레에 지나지 않을 따름이오.

그렇지만 나 자신 평소에 종사해온바, '사물이 있으면 원칙이 있다'는 교훈인데 내 능히 다하지 못한 일이라 해서 어찌 분명히 말하지 못하겠소. 하지만 저 자신 실천하지 못하면서 시속의 폐단을 공격하는 데만 부지런하니 또 어떻게 시속을 깨우칠 수 있겠소. 말이 그럴 듯해도 실행하지 않으면 말을 않는 것만 못하다오. 아, 다 말하지 못합니다.

──『백사집』 권2, 「여최정자유해서與崔正字有海書」[36]

---

35 훌륭한 글을 짓는 일을 가리킨다. 후세에 이름을 남길 수 있는 일로 세가지가 있는데 덕을 세우는 입덕(立德), 공을 세우는 입공(立功)과 입언(立言)이 있다고 했다.

36 이 편지는 최유해(崔有海, 1587~1641)라는 사람에게 보낸 것이다. 최유해는 백사의 제자인 최전(崔㠕)의 아들이다. 광해군 때 문과에 급제하여 벼슬은 승지에 이르렀다.

2장
임진왜란 관련 기록

서애 유성룡 유사

임진년의 전쟁 초기에 적군이 상주로 직격해 올라오자, 유공(유성룡을 가리킴)을 도체찰사都體察使로 임명했다. 출정하려는데, 벌써 충주에서 패전보고가 올라왔다. 바로 그날 임금이 서쪽으로 몽진을 떠나게 되었다.

당시 나는 도승지로서 정청正廳에 있다가 명을 받고 승정원으로 들어갔다. 대궐 안이 이미 소란스러워서 질서가 없었다. 동료들과 의논하고 승정원에서 나와 선정문宣政門으로 들어가서 편의대로 일을 아뢰려는 참이었다. 이윽고 내교內敎가 내려왔는데 유공을 명해 서울을 수비하도록 한다는 내용이었다. 나는 중사中使(왕의 측근에서 명을 전달하는 환관)와 마주 서서 노사형盧士馨을 돌아보고 말했다.

"어가가 떠나고 나면 궁중이 텅 비고 도성을 나가는 날에 수행하는 사람도 필시 많지 않을 것이오. 만일 어가가 서쪽으로 떠나서 중도에 그치지 못해 국경에 닿아서 멈추게 되면 강 건너는 바로 중국 땅이지요. 거기에 당도해서는 응당 저쪽과 말을 주고받고 변란에 대응할 일이 있을 터인데, 지금 우리 조정의 신하들 중에 밝고 민첩하여 사리를 잘 알고 사명辭命(임금의 뜻을 받들어 글을 짓는 일)을 능히 수행할 수 있는 사람은 오직 유 모 한 사람뿐이오. 지금 어가가 서울을 떠나고 보면 서울은 지켜낼 도리가 없거늘, 유 모를 여기 남겨두면 참패한 신하가 되는 데 불과할 것이고, 어가를 호종하게 되면 필시 상께 도움이 많을 것입니다. 곧 아뢰어 어가를 따라가도록 하는 것이 어떻겠소?"

노사형도 고개를 끄덕였고 여러 동료들 역시 다 "옳소" 했다. 나는 즉시 올리는 글을 작성하여 미처 정리할 틈도 없이 초고 그대로 중사에게 주어 아뢰게 했다. 상이 즉시 윤허하여 명을 바꿔 이양원李陽元에게 서울을 유수留守하는 임무를 부여했다. 그런데 뒤에 유공이 명을 받고 거행하지 않은 것처럼 말하는 일이 있으니, 이는 황급했던 처음에 우연히 착각을 일으킨 것이 아닌가 한다.

임금 행차가 동파역의 임시 숙소에서 머문 이튿날 아침, 상이 대신들을 불러 아계鵝溪 이산해와 유공이 들어오고, 나도 도승지로 입시했다. 상이 손으로 가슴을 두드리고 울며 괴로워하다가 두 대신의 이름을 연달아 불렀다.

"이산해야, 유성룡아, 일이 이 지경에 이르렀는데 꺼려하지 말고 각자 마음속에 있는 말을 다 해라. 내가 어디로 가야 하느냐? 윤두수는 지금 어디 있느냐? 그는 본래 계교가 있는 사람이니 함께 불러보고 싶다."

내가 명을 받고 나와서 오음梧陰(윤두수) 정승을 불러들여 그 역시 어전으로 들어왔다. 상은 그에게도 같은 말을 물었다. 여러 대신들이 엎드려 목메어 울며 감히 상을 쳐다보지 못하고 곧 대답하지 못했다. 상은 돌아보며 말했다.

"승지의 소견은 어떠한가?"

나는 선뜻 아뢰었다.

"어가가 의주에 머물러 있다가 형세가 궁하고 힘이 다해 팔도가 온통 함락되어 한뼘의 땅도 짓밟히지 않은 곳이 없게 된 경우에는 천조天朝에 호소하는 길밖에 없습니다."

오음 정승이 말했다.

"관북은 군사와 전마가 사나운 편이고, 함흥과 경성鏡城에는 천연의 요새가 있어 험고한 것이 족히 의지할 수 있으니, 철령을 넘어 북쪽으로 가는 편이 좋겠습니다."

"승지의 생각은 어떤가?"

그때 유공이 먼저 말했다.

"안 됩니다. 대가大駕가 우리 땅을 한 걸음만 벗어나면 조선은 우리의 것이 아닙니다."

상이 이르기를 "내부內附[1]가 나의 본뜻이다"라고 하자, 유공이 다시 아뢰었다.

"안 됩니다."

나도 다시 아뢰었다.

"신이 한 말도 곧바로 압록강을 건너자는 뜻이 아니고, 더할 수 없는 막다른 상황을 두고 말한 것입니다. 혹시 불행한 일이 계속되어 몸을 둘 곳이 없고 발을 디딜 곳이 없는 경우, 차라리 일각을 늦추어가지고 후일을 도모해야 할 것입니다."

"안 됩니다."

유공이 계속 이렇게 주장하여, 나와 유공 사이에 십여차례 언쟁이 되었다. 양쪽이 서로 말을 멈추려 하지 않았다. 상은 때때로 내 편을 들고 유공의 말에 반대했다. 아계 상공(이산해)은 엎드려 울먹이기만 할 따름이었다. 끝에 가서 유공이 목청을 높였다.

"아직 동북의 여러 도는 그대로 있는 데다가 호남의 충성스런 인사들이

---

1   당장 위기를 피하기 위해 명나라 땅으로 들어가는 것을 가리키는 말.

불원간에 봉기할 것입니다. 지금 어찌 성급하게 이런 문제를 거론해서야 되겠소?"

나는 그제야 공의 뜻을 깨닫고서 아무 말도 않고 입을 닫았다. 후일에 유공이 판서 이공저李公著를 보고 한 말이 있었다.

"이 아무를 만나거든 나의 뜻을 전해주시오. 나라를 버리자는 의론을 어찌 쉽게 내놓는단 말이오? 만일 이 아무가 구원병을 청하러 갔다가 길에서 죽더라도 그것은 '부시婦寺의 충성'²에 지나지 못한 것이오. 또한 그런 말이 밖으로 알려지면 사람들이 다 무너지고 흩어지게 될 것인데, 누가 인심을 수습할 수 있겠소?"

그 당시에는 미처 분명하게 깨닫지 못했다. 그러다가 영변寧邊에 이르러 양궁兩宮이 처음 길을 나누어 가게 되자 헛소문이 널리 퍼져서 평안도 인심이 수습할 길이 없는 지경에 이르렀을 때 나는 비로소 유공의 선견지명에 감복했다. 후일에 공을 사적으로 뵙는 자리에서 내가 공에게 절을 하고 사과했다.

"창졸간에 한번의 실수로 대세를 그르칠 뻔했으니, 뉘우쳐 승복하더라도 변명할 도리가 없습니다."

유공은 웃으며 말했다.

"나 또한 그 당시 분명히 설명하지 못하고 다만 안 된다고만 했으니 잘못이 없지 않소이다."

명나라 군대가 우리나라에 머문 동안에 명군의 여러 장군들이 각 군문의 권위를 내세워 여러모로 능멸하는 행위를 자행했다. 우리나라 신하들은 저마다 두려운 마음에 다투어 구구하게 책임이나 모면하기를 일삼고 염치를 차리는 일은 드물었다. 서로 교제하며 선물을 주고받는 데 이르러서는 비굴해져서 저도 모르게 도리를 망각한 자들이 많았다.

---

2   부녀자나 내시의 충성. 사대부의 충성은 명분과 의리를 지키는 것이 전제되어야 했다.

양 경리楊經理[3]가 왔을 적에 그는 유공을 자못 싫어하여 말하는 사이에 드러내기까지 하여, 위태롭게 여기는 사람들이 있었다. 후에 양 경리가 군사를 거느리고 안동에 주둔하고 있을 때인데, 공이 무슨 일로 양 경리를 찾아갔다. 양 경리는 공을 만나주지도 않고 능멸하는 말을 많이 했다. 역관이 이 말을 전하여 종자들이 놀라 얼굴이 하얗게 되었으나, 유공은 태연히 조금도 근심하는 빛이 없었다. 역관은 물러가서 다른 사람에게 말했다.

"노야老爺(양 경리를 가리킴)는 유 아무가 철석간장鐵石肝腸인 줄을 모르고 함부로 말을 한단 말이오?"

그 후 양 경리가 서울로 돌아온 뒤의 일이다. 어느 날 내가 유공과 함께 공당公堂에 앉아 있는데 마침 양 경리 아문楊經理衙門의 역관이 찾아왔다. 그가 공을 뵙고 이야기하던 중에 여러 장수들의 뜻을 전하고 자기가 중개하여 유공과 장수들 사이를 좋게 만들겠다는 뜻을 표했다. 공은 정색을 하고 대답하기를

"공사公事가 아닌 바에 사적인 말을 해서 되겠소. 나는 응당 공경히 대할 따름이오."

라고 하여 역관은 감히 더 말을 잇지 못했다. 그때 나는 같이 자리에 있으면서 속으로 놀라워했다. 그리고 돌아와서 친한 사람에게 "선비는 이해를 앞에 두고는 응당 이렇게 처신해야 할 것이다"라고 말했다.

어가가 평양에 머물러 있을 때다. 신백준申伯峻과 구원유具元裕가 앞장서서 "유성룡은 아계 정승과 죄가 같은데 받는 벌은 다릅니다. 혼자 면하게 해서는 안 됩니다"라고 주장했다. 하루는 삼사三司(홍문관 사헌부 사간원)가 합동하여 이 일을 논박하려고 했다. 장령掌令 정자한鄭子翰이 그 자리를 피해 나와 문에서 나를 만나 "바로 오늘 유 아무를 논박하려고 한답니다"라고 말하기에, 나는 즉시 쫓아 들어가서 부제학 홍군서洪君瑞를 만나 당부

---

3   명나라 원군의 경략 양호(楊鎬). 그가 조선에 온 것은 정유재란 때였다. 경리는 경략과 통하는 말.

했다.

"만대에 우러러보는 사람이 되는 것은 지금 이 한 행동에 달려 있소. 공이 만일 이 일에 힘을 다하지 않으면 나는 앞으로 공과 절교할 것이오."

"좋소. 또한 나의 뜻이기도 합니다."

홍군서는 즉시 들어가 큰소리로 역설하여 일이 드디어 조용해졌다. 이때 공은 사저에 물러가 있으면서 공당으로 들어오지 않았다. 내가 방문을 하자 스스로 자신을 책망할 따름이었다.

무술년(1598) 가을이다. 유공이 탄핵을 받아 서울의 동쪽 교외에 나가 있을 즈음인데 내가 방문했다. 유공이 웃으며 맞았다.

"공은 나의 집에 찾아오신 적이 없었소. 평양에서 한번 방문하더니, 오늘 두번째로 들르시는구려. 공은 꼭 남이 오지 않을 때에 찾아오시니, 참으로 우습구려!"

하루 종일 말을 주고받으며 속에 담긴 것을 다 털어놓아 숨김이 없었으나 조금도 불평스런 기색은 엿볼 수가 없었다.

—『백사집』권4,「서애유사西厓遺事」

충무공 유사

임진년 일본의 관백關白 평수길平秀吉(토요또미 히데요시)이 국력을 총동원하여 쳐들어왔다. 부산진과 동래성을 연이어 함락하고 길을 나누어 서쪽 길로 올라오면서 곧장 중국으로 쳐들어가겠다고 큰소리를 쳤다.

당시 전라좌수사로 있던 이공은 휘하의 장수들을 불러 사태를 논의했다. 녹도鹿島 만호萬戶 정운鄭運 및 군관 송희립宋希立이 분발하여 목숨을 바쳐서 싸우겠다고 말하는데 그 어조가 비분강개해서 공은 크게 기뻤다. 그해 (1592) 5월 4일, 공은 수군을 거느리고 경상도 쪽의 바다로 나아갔다. 경상우수사 원균이 급히 편지를 보내 한산도에서 만나기로 약속한 것이다. 이때 공에게는 전선 80여척이 있었다. 원균과 합세하여 옥포 앞바다에 당도했다. 적의 전함 30여척이 사면에 휘장을 두르고 홍기 백기를 꽂고 바다 한가운데 정박해 있으면서 부대를 나누어 언덕으로 올려 보내 민가에 불을 질러서 연기와 불길이 온 산을 뒤덮었다. 적군은 그런 중에 아군이 갑자기 나타난 것을 보고 일시에 배로 돌아와서 노를 저어 진을 치는 것이었다.

이공은 이날 바다 가운데서 적과 조우하자 제군諸軍을 독려해서 적선 26척을 불태우고 다음 날 다시 결전을 벌이기로 약속했다. 이때 서쪽에서 내려온 사람이 "임금님께서 몽진을 떠났고 서울은 이미 적군에 점령되었다"는 소식을 전했다. 이 말을 듣고 여러 장수들은 각각 자기 본진으로 돌아갔다.

이때 상은 의주에 머물고 있었는데 남쪽 길이 막혀서 소식이 불통하다가 승전보가 올라온 것이다. 행재소의 백관들은 모두들 목을 길게 빼고 있던 참에 모두 다 기뻐하며, 공의 작위를 가선대부로 올렸다.

공이 어느 날 밤에 꿈을 꾸었는데 백발노인이 나타나 발길로 차며 "적군이 왔다"고 소리를 쳤다. 공은 놀라 벌떡 일어나서 즉시 재촉하여 전선 23척을 거느리고 출동했다. 노량 앞바다에서 원균과 만났는데 과연 적군이 쳐들어왔다. 첫 교전에 적선 한척을 불태우고 추격해서 사천 바다 가운데 이르렀다. 멀리 바라보니 해안의 산에 적군 백여명이 장사진을 치고 있고 그 아래로 적선 11척이 해안을 따라 열을 지어 정박해 있었다. 공은 조수가 빠져나가 물이 얕아 배가 다니기 어려울 것을 알고서 명을 내렸다. "우리가 일부러 후퇴하면 적은 필시 배를 몰고 쫓아올 것이다. 지금 계교를 써서 저들을 바다 가운데로 유인해서 우리의 큰 함선으로 요격하면 틀림없이 이길 것이다." 드디어 나팔을 불어 배를 돌리고 1리里도 가지 않아서 적군이 과연 배를 몰고 추격해 왔다.

거북선의 등장

전에 공은 본영에 있을 적부터 왜적이 침입할 것을 우려하여 머리를 짜내 새로운 형태의 전선을 만들었다. 그 모양이 선상에 갑판을 설치하여, 엎드린 거북 같았다. 거북선〔龜船〕을 이날 처음 싸움에 등장시킨 것이다. 먼저 적진으로 치고 들어가서 적선 12척이 불에 타니, 적들이 멀리서 이 광경을 바라보고 발을 동동 구르며 아우성을 칠 따름이었다. 한창 싸우는 중에 적의 탄환이 공의 왼쪽 어깨에 맞아 등 쪽으로 뚫고 들어갔다. 공은 그래도 활을 들고 화살을 쏘며 싸움을 독려해 마지않았다. 싸움이 끝난 뒤 공은 사람을 시켜 칼끝으로 탄환을 빼내게 했다. 그때야 사람들은 공이 탄환을 맞은 줄 알고 깜짝 놀랐다.

그러고 계속 진출하여 당포唐浦에 이르렀다. 적선 12척이 강안에 정박중인데 중앙에는 층루를 설치한 대선 한 척이 있었다. 외부에 비단을 드리운 선실 안으로 금관을 쓰고 비단옷을 입은 것이 우두머리 같은 자가 보였다. 공이 장수들을 독촉해 곧장 진격하여 순천부사 권준權俊이 위로 향해 활을 쏘아 명중시켰다. 화살이 날아가는 소리와 함께 적장이 거꾸러지자 군중이 환호했다. 이날 날이 저물어서 사량蛇梁 앞바다로 돌아가 진을 쳤다. 마침 군사들이 밤중에 경동이 되어 시끄러움이 그치지 않았으나 공은 꼼짝 않고 누워 있다가 한참 뒤에 사람을 시켜 요령을 울리게 했다. 그때야 비로소 온 군중이 잠잠해졌다.

6월 4일 진군을 하여 당항 앞바다로 진출하는데 전라우수사 이억기李億祺도 전선 25척을 거느리고 와서 합세했다. 이에 앞서 수하의 장수들이 계속 단독으로 깊이 들어가는 것을 우려하다가 이억기가 합세를 하자 사기가 크게 올랐다. 그다음 날 아군이 바깥 바다로 진출했는데 적군은 당포 앞에 진을 치고 있었다. 공이 우선 초선을 보내 형세를 탐지하게 했다. 초선이 막 바다 입구로 들어가자 적은 즉시 포를 쏘아 위험을 알리는 것이었다. 이에 제군이 일시에 노를 저어 급히 나아가는데 선단의 머리와 꼬리가 연이어 고기를 꿰어놓은 모양이었다.

그 대형으로 소소강召所江[4]에 이르렀다. 적선 26척이 항구 가운데 벌여 있는데, 중앙의 대선은 위로 3층 판각을 설치하고 밖으로 검은 장막이 드리워 있었다. 전면에 푸른 일산日傘 아래 장막 속에 시립하고 선 모양이 멀리서 희미하게 보였다. 저들 우두머리가 있는 것으로 짐작되었다. 그래서 접근하여 몇 합 싸우기도 전에 거짓 패해 달아나는 척하고 배를 돌려 물러났다. 적은 도망치는 줄로 알고 돛을 올려 빨리 쫓아왔다. 이때 아군의 여러 선단이 합세하여 사나운 기세로 적을 무너뜨렸다. 적의 우두머리는 화살에 맞아 죽고, 적선 100여척이 불에 탔으며 적군의 머리를 210여급級이나 베었고 물에 빠져 죽은 자도 무수했다. 이 사실이 위로 보고되어 공은 자헌대부로 올라갔다.

7월 6일, 공과 원균, 이억기 등이 함께 노량에서 만났다. 적선 70여척이 견내량으로 이동한다는 보고를 받고 우리 선단이 바다 가운데 이르렀다. 적군은 아군의 형세가 굉장한 것을 보고 배를 돌려 항구로 들어갔다. 그 항구에는 적선 70여척이 한데 늘어서 있는데, 항구가 좁고 물이 얕은 데다가 암초까지 있어서 배를 움직이기가 어려웠다. 공이 군사를 조금 보내 저들을 유인하니 적군이 과연 배를 모두 동원해서 추격해왔다. 공은 싸우다가 물러서다가 하며 유인해서 한산도 바다에 이르렀다. 이때 배를 돌려 공격하여 깃발을 휘두르고 북을 울리는가 하면 화살과 대포를 일제히 발사했다. 적군은 기세가 꺾여 퇴각했고, 아군의 장수들과 군리軍吏들이 환호작약했다. 적선 63척이 불에 탔고 남은 적군 400여명이 배를 버리고 뭍으로 달아났다.

아군의 모든 선단이 다시 안골포 앞바다로 나아가자 적선 40척이 있었

---

4   경상남도 고성의 두포리에 있는 강 이름.

다. 적은 중앙에 층루선 3척을 중심으로 많은 배들이 차례로 줄 지어 정박해 있었다. 이미 누차 패한 터라 우리 배가 달려들까 두려워서 점거하고 있던 항구를 등에 지고 감히 나오지 못했다. 이공은 제군을 독려하여 번갈아가면서 공격했다. 날이 저물어 바다 안개가 사방에 가득해서 남은 적선 20여척이 밤을 틈타 닻줄을 풀고 도주했다. 이 싸움에서는 적군의 목 250여급을 베었고, 물에 빠져 죽은 자들은 셀 수 없었다. 위용이 크게 떨쳤음은 물론 공의 품계도 정헌대부에 올랐다.

공은 싸움에 이길 적마다 부하 장수들을 경계해서 "승리에 익숙해지면 교만해지기 쉽다. 장수들은 이 점을 조심해야 한다"고 주의를 주었다.

당시에 적들은 계속 호남 지역을 노려보고 으르렁거리는 중이었다. 공은 나라의 군량을 모두 호남에 의지하고 있는 형편이니 '만약 호남이 없으면 나라가 없다(若無湖南, 是無國家)'고 여겼던 것이다. 계사년(1593) 7월 15일에 한산도로 나아가 진을 쳐서 적의 바닷길을 가로막았다. 이해 8월에는 조정에서 공에게 삼도수군통제사를 겸임시키고 본직은 그대로 가지고 수군을 총괄할 수 있게 했다. 공은 6년 동안 진중에 있으면서 축적해둔 전라도 군량이 고갈되어 계속 공급하기 어렵다는 점을 생각했다. 이에 고기와 소금을 얻는 방도를 확장하여 둔전屯田을 넓게 설치했다. 국가에 이롭고 군에 보충이 되는 일이라면 마치 본능적인 욕망을 좇듯이 털끝만 한 것도 빠뜨리지 않고 찾아냈다. 군량과 군수 물자에 여유가 있어 떨어진 적이 없었다.

명량의 싸움

정유년(1597) 정월에 적의 대장 청정淸正(카또오 키요마사)이 재차 바다를 건너왔다. 전에 조정에서는 공이 적을 맞아 싸우지 않는다는 이유로 조사를 받게 하고 원균을 상장上將으로 기용했다. 이공이 서울로 압송되어 가는데 중도에 남녀노소들이 나와서 길을 막고 울부짖었다. 조사를 받을 때

상이 공을 용서하여 백의로 강등시켰다. 그리하여 공을 원수元帥의 진중으로 내려보내서 죄를 반성하고 스스로 진력하도록 했다. 이해 7월에 원균이 역시 패전을 하자, 도원수 권율이 공을 진주로 내려보내 흩어진 군졸들을 수습하도록 했다. 그리고 나서 얼마 후에 조정에서는 공을 다시 통제사로 기용했다.

이때에 아군은 대패한 직후라, 선박과 병기가 남아 있는 것이 없었다. 이공은 명을 받자마자 단기로 달려 회령포會寧浦[5]에 당도했다. 길에서 경상우수사 배설裵楔을 만났는데 그가 거느린 전선은 8척뿐이었다. 그리고 녹도에서 전함 1척을 얻었다. 이공이 배설에게 나아가 싸울 계책을 물으니 그의 말은 이러했다. "사태가 급합니다. 배를 버리고 뭍으로 올라가서 호남수군의 진지에서 싸움을 도와 그런대로 성과를 내는 것이 좋겠소." 이공이 그의 말을 따르지 않으니 배설은 배를 버리고 떠났다. 공은 전라우수사 김억추金億秋를 불러서 그 관하의 장수 5인을 부르게 하여 병선을 수습했다. 여러 장수에게 분부하여 전함을 주며 기세가 살아나도록 했다. 그리고 약속의 말을 했다.

"우리들은 다 같이 왕명을 받았으니 도리가 생사를 같이해야 마땅할 것이오. 국사가 이 지경에 이르렀으니, 어찌 한번 죽음을 아끼겠소. 오직 충의로 죽는다면 죽어도 영광입니다."

여러 장수들 또한 감동을 하여 다짐하는 마음을 가졌다. 이에 공은 아군이 연패하여 온통 거덜 난 상황에서 왜적과 대치하게 된 것이다.

영남 호남의 여러 고을들이 다 적의 소굴이 되었고, 평행장平行長(코니시 유끼나가)은 육지에서, 평의지平義智(소 요시또시)는 바다에서 서로 계교를 신속히 소통하여 전력을 기르면서 기회를 노리는 중이었다. 공은 오랜 싸움 끝에 지친 병졸과 망가진 13척의 전선을 거느리고 의지할 곳이 없어 진도의

---

5   전라남도 장흥에 있는 지명. 이곳에 수군의 진(鎭)이 있었다.

벽파정碧波亭 아래 바다에 머뭇거리고 있었다. 사람들 눈에 위태로워 보이기 그지없었다. 어느 날 공이 군중에 명을 내렸다. "오늘 밤에 적이 필시 우리를 기습할 것이다. 장수들은 각기 철저히 대비하고 경계를 엄중히 하라."

이날 밤에 과연 적군이 은밀히 출동하여 쳐들어왔다. 공은 일어나 소리쳐서 모든 군사들에게 동요하지 말고 모두 닻을 내리고 대기하도록 하면서 싸움을 더욱 강하게 독려했다. 적군이 포위망을 풀어서 공은 회군을 하여 우수영의 명량 바다 가운데 나아가 있었다. 날이 밝아 바라보니, 적선 5, 6백척이 바다를 뒤덮고 다가오는 중이었다.

그에 앞서 호남의 사족이며 민간인들이 배를 타고 피난을 나와서 다들 진영 아래 모여들었다. 공에 의지해서 살아나려는 뜻이었다. 이때에 이르러 공은 형세가 중과부적衆寡不敵이므로, 먼저 피난선들을 맨 뒤에 배치시킨 다음 차례차례 포진을 했다. 피난선들을 의병疑兵으로 삼은 것이다. 그리고 이공은 전함을 거느리고 맨 선두에 섰다.

적군은 아군의 전선들이 나오는 것을 보고 저마다 노를 재촉하여 곧바로 공격해 들어왔다. 적의 깃발과 노가 바다 가운데 가득 찬 형세였다. 때마침 조수가 밀려나가는데, 항구의 물살이 굉장히 급했다. 거제현령 안위安衛가 조류를 따라 나가자 바람결에 배는 쏜살같았다. 그 기세로 적군 앞으로 돌진하자 적선이 사면에서 에워싸는데 안위는 죽음을 무릅쓰고 싸웠다. 공은 제군을 독려하여 그 뒤를 따라 출격해서 드디어 적선 31척을 격파했다. 적들이 차츰 물러서므로 공은 돛대를 치며 맹세하고 승세를 타 치고 나갔다. 적군은 비명을 지르며 감히 저항하지 못하고 배를 놀려 달아나기 바빴다.

공은 보화도寶花島로 이동하여 진을 쳤다. 그전에 한산도의 장수들은 왜군에게 대패할 때 각자 도망쳐서 경상도의 피난민 등과 함께 이 섬 저 섬으로 들어가 있었다. 공은 매일 비장을 보내 이 여러 섬에 통보하여 흩어진 병졸들을 불러 모아 전선을 수습하고 병기를 마련했다. 그리고 소금을 구위 판매하도록 해서 2개월 내에 수만여석의 양곡을 얻었다. 이에 장병들이 구름처럼 모여들어서 위용을 다시 떨칠 수 있게 되었다.

내가 죽었다는 말을 하여 군심을 동요하게 하지 말라

무술년(1598) 2월 17일, 고금도로 옮겨 진영을 세웠다. 이때 평행장은 군사를 거두어 험고한 지형을 택해 순천의 왜교倭橋[6]에 거점을 설치했다. 공은 왜교와 거리가 백리쯤 되는 곳에 진을 쳤다. 그해 7월에 명군 도독都督 진린陳璘이 수군 5천명을 거느리고 와서 공과 합세했고 명군 도독 유정劉綎도 묘병苗兵[7] 1만 5천명을 거느리고 순천의 동쪽에 진을 치고 장차 수륙 양면으로 적을 공격할 태세였다. 그런데 명군이 아군 쪽으로 접근하여 소란을 피웠다. 공은 군중에 지시하여 막사들을 철거하도록 했다. 유 도독이 이를 보고 괴이하게 여겨 묻자 공이 대답했다.

"천병天兵(명군을 지칭하는 말)이 수시로 들어와서 소란을 일으키는 까닭으로 아국의 새로 불러 모은 백성들이 모두 멀리 떠나려고 합니다."

유 도독은 깜짝 놀라서 이공에게 편의대로 조처하게 하고, 다시 또 소요를 일으키는 자에 대해서는 공이 죄를 주도록 허용했다. 그로부터 명군이 추호도 범하는 일이 없었으므로 온 진영이 이에 따라 평온해졌다. 평행장은 공의 명성을 꺼려 자기 부장을 시켜 조총과 장검을 공에게 보냈다. 공은 그것을 물리치며 말했다.

"임진년부터 내가 적을 죽인 것이 셀 수 없이 많았다. 전리품으로 얻은 총검만으로도 쓰는 데 부족함이 없다."

저들은 다시 유 도독을 통해서 은과 주육을 보내려고 했다. 공이 말했다.

6　지금의 순천 신성포 지역. 정유재란 때 왜군의 사령부가 이곳에 있었다. 예교(曳橋) 혹은 왜
　　성(倭城)으로 표기되기도 했다.
7　중국 소수민족의 하나인 묘족의 군사를 가리키는 것으로 추정된다.

"왜군은 천조에 용서받기 어려운 죄가 있거늘, 노야老爺가 도리어 저들로부터 뇌물을 받으신단 말입니까?"

그 후에 적의 사자使者가 재차 왔을 적에는 유 도독이 거절하여 말했다.

"내가 통제공에게 기왕에 부끄러운 일을 당했다. 어찌 다시 받을 수 있겠느냐?"

이해 11월 18일 남해도와 부산진의 여러 적군이 구원을 나와서 선봉은 벌써 노량에 이르렀다. 공은 유 도독에게 말했다.

"우리 군대는 앞뒤로 적을 맞게 되었으니, 묘도猫島로 물러가 진을 치고 있다가, 다시 여러 장수들과 약속하여 결전을 벌이는 것이 좋겠습니다."

유 도독도 그대로 따랐다. 이날 밤 삼경(밤 12시 전후)에 공은 선상에서 무릎을 꿇고 하늘에 기원했다.

"오늘은 실로 결전의 날입니다. 비옵건대 하늘은 반드시 이 적을 섬멸하게 해주옵소서."

기원하기를 마치자 자신이 직접 정예의 군사를 거느리고 앞장서 노량으로 진출했다. 11월 19일 사경에 적군이 유 도독을 급히 포위하자, 공은 바로 치고 들어가 구원했다. 화살과 탄환을 무릅쓰고 직접 손으로 북을 두드리는 중에 적탄에 맞아 쓰러졌다. 운명하기 직전에 공이 휘하의 사람을 돌아보고 남긴 마지막 말이다.

"내가 죽었다는 말을 하여 군심을 동요하게 하지 말라."

— 『백사집』 권4, 「고통제사이공유사故統制使李公遺事」

전쟁 당시 여러 장수에 대한 평가

우리 동방은 문헌이 부족하여 아무리 큰 사업, 아무리 큰 문제라도 몇 년이 지나고 나면 대체로 까맣게 전해지지 않아 상고할 곳이 없어지고 만다. 나는 전부터 이 점을 탄식했다.

임진년 전쟁 당시에 나는 임금을 호종하여 평양에 당도했을 때 등급을 뛰어넘어 병조판서로 임명이 되고서부터 이후 7년을 중앙과 지방으로 드나들며 군무를 주관하게 되었다. 그래서 여러 장수들의 공과 죄나 행적에 대해 대략 파악하고 있다. 그 후에도 왕명을 받고 남방으로 내려가 직접 보고 듣고 한 데다가 공론을 참작해서 제반 사실들을 두루 알았다.

세상에는 실상을 분명히 알고 말할 수 있는 사람이 드물다. 사대부들 사이의 논의를 종종 들어보면 앞뒤가 어긋나고 실상이 뒤집힌 사례가 허다하다. 지금도 이러한데 오래 지나면 진실이 어지럽혀져서 시비가 크게 달라지지 않는 일이 드물어질 것 같다. 상께서 일찍이 해전과 육전에서 싸운 장수들의 공적을 두고 이렇게 말한 바 있다.

"이순신과 원균이 해상에서 격파한 공과 권율이 행주에서 승전한 공을 의당 으뜸으로 꼽아야 할 것이다."

이는 바꿀 수 없는 정론定論이다. 그러나 그사이의 곡절은 다 드러나지 못한 점들이 있다. 권빙군權聘君(권율)[8]이 일찍이 나에게 하신 말씀이 있다.

"세상에서 내가 행주에서 한 일의 공적을 크게 말하는데, 이는 실로 공이라 이를 수 있다. 그러나 내가 지방에서 올라오면서 쌓은 공이 여기에 이른 것이다. 크고 작은 싸움을 적잖게 치렀는데 전라도 웅치熊峙의 싸움이 으뜸이고 행주싸움은 그다음이다. 그런데 끝내 행주의 전공으로 일컬어지고 있으니, 일이란 알 수 없는 노릇이다.

웅치의 전투는 전쟁이 일어난 초기에 있었으므로 적군의 기세가 가장 날카로웠고, 아군은 고단한 데다가 굳센 병사도 없었다. 군대의 마음이 흉흉해서 믿기 어려운 지경이었다. 그럼에도 능히 죽을힘을 다해 혈전을 벌여서 천명도 안 되는 약졸로 열배가 넘는 강성한 적군과 상대해서 끝내 호

---

8   빙군은 장인에 대한 존칭. 권율이 이항복의 장인이기 때문에 쓴 표현이다.

남을 보존하여 국가의 근본이 되도록 한 것이다. 이 점이 웅치전투를 행주전투보다 더욱 더 어렵게 본 까닭이다. 그런데 그때는 서쪽으로 길이 막혀 소식이 불통했고 본도本道(전라도를 가리킴)는 패망하여 사람들이 대부분 흩어져 숨어버렸으므로, 내가 아무리 공이 있어도 칭찬하는 논의가 없어 조정에 알려질 도리가 없었다. 비유하자면 아무도 없는 깜깜한 밤중에 서로 치고받고 싸운 꼴이어서 공적이 드러나지 못한 것이다.

행주의 전투로 말하면 내가 공을 세운 뒤의 일이므로 위상이 이미 높아져서 군사의 마음이 쏠렸고 호남의 정병이며 맹장이 모두 소속되어 내 휘하에 군사가 수천이 넘고 지형의 유리한 점도 있었다. 적군은 숫자가 웅치보다 많았지만 기세가 꺾여서 이 점이 공을 세우기 쉬웠던 것이다. 마침 명군이 내려와서 압박하고 있었기에 우리 여러 도의 의병들이 경기 지역에 포진해 있었다. 강화도에 피난을 가 있는 서울의 사족이며 서민 들이 승전의 소식을 고대하는 터여서 나의 공은 다른 어디보다 우선시된 것이다. 이것이 바로 행주대첩의 공적이 쉽게 알려지게 된 이유다."

이 견해는 깊이 요점을 얻었다고 하겠다.

원균·이정암·김시민

원균으로 말하면, 기껏 남에게 의지해서 공을 이룬 자다. 감히 이순신과 비교조차 할 수 없다. 수군의 공훈은 당연히 이순신을 최고로 잡아야 할 것이다. 다만 마음을 추적해보자면 응당 공을 나누어가질 자가 있음에도 사실이 분명히 드러나지 않아 문서에 실리지 않았다. 나 또한 길에서 들은 말이 있는데 그대로 믿기는 어렵다. 내가 연안의 진영을 왕래하면서 사람을 만나면 꼭 여러 장수들의 용병술에 대해 물어보았는데 그들이 상당히 자세하게 이야기해주었다.

영남의 수군이 패하던 때 이순신은 전라좌수영에 있으면서 어떤 계책을 써야 할지 몰라 노량의 입구에 전함을 배치해서 적이 들어오는 길목을 차단하고, 성을 수리하여 자체 방비만을 하고 있었다. 그리고 본도만 고수하며 한산도 어구는 엿보지 않으면서 결단을 내리지 못해 망설였다. 당시 순천부사 권준權俊과 광양현감 어영담魚泳潭이 이순신에게 편지를 보내 출정하기를 권하고 직접 그쪽 바다로 나아갈 계책을 적극 협찬했다. 이에 비로소 이순신이 출정을 했다고 한다. 이 말대로라면 권준과 어영담도 마땅히 그 공을 나누어 가져야 할 것이다. 공을 논하자면 이순신은 실로 수훈이지만, 심리를 추적해보자면 이순신이 이 두 사람에게 약간 부끄러운 점이 있었다고 하겠다.

성을 지켜 싸운 공으로는 세상 사람들이 유독 연안 전투에서 공을 세운 이정암李廷馣을 일컫고 진주에서 순절한 김시민金時敏은 거론하지 않고 있다. 이 또한 뒤집힌 것이다. 이정암의 공은 실로 훌륭하고 칭찬할 만하지만 김시민과 비교해 말하면 차등이 있다. 이정암이 맞서 싸웠던 적은 장정長政(쿠로다 나가마사)인데 군사가 만명에 못 미쳤다. 이정암이 거느린 군대는 수천명이 넘었으며, 의병의 장수들도 녹록지 않은 인물들이 함께 가세했다. 그리고 당시 본도의 여러 장수들은 별 공을 세우지 못했는데 이정암만이 그런 공을 세운 것이다. 또한 그 진중에는 선비들이 많아서 그의 전공을 쉽게 포장할 수 있었고 행재소가 멀지 않아 보고가 쉽게 전달될 수 있었다. 그뿐 아니라, 이정암은 평소의 명성이 사람들의 마음을 족히 감동시킬 수 있었기에 그의 공적이 크게 드러난 것이다. 김시민의 경우는 수하에 자신이 거느린 군대뿐이었고 원군도 얼마 되지 않았다. 맞서 싸운 적은 평행장이었으니 장정에 견줄 바 아니었다. 여러 지역을 점거하고 있던 적들이 온통 합세하여 공격하니 적군이 진주 주변의 네 고을에 가득 차 있어서 십수만으로 헤아릴 수 없는 지경이었다. 비유하자면 산을 들어 올려 새알을 누르는 형세였다. 그럼에도 김시민은 능히 성을 고수하여 거대한 적군을 물리쳤으니 어렵고 쉬운 것으로 말하면 이정암에 비해 훨씬 어려웠다.

하지만 이때에 본도(경상도) 전체가 패해 무너져서 보고 아는 사람이 드물었고, 행재소 또한 워낙 멀어 그 소식이 닿지 못했다. 연안의 공적과 나란히 놓고 말하는 것은 정론이 아니다.

조헌·고경명, 김천일·양산숙

세상에서 조헌趙憲과 고경명高敬命의 죽음을 절의라고 일컫는다. 나랏일로 죽었다고 한다면 맞지만 절의로 일컫는 것은 맞지 않다. 나라가 무너진 때를 만나 조헌 등이 일개 서생으로 팔뚝을 걷어붙이고 의병을 규합하여 국가를 보존하기에 뜻을 두었으니, 그 충의는 훌륭하다. 금산의 싸움에 이르러 제군諸軍이 어둠 속에서 궤멸을 당해 적군이 칼을 뽑아들고 달려들자 지세가 험하고 비좁아 아군끼리 넘어지고 짓밟았다. 그런 혼란 속에서 조헌은 죽었고, 고경명은 마침 술에 취해 말고삐도 잡지 못하고 군중에서 죽었다. 이들이 패하고도 도망치지 않고 마침내 나랏일로 죽었으니 포상할 수 있지만 절의라고 하기에는 맞지 않다.

조용히 죽음에 나아가 지키는 바를 잃지 않은 사람으로는 오직 김천일金千鎰과 양산숙梁山璹이 있다. 진주성이 포위당했을 때에 김천일은 형세가 급박하다는 사실을 알고도 군사를 거느리고 그곳으로 달려갔으니, 이 점이 어려운 일이다. 일이 급박해진 뒤에 또 군중에서 김천일은 선비라고 하여 지휘를 부장에게 위임하고 성을 급히 빠져나가서 몸을 보전하도록 옆에서 권유했다. 그는 이 말을 듣지 않고 촉석루의 한면을 굳건히 지키다가 적군이 성을 타고 올라옴에 이르러 조금도 안색을 변하지 않고 조용히 북쪽을 향해 재배한 다음에 죽었다. 양산숙으로 말하면 농촌의 선비로서 한낱 김천일의 참모였다. 김천일을 따라 죽어도 옳겠으나 죽지 않더라도 괜찮다. 김천일이 그에게 함께 죽지 말고 성을 빠져나가기를 권유했음에도 양산숙은 "기왕에 일을 같이 하기로 했으니 죽음도 같이 하겠습니다"

하고 끝내 김천일을 따라 함께 죽었다. 본디 행실이 돈독한 사람이 아니면 이와 같이 행할 수 있겠는가. 그런데 세상의 논하는 이들이 범박하게 위의 네 사람을 똑같은 등급으로 보고 있으니 또한 정론이라고 할 수 없다.

박진

박진朴晉으로 말하면 전쟁의 당초에 나서서 뒤에까지 황산黃山과 경주 두 곳의 패전이 있으며, 적의 예봉을 꺾거나 적진을 함락시킨 뚜렷한 전과로서 내세울 것은 없었다. 그럼에도 여러 장수들의 의론이 으레 박진을 으뜸으로 일컬어 감히 그와 우열을 다툴 자가 없는 것처럼 말을 한다.

대체로 박진이 밀양부사로서 적군이 쳐들어오는 입구에서 대적하여 그 엄청난 형세에 당황하지 않고 병사들을 독려해서 기껏 한 관아의 병졸을 이끌고 대규모의 적군을 황산에서 가로막아 몸소 칼날을 무릅쓰고 혈전을 벌인 끝에 결국 퇴각하게 되었다. 비록 패하긴 했지만 그 정황이 여러 장수들에게 충분히 보여주는 바가 있었던 것이다.

적군의 형세가 하늘을 찌를 듯해서 온 도의 대소 무장들이 혼비백산하여 바람에 휩쓸리는 것처럼 무너져서 감히 나서서 소리쳐 대항하는 자가 없는 상황임에도 오직 박진은 처음부터 끝까지 지조 하나로 백번 꺾여도 굽히지 않고 고단한 군대를 독려하여 나라에 충성을 바치면서 동쪽 서쪽으로 출몰하면서 가는 곳마다 적군을 공격했다. 누차 위태로운 사태를 만났음에도 험난한 곳을 피하지 않았다. 그리고 전황을 급히 위로 보고하며 다른 한편으로 병사들을 수습했다. 당시에 조정에서 적정을 탐문할 수 있었던 것은 오직 박진의 보고를 통해서였다. 만일 박진이 전사했더라면 영남의 소식은 거의 끊어질 것이었다. 그래서 상 또한 가상히 여겨 감탄하는 말씀을 하신 적이 있다. "박진이 싸움에 임하는 것을 보니 걱정이 된다. 만일 그가 싸우다 죽으면 나랏일이 어려워진다. 박진으로서 할 일이 어찌 꼭

죽는 길만 있단 말이냐? 의당 형세를 보아서 나아가고 물러서고 해야 할
터인데 박진은 이런 형세를 헤아리지 않고 가볍게 나아가지 않을까 걱정
스럽다." 그를 안타깝게 여기는 뜻이 이 말씀 가운데 넘쳐흐른다. 박진은
끝내 도내의 장졸들을 수습하여 점차로 진영의 모양을 이루어서 이미 끊
어진 온 도내의 기맥을 다시 소생시켰다. 그리하여 사람마다 모두 적을 물
리쳐야 한다는 것을 알게 되었으니 이는 박진의 공이다.

권응수·안위

　권응수權應銖는 병사의 대열에서 일어나 명성이 널리 알려지지 못한 사
람이다. 박진의 지도를 받아서 능히 향병鄉兵을 맡아 거느려서 몸소 칼날
과 총알을 무릅쓰고 영천永川을 쳐서 빼앗고 적군의 머리 7백여급級을 베
고 나서야 그 위세가 크게 떨쳐서 한 도의 으뜸이 되었다.

　안위安衛는 한 고을의 현령으로서 이순신의 분부를 받아 큰 전함 한척으
로 조수를 타고 바람을 이용하여 명량의 어귀에서 적진에 부딪치자 더욱
힘을 발휘해서 혈전을 벌인 끝에 적선 5백여척을 벽파정碧波亭 아래서 격
파해 물리쳤다. 적군이 감히 다시는 전라 우도를 넘보아 곧바로 충청도로
진격하지 못하도록 만든 것은 안위의 위력이었다. 당시에 안위가 앞장서
싸워 이기지 않았으면 적군은 한산도에서 승전한 기세를 타고 곧장 충청
도를 범하여 바다를 따라 올라오게 되었으며, 이를 막아 물리칠 자가 전혀
없었을 것이다. 왜란이 일어난 10년 사이에 영천과 명량의 전투를 가장 통
쾌한 승리로 일컫는다. 명량에서 안위의 승리는 권응수에 비해 만배나 더
대단한 일이 아니겠는가.

이빈·최원

이시언李時言·김응서金應瑞·고언백高彦伯·이광악李光岳은 크고 작은 싸움을 백여차례 치르는 동안에 한번도 패배한 적이 없었고, 땀 흘린 노고와 함께 적의 목을 자른 숫자가 많기로 항상 여러 장수 중에서 으뜸이었다. 그리고 박명현朴名賢·한명련韓明璉·홍계남洪季男·구황具滉·이남李楠 등은 군세고 용감하기로 널리 일컬어져서 일시에 여러 장수들이 감히 이들과 어깨를 나란히 할 자가 없었다. 진중에서 갑옷을 입고 기세를 세운 점에서는 다들 박명현 등을 최고로 일컬었으나, 전쟁에 나선 지 10년 동안에 특별히 손꼽을 만한 공적을 세운 것은 없었다. 이 어찌 만난 기회가 사람마다 다름이 있기 때문이 아니겠는가.

어가가 서쪽으로 몽진한 때를 당해서는 사람들이 다 죽음의 땅처럼 보아서 너나없이 "끝내 적에게 짓밟히고 말 것이요 심지어는 궁지에 빠져서 모두 함께 썩어 문드러지는 지경으로 돌아가게 될 것"이라고 여겼다. 그래서 장수들이 누구도 평안도 쪽으로 가려고 하지 않았다. 모두들 경기도와 황해도 사이에서 오르내리며 머뭇거리고 나아가거나 물러서거나 할 생각이었다. 그러던 중에 임진강에서 패배하자 각 진영의 장수들이 일시에 무너져서 각자도생으로 흩어진 것이다.

오직 이빈李薲은 패했던 장소에서 곧장 행재소로 올라가서 평양을 방어하는 데 동참했다. 마침내 평양이 함락되자 모두들 일이 어찌할 도리가 없어졌다고 생각하여 대동강을 건너서 남쪽으로 내려왔다. 식견이 있다는 문신까지도 함께 남쪽으로 따라 내려왔다. 이빈만은 정주로 올라가서 흩어진 군졸들을 다시 수습하여 순안順安에 진을 치고 적을 막을 계책을 세웠다.

행조行朝에서는 사태가 급박하여 교서를 급히 보내 장수들에게 임금을 위해 나서도록 불렀으나 겁을 내서 감히 서쪽으로 올라가려 하지 않았다.

장수들 중에 혹은 겉으로 근왕을 핑계대고 군사를 거느리고 바닷가로 나가 첩이 사는 곳을 찾아가 첩을 말 등에 싣고 함께 돌아간 자도 있었다. 혹은 군중에 명을 내려 군대를 파하고 도망쳐서 관망하다가 근왕의 문서를 보고서 다른 사람을 보고 냉소하는 자도 있었다. 인심이 이처럼 극에 달했던 것이다. 그런데 오직 전라도 병사 최원崔遠은 자기 소속 부대를 거느리고 서쪽으로 올라가고 있었다. 군정軍情이 중도에서 크게 변해, 어느 날 50여명의 목이 잘린 사태를 맞아서 필사의 결의를 보였다. 그래도 끝내 병졸들의 이탈을 금지할 수 없게 되자, 강화도로 들어가 웅거하여 병사들을 달아날 수 없게 했다. 1년이 넘도록 애써 지키는 동안에 굶어죽은 자가 계속 나왔으나 끝내 변치 않고 고수했다. 비록 공은 세우지 못했어도 그의 마음이 참으로 가상하기 때문에 나는 전란이 일어난 이후로 여러 장수들 중에서 이빈과 최원은 신하의 도리를 잃지 않았다고 말하는 것이다.

—『백사집·별집』권4,「잡기雜記」

재인 박춘

전라도 임피臨陂 고을의 재인[9] 박세동朴世同의 아들 박춘朴春 역시 재인이다. 박춘은 임진왜란 당시 금산錦山 싸움에서 왜군에게 포로가 되었다. 적진에 오래 잡혀 있으면서 공을 세움에 따라 적군의 장수로 뽑히게 되었다.

정유년 전쟁이 확대됨에 미처서 저들은 박춘을 신봉장으로 삼아 1천명의 부하를 거느리도록 했다. 박춘은 전라도 방향으로 나가기를 자원했는데, 그의 속셈은 자기 고향 땅을 한번이라도 가보고자 함이었다. 전투를 하며 진군하여 임피 지경에 당도해본즉 살던 옛집은 이미 폐허가 된 상태였

---

9 백정, 무당, 광대와 함께 예속적 신분의 천인 부류. 재인은 가무나 연희의 기능으로 활동하는 것이 특징이었는데 군에 동원되기도 했다.

다. 박춘은 강개한 마음을 이기지 못해 언문으로 주춧돌에다 다음과 같이 써놓았다.

"나는 이 집의 주인 박춘이라. 왜적이 나에게 1천 병사를 주고 선봉장을 삼기로, 나는 기회를 엿보아 우리나라로 투신해 돌아올 마음에 한 계책을 세워 포로로 잡혀 병사가 된 자들을 수하에 거느리길 청했노라. 그래서 거느린 1천명의 병사들 가운데 조선 사람이 3분의 2나 되었다. 나는 극히 신임하는 자들과 한 자리에 모여서 은밀히 약조하여, '만일 본국의 군대를 만나게 되면 포로로 잡혀 와 있는 우리 모두 함께 투항을 하자'고 다짐하곤 했더니라. 싸우며 진군했으되 한번도 아군이 주둔한 곳을 만나지 못하고 여러 날 배회하기만 했네. 당초의 계획을 이루지 못해 통곡하며 이제 돌아가노라."

이때 옥야沃野[10] 땅의 재인 임세붕林世鵬의 딸이 나이 10여세로서 역시 포로로 잡혀 박춘의 진중에 있었다.

어느 날 해가 저물어서 뭇 왜병들은 모두 흩어지고 오직 박춘이 몇 명의 왜인과 앉아서 말을 나누는데 뜻밖에도 조선말을 하는 것이 아닌가.

"여기가 전주 옥야 땅이지."

두 왜인이 "그렇지요"라고 하자 박춘이 말했다.

"마당麻堂이, 기운氣運이, 세붕이, 이분들은 지금 살아 있을까?"

그 여자는 마침 옆에 있다가 듣고서 속으로 적이 의아하게 여겼다.

'저이가 왜군의 장수인데 어떻게 우리나라 말을 하는 것일까? 또 어떻게 우리 아버지 이름을 안단 말인가? 더구나 마당이나 기운이 같은 어른들은 우리 아버지와 동년배로 유명한 재인인데 왜군 장수가 어떻게 안단 말이지?'

마음속으로 심히 괴이하게 여기면서도 왜군의 장수가 박춘이란 사실은

---

10 전라도 만경현의 지명으로 지금은 김제시에 속해 있다. 임피는 지금 군산 지역이므로 두 곳은 가까운 거리다.

전혀 짐작할 수 없었다. 그날 밤이 이슥해진 시각에 박춘은 아무도 몰래 그 여자를 불러 물었다.

"너는 어디 사람이냐?"

"저는 옥야의 재인 임세붕의 딸입니다."

박춘이 깜짝 놀라서 다시 물었다.

"부모님은 잘 계시냐?"

"아버지는 아군 원수元帥의 진영에 소속해 있고 어머니와 저는 산중에 숨어 있다가 일시에 포로가 되었습니다. 적들이 어머니는 죽이고 저는 살려주었답니다."

박춘은 측은하게 여기며 탄식해 마지않았다. 여러 날이 지나서 군대를 돌려 남하하는데 박춘은 그 여자를 말에 타도록 하고는 자기 말 앞에 서서 가도록 했다. 해남 땅에 도착하여 배에 오를 참인데, 박춘은 소매 속에서 편지를 꺼내 여자에게 주며 일렀다.

"지금 너를 놓아주어 돌아가도록 하겠으니, 이 편지를 가지고 가서 네 아버님께 전해드려라."

그리고 한 병사를 시켜 그 여자를 복병이 있는 곳까지 호송하도록 했다. 그 여자는 드디어 적진에서 벗어나 곧바로 옥야에 당도했다. 박춘에게 받아 온 편지에 적힌 사연은 전날 주춧돌에 썼던 말과 비슷한 내용이었다. 그리고 거기에 따로 편지 한통이 동봉되어 있었으니 이는 박춘이 자기 아버지에게 전해달라는 것이었다.

박춘의 아비지는 이 사실이 누설되면 자신에게 화가 미칠까 두려워 일체 숨겼던 까닭에 가까운 재인들에게도 감히 발설하지 않았다고 한다.

——『백사집·별집』 권4, 「잡기」

3장
전후의 시무책

체찰사로서 전라도 상황에 대한 보고서(1600년)

의정부 우의정 도체찰사 겸 도원수 신 이항복은 삼가 올립니다. 신이 여러 해를 병석에 있다가 일어나 군무에 종사하게 되어 천은天恩에 감격하와 힘을 다해 먼 길을 나섰습니다. 바다를 끼고 남방으로 내려와서 병든 몸을 싣고 달린 것이 어언 2개월이 지났습니다.

그리하여 4월 초 무렵에 순행을 마치고 감영으로 올라오니 숙환이 더욱 도져서 자리에 누워 신음하며 정신이 아득하고 기력이 가물가물하는 가운데에도 그동안 내려오던 길에서 답사하여 귀와 눈으로 직접 듣고 보고 마음으로 요량한 일들을 만분의 일이나마 들어서 성상께 아뢰고자 하는 것입니다. 이에 붓을 잡긴 했지만 정신이 혼미하여 그만 다시 자리에 누워, 어질어질한 상태로 날을 보내 어느덧 20일을 경과하고 보니, 늦장을 부린 죄는 피할 도리가 없게 되었사옵니다.

옛날에 중국의 연燕 소왕昭王은 자기 나라가 제나라에 크게 패한 뒤로 전사한 자들을 조문하고 고아들을 위문하는 한편 어진 이를 초빙했습니다. 또한 월나라 임금 구천句踐은 오나라에 대패한 이후로 직접 나서서 베풀기에 힘써서 은택을 끼쳐 백성들을 돌보아 친화의 수고로움을 아끼지 않았으며, 백성들이 10년을 자식을 낳아 잘 기르도록 하고 10년을 가르쳐 훈련을 시켰던 것입니다. 그리고 옛날 하후씨夏后氏는 덕화를 펴고 정책을 개발하여 하夏나라의 백성을 널리 규합했습니다. 이들 세 군주는 다 같이 책략이 한 시대에 시행되고 지혜가 여러 임금들 중에서 빼어나 쇠약한 나라를 부강하게 만들어서 능히 대업을 이룩한 것입니다. 이 군주들은 헤아림이 필시 남보다 몇 등급 높은 데 있었을 것임이 물론입니다.

오늘날에 국가가 극히 혼란한 시기를 당하여 이를 극복하는 데 뜻을 두면 마땅히 성곽을 쌓고 해자를 파고 병기를 수선하고 군사를 조련시키기에 겨를이 없어야 할 것입니다. 그럼에도 이런 일들은 도모하지 않고 위의 세가지 일을 먼저 거론하고 있으니 실정에 멀어 급선무를 빠뜨리고 있는 것 아닌가도 싶겠습니다. 신이 의도한바, 연나라 월나라처럼 패잔병을 거느리고는 제나라 오나라같이 강성한 적국을 대항하기에 부족한 까닭에 처음에는 새가 어린 새끼를 보호하듯 우선 백성을 보살펴 양육하다가 최종으로 날개를 떨치고 일어서는 데서 공을 거두려고 한 것입니다.

신이 남방으로 내려와서 일부러 이곳저곳을 직접 답사한 연후에 비로소 나라를 다시 일으켜 세웠던 군왕들이 이룩한 업적이 굉장히 훌륭했음을 깨닫게 되었습니다. 신이 가만히 생각해보옵건대, 남방의 형세는 지금의 물력과 지금의 인심으로는 아무리 손발이 터지도록 힘을 다해서 일년 내내 노력을 다 바치더라도, 기껏 백성을 몰아 흩어지게 만들어 나라가 날로 쇠약해져서 강적이 다시 쳐들어온다면 창을 버리고 도주하기에 바쁠 것입니다. 왜 이렇게 말씀드려야 하는지 그 까닭이 있습니다.

강적의 침략을 받은 지 8년이 경과한 끝에 남방의 백성은 온통 칼날에 쓰러지고 기근에 굶주렸으며, 지금 겨우 살아남은 사람들 또한 적군에게 죽임을 당한 이들의 유족입니다. 헐떡이는 숨을 가다듬지도 못하고 흘리는 땀을 미처 닦지도 못한 상태로 몸을 붙일 땅도 없고 챙겨 들고 나설 물건이 하나도 없이 여기저기 길을 떠돌며 어디에 발을 붙이지도 못하고 마치 물 위에 떠도는 허수아비처럼 정착하지 못하는 상태입니다. 그래서 한번 관에서 무슨 명령이 떨어졌다 하면 마치 물고기 떼처럼 놀라 흩어져 도망칩니다. 평상시에 비하면 사람들이 열에 아홉은 줄어들어서 대오를 편성한 것이 기껏 다해도 만여명이 채 안 되는 실정입니다.

그런 데다가 일본인들과는 본디 성질이 판이하여 강약의 차이가 현격합니다. 장수들의 말을 들어보면 "조선 사람 수만명이 모여야 기껏 왜놈 수천명을 당해낼 수 있으므로, 지금 전쟁에 지친 수천의 병졸을 가지고 수만의 사나운 적과 맞서면 상대가 되지 못할 것은 자명하다"고 합니다. 그래서 신이 아뢰기를, "아무리 손발이 터지도록 힘을 다해 노력을 해보았자 백성을 몰아서 흩어지게 만드는 데에 불과하다"고 한 것입니다. 신이 또 바닷가 사람들에게 "거함 70척으로 왜적을 대항할 수 있겠느냐"고 물어보았더니, 다들 한동안 안타까운 표정을 짓다가 대답하는 말이, "적이 조금 오면 쉽게 격파할 수 있겠으나 많이 오면 싸우기 어렵습니다. 오지 않는 편이 크게 다행이지요"라고 하는 것이었습니다. 신이 다시 내륙의 사람들에게 "본도의 군사 6천을 가지고 왜적을 대항할 수 있겠느냐"고 물으니 이들의 대답 역시 바닷가 사람들의 말과 비슷했습니다.

신이 이런 데 근거하여 판단해보건대 적이 소규모로 오면 몇 고을이 해를 받는 데 그치고 국가의 존망에 관계될 것은 없겠습니다. 지금 몇 도의 힘을 다 기울여서 겨우 몇 개 고을의 피해를 구할 수 있는 정도이니, 요행히 적이 다시 오지 않으면 그것으로 승패를 점칠 수 있겠지만, 대규모로 쳐들어오는 적에 대해서는 어찌해볼 도리가 없습니다. 이 국가 존망의 큰 문제에 대해서는 지금 여기서 논하지 않겠습니다. 다만 신이 명을 받은 이후로 아침부터 밤늦게까지 근심하고 두려워 어떻게 대책을 세워야 할지 고민을 계속해왔습니다.

가만히 살펴보건대, 전란을 겪느라고 뿔뿔이 흩어졌다가 다시 모인 거가세족巨家世族의 경우 노복들을 불러 모으고 살림 도구를 수습하고 논밭을 찾아 경작을 하면 처음에는 곤란하겠지만 마침내 생업을 복원해낼 것입니다. 하지만 이 세가지를 갖추지 못하고 우선 입고 먹는 것이나 손님 접대에 필요한 것부터 마련하더라도 당장 수요에 급급한 형편이니 마음은 더욱 수고로우나 일은 아무래도 졸렬해져서 집이 망하기 쉽습니다. 물론 규모가 크고 작고의 차이가 있다 해도 가家와 국國은 본디 두가지 규범이 있는 것이 아닙니다. 모이지도 않은 사람들을 부린다거나 경작하지 않은 땅에서 세를 거두어서 능히 대업을 이루는 이치는 고금 천하에 있을 수 없습니다.

대개 의원이 병을 진단할 적에는 맥을 짚어서 증상을 잡아 병이 생긴 원인을 파악하고 나서 거기에 맞는 약을 쓰게 됩니다. 그래야만 백병에 다 효험이 있을 것입니다. 그런데 만약 병이 양명陽明에 있는데 음경陰經에 침을 놓거나,[1] 비민痞悶의 증상인데 함부로 조약燥藥을 쓰면[2] 처음부터 진단이 분명치 못한 까닭에 병과 약이 어긋나서 쓰면 쓸수록 원기가 손상되고 병이 더욱 심해져서 결국에는 치유하기 어려운 지경에 이릅니다. 신은 오늘날 당면한 국사도 병과 약이 어긋나서 치유하기 어려운 지경에 이르게 될까 두렵습니다. 그래서 기어코 성상께 아뢰고자 하는 바입니다.

지금 온 나라의 형세로 말하면 남방이 가장 위급합니다. 또 남방의 형세로 말하면 전라도가 더욱 우려됩니다. 부역의 고통으로 시름하고 탄식하는 소리가 다른 도에 비해 열배나 심한데 근본 원인을 따져보면 역시 그럴 만한 까닭이 있습니다. 예전에 영호남 지방은 인재의 배출이나 물산의 풍

---

1   한의학에서는 인체에 12경맥(經脈)이 있고 양맥과 음맥으로 구분된다. 병의 원인에 관계되는바 이를 밝혀내지 못한 상태에서 잘못 침을 놓는 것이다.
2   비민(痞悶)은 위장병이며, 조약(燥藥)은 조광증(躁狂症, 성질이 조급해지는 광증)에 쓰는 약이다.

성함, 축적의 넉넉함, 주거의 모양으로 국중에서 으뜸이었기 때문에 국가 또한 여기에서 취해 마련하는 것이 다른 도보다 갑절이나 많았던 것입니다. 그런데 수십년 전부터는 문무관이나 음직蔭職으로 나라에 벼슬하는 사람이 호남에서는 드물기 때문에 호남의 사족들은 대체로 뜻이 벌써 거칠어졌습니다. 임진년 난리 직후에 영남 지방은 적군의 소굴이 되었고 호남 지방은 온전히 지켜질 수 있었기 때문에 영남에서 납부하던 공물까지 점차 호남에서 징수하게 되었습니다. 그뿐만 아니라, 명군의 요구에 응하는 것과 조정에 바치는 것, 영남의 군량과 서울로 실어 보내는 군량까지도 모두 호남에 의존해야 했습니다. 호남이 국가에 이바지하기는 실로 모든 것을 다해서 남김이 없었다고 말할 수 있습니다. 정유재란에 이르러 호남 지역은 마침내 황무지처럼 되고 말았으니, 모든 공물의 감면을 응당 영남과 같은 비례로 해주어야 할 것입니다. 그럼에도 질질 끌어 오늘에 이르도록 아무런 조처도 취하지 않아, 정유재란의 패망에 대해 백성을 위로하려 않고 임진년 난리 이전과 다름없이 부세 공납을 독촉하는 실정입니다.

이 지역의 사족들은 위축이 되어 피어나지 못하고 저절로 폐고廢錮(벼슬길이 막히는 것)의 처분을 받은 것처럼 되어, 벼슬길을 마치 하늘에 오르는 것처럼 여깁니다. 백성들 또한 혐오하는 마음으로 아우성치기를 "우리는 임진난리 때에 죽을힘을 다해 나라를 위해 바쳤거늘, 정유년 난리 이후로도 나라에서는 옛 노고를 전혀 생각하지 않고 독촉만 더 심하게 하고 있다"고 합니다. 이처럼 정사가 공평하지 못한데 백성이 어찌 신뢰할 수 있겠습니까? 그래서 사족들은 묵묵히 말 없는 가운데 우울해하고 민중은 사나워져서 원망하고 비방합니다.

이 지방에서 원성이 높아가는 원인은 대략 위와 같습니다. 당장 계속 급하게 다그치면 백성이 흩어지는 것이 날로 심해져서 대대적으로 쳐들어오는 적을 대항할 수 없게 될 것이고, 너그럽게 해주면 백성의 힘이 조금이나마 살아나서 '3년 묵은 약쑥'[3]을 기대할 수 있을 것입니다.

그런데 지금은 맥박을 짚어보지도 않고 병명을 찾아내지도 못해 조조燥와 습濕(한의학상의 용어)에 적합함을 잃은 나머지 병과 약이 서로 어긋나는 격입니다. 진秦나라 초楚나라처럼 부강한 나라에 실시하는 정책을 연나라 월나라처럼 패망 상태에 있는 나라에 쓰듯 하면 연나라 소왕이나 월나라 구천의 비웃음을 사기에 알맞을 것입니다. 불행히도 후일에 만약 변란이 밖에서 오지 않고 차마 말할 수 없는 사태가 안에서 발생하는 경우, 만약 소신이 오늘 말하지 못한 것으로 묻는다면 신의 죄는 이에 이르러 더욱 무거울 것입니다. 신은 생각하옵건대, 남방을 경영함에 당해서는 마땅히 호남을 우선시해야 하며, 경영하는 요령으로 말하면 아무쪼록 먼저 민력을 살아나게 하고 민심을 기쁘게 하기에 힘써야 합니다. 상흔을 입은 사람들이 차츰 소생하고 흩어져 떠도는 사람들이 다시 돌아온 다음에라야 방비를 하고 승전을 도모하는 일은 바야흐로 차례차례 논할 수 있을 것입니다.

오늘날 남쪽 변경의 싸움에 있어서는 수군이 필수입니다. 그럼에도 전함이 호서는 10척, 영남은 20여척뿐인데 호남은 40여척이나 보유하고 있습니다. 이 때문에 1년 동안 징발되는 병정의 숫자를 통합해보면 1만 4천명도 넘습니다. 호남 한 도는 전성시에도 수군이 1만 1천8백여명에 불과했는데, 지금 전쟁으로 쇠잔한 끝에 뽑아 들이는 군정軍丁의 숫자가 평상시보다 오히려 많으니 아무리 요령 있게 처리하고 합당하게 잘한다더라도 백성을 징발하는 숫자가 이렇게 많아서는 백성의 원망을 사지 않을 도리가 없습니다. 비유하자면, 가난한 집에 손님이 많이 오는데 대접을 지나치게 걸게 하자면 술 단지가 바닥나고 창고가 비지 않을 수 없으니 아무리 현명한 부인이라도 허둥지둥하지 않을 수 없을 것입니다. 이렇듯 힘은 잔약한데 일이 크고 과정이 긴급하면 손가락에서 피가 나고 얼굴이 땀으로 적셔져서 기술이 빼어난 장인이라도 전전긍긍할밖에 없습니다. 아무리 지혜로

---

3   무슨 일이든 미리 충분히 준비해야 한다는 의미의 말이다. 『맹자』 「이루(離婁)」에 나오는 이야기로, 당시 약쑥은 약초로서 효능이 좋다고 여겨졌다.

운 사람이라도 오늘날의 계책에 당해서는 어찌할 도리가 없을 것입니다.

만약 지금 곧 해야 할 일을 전에 늘 해오던 방식을 고수해서 하다 보면 결국 사태는 오늘 한 사람이 도망가고 내일 한 집이 도망쳐서 달이 가고 해가 가서 흩어지고 없어지다 보면 동원할 수 있는 군사가 아주 없어지고 말 것입니다. 마침내 바다는 적막해져서 전함이 한척도 없는 지경이 되지 않으리라고 누구도 장담할 수 없게 됩니다. 이는 마땅히 성상께서 유의하시어 소의한식宵衣旰食⁴을 하며 백성을 위기에서 구하는 데에 온 힘을 쏟아야 할 것이요, 당장의 신하들 역시 응당 급선무로 강구해야 할 것입니다.

다음 문제를 들자면 우선 도내의 커다란 차역差役⁵들을 면제해주어서 특히 보살피는 혜택이 생기면 생민의 소망에 위안이 될 것입니다. 그리고 별도 기록으로 의당 시행해야 될 사항들을 열거해 진술해보겠습니다.

엎드려 바라옵건대, 성명聖明(임금)께서는 신이 이상과 같이 아뢰는 내용을 한가한 때에 반복하여 생각해보시고 적어놓은 사항들을 속히 담당관들에게 내려보내 조목조목 검토해서 형식에 구애되지 말고 거듭 의논하여 시행하도록 하신다면 다행스러움을 이기지 못하겠나이다. 처분을 기다리옵니다.

별폭: 15조 건의안

1) 본도의 전함은 다른 도에 비해 여러 배나 되어 징발하는 수수水手(뱃사공)가 평상시보다 많으니, 이곳 백성이 감당하지 못할 것은 어찌할 도리가 없는 형세입니다. 평상시의 방략으로 말하면 본도에서 수군으로 징발되는 19고을 중에서 낙안樂安·흥양興陽·순천順天·광양光陽 등 4고을은 이

---

4   아침 일찍 일어나 옷을 입고 밤늦게 밥을 먹는다는 의미로, 제왕이 부지런히 국사에 임하는 것을 뜻한다.

5   나라에서 부과하는 노역.

미 버려진 땅처럼 되어 군사를 징발할 도리가 전혀 없습니다. 이 4고을을 제외하면 현재 바다의 방어를 맡은 곳은 15고을밖에 안 됩니다.

지금 논하는 이들의 말이 분분하여 각각 자기 소견을 주장하고 있습니다. 혹은 말하기를 "온 나라의 힘을 다 들여서 오로지 바다만 방어한다 하더라도 부족한 형편인데, 지금 연해 15고을에만 책임을 지우는 것은 매우 타당하지 않으니 온 도를 통틀어서 수군에 전력하지 않으면 안 된다"고 하는데 말은 그럴듯합니다. 그러나 이렇게 하고 보면 병사와 방어사防禦使는 모두 군사 없는 장수가 되어서 적이 만일 육지로 들어오는 경우 손을 쓸 수 없어질 것입니다. 혹자는 말하기를, "연해의 주민들 중에는 물에 익숙한 사람이 많으니, 도내를 통틀어 결結을 계산하여 쌀을 내도록 하고 품값을 주고 고역雇役을 하게 하면 일이 아주 순조롭겠다"고 하는데 또한 주장이 그럴듯합니다. 그러나 군정의 수대로 댓가를 맞추면 응당 7만여석石이 소요됩니다. 도내의 전결田結은 모두 5만 5,880여결밖에 되지 않으니, 수만 석의 곡식을 마련해내기는 더욱 어려운 노릇입니다.

지금은 예전에 정해놓은 절목節目 가운데 참작하여 변통해나가고 있습니다만, 그 밖의 사소한 것들은 일일이 아뢰기 어려우므로, 일체 편의에 따라 처리합니다. 그 대요는 이러합니다. 임피·만경萬頃·함열咸悅·고창高敞·남평南平·능성綾城은 모두 바다와 멀지 않은 고을로서 현존한 원래의 정원이 아직 972명 있고, 이 6고을의 시기전결時起田結[6]이 6,678결이므로, 8결마다 1부夫를 내면 830여부를 얻게 되니, 이 6고을에서 나오는 군사로 수군을 보충하는 것입니다. 전라도 연해의 21고을 내에서 먼저 수군 경력이 있는 자들을 뽑아, 새로 가려서 먼저 사부射夫를 정하고, 다음에 수군·기병·보병을 정하며, 공천公賤으로 격군格軍(뱃사공의 보조 인원)에 보충합니다. 양참兩站에 소속된 조군漕軍(조운선에 근무하는 인원)의 원수가 거의 2천여명

---

6   현재 경작하고 있는 농지의 넓이.

에 이르니, 그 가운데서 8백명을 헤아려 뽑습니다. 그리고 21고을의 시기
전결이 통합 3만 6백여결인데, 이 안에서 격군, 수군으로 복호復戶에 해당
하는 6,380여결을 제외하고 그 나머지 2만 4천여결 가운데서 8결마다 1부
씩을 내면 모두 3천여정丁을 얻게 되니, 이들을 조군에 주어 결원을 보충
하도록 해야겠습니다. 이와 같이 계산해보면 도내의 전선들을 모두 세번
교대하는 것으로 헤아려 격군에 충원하면 그 외의 남은 군사는 1,170여명
이 되니, 이들을 조발해서 적절히 번을 바꾸어 가고 오도록 시행하면 전처
럼 기율이 없이 무질서한 지경에 이르지 않을 것입니다. 하지만 이제 처음
마련한 제도로서 십분 합당하지 못하니, 이것을 오래 시행하게 되면 무슨
폐단이 생길지 무슨 장애가 생길지 모르겠습니다. 때에 따라 적절한 방안
을 제정함에 당해서는 문제가 새 규정에 관계되거나 규정 밖에서 나오는
일이라, 설령 한가지 소견이 있다 할지라도 이는 모두 신이 감히 마음대로
결단할 일이 아니므로, 후에 대략 갖추어 아뢰겠사오니, 조정에서 판단하
여 처리해주시기 바랍니다.

2) 연해 여러 고을 출신의 무사로서 순번에 따라 교대로 근무하면서 해
진海陣을 왕래하여 장부에 오른 뒤에는 제 마음대로 어지럽게 오고 가는
것은 허용하지 말아야 합니다. 그들 중에 혹 양식을 싸가지고 서울로 올라
가서 본원本院에서 직을 얻어 옮겨갈 것을 소망하는 자들에 있어서는 이렇
게 조처하는 것이 아주 억울하고 답답한 노릇일 것입니다. 평상시에도 무
사로서 양계兩界(평안도와 함경도의 국경지대)에 군관으로 있는 자들에 대해 모
두 날짜를 계산해서 본청에 근무할 수 있도록 했습니다. 지금 이 규례에 의
해 삼도三道(충청, 전라, 경상도)의 주장主將들이 관하의 수군들에 대해 말미
와 휴번休番으로 집에 있는 날수를 제외하고, 실제 근무하여 진중에 있는
날수만을 계산해서, 책자에 성명별로 기록하여 통제사의 본진本陣으로 보
고하도록 합니다. 종사관從事官 1인이 이 일을 전담하여 장부 정리를 마감
해서 연말이면 이것을 본조本曹에 이첩하고 본조에서는 이것을 본원으로

내려보냅니다. 장부에 기록된 날수를 계산해서 근무한 날이 찬 자는 일체 본원의 전례에 의거하여 차례로 승급을 시키면 어느 정도 사기를 진작시키는 방도가 될 것입니다.

3) 적을 방어하는 도구로는 분화기噴火器가 제일 좋은데 바닷가의 사람들은 그 제법을 알지 못합니다. 서울 왜관에는 비치한 분화기가 많이 있다고 하니, 일일이 사람을 시켜 내려보내도록 할 것입니다. 그리고 또 영리한 장인을 중국에 보내 저들에게서 그 기술을 배우도록 하여 많이 제작해서 절차에 따라 내려보내 긴급할 때를 대비하게 하면 실로 편익이 있겠습니다.

4) 우리나라의 전선은 위에 판옥板屋을 설치하고 사방으로 방패防牌를 만들어, 근무하는 수군이 1백여명을 넘어 엄연히 하나의 작은 성을 이루고 있습니다. 그런데, 한 배의 수군 1백명 목숨이 오직 장수 하나에 달려 있으니 이 장수가 적임자가 아니면 그 배에 있는 사람들도 다 함께 낭패를 당하기 마련입니다. 이 점으로 말하면 선체가 아무리 견고하고 실린 기계가 아무리 정교하고 격부格夫가 아무리 용맹하다더라도 한 사람의 용장이 지휘하는 것만 못합니다. 자신이 배를 거느리는 각 포구의 변장邊將(변경의 장수)들은 우선 바꾸기 어렵습니다. 이들 전함은 함선이 많은데 장수가 적어서, 변장이 거느리는 배 이외에 나머지 배가 20여척이나 됩니다. 별도로 거느리는 장수를 정해 순번을 돌아가며 교체시키면 능숙하지 못하고 낯도 설어 임무를 수행하기 어렵습니다. 변장은 무엇보다도 오래 선상에 있어서 수군의 일을 잘 알아야 하는데 거느리는 장수 20명을 모두 적합한 사람으로 얻기는 실상 불가능합니다. 무사들 가운데 어느 정도 수간할 만한 자들은 모두 주장 수하의 신임하는 군관이기 때문에 주장은 이들을 한 배에 태워서 생사를 함께 하는 사람으로 삼으려 하니 결코 그런 자를 떼어 보내 다른 배를 거느리도록 하지는 않을 것입니다. 그러니 적합한 선장을 얻기는 대단히 어려운 노릇입니다. 신이 지난해 초여름에 추국推鞫의 위관委官(재판관)이 되어 의금부義禁府에 나가 있으면서 죄수 명단을 열람해본바 죄

수들 중에는 이름을 아는 무사가 많았습니다. 이들이 진 죄의 경중을 신이 감히 알 수 없으나 억울하게 갇혀 있다는 원성도 들었습니다. 지금 어떻게 되었는지 모르겠으나, 만일 담당자에게 죄명을 조사해보도록 한 다음 그들을 해상의 진지로 내려보내 전선을 거느리도록 하여 햇수를 정해 길이 방어 임무를 맡긴다면, 먼 지방의 용렬庸劣한 무사들이 교대로 전함을 거느려서 마치 여관에 드나드는 모양처럼 되는 것보다는 훨씬 큰 성과를 낼 수 있을 것입니다.

5) 매년 일어나는 왜적의 침략을 방어하기 위한 대책[7]

6) 지방 수령을 유능한 자로 뽑아 보내는 문제[8]

7) 수군을 제대로 갖추는 일은 바야흐로 제일 중대한 사안이기 때문에 조정의 신하들이 의논을 하여 지혜와 생각을 다 짜내서 조금도 미진하고 미편함이 없도록 하려고 합니다. 그런데 귀로 듣는 것이 눈으로 보는 것만 못하고, 멀리서 헤아리는 것이 눈앞에 당면한 것만 못합니다. 지금 논하는 사람들이 모두 말하기를, "바닷가의 주민들을 잘 돌보아 수군으로 나가기를 좋아하도록 다른 역을 면제해주어서 바다의 방어에 전념하도록 해야 한다"고 합니다. 신의 소견으로는, 보살펴주는 특전은 바랄 바 아니요 심한 고통이나 없으면 족할 것이며, 수군으로 나가기를 좋아하는 마음은 말할 바 아니요 달아나지나 않도록 하면 족할 것이며, 다른 역을 면제시켜주는 것은 논할 바 아니요 부역이 겹치지만 않으면 족할 것입니다.

대체로 산간의 고을과 연해의 고을은 형세가 서로 다르기 때문에, 비록 국가에서 역을 배정하는 것이 타당성을 잃은 데 까닭이 있는 것이기는 하나, 더러 형편상 부득이한 점이 있습니다. 그러므로 산간 고을에 없는 부역이 연해의 고을로 집중되어 이곳 백성들의 근심과 원망이 되고 있음에도 달리 변통하는 데 어려운 점이 있습니다. 이런 문제들에 대해 우선 한두가

---

7   이 조목은 주제만 제시하고 원문 번역은 생략한다.

8   역시 원문 번역은 생략한다.

지를 들어서 아뢰겠습니다.

오늘날의 중대한 문제로는 군량을 운반하는 일입니다. 육로로 운반하면 들어가는 비용이 10이라면 실적은 1밖에 되지 못하는데 해로로 운반하면 순조로워져 비용이 훨씬 절감됩니다. 그래서 중앙의 수요에 필요한 물자 및 영남 각 진의 군량이나 잡물도 모두 해로로 운반하게 되는데 배마다 격군이 많으면 수십명, 적으면 10여명이 필요합니다. 인부 한 사람을 고용하자면 그 품삯이 열배나 듭니다. 해당 관서가 별도로 갑자기 정한 것으로 시급을 요하는 경우에 이르러는 산간고을에 책임지게 하면 길이 멀어 기한을 넘기게 되므로, 어쩔 수 없이 임시방편을 취해서 전적으로 연해의 고을에 떠맡깁니다. 배는 싣기도 쉽고 운송하기 편리한 때문입니다. 육로로 하는 군량 또한 운반을 해변고을에 배정하는 실정이었습니다. 이 밖에도 본도 여러 진영의 운수 및 경아문京衙門(서울의 관아)의 가외의 공차公差(공적인 선발 동원)·홍판興販(판매)·운수 등의 일도 모두 바닷가의 주민들을 동원하고 있으니, 이야말로 말은 부역을 면제해준다고 하나 실은 부역이 겹쳐서 늘어나는 경우가 많습니다. 으레 부과되는 각종 공부貢賦 역시 산간고을과 똑같이 부담시키고 있으니, 돌본다는 말을 내세우고 있지만 실효는 전혀 없습니다. 해변고을은 산간고을과 당하는 고통이 현저히 다릅니다. 병영 소관의 산간고을 백성은 호미를 메고 들에 나가 일하고 집에 있으면서 변란에 대비하는데, 수군에 소속된 해변의 백성은 양식을 싸들고 해상 방어를 위해 순번대로 나가야 하니, 눈앞에는 빠지면 죽을 바다가 있고 뒤에는 돌보아줄 곳이 없습니다. 이러면서 백성에게 수군으로 나가는 일을 즐거운 곳으로 가는 것처럼 마음을 먹으라고 하면 말이 되겠습니까? 오직 조정은 각별히 백성을 염려하는 뜻을 보여서, 당연히 부과되는 공납과 부역 및 긴급히 바쳐야 하는 물자까지 파격적으로 면제해주어, 백성이 조정의 은덕을 분명히 알도록 해야만 그런대로 마음의 위로와 보답이 될 수 있을 것입니다.

8) 둔전屯田을 경영하는 것은 남방의 큰 폐단이 되어 백성의 심한 원망

을 사고 있는데, 이 일의 경위에 대해서는 신이 또한 대략 알고 있습니다. 왕년에 양 경리楊經理가 서울에 있을 적에 남방에서 군량이 떨어져 사졸들이 많이 굶주린다는 급보가 있었습니다. 양 경리는 급히 사후배신伺候陪臣[9]들을 불러 둔전에서 곡식을 거둬들여 군량에 보충하도록 독촉했던 것입니다. 때마침 여름철이어서 일이 더욱 황급했는데, 비변사에서는 당장의 편의에 따라 시급한 문제를 해결하려고 각 도에 가외로 곡식을 징수하게 하고 이를 둔전이라고 이름 붙여 농지의 면적에 따라 거두는 곡식의 양을 정했습니다. 그리하여 각 도의 관찰사들이 그 원수元數를 계산하여 각 군현에 분량을 배정해 고을마다 많은 곳은 수백석石, 적은 곳은 수십석을 바치도록 했던 것입니다. 이 방식은 백성에게 봄에 벼를 종자로서 1두를 지급하고 가을에 25두를 징수하는데, 벼 1석당 쌀 6두를 만들어내도록 했습니다. 혹시 달아난 자가 있으면 이웃이나 일족에게 부과합니다. 또 간혹 간악한 자는 둔전이란 명목으로 농민의 땅을 함부로 빼앗아 자기 곡식을 심어 이익을 챙기기도 하며, 약자는 관에서 지급받은 볍씨를 심을 땅이 없어 사전私田을 빌려 충당하고 있습니다. 원래 둔전이란 모두 군대의 주둔지에서 적을 방어하는 한편 버려지고 황폐한 땅을 경작하여 군량에 충당했던 것입니다. 지금은 이렇지 않고 둔전이란 이름만 헛되이 붙이고 실제로는 새로 해를 끼쳐서 시일이 지나면서 고질적인 병폐를 이루게 되었습니다. 양 경리는 돌아갔는데 둔전은 그대로 있으니, 기실 전혀 당치 않은 일입니다. 이런 까닭으로 신은 편의에 맞춰 수군에 소속된 연해 등지의 관둔전은 그 정원을 반감하여 파종하도록 합니다. 지금 취할 계책으로는 이를 일체 폐기하는 것이 상책이지만, 그렇게 할 수 없다면 먼저 수군 소속의 연해 관둔전이라도 급급히 혁파하는 것이 옳을 듯합니다.

　9) 전란으로 인해 구하기 어려워진 약재 문제를 해결하는 방안[10]

9　명나라 원군의 군영에 교섭 연락 등의 일을 맡는 조선의 신하를 가리키는 말.
10　9항부터 12항까지 원문 번역 생략.

10) 전란으로 인해 가축은 물론 산짐승까지 재앙을 입었으므로 국가의 제사에 바치는 공물을 한시적으로 면제해주는 문제

11) 여러 고을의 긴요하지 않은 각종 공물의 상납을 면제해주는 문제

12) 전쟁 시 사선私船들이 많이 동원되었으므로 이들에 대한 선세를 한시적으로 면제해주는 문제

13) 기인其人 제도[11]의 폐단은 전후로 많은 관원들이 숙의해왔습니다. 그럼에도 끝내 좋은 대책이 나오지 않았으며, 지금 다시 의논하기도 어렵습니다. 남방의 각 고을에서는 융통하여 변통할 방안도 없습니다. 우선 목전의 시급한 대책을 논해보겠습니다. 남방의 수군에 소속된 연해의 고을에 책정된 기인은 그 숫자도 많지 않으므로 지금 수군에 소속된 연해 등 고을의 기인을 뽑아 몇 년 기한을 정해서 동서북 지역의 고을들로 이속시켜두었다가 차츰 회복되기를 기다려서 다시 전과 같이 돌려놓으면 긴급한 폐단을 구하는 데 크게 유익함이 있을 것입니다. 신은 이렇게 하는 것이 꼭 적합한지 자세히 알지 못하므로 담당자들이 별도로 논의하도록 해서 시행하기 바랍니다.

14) 연전에 예교曳橋 전투 때 도내에서 군량을 운반하는 중에 인부들이 짊어지고 순천으로 가는 행렬이 도로에 연이었습니다. 그 군량을 납입하기 전에 명군이 후퇴하는 바람에 인마人馬가 길에 가득 차서 허둥지둥했습니다. 학의 울음이나 바람소리조차 모두 적군인가 여겨질 정도였으니, 군량을 운반하던 인부들이 당황하여 짐을 벗어던지고 흩어진 것은 문책할 일이 아닙니다. 사태가 진정된 이후로 이를 주관하는 곳에서 나라의 곡식인데 마땅히 조처를 취해야 한다고 하여 장부를 조사하고, 수치를 헤아려서 각 고을에 나누어 책임을 부과했습니다. 각 고을의 관청에서는 조사해

---

11 신라에서 비롯되어 고려시대 이래 있었던 제도. 지방 유력자 혹은 향리의 자제를 중앙에 올려 보내는데 이를 기인이라고 불렀다. 원래는 볼모의 성격을 갖는 것이었으나 조선조로 와서는 궁중에 땔나무 따위를 바치는 역으로 대체되어 큰 부담이 되었다.

보았자 근거할 자료가 없기에 이미 유망流亡해버린 것을 헤아리지 않고 일족과 이웃에 전가해서 징수하니, 원성이 길에 널려 있습니다. 신이 군량을 관장하는 관리와 거듭 상의해보니 다들 말들이 "징수할 근거도 없고 받아들이기도 어려운데 빈 장부만 가지고서, 해마다 백성을 독촉해보았자 곡식이 들어오지 않으니 차라리 시원하게 탕감해주어 조정이 백성에게 덕을 베푸는 뜻을 보이는 편이 좋겠다"고 합니다.

15) 광양, 순천, 낙안, 흥양 네 고을은 적군에게 피해가 더욱 커서 공사 간에 남은 것이 없어 헐벗고 굶주리는 형상은 대략 계사년(1593)·갑오년 (1594) 사이의 서울과 경기 지역과 유사한 실정입니다. 게다가 수군이 진영을 설치한 길목이어서 오고 가는 관원들에 대한 접대며 운반, 여타의 부역에 동원되어 다른 고을에 비해 몇 배나 더합니다. 계사년에 적군의 피해를 특히 심하게 받았던 고을의 전례에 따라 햇수를 한정해서 복호復戶[12]를 주어 백성을 위로하는 편이 시의에 적절할 것 같습니다.

이상에 대한 임금의 비답: 올린 글을 살펴보니 나라를 근심하는 정성스런 마음이 두루 나타나 있다. 응당 조정에서 의논하여 처리하겠노라.

—『백사선생집白沙先生集』권5,「경자 이도체찰사 재전라도차庚子以都體察使在全羅道箚」

전쟁 직후 급선무를 임금께 올린 글(1600년 9월)

대적이 쳐들어와서 변경을 점령해 있었고 명군이 경내를 압박하여 우리의 물력이 양군 사이에서 들볶이다 보니, 신민이 어디에도 발을 붙일 곳이 없었고 숨을 돌릴 틈새도 없는 그런 실태였습니다. 그러다 보니 아무리 헤

---

12   백성에게 부과되는 역이나 세를 면제해주는 조처를 가리키는 말.

아려도 무엇을 시행할 겨를이 없었으며, 조금 시행한 것이 있다 해도 바쁘게 쫓기는 판이라 다른 문제는 돌아볼 틈이 없었습니다. 백가지 운영하고 조처한 일들이 모두 임시방편으로 구차한 것이었을 따름입니다.

지금 대적은 이미 물러갔고 명군도 곧 다 철수하게 되므로, 나라가 텅비고 사방 울타리가 무너진 모양입니다. 마치 텅 빈 산에 지켜줄 사람 하나 없이 홀로 앉아 있으면 무슨 소리 한번 듣고도 깜짝 놀라는 그런 형국입니다. 백성의 마음이 안정되지 못하고 근본이 서지 못한 것입니다. 오늘의 급선무는 오직 백성과 더불어 휴식을 취하고 조용히 힘을 기르는 데 있습니다. 상처를 입은 우리 백성을 차차 소생시켜 일어나 신음하는 중에도 몸을 조금 쉬게 하고 공사 간에 축적이 생겨 다소나마 의지할 수 있게 된 다음에라야 나라를 방비하고 적을 제압할 방도를 차례차례 논의할 수 있을 것입니다.

만일 진언하는 자가 시세를 헤아리지 못하고 역량도 살피지 않고서 날마다 하나의 일을 만들고 하나의 공사를 일으키는 것으로 책임을 다하는 과정으로 생각하여 신기한 일을 만드는 데에만 힘쓰고 명목을 이것저것 붙여서 번다하게 일을 일으키면 근본이 먼저 손상됩니다. 그야말로 큰 병이 일시 호전된 상태에 함부로 약을 써서 병의 뿌리를 일시에 뽑아낸다고 하다가 원기가 아주 쇠잔해져서 목숨을 재촉하여 수습할 도리를 없애는 꼴이 됩니다. 이런 점으로 미루어보면 무릇 일을 일으킴에 당해서는 실로 가볍게 말할 수 없겠습니다.

그런데 8년의 전쟁으로 인해서 모든 일들이 온통 다 흐트러지고 망가졌습니다. 때에 맞추어 조처하고 정돈해야 하는 것은 불가피한 노릇인데, 비록 조그만 폐해라도 큰 도리에 관계되어 필히 제때에 손을 써야 할 일과 수시로 특별히 실시하지 않으면 마침내 크게 민폐를 일으키는 일을 서둘러 제거해서 민심에 위안이 되도록 할 것 등에 대해서는 겨를이 없다는 핑계를 대고 강구하지 않아서는 안 될 것입니다.

근래 명군이 곧 다 철수하게 됨에 신들이 약간의 어리석은 견해를 가지고 서로 토의한 나머지 그 요지를 뽑아서 조목조목 기록해 올리는 바입니다. 상께서는 옳고 그름을 헤아려서, 시행할 일이면 특별히 성지를 내리시어 신들이 받들어 시행하도록 맡겨주실 것이요, 시행할 수 없는 일이면 역시 다시 의논해보도록 맡겨주옵소서.

명군의 대장들이 모두 돌아가기를 기다려서 성상께서 거둥하는 일이 드물어 한가할 적이면 신들을 직접 인견引見하시고 각기 소견을 아뢰어 하교를 받을 수 있도록 해주신다면 다행하기 그지없겠습니다. 황공한 마음으로 아울러 아뢰옵니다.

1) 계사년(1593) 이래 명나라에서 일차로 군대를 보내와서 첫번째 승전을 했을 때에 우리나라에서는 사례하는 예절을 갖추었고 왜적이 물러간 뒤에는 한응인韓應寅 등을 따로 보내 특별히 황제의 은혜에 감사를 올렸습니다. 감사를 드리는 예절이 2, 3차로 그 두터운 은덕에 미진함이 없다 하겠습니다. 그런데 지금 경리經理 이하 두서너 아문衙門 및 왜적이 물러간 후의 뒷수습을 하기 위해 오래 주둔해 있던 군사들도 이미 모두 철수했으므로 의당 특별히 사절을 보내 진사를 하는 것이 좋을 것 같습니다.

2) 대군이 오랫동안 주둔해 있었으므로 저들에 대한 공급 때문에 온 나라가 고갈되고 백성의 목숨이 애달프기 그지없습니다. 정유년(1597) 이전의 각종 포흠逋欠(결손이 발생한 것)은 해당 부서가 헤아려 뽑아내서 보고하여 면제시켜주어야 합니다. 지금 명군이 철수하고 나면 국내에 아무리 시급한 일이라 해도 오래 사역을 당한 백성에게 계속 또 노고를 시킬 수 없으므로, 우선 몇 년을 한정하여 백성과 함께 휴식을 취한다는 뜻으로 낱낱이 열거하여 특별히 교서를 작성, 중앙과 지방에 포고해서 인민을 위로하는 것이 타당할 듯합니다.

3) 변란을 겪은 이후로 서울 도성이 텅 비어서 사통팔달의 대로에 오고

가는 사람은 명군이 태반인데, 하루아침에 다 철수하고 보면 인심이 위태롭고 두렵게 생겼으니 이는 작은 걱정거리가 아닙니다. 난리통에 살아남은 백성이 서울에 호적이 있는 자들도 사방으로 뿔뿔이 흩어져서 아직 돌아오지 않고 있습니다. 이들을 전에 해오던 직무에 복귀토록 하자면 개개인을 붙잡고 달랠 수 없는 노릇입니다. 오직 대가 거족이 사민士民을 선도하는 방도를 써야겠습니다. 난리로 인해 피난을 가서 직무도 없이 지방에 흩어져 있는 자들이 아주 많습니다. 이들은 모두 다 평소에 나라의 은혜를 입어 보답할 길을 생각하고 있습니다. 지금 의당 지방에 글을 내려보내 이들로 하여금 돌아와서 직무에 복귀하고 왕성王城을 호위하며 사서인士庶人(사와서미)의 선도가 되게 하면 서울서 살다가 사방으로 흩어진 사대부들은 이런 소식을 들으면 반드시 감격하여 차차 돌아올 것입니다. 그사이에 침체된 인재들을 물론 즉시 거두어 써야 할 일인데 피폐한 상태에 있는 자들이 많습니다. 또한 해당 부서로 하여금 별도로 서용敍用할 방도를 마련하되, 널리 인재를 등용할 길을 열도록 하는 것이 타당할 듯합니다.

4) 지방에 흩어진 사대부들은 성상의 하교를 들으면 강제를 않더라도 반드시 제 발로 돌아올 터이지만, 서민 중에 부상대고富商大賈로 상층에 있던 자들은 난리로 인해 흩어져서 이익을 취해 부를 도모한 경우, 전에 살던 곳을 생각하지 않을 수도 허다히 있을 것입니다. 우리나라의 규모로 말하자면 필요한 물자를 마련하는 것은 전적으로 시민市民[13]에게 의존하고 있습니다. 시민은 공가公家에 관계되는 바가 이러하니, 시전이 텅 비면 작은 문제가 아닙니다. 이들 모두 식견이 없는 아랫사람들이므로 깨우쳐서 제 발로 오게 할 수는 없습니다. 지금 의당 지방에 공문을 내려보내 흩어져 있는 서울 상인들을 낱낱이 적발해서 전에 해오던 업무로 복귀하도록 하되, 수령이 만일 태만하여 지시한 대로 거행하지 않는 경우 평시서平市署로 하

---

13   시사지민(市肆之民)의 준말. 즉 서울의 시전 상인을 가리키는 것이다.

여금 명부를 조사해서 밝혀 먼저 해당 수령을 문책하고, 또 시장 질서를 어지럽히고[14] 시적市籍에 매이지 않는 간민奸民(간악한 백성)들 역시 평시서로 하여금 시역市役에 묶어놓으면 어느 정도 시민의 역이 고르게 되고 시전도 충실해질 것입니다.

5) 전에 해오던 방식에 의하면 팔도의 각 고을에 각기 장시場市를 두어 물화를 교역하는 데 편리하도록 했으나, 경기 지역에는 장시를 함부로 개설하지 못하게 되어 있습니다. 그 의도가 우연한 것이 아닙니다. 대개 경성은 인민이 모여 있는 곳이어서 농사를 짓지 않고 필히 사방에서 들어오는 것을 기다리는 지역입니다. 물화를 유통시켜 서로 의뢰하게 됩니다. 경기도는 서울과 가깝기 때문에 기전畿甸의 백성들은 제각각 토산물을 가지고 서울로 와서 교역을 합니다. 서울과 기전은 의지하여 서로 돕게 되는 것입니다. 근년으로 와서는 저마다 일시적인 견해로 속속 장시를 열기는 했으나, 그래도 그렇게 많지 않았습니다. 전란을 겪은 이후로 경기 지역에 장시를 설치한 것이 갈수록 많아짐에 따라 물화 유통의 길이 더욱 막혀서 통하지 못하고 있으니, 매우 마땅한 일이 아닙니다. 경기감사로 하여금 개성부만 제외하고 경기 지역의 장시를 일체 금하도록 하는 것이 타당할 듯합니다.

6) 숙위군宿衛軍은 하나같이 고단한데 도감都監의 삼수병三手兵으로 겨우 모양만 갖추고 있습니다.[15] 우리나라의 중대한 일을 전적으로 무사에게 의존하고 있기 때문에 병조에서 지방의 한산무사閑散武士[16]들을 따로 모아 무용위武勇衛라고 하여 일곱차례로 번을 나누어 운용하고 있습니다. 이 제도는 매우 좋지만, 이들이 양식을 싸들고 왕래하고 있으니 길이 아주 멀어서 그 괴로움이 이루 말할 수 없습니다. 의당 그중에 우수한 자들을 선발하

---

14 이 대목의 원문은 '亂市'로 되어 있다. 물화의 교역을 혼란스럽게 한다는 의미로 이해하여 '시장 질서를 어지럽히고'라고 번역한 것이다.

15 숙위군(宿衛軍)은 궁궐을 지키기 위해 숙직을 서는 병졸. 삼수병(三手兵)은 훈련도감에 소속된 포수, 사수, 살수(殺手, 망나니)를 일컫는 말.

16 실직 없이 명목만 띠고 있는 무사.

여 적절한 직책을 주어 발신發身시키는 길을 열어주어야겠습니다. 한번의 정원이 수백명도 되지 않으니, 우선 경기도 지역이 완실해질 동안까지로 한정해 병조에서 그 번수番數를 합쳐주도록 하고 당번에 나오지 않는 자에 대해서는 일일이 엄중히 다스리도록 합니다. 숙위군의 숫자는 전보다 두 배는 늘려야 할 것입니다.

또한 호조에 명해서 명군이 완전히 철수하기를 기다려서 남은 군량이 얼마나 되는지 계산하여 번료番料를 헤아려 지급하도록 하되, 그중의 참하參下(종7품 이하의 관직) 인원에 대해서는 본청本廳에서 책자를 만들어 근무한 날짜를 계산해서 연말에 본원으로 이관하여 이것을 당번의 근무일로 인정해줘서 이동할 수 있게 길을 열어주는 것도 타당할 것입니다.

7) 군사들의 상번은 일정한 규정이 있으니 이를 문란하게 해서는 안 됩니다. 그런데 근래 들어 명군이 서울에 주둔한 이후로 크고 작은 아문들이 방자帮子[17]를 독책하면, 병조에서는 어찌할 도리 없이 각종 명목의 군사들을 다 함께 번을 서도록 하여 1년에 네차례나 상번을 시킵니다. 그러다 보니, 한번의 역가役價가 많게는 6, 7필疋에 이르므로 동원된 사람의 경우 옷가지를 팔고 소를 팔아도 부족하여 끝내 자기 전답을 다 팔아버리고 떠돌이가 됩니다. 이런 자들이 앞뒤로 줄을 잇게 되었으니, 이 법을 고치지 않으면 폐해는 나라에 정군正軍이 없어지는 데 이르러도 어쩔 도리가 없게 될 것입니다. 지금 서울의 명군 아문은 제독提督만 남아 있을 뿐인데, 제독이 며칠 안에 본국으로 돌아가고 나면 여러 곳에 배정된 방자들 또한 따라서 줄 것입니다. 병조에서 급히 힙빈拾番의 규정을 폐지하고 일체 전에 해오던 규정에 따라 상번을 하도록 하는 것이 타당할 듯합니다.

8) 중앙과 지방의 각 아문의 관인官印이 전란을 겪고 나서 온통 망실되었는데 제대로 제조하지 못한 채 나무 도장을 쓰기도 합니다. 나무도장은

---

17 '방쓰'로 발음되는, 중국어로 심부름을 하는 사람을 지칭하는 말. 이 경우 조선 사람이 명군에 사역을 했던 것으로 추정된다.

이지러지기 쉽고 글자도 간소하기 때문에 신뢰를 보이고 간교한 짓을 예방하는 의미가 전혀 없습니다. 명군이 모두 돌아가고 서울 안이 조금 안정되기를 기다려서 이 일 또한 해당 관부에서 재료를 구해 제때 주조하도록 함이 적의할 것입니다.

9) 백관의 복식은 곧 귀천을 구별하는 것이어서 국가의 체모에 관계되는 바가 매우 중대합니다. 한번 문란해지면 훼손되는 점이 적지 않습니다. 그러므로 전대에서부터 제도를 정해 각각의 등급을 선명히 드러냈으니, 그 뜻이 있었습니다. 얼마 전에 예조에서 관대를 복구할 일을 아뢴 것은 품의해 정한 절목節目이 없지 않았으며, 상께서 분명히 따로 하교하신 바가 있었으므로 애당초 구애되어 행하기 어려운 문제도 아니었습니다. 그럼에도 마음대로 제조하여 화려하고 보기 좋게 하기만을 힘쓰고, 상하의 등급에 관한 법제와 하교하신 뜻이 있는 줄은 알지도 못하니, 이 일이 이러한데 다른 일이야 말할 것이 있겠습니까. 사람의 마음과 선비들의 기풍이 이처럼 한심해졌습니다. 국법에는 오직 당상관 이상이라야 비단옷을 입을 수 있고 당하관이면 누구나 토산품을 입게 되어 있으니 이는 대체로 만조백관도 중국의 희귀한 물건을 구입하지 못하게 하여 국력을 소모시키지 않으려는 것이며, 존비를 변별하고 검소함을 숭상하여 사치를 억제하려는 뜻 또한 그 가운데 들어 있는 것입니다. 응당 기한을 정해서 엄히 철저하게 혁파해야 하는데, 다만 지금은 물력物力이 빈약한 형편이니, 만일 일체를 급히 혁파하자면 사치를 억제하려다가 도리어 재물을 더욱 손상할 것입니다. 마땅히 예관禮官이 미리 기한을 정하게 해서 명년 국상國喪의 소상小祥 뒤로 변복變服[18]해야 할 때부터 당하관은 절대로 전과 같이 비단옷을 입지 말고 토산품인 명주나 모시, 면포 등 옷을 입어서 전의 제도를 회복하도록 할 것입니다.

---

18   상복을 입는 기간이 지난 뒤에 일상복으로 바꿔 입는 일.

10) 팔도의 공납 문제는 전란 전의 평상시에도 이미 고르지 못하다는 논란이 있었지만, 일이 워낙 중대하여 쉽게 바로잡지 못했고, 전란을 겪은 이후로 해당 관부에서 헤아려 처음으로 개정해서 임시 규정을 세웠습니다. 그러다가 다사다난한 때문에 미처 결말을 내지 못해 많고 적음이 가지런하지 않고, 있고 없는 것이 서로 어긋나는 실정입니다. 지금 만일 곧 수정하여 변통하지 않으면 팔도에서 바치는 공물이 앞으로 문란해질 터이고 생민의 고통 또한 여기에 관련될 것입니다. 그러니 의당 호조가 전적으로 맡아서 처리하도록 하되, 신구의 공안貢案 및 갑오년에 상정詳定한 수와 비변사備邊司 당상관 가운데 약간의 인원이 계하啓下(임금의 재가)받은 것들을 함께 참작하여 대신과 의논해서 제때 책정하도록 함이 옳을 것 같습니다.

11) 토지제도가 온통 어지러워지고 공부貢賦가 고르지 못함에 따라 국가의 세입이 감소되었습니다. 해당 부서가 당장 목전의 일에 급하여 정상의 세 이외에 별도의 명목을 만들더니 백성에게는 부세가 가중되는 고통이 생기고, 나라에는 부세를 징수하는 실효가 없습니다. 국가를 경영하는 사람은 반드시 먼저 재정을 논한 다음에라야 군사를 기르고 병기를 수선하고 성과 해자를 수축하는 등의 일을 차례로 진행할 수 있는 것입니다. 지금 국가에 일시의 저축도 없는 실정인데 어떻게 나라를 위한 사업을 추진할 수 있겠습니까? 반드시 먼저 경계經界¹⁹를 바르게 하여 재정이 축적된 다음에라야 군사 문제를 논의할 수 있을 것입니다. 옛날 사람이 군대의 숫자를 물은 데 대해 전부田賦로 대답한 것은 실로 이 때문이었습니다. 부강해지고 중다해지는 것은 감히 바라지 못하더라도 나라에 조석의 먹을거리가 어느 정도 있어야만 모든 일을 이룰 수가 있습니다. 지금으로서는 백성이 안정되지 못해 들판이 묵어 황량한 상태이니, 양전量田은 가벼이 실시하기는 어렵다 하더라도 담당 부서로 하여금 의당 적절한 사목事目을 만들어서

---

19 농지를 측정하여 적절히 나누는 것. 맹자는 "인정(仁政)은 경계로부터 시작된다"고 했다.

감사에게 몸소 지방의 수령들을 감독해서 시기전時起田(현재 경작하는 땅)의 수치대로 각기 측정을 해서 감사가 중앙에 보고하도록 하고, 이를 취합하여 조정에 보고하게 합니다. 그리고 재상경차관災傷敬差官[20]을 파견할 때에 해당 관서에서 어떤 한 고을을 무작위로 뽑아 빠짐없이 측정해보게 하여 만일 잘못이 발견되면 그 관장에게는 중벌을 내리도록 합니다. 매년 이와 같이 하면 경계가 점차 바르게 되고 세입도 자연히 넉넉해질 것입니다.

12) 우리나라의 정해진 제도는 고을마다 모두 상평곡常平穀[21]을 두어 빈민을 구휼하고, 또 요미料米를 두어 그 고을 관장에게 지급하도록 되어 있습니다. 그런데 난을 겪은 이후로 비치한 곡물이 전혀 없는 데다가 흉년까지 들어서 백성들은 먹을 것이 없는 상태이며, 수령 또한 먹지 않고는 일을 할 수 없으므로, 수시로 경중을 매겨 까닭 없이 백성에게 부담을 시켜서 관장의 녹봉으로 삼고 있습니다. 여러 고을이 온통 다 이러하여 백성이 믿을 데가 없어졌고, 심한 경우는 뜯어내기에 절제가 없는데 이는 이 제도에 정해진 한도가 없기 때문입니다. 지금 온갖 계책을 궁리해보아도 처리할 방도가 없지만 그래도 무엇을 처리하지 않을 수 없는데 후일의 무한한 걱정거리를 만들게 해서는 안 됩니다. 의당 해당 관부로 하여금 별도의 사목을 만들어서 약간 풍년이 든 해에는 고을마다 그곳의 전결田結을 계산하여 기준을 정해 곡식을 거두어 차츰 축적을 하여 이를 원곡元穀으로 삼아, 그 모곡耗穀[22]을 약간 남겨서 차츰차츰 보태나갈 것이며, 별도로 고을 안의 묵은 농지를 골라 이를 둔전으로 만들어 여기서 나오는 수확을 관장의 녹봉으로 삼도록 합니다. 주부군현州府郡縣에 각기 고하의 차등을 매겨 경작하는 농지의 한계를 정해서 함부로 양민의 것을 빼앗지 못하게 해야 할 것입니다. 그런 다음 쌀을 징수하는 일을 일체 엄금하여 그런 일이 발각될 때는

---

20 흉년이 든 해에 중앙에서 재해 상황을 조사하기 위해 파견하는 관원.
21 흉년에 대비하고 곡가의 안정을 위해서 비축하는 곡식.
22 감손이 발생하는 것을 대비해서 원곡에 추가로 받아들이는 곡식을 가리키는 말.

그 곡수穀數를 헤아려서 장률臟律로 처벌하는 것이 타당할 것입니다.

13) 기인其人의 폐단에 대해서는 앞뒤로 논한 사람이 한둘이 아니지만, 끝내 좋은 계책이 없어서 바른 데로 귀결되지 못했으므로, 지금 다시 의논하기도 어렵습니다. 그 큰 통폐로 말하면, 한명마다 8필匹의 규정이 있기는 하지만, 각기 방납防納하는 자가 직접 가서 독촉하기 때문에 징수하는 것이 절도가 없어 폐단이 점점 불어난 것입니다. 신묘년의 수교受敎[23]에 따라 해당 도의 감사가 친히 독촉해 납부하도록 하여 매 계절 초하루마다 별도로 차사원差使員을 정해 공조에 납입하도록 하고, 공조에서는 숫자를 따져서 해당 관사에 나누어 내려서 인원수를 계산하여 나누어 지급하도록 했으므로, 폐단이 점차 조금 감소되었습니다. 그런데 전란 이후로 예전의 폐단을 그대로 따라서 곧 악폐의 시초가 되기에 이르렀습니다. 지금 의당 각 관사 및 각 도에 신칙하여 신묘년의 수교에 의거해서 일체 시행하도록 한다면 비록 크게 개정하지는 못할지라도 그 폐단을 고치는 데에 조금의 보탬이 없지 않을 것입니다.

14) 경강에 주사영舟師營을 설치한 것은 당초 일이 급한 때문에 우선 관서를 설치하여 일시 담당하는 기구로 삼았던 것입니다. 그런데 시일이 지나면서 폐단이 생겨서 끝내는 주민들을 억지로 대오를 편성해서 부림으로 인해서 삼강三江[24]에 사는 사람들의 원망과 고통이 날로 심합니다. 그리고 전쟁 시에 쓰던 큰 배를 경강에 정박시켜두니, 배는 크고 강이 좁아서 비록 급한 때를 당하더라도 결코 적을 방어할 길이 없습니다. 한갓 이름뿐이고 실제로는 쓸모가 없는 중에 백성의 원망이 이와 같으니, 지금 의당 주사영을 폐지하고 판옥板屋 대선은 경기 수영으로 보내서 변란에 대비할 것으로

---

23   임금이 내린 명령. 법령의 성격을 갖는다.

24   경강은 서울을 둘러서 흐르는 한강을 가리키는 말로, 삼강은 경강을 셋으로 나누어 불렀던 명칭이다. 대체로 한강, 용산강, 서강을 삼강이라고 했는데, 이 경우에 한강은 남산 남쪽에서 지금의 한강대교까지의 구간, 용산강은 원효대교와 마포대교가 있는 구간, 서강은 마포를 지나 양화진에 이르는 구간이다.

삼고, 주사영의 물건 및 장사에 쓰는 여러 선박들은 호조에서 처리하도록 하는 것이 타당할 듯합니다.

15) 관가의 둔전으로는 장수가 군대를 거느리고 주둔하면서 그 토지를 취해 경작하며 지키거나, 수령이 버려지고 묵은 땅을 택해서 편의에 따라 농사를 지어서 관의 수용에 보충하는 경우가 있었습니다. 그러므로 이득이 많고 비용이 절감되었던 것입니다. 양 경리楊經理가 서울에 있을 때에 우리나라에 때맞추어 둔전을 경작해서 군량을 제공하도록 독촉했기에, 우리나라는 일시의 독책 때문에 지방에 둔전을 나누어 정해서 책임을 면할 계책으로 삼았습니다. 이 때문에 본 관서에 별도로 둔전청을 두었던바, 군량에 있어서는 이로움이 없지 않았으되, 또한 어려운 백성에 대한 폐해도 없지 않았습니다. 지금은 이미 명군이 돌아갔으므로 아울러 둔전도 폐지하는 것이 타당할 것입니다.

이상에 대해서 다음과 같이 전교傳敎를 내렸다.

"윤허한다. 장복章服 등 제도는 원래 법전에 있는데, 근래 와서 사치를 꺼려 하지 않아 아랫사람들까지 그러하므로 나도 늘 해괴하게 여겼다. 이 일은 이미 금지하는 법전이 있고 단속하는 책임은 사헌부에 있다. 요즘 습속이 이렇게 된 것은 사헌부가 직무를 제대로 수행하지 못한 때문이다. 조정 관원에 대해서는 논죄해야 하고 서인에 대해서는 벌을 주어야 한다. 수령의 녹봉 등에 관한 것은 이미 법전에 있는데, 다만 법 밖으로 넘치는 짓을 하고 수단을 부리는 자들을 다스리면 된다. 만일 별도로 둔전을 허용하면 큰 폐단이 될까 두렵다. 주사영을 설치한 것은 의도가 없지 않으니, 폐단이 있다면 그 폐단을 제거하면 될 것 아닌가. 혁파하는 것은 어떨지 모르겠다. 다시 의논하여 아뢰도록 하라."

— 『백사집·별집』권1, 「진시무획일계陳時務畫一啓 경자庚子 구월九月 모일某日」

김육

김육(1580~1658)의 초상.

1장
김육의 학문과 개혁사상

인물 개관

　김육金堉(1580~1658)은 자 백후伯厚, 호 잠곡潛谷이며 본관은 청풍淸風으로 김식金湜의 현손이다. 을사년(1605, 25세) 생원시에 합격해서 광해군 때 정치가 어지러워진 즈음 영의정 정인홍鄭仁弘이 폐모론을 주장하자 그는 성균관의 학생으로서 정인홍을 처벌해야 한다고 주장했다. 정인홍이 격노하여 사람을 시켜 불렀다. 그는 화가 미칠 것이 두려워 달아나서 은거했다. 인조반정이 일어나매 먼저 그를 불러 현감으로 보임했다. 갑자년(1624, 44세)에 문과에 장원으로 합격했으며, 호조판서가 되어 삼남 지방에 대동법을 시행했고, 효종 기축년(1649)에 우의정을 거쳐 영의정에 이르렀다. 기로사耆老社(연로한 고위 관료들을 예우하기 위한 기구)에 들어갔으며, 무술년(1658, 78세)에 죽으니 시호는 문정공文貞公이다.

――안종화『국조인물지』권3

죽음에 당해서 『왕조실록』의 기록

상소: 대광보국숭록대부 영돈녕부사 김육이 죽었다. 죽음에 임해서 다음과 같이 상소를 했다.

"신은 병세가 날로 침중하여 실낱같은 목숨이 얼마 가지 않아 끊어질 것 같습니다. 다시는 용안龍顔을 뵙지 못할까 싶어서 궁궐을 바라보며 눈물을 비 오듯 흘립니다. 제왕의 학문으로 귀중한 바는 마음을 가다듬어 정신을 하나로 모아[存心主一] 밖으로 치닫지 않는 것입니다. 전하께서는 종전부터 해오던 공부로 과연 이 방도를 잃지 않으셨습니까? 악정자춘樂正子春은 필부에 불과한 사람이었습니다만, 발을 한발짝 뗄 때도 부모의 가르침을 잊지 않았습니다.[1] 전하께서 오늘 다치신 것[2]이 이에 이르렀으니 어찌 악정자춘이 부끄럽지 않겠습니까.

송나라 효종이 철장鐵杖과 목마木馬를 준비하여 뜻을 날카롭게 다졌던 것은 복수에 무슨 도움이 있었습니까?[3] 주희朱熹와 동시대에 살면서도 주희를 몇십일도 조정에 있게 하지 않았으니 참으로 애석한 노릇이었습니다. 전하께서 오늘날 마음공부로써 힘써야 할 바는 오직 위무공衛武公의 억계시抑戒詩[4]를 마음속에 새기는 것입니다. 맹자는 '백성을 잘 보호하여 왕 노릇을 하면 세상에 능히 막아낼 자가 없다'고 역설했습니다. 백성이 평안하여 삶을 누리면 어찌 병력이 부족하다고 걱정할 것이 있겠습니까.

---

1   『예기』「제의(祭義)」에 악정자춘(樂正子春)이란 사람이 제자들에게 이르기를 "군자는 한 발자국 옮길 적마다 감히 효성을 잊지 않는 것이다"라고 했다 한다.

2   '전하께서 다치신 것'이 구체적으로 어떤 일이었을지는 미상이나, 앞의 『실록』 기사에서 효종이 신하들의 반대를 무릅쓰고 강무를 위해 사냥을 강행하겠다고 한 사실이 확인된다.

3   남송대 효종은 금(金)에 중국의 중심부를 빼앗기고 남쪽으로 밀려와 있던 때의 임금이다. 여기서 '복수'는 금에 복수한다는 뜻이며, '철장과 목마를 준비'한다 함은 이 말을 실천하기 위한 것으로 추정된다.

4   위무공(衛武公)은 95세가 되어서도 억계(抑戒)를 지어 스스로 경계를 했다. 『시경』대아(大雅)「억(抑)」에 나오는 이야기다.

흉년이 들어 백성들이 사방으로 흩어지는 지금 승호陞戶5의 조처가 마침 제기되어 대신들이 간했으되 시행되지 못하고 말았습니다. 이 무슨 일입니까! 열번 명령을 바꾼다 하더라도 무슨 해로울 것이 있겠습니까. 전하께서 응당 후회하셔야 합니다. 나라의 근본을 기르는 문제는 오늘의 급선무입니다. 찬선贊善을 맡길 인물로는 양송兩宋보다 적임자가 없을 것이오니6 원하옵건대 전하께서는 공경을 다해 예로써 맞아 정성껏 대우하여 떠나려는 마음이 없도록 하옵소서.

호남 지방의 일에 대해서는 신이 이미 서필원徐必遠7을 천거하여 맡겼는데, 신이 하루아침에 눈을 감게 되면 추진하는 자가 없어져서 중도에 폐기될까 두렵습니다. 그가 사은하고 내려갈 때 전하께서 특별히 힘쓰도록 당부해 보내 신이 의도했던 대로 일을 마치도록 해주옵소서. 신이 아뢰고 싶은 말은 이뿐만이 아닙니다만, 병이 위급하고 정신도 혼미하여 대략 만분의 일만 들어 아룁니다. 황공함을 이기지 못하겠사옵니다."

상은 답하기를, "경이 올린 말을 보니 크게 놀랍고 염려되오. 진술한 바모두 지극한 의론이라 마음에 새겨 들어야겠소. 호남의 일은 경이 이미 적임자를 얻어 맡겼으니 무엇을 우려할 것이오. 또한 경은 늙었지만 근력이아직도 강건하고 병이 깊다지만 신명의 도움이 있을 터이니 어찌 쾌차하기를 기대할 수 없겠소. 경은 부디 안심하고 조리하도록 하오"라고 했다.

졸기卒記

김육은 기묘명현己卯名賢인 대사성 김식金湜의 후손이다. 어려서부터 효

---

5   천민을 양민으로 올려주는 것.
6   양송(兩宋)은 송시열(宋時烈)과 송준길(宋浚吉)인데 재야의 학자로서 중용되었던 인물이다. 찬선(贊善)은 학자에게 내리는 벼슬로 세자를 교육하는 임무를 맡는 벼슬이다.
7   서필원은 그 당시 전라도 감사로 부임한 사람이다.

행이 독실했으며 장성하자 학문에 해박하여 사류들에게 존경을 받았다. 광해군 때에는 세상에 뜻이 없어 산속에 숨어 살며 몸소 농사를 짓고 글을 읽으면서 그대로 생을 마칠 것처럼 했다. 인조반정에 이르러 맨 먼저 유일遺逸로 천거되어 현감으로 나갔다. 이내 문과에 우수하게 뽑혔으며, 후일 벼슬이 영의정에 이르렀다.

그는 사람됨이 강인하고 과단성이 있고 품행이 바르고 명확했으며, 애국의 뜻은 천성에서 나와 일을 만나면 할 말을 다해 숨기거나 피하지 않았다. 병자년(1636)에 연경燕京에 사신으로 갔다가 본국이 외적의 침입을 받았다는 말을 듣고 밤낮으로 통곡이 그치지 않았다. 중국 사람들은 대단히 의롭게 여겼다. 평생토록 경세經世를 자신의 임무로 여겼는데 정승이 되자 실현한 업적이 많았다. 양호兩湖의 대동법은 그가 건의한 것이다. 다만 자신을 지나치게 믿어 처음 대동법을 의논할 적에 김집金集과 의견이 맞지 않아서 김육은 불평한 심사를 누차 상소하여 김집을 공격했다. 사람들이 이를 단점으로 여기기도 했다. 그가 죽음에 상이 탄식하여 '나랏일에 김육처럼 확고하여 흔들리지 않는 사람을 어떻게 또 얻을 수 있을까'라고 했다. 이때 나이 79세였다. 그의 차자 김우명金佑明이 지금 임금의 국구國舅(임금의 장인)여서 청풍부원군淸風府院君으로 봉해졌다.

―『왕조실록』, 효종 9년 9월 5일

그의 저술들

유원총보서類苑叢寶序

우리 동방은 본디 문헌의 나라로 일컬음을 받았다. 또한 대대로 중국과 소통해서 문장이 발달하여 중국에 비견되기도 했다. 그런데 불행히 수십년 이래로 전란이 계속되어 서책이 부족해지고 재능 있는 인물이 출현하기를 기대하기 어려워졌다. 어찌 깊이 개탄하지 않을 수 있으랴! 지난날의 일들을 널리 고찰해보자면 축목祝穆이 편찬한 『사문유취事文類聚』보다 좋은 책이 없다. 그럼에도 학사나 대부 가운데 이 책을 가지고 있는 사람이 드무니 먼 지방의 궁한 선비들이야 말할 것이 있겠는가.

지난해 여름에 내가 한가한 자리에 있으면서 비로소 이 책을 초록하면서 번잡한 것을 빼고 요지만을 남겼다. 아울러 『예문유취藝文類聚』 『당유함唐類函』 『천중기天中記』 『산당사고山堂肆考』 『운부군옥韻府群玉』 등 책에서 각기 표제에 따라 넣고 빼고 하여 빠뜨려진 것을 보충하고 가다듬었다. 한 질 안에 수백권 책의 정수를 포괄한 것이다. 이 책의 이름을 『유원총보類苑叢寶』[8]라고 붙였으니 모두 46편이다. 금년 가을에 이르러 이 책이 완성되었다. 감사로 있는 남선南銑은 나의 동지인데 나를 위해 이 책을 간행하기로 했다.

아아, 내가 어찌 이 일을 꼭 좋아서 했겠는가. 사고四庫[9]의 서책들이 진나라 때 불에 탔거니와, 천금千金을 들여서 교역을 해왔다. 그러다가 지금은 연경燕京의 시장에 가는 길이 끊어진 상태다. 내가 참람함을 무릅쓰고 감히 수집·편집한 뜻은 여기에 있다. 이런 정황이 참으로 안타까운 것이다.

편찬 과정에서 취하고 버리고 더하고 뺀 데에는 필시 오류가 많을 것이며, 또한 책판을 새겨내는 데 급급하여 정밀하게 교정을 보지 못했다. 실로 안목을 갖춘 사람의 비웃음을 면치 못하리라는 것을 알면서도 나는 이를 돌아볼 겨를이 없었고 또한 감히 사양하지도 않았다. 이는 진정 공자께서 이른바 "나를 알아주는 것도 『춘추』요 나를 벌주는 것도 『춘추』"[10]라고 하

---

8   『유원총보』는 46권 30책으로 인조 21년(1643)에 간행되었다.

9   경(經), 사(史), 자(子), 집(集)으로 서책 전반을 가리키는 말.

10   『춘추』는 공자가 자기 시대가 혼란하게 된 사태를 두려워한 나머지 정도를 세우기 위한 뜻으로 엮은 역사서다. 공자는 『춘추』를 짓고 나서 이 말을 했다고 한다.(『맹자』 「등문공하」)

신 그 뜻이다. 후세의 여러 군자들은 나를 조금은 용서해주지 않겠는가.

계미년(인조 21년, 1643) 늦가을 하순에 청풍 김육이 서문을 쓰다.

—『잠곡유고』 권9

종덕신편서種德新編序[11]

내가 10여 세부터 『소학』으로 부친께 가르침을 받았는데 "선비가 첫 벼슬에 나가 진정으로 애물愛物(만물을 사랑함)하는 마음이 있으면 반드시 사람을 널리 구제할 수 있을 것이다"라는 대목에 이르러 충격을 받아 마음속에 크게 감동이 있었다. 그래서 스스로 생각하기를, 첫 벼슬길로 들어선 사람만 그런 것이 아니다. 사람이라면 응당 누구나 이 같아야 하지만, 비록 애물의 마음을 갖는다 해도 사람들을 구제하자면 반드시 첫 벼슬이라도 해야만 가능한 일이다.

나의 친구 자정子正 이유양李有養이 일찍이 나에게 "자네는 성현의 말씀 가운데 마음속에 특히 기뻐하는 말씀이 있는가?" 하고 물었다. 이에 대꾸하며, "성현들의 말씀이 마음에 기쁘지 않은 것이 없지만, 나는 어렸을 적에 우연히 정자程子의 '애물의 뜻으로 널리 사람을 구제하라(愛物濟人)'는 말에 감동을 받아 지금껏 가슴에 새겨두고 있다네"라고 했더니 자정이 말하기를 "나는 『논어』 가운데 '어진 이를 보면 그와 같이 되기를 생각하라'는 말에 참으로 기뻤다"고 했다. 나는 이에 비로소 사람들은 제각기 성현의 말씀에 좋아하는 바가 다름을 알았다. 문정공文靖公 이항李沆[12]의 말에 "'일을 공경하여 미더움을 주고, 절약하여 사람들을 사랑하라'[13]는 말은 종신토록 잊지 말아야 한다"고 했으니, 옛사람도 역시 이와 같았다.

---

11   『종덕신편』은 인조 22년(1644)에 1책으로 간행된 책이며, 『종덕신편언해』는 2책이 있다.

12   북송시대 재상을 지낸 인물. 세상에서 '성상(聖相)'으로 일컬어졌다.

13   『논어』「술이(述而)」에 나오는 말이다. 원문은 "敬事而信 節用而愛人"이다.

매양 옛사람들의 책에서 애물을 하여 널리 사람을 구제하는 사적이 있으면 으레 마음에 기뻐 기록했다. 아울러 그 사적의 내용에서 의심이 있는 곳을 해명하고 간교한 일을 분간하여 그 아래에 붙여 기록했다. 무릇 애물이란 인仁에 근본을 두고, 널리 사람을 구제하는 일은 의義에 근본을 두었으며, 의심을 해명하는 것은 지智에 근본한 것이다. 이 모두 사람의 성품에 본디 있는 것이어서 자연스럽게 발동하는 것이다. 참으로 능히 스스로 깨쳐서 밝아지면 확충하여 자신의 본성을 다할 수가 있다.

내 비록 불민不敏한 사람이면서도 성현의 말씀을 본받고자 했으나, 바쁘게 돌아다니느라고 한가지도 제대로 시행한 바가 없었다. 하지만 그 말씀을 좋아하는 마음은 끝내 해이해지지 않았다. 그리하여 기록한 것이 쌓여 책을 이루어서 서명을 『종덕신편』이라고 붙였다. 대개 이 책을 보고 더욱 힘을 쓰고, 또 자손들에게 남겨서 권면하도록 했다. 이자정이 어진 사람을 보면 그와 같이 되기를 생각했던 것과 이문정공의 종신토록 외우던 것을 실행하고자 했다. 누군가 만약 무슨 목적을 가지고 한다고 하여 불교의 인과설因果說이라고 비웃는다면 그는 나를 전혀 이해하지 못하는 사람이다.

갑신년(인조 22년, 1644) 한여름에 잠곡노인이 쓰다.

—『잠곡유고』 권9

『송도지松都志』에 부친 발문

산경山經과 지지地志는 대개 『서경』「우공禹貢」에 근본을 두고 있다. 「우공」이 한편은 구주九州의 크고 넓은 영역을 포괄하고 있는 내용이다. 후세의 것으로 『구우지區宇志』『풍토기風土記』『서경잡기西京雜記』『동도사략東都事略』 등의 책들은 어떻게 하나같이 수록된 내용이 그렇게도 많은가. 이 어찌 시대가 내려오면 내려올수록 일이 더욱 복잡해져서 박식한 학자들이 보고 들은 것들을 모두 다 전하려다 보니 자연히 복잡해지고 만 것이 아닌가 한다.

송도松都(개성)는 실로 고려 500년의 왕업이 있었던 곳이니, 지지가 없어서는 안 됨이 물론이다. 그런데 여러 차례 전란을 겪어서 문헌으로 상고할 것이 없다. 옛 자취를 알아보려고 물어도 아는 사람이 없어서, 나는 매우 개탄했다. 장연長淵 군수를 지낸 조신준曹臣俊은 나이가 80세에 가까운 이 고장의 유로遺老로서 『송도잡기松都雜記』를 썼는데 옛 역사를 참고하고 간간이 민간의 풍속을 기술한 것이다. 나는 이 책을 얻어서 보고, 또 『동국여지승람』에 실린 바를 채취하여 이 『송도지』를 만들었다.

나라의 흥망과 교화의 득실, 인물의 성쇠, 고금의 풍속을 대략 기록했으며, 음풍농월을 한 시문이나 잡박하고 쓸모없는 말 같은 것들에 이르러는 버리고 기록하지 않았다. 기록에 올리고 뺀 것이며, 자세하고 소략한 것이 적합함을 얻지 못한 점이 있다 해도, 훗날 과거의 사적에 마음을 둔 자가 있다면 더러 취할 만한 내용이 있을 것이다. 이를 읽어보면 감동을 받고, 권장·경계하는 도리에 있어서 어느 정도 도움됨이 없지 않을 듯하다.

——『잠곡유고』권7, 「송도지발松都志跋」

『신응경神應經』에 부친 발문

의가醫家에서 사람을 구제하는 방법으로 침과 약이 나란히 쓰인다. 그런데 약은 구하기 어려운 것이 있기 마련이지만 침은 몇 촌 길이의 바늘만 있으면 된다. 그 법에 달통하고 보면 죽은 사람도 다시 실려내는 효험을 볼 수 있으니, 침의 공덕은 대단하다고 하겠다.

이 『신응경』은 침술의 묘리와 요지를 가장 잘 얻은 책이다. 그런데 전란을 겪은 이후로 아주 드물어져서 세상에 침술을 배우고자 하는 자들은 이 책을 모두 손으로 베껴 쓰는 형편이다. 신이 약방藥房의 직책을 맡고 있으면서 내국內局[14]에는 이 책이 반드시 있을 것이라고 생각하여 장고掌故(과

거의 관례와 사실을 맡아 봄)를 담당한 관원에게 찾아오라고 하니 없다고 했다. 이 책이 내국에도 없으면 전해지지 않는 책이 되는 것이다. 마침내 여러 제조들과 의논해서 활자를 모아 새로 인쇄하기로 했다. 끝에다가 택일擇日하는 법을 붙여놓았다.

아, 책에서만 구하는 것은 실상 조박糟粕(진수를 빼낸 나머지 찌꺼기)일 뿐이다. 그런데 책까지 없어지고 보면 장상군長桑君[15]의 신묘한 법술을 무엇에 의거하여 찾을 수 있을 것인가. 지금 성상께서 자리에 계시어 은택이 생민들에게 미치고 있으니, 질병으로 고통을 호소하면서 부모를 애타게 부르며 구해주기를 고대하는 자들이 장차 이 책에 힘입어서 소생할 수 있게 될 것이다. 이 책이 이 땅을 봄기운이 도는 수역壽域으로 만드는 데 도움됨이 어찌 가볍고 적다고 하겠는가.

계미년(인조 21년, 1643) 겨울에 신 김육이 삼가 발문을 쓰다.

───『잠곡유고』권7, 「신인신응경발新印神應經跋」

누정기──그의 생활 주변

구루정기傴僂亭記

누각이나 정자를 짓는 사람들은 대개 적막한 것을 싫어하고 번잡한 것을 좋아하며, 건물을 높이 세워 보기에 대단하게 하여 멀리는 강호의 나룻가에 세우고 밖으로는 교외의 언덕 위에 세운다. 나는 묘시(오전 6시 전후)부터 유시(오후 6시 전후)까지 관에 나가 있기 때문에 한번 올라갈 틈도 없다.

---

14 내의원의 별칭으로 궁중 내의 의료기구이며, 약방도 그 병칭이다. 임금의 의료를 맡고 있으므로 대신이 그 책임을 맡는 것이 관행이었다.

15 전국시대의 신의(神醫). 그의 비법이 편작(扁鵲)에게 전해졌다고 한다.

도리어 이웃 사람들이나 지나가는 길손이 그 위에 올라가 쉬며 노니는 것
만도 못하니, 기실은 남을 위한 것이요 자신을 위한 것은 아니다. 혹은 문
을 닫아걸어 사람이 들어오지 못하게 하는 자도 있다. 어찌 비웃음을 살 노
릇이 아닌가.

　내가 거처하는 집의 뒤편으로 세칸 정도를 세울 만한 조그만 언덕이 있
다. 이곳에 모옥茅屋을 세우고 안쪽으로는 공극당拱極堂이라 이름을 붙이
고 바깥쪽은 구루정이라 했다. 집이 작고 낮아서 머리가 닿기에 꼭 허리를
구부린 다음이라야 그 안에서 다닐 수 있기 때문에 이렇게 이름 붙인 것
이다.

　이 정자가 비록 규모는 작지만 위치한 곳이 높고 기이하다. 바라보이는
범위가 넓고 먼데 우뚝우뚝한 바위에 푸르른 소나무는 새겨 넣은 것도 같
고 일부러 심어놓은 것도 같다. 창밖으로 둘러 있는 것은 목멱산木覓山(남
산의 별칭)의 잠두봉蠶頭峯이다. 꿈틀거리는 용같이, 쭈그린 호랑이같이 달
리는가 하면 우뚝 서 있는 모습으로 마주 대하고 있으며, 돌아다 보이는 것
은 백악白嶽(북악산)과 낙산이다. 또 나는 새가 멈추어 있듯, 고니가 서 있듯
곧 날아가려다 앉아 있는 것 같은 필운대다. 그리고 머리에 붓을 꽂은 듯
두 손에 홀笏(벼슬아치가 조회 시에 손에 쥐는 판)을 든 듯 나아가려다가 멈춰 선
듯 한 것은 도봉산이다. 수락산은 노원의 뒤에서 불곡산佛谷山(불암산)을 전
송하는 것 같고, 무악산은 안현鞍峴의 위에 있으면서 부아봉負兒峯을 좇는
듯하니, 기괴한 형상과 특이한 생김이 사이사이로 보이고 겹쳐서 나타난
다. 그리고 저 멀리 백운대, 인수봉 등 여러 봉우리가 구름 낀 하늘 밖으로
아득한 곳에 우뚝 솟아 더더욱 놀랍고 사랑스럽다. 아침마다 저녁마다 안
개와 구름이 조화를 부려 숨기도 하고 드러내기도 하는가 하면 모이기도
하고 떨어지기도 하니, 누가 성시城市의 가운데 이런 선경이 있는 줄을 알
겠는가.

　저 강호의 풍경과 교외의 흥취가 즐겁기야 즐겁지만 항시 거기에 머물

러 있을 수는 없다. 한번 가고 두번 가자면 그 사이에 해가 짧다. 여기서 잠자고 거처하며, 여기서 먹고 쉬며, 천변만화를 보고 눈과 마음을 즐겁게 하고, 사계절 철철마다 창가에서 마주 대하는 것과 같겠는가.

팔도를 두루 돌아다녀 보았지만 마음을 두어 감상할 풍광을 만나지 못했다. 70여년을 살아온 뒤에야 비로소 좋은 곳을 얻어서 정자를 지었으니, 계곡의 물은 갓끈을 씻을 만하고 바위 사이의 샘은 양치질을 할 만하며, 대나무를 쪼개 만든 물길로 물을 끌어 연꽃을 심으니, 고기를 기르고 학을 길러 벗을 삼을 수도 있다. 종일토록 적적하여 저자의 시끄러운 소리가 귀를 울리지 않으니, 이는 참으로 내가 평소에 꿈꾸던 곳이다.

그렇긴 하지만 큰길을 내려다보면 여항의 가옥들이 땅에 가득 박혀 있고, 두 대궐 쪽으로 건너다보면 용마루가 하늘에 닿아 있는데, 도회의 남녀들은 구름처럼 오가고 있다. 둘러 보이는 것이 이처럼 풍부한데 또한 우뚝이 높은 장소에 있는 것이 마음에 쓰인다. 이 때문에 처마와 기둥을 높지 않게 하고 담장을 낮게 했으며 또 소나무 대나무로 뒤편에 울을 둘러 검소함이 드러나게 했다.

높은 곳에 있을 적이면 위태로움을 생각지 않아서는 안 되고 안에 있을 적이면 내려다볼 것을 생각지 않아서는 안 된다. 어찌 감히 마음을 풀어놓고 처사처럼 창 앞에 기대어 오만하게 지낼 것인가. 고정古鼎에 새겨진 명銘에 이르기를 "일명一命에 허리를 약간 숙이고, 재명再命에 허리를 더 숙이며, 삼명三命에 머리를 더욱 더 숙인다"[16]고 했다. 나는 이 말에 깊이 느낀 바 있어 '구루'로 나의 정자의 이름을 붙인다.

— 『잠곡유고』 권7, 「구루정기傴僂亭記」

태극정기太極亭記

정자는 내가 지은 집이고 태극은 내가 붙인 이름이다. 이 정자가 우뚝 서 있으니, 태극이란 무無에 근본하여 유有가 있다. 주염계周濂溪가 "무극이태극無極而太極이라"[17]고 한 데서 취해 정자의 이름을 삼은 것이다.

정자는 남산 기슭의 계곡 사이에 있다. 작은 물이 돌 사이로 흘러 맑은 반월지(반달 모양의 못)를 이루었는데, 내가 좋아하는 연꽃을 심었다. 연못 위의 언덕에 기암이 깎아 내린 곳에 대나무로 서까래를 만들고 지붕을 빙점氷簟[18]으로 덮었다. 멀리서 바라보면 흰 구름 한 조각이 가다가 소나무 위에 걸려 있는 모습이다.

이 정자의 모양이 위는 둥글고 아래가 네모인 것은 하늘과 땅의 양의兩儀를 형상한 것이며, 아래 기둥 넷은 사상四象을 형상한 것이다.[19] 위로 서까래 여덟개는 팔괘八卦의 형상이다. 그리고 배로 해서 여덟개를 더한 것은 십육괘十六卦의 형상이고, 횡으로 다섯개를 맨 것은 오위五緯(오행)를 형상한 것이다.

반월지는 양陽인데, 그 안에 돌과 흙이 있는 것은 양 가운데 음陰이다. 언덕에 있는 조일암朝日巖이 완만하게 굽은 것은 음이며, 그 아래로 흐르는 남쪽 여울은 음 가운데 양이 있는 것이다. 반월지 모양이 둥글면서 서로 합하고 겹치면서 감싸고 있으며, 양 가운데 음이 있고 음 가운데 양이 있다. 주염계가 만든 태극도太極圖와 같으니, 또한 기이하도다.

17　주염계(周濂溪)는 북송시대 학자 주돈이(周敦頤)다. '無極而太極'은 그가 지은 「태극도설」의 한 구절이다. 천지만물이 생겨나는 태초의 원리를 규명한 말로, 무극이면서 태극이라는 의미다.

18　점(簟)은 자리를 뜻하는데 벼나 갈대 등속을 가리키기도 한다. 빙점은 하얀 빛을 띤 갈대 지붕을 지칭하는 것으로 추정된다.

19　양의는 음(陰)과 양(陽)으로 달과 해를 상징하기도 하며, 사상은 음과 양을 넷으로 나눈 것으로 일월성신(日月星辰)을 상징하기도 한다.

무릇 천지는 한 태극이다. 하늘은 일원一元의 기氣로서 쉬지 않고 회전한다. 그러므로 십이회十二會가 다하여 혼용되는 것이다. 사람 역시 한 태극이다. 사람은 음양오행의 정기를 부여받아서 천지인의 삼재三才에 참여하여 천지 사이에 서 있다. 능히 타고난 본성을 다해 사물의 성질을 다하도록 하며, 한 시대에 밝은 가르침을 펴고 만대에 걸쳐서 도를 행하니 이는 성인이다. 천성天性을 버리고 인욕人欲에 빠져서 인의仁義와 중정中正의 도리에 어두워 막연히 감통感通의 이치를 알지 못하는 상태로 초목과 함께 썩어가는 것은 무지한 뭇사람들이다. 다 같이 한 태극 가운데 살아가면서도 그것을 닦으면 길하고 어기면 흉해진다. 하늘과 땅의 차이보다도 더 현격하니, 이 어찌 슬프지 않으랴.

이 태극정에 올라서면 고요한 중에 한 기가 유행하는 것을 보고, 움직이는 중에 만물이 변하는 것을 보며, 크게는 천지와 고금이 다름 없는 것을 알고, 넓게는 사방의 바다와 온 땅이 모두 마찬가지임을 헤아릴 것이다. 이는 성인이 주역을 만든 큰 뜻을 따르고, 뭇사람들이 헛되이 살다가 부질없이 죽어 돌아가는 것을 면하고자 하는 것이다. 어찌 홀로 골짜기가 그윽하고 샘물과 연못이 청결하며 기이한 봉우리와 빼어난 산줄기가 늘어서고 사통팔달의 도로가 뻗어 있는 것을 내려다보기 좋아하여 일시에 눈과 마음의 쾌락을 삼으려는 것이겠는가. 좋구나, 이 정자여! 내 장차 너와 더불어 영구히 생을 마칠 것이로다. 나의 이 뜻을 아는 자는 오직 무극옹無極翁이다.

──『잠곡유고』권7, 「태극정기」

재산루기在山樓記

대체로 천하의 일은 실實이 있을 뿐이다. 명名은 실에서 생겨나니 실은 명이 근본하는 것이다. 실이 없으면서 명이 있는 것이 가능한지 나는 모르겠다.

악양루岳陽樓는 동정호洞庭湖로 인해서 굉장히 유명해졌으나 기실은 한 고을의 문루일 따름이며,[20] 황학루黃鶴樓는 신선으로 말미암아 기이해졌으나 기실은 망치로 때려 부술 옛날 건물일 뿐이다.[21] 그 이름을 얻어서 그 실이 있는 것은 오직 여기 재산루在山樓다.

재산루는 남산南山의 태극정太極亭 아래에 있다. 층층 바위가 우뚝하고 계곡물이 흐르는데, 만호장안이 굽어보이고 화산華山(삼각산)이 나란히 바라보인다. 지대가 높고 형세도 웅장하니 확 트여서 견줄 곳이 없다. 이는 곧 편비編裨(각 영문의 부장)들이 모여서 활을 쏘는 장소다.

낙락장송이 좌우로 옹위하고 있으매 십만의 무사들이 부동의 자세로 도열하고 군막이 첩첩한데 깃발이 날리는 것 같으니 바람 불 때의 풍경이다. 집들이 즐비한데 구역이 나뉘어 마치 갑옷 입은 군사들이 천겹으로 진을 치고 있어 창검이 삼엄하게 벌여 있고 전마戰馬가 내달리는 듯하니 눈 온 뒤의 장관이다. 여러 여울물이 합류하여 한 골짜기로 내달려서 마치 용사들이 적진을 향해 달려드는 듯 돌이 구르고 산이 울려 폭포가 우렁찬 소리를 내며 쏟아지는 형상이다. 버드나무 그늘과 연꽃 사이에서 온갖 새들이 지저귀어, 영평營平의 군영[22]에서 군사를 훈련하며 피리 소리, 북소리가 다투어 우는 듯하니 이는 봄날의 화창한 경관이다. 네 계절에 따라서 변화하는 양상이 이 한 누대에 모두 모여 있어서 경관이 아주 특이하다. 실로 명실이 상부하니 이름과 실상이 부합하지 않는 악양루·황학루와 비교해 논

---

20   악양루는 동정호의 주변에 있는데 황학루와 함께 중국에서 유명한 누각이다. 이 누각은 악양(지금의 후난성 웨양시)의 문루로 볼 수 있다.

21   황학루는 중국의 무한(武漢)에 있는 누각으로, 신선이 황학을 타고 날아갔다는 고사에서 붙여진 이름이다. 이백이 "그대를 위해 내 장차 황학루를 때려부수리(我且爲君捶碎黃鶴樓)"(「강하증위남릉빙江夏贈韋南陵氷」)라고 읊은 바 있다.

22   한나라 때 조충국(趙充國)의 군영. 그가 영평후에 봉해졌기 때문에 영평이라고 한 것인데, 변방에 주둔하면서 군대를 잘 정돈했다.

할 것이 있겠는가.

지금 우리 제군들은 저마다 사방에 펼칠 뜻을 품은 무사로서 천양穿楊의 재주를 가지고 계수나무를 꺾은 대열에 올라서 있다.[23] 이곳에서『육도六韜』와『삼략三略』을 학습하며, 천근의 활을 쏘아 이 사이에서 재능을 겨루기 위해 서로 읍하고 사양하면서 사단射壇에 오른다. 이들 모두 문무를 겸비하여 안으로 서울에 있으면 궁정의 근위대로서 밤과 낮으로 가까이서 시위侍衛를 하며, 밖으로 변방에 나가서는 용맹한 장수가 되어 무예를 자랑하여 호랑이·표범이 산중에 있는 형세를 이루니 장차 나라를 방어하는 든든한 간성干城이 실로 이 누대에서 나올 것이다. 이 누대가 사람을 저버리지 않거늘, 사람이 어찌 이 누대를 저버릴 것인가.

남산에 누대가 섬에 이 늙은이 역시 감회가 적지 않은 바 있다. 하얀 달이 천공에 떠 있는데 서늘한 바람이 불어 백척 높이의 누대에 올라서 기둥에 기대 휘파람을 불어 천고의 불평한 기운을 풀어내고, 일생 동안 펴지 못했던 회포를 쏟는다. 저절로 눈물이 흘러내림을 금치 못하겠으니, 이는 마음속의 감정이 발동한 것이다. 제군들 중에 혹시 나를 이해할 사람이 있을까. 병신년(1656, 효종 7)에 77세 노인은 쓰노라.

— 『잠곡유고』 권7, 「재산루기在山樓記」

---

23   천양(穿楊)은 멀리 있는 버들잎을 활을 쏘아 맞추었다는 양유기(養由基)의 고사에서 나온 말로 명사수를 가리킨다. '계수나무를 꺾은 대열'이란 무과에 합격한 자들의 집단을 뜻한다.

2장
중국사행기—『조경일록朝京日錄』(초록)

이 연행록은 인조 13년(1636)에 서울을 떠나 이듬해 6월 1일에 귀환한 과정의 일기 형식의 기록이다. 병자호란이 일어난 그 당시 중국 현실의 기록이어서 매우 특별한 의미가 있다. 연행의 경로도 바닷길로 오가고 했거니와 조선과 명 사이의 마지막 사행이 되었던 것이다. 가는 길도 명청이 각축하는 전쟁의 현장을 통과해야 했는데 당장 곧 나라가 망하는 지점에서 벼슬아치들이 부패하여 탐욕을 부리는 실태를 묘사하고 있는 것이 더욱 주목할 대목이다. 명청교체기의 서사로서 생생한 증언으로 읽힌다. 원본의 외표제는 『잠곡조천일기潛谷朝天日記』로, 내표제는 『조경일록朝京日錄』으로 쓰여 있는데 그중 내표제를 따랐다.

병자(1636) 8월 21일, 날이 흐리고 동풍이 불었다. 사경四更(새벽 2시 전후)에 오방신에게 제를 지내려고 선상에 나가 보니 북풍이 조금 일어나고 달과 별이 환했다. 마음속에 제를 지내보았자 무슨 변화가 일어날까 싶은 생각이 있었지만, 제사를 지내고 나서 돌아보니 깃발이 서쪽으로 돌면서 홀연 동풍이 불기 시작한다. 하늘도 음산하다.

사공에게 배를 띄우도록 명하니 사공은 "이 바람은 오래 가지 않습니다.

떠나보았자 이로울 것이 없습니다"라고 했다. 나는 신구汛口(바다에 조수가 밀려드는 곳)를 나갔다가 다시 돌아오더라도 방해될 것이 없다는 생각이 들어 돛을 올리라고 지시했다. 조수가 몹시 급하게 일어서 배의 속도가 아주 느렸다. 아침이 되어서야 해구에 당도했는데, 바람은 더욱 심하게 불어 배를 바람에 맡겨 나아갔다. 저물녘에는 풍향이 남쪽으로 돌아서 배가 아주 나는 듯했다. 이경(밤 10시 전후)에 각화도覺華島를 지나 영원寧遠 앞바다에 도착해서 정박하게 되었다. 두 척은 먼저 당도했고 세번째 배와 네번째 배도 이어서 들어온 것이다. 이 해로는 대략 8백여리다.

이날 밤에 비골飛鶻(바다 독수리)이 돛대 위에 앉아 있는 것을 보고 뱃사람 송감宋廿과 김연金緣이 밧줄을 타고 올라가서 붙잡았다.

명청 양군이 각축하는 현장을 통과해서

8월 22일, 날씨가 흐리고 서남풍이 종일 불더니 저녁에 큰비가 내렸다. 듣자니 적군의 대진이 무청武淸에 있다고 한다. 무청은 북경北京의 동남방 130리 지점이다. 적은 공孔과 경耿 및 상가희尙可喜를 대장으로 임명해서,[1] 이 반역자들이 향도가 되어 진격하고 있다고 한다. 그리고 만여명의 적군이 곧 금주위錦州衛에 도착할 것이라고 하는데, 금주는 여기서 130리 거리다. 영원과 산해관山海關 등지는 모두 계엄 상태로 해변의 상점들은 모두 성안으로 철거해 들어갔다.

8월 26일, 날씨가 맑다. 듣건대 산해관 내의 적군이 영평부永平府에 이르렀다고 한다. 포성이 산해관 내에서 들려와 계속 끊이지를 않는다.

8월 27일, 나는 몸이 아파 직접 가지 못하고 대신 서장관書狀官을 보내 군문軍門[2]에게 공문과 함께 예물을 보냈다. 포성이 오늘도 역시 그치지 않

---

1   셋 모두 명의 장수로 있다가 청으로 투항해 활동했던 인물. 공은 공유덕(孔有德)이며, 경은
     경중명(耿仲明)으로 추정된다.

는다. 군문은 병부 좌시랑左侍郎 방일조方一藻다.

8월 28일, 날씨가 맑았다. 신시申時(오후 4시 전후)에 우레가 크게 울리고 비가 오더니 곧 맑아졌다. 유시酉時(오후 6시 전후)에 하륙하여 관음사에 도착했다. 중들이 완강히 거절하다가 한참 뒤에 허락을 하여 숙박을 할 수 있었다. 초경에는 크게 벼락을 치고 비를 뿌리더니 야심해서는 바람이 몹시 불었다. 적군 한 부대가 사하소沙河所에 접근했다고 한다.

관음사는 천순天順 신사년(1461)에 동녕백東寧伯 초례焦禮가 중수한 절이다. 비석을 세워 이 사실을 기록했는데 그 이름 및 처와 자녀들의 이름까지 나열하고 있었다.

8월 30일, 날이 흐리고 바람이 불었다. 병비도송차관兵批道送差官 서수멱徐修覓이 관사를 빌려주어서 휴식을 취했다. 오후에는 마을의 황문충黃文忠이란 사람 집으로 거처를 옮겼다. 주인의 아들 황조정黃調鼎은 6세의 어린애로 능히『중용』을 읽고 글자도 쓸 줄 알았다. 용모까지 단정하고 귀여워서 종이와 붓과 먹을 선물로 주었다. 바로 옆에 학사가 있는데 선생 왕납간王納諫이 학동 5, 6명을 모아놓고 가르치는 중이었다. 모두『중용』과『대학』을 배우고 학동들은 두응거杜應擧, 양세훈楊世勳, 호상룡胡尙龍, 장만란張萬蘭, 소옥새蘇玉璽, 황조정 등 여섯이었다. 이들 중에서 양세훈이 가장 재주가 있었다. 저녁에 내려가서 서장관과 함께 묵었다. 섬에 사는 주민이 300호쯤 되는데 사원과 도관이 여섯곳이나 있었다.

9월 초 1일 임인壬寅, 날씨가 흐리다가 저녁 때 맑다. 군문이 차관差官을 보내서 안부를 묻는 뜻을 전했다. 들으니 금주錦州의 적군은 아직도 물러가지 않고 군사를 나누어 전둔위前屯衛로 향하고 있다고 한다. 금주성 안에 내응하는 자들이 있어서 붙잡는 대로 즉시 죽이고, 영원성 안에서도 4인을 붙잡아 구금해놓고 있다고 한다. 저들 말이 자신들은 해주海州 사람

---

2   명대의 제도로서 일종의 지역사령관. 사령부를 지칭하기도 한다.

인데 전둔위와 사하소 등지에도 적이 이미 진출해 있다고 한다.

9월 2일, 흐리고 바람이 불었다.

9월 4일, 날씨가 맑다. 묵고 있는 집 옆에 사는 뱃사공이 산해관 안에서 돌아와 전하는 말이 이러했다. 적군의 대 진영은 영평부永平府에 있는데 저들이 약탈해서 거두어들인 물건들을 싣고 말 12필이 끄는 수레 8백여 량輛이, 곳곳에 파수를 세운 관문을 미처 빠져나가지 못한다고 했다. 고태 감高太監과 조총병祖總兵이 천하의 군사 15, 6만을 거느리고 적진을 포위하고 있는데, 한놈도 빠져나가지 못하게 하라는 천자의 엄명이 있어, 지금 대 치 중이라는 것이었다.

9월 14일, 날씨가 맑다. 의원 장승윤張承胤이 성내에서 나왔는데 나를 위해 도사都司가 보낸 것이다. 맥을 짚어보고 나서 말하기를 "맥도脈道가 윤기가 있고 막힘이 없으니 병이 근심할 것 없소이다. 상강(양력으로 10월 24일 경) 절후를 지나면 저절로 나을 것입니다"라고 했다. 그리고 말하기를 "관내의 적군은 이달 초 하룻날부터 나흘까지 냉구관冷口關을 통해서 모두 북쪽으로 나갔답니다. 병부상서 장봉익張鳳翼은 독약을 마시고 죽었고, 밀운密雲 도어사都御使 역시 스스로 목을 매달아 죽었답니다. 대개 되놈들이 빠져 달아난 때문에 처형을 당할까 겁을 내서지요"라고 했다. 장의원은 저녁에 돌아갔다. 그는 본디 창려현昌黎縣 사람으로 이곳에 와 있는 것이 10여년 되었다고 했다.

간밤에 적군이 양곡을 실은 배 9척을 육주하六州河에서 불태워버렸다. 육주하는 중후소中後所의 앞바다다.

9월 18일, 맑다. 포성이 계속 그치지 않았다. 얼마 전에 금주위錦州衛의 잠복군이 진달眞㺚[3] 한명을 붙잡았는데 그의 말이 자기는 사왕四王의 사위

---

3   확실한 의미는 미상인데 달(㺚)은 오랑캐를 뜻하는 달(韃)과 통해서 쓴 것으로 보인다. 진달 은 여진족 사람을 가리키는 말로 추정된다.

이며, 금한金汗 [4]이 군사 3만명을 산해관山海關 밖으로 보내 여덟 성을 공략하여 그중 한 성을 반드시 얻은 연후에 돌아오라고 엄명을 받았다는 것이었다. 여덟 성은 금주錦州·행산杏山·송산松山·영원寧遠·사하소沙河所·중후소中後所·중전소中前所·전둔소前屯所다. 단련사團練使가 요미전료米錢 12만 750문文을 받아 왔다.[5]

도사都司 장문창張文昌이 여지荔支와 용안龍眼, 진자榛子(개암), 배 등 과일을 보내와서 부채 네자루로 감사 표시를 했다.

9월 19일, 맑음. 일행에게 요전料錢을 나누어주었다. 원역員役 38인에 각각 1,125문文, 수수水手 129인에 각각 525문, 인정의 용도로 6,440문, 도합 11만 6,915문이다. 나머지 3,835문은 주방에 들어간 것이다.

저녁에 적군이 쳐들어와서 조가장曹家庄을 불질렀다.

9월 20일, 아침에 안개가 짙게 끼어 침침한데 바람이 불었다. 서장관이 회로의 길을 요청하는 문제로 문서와 예단을 가지고 영원성寧遠城으로 들어갔다. 저녁에 들으니 적군이 성 아래까지 진격해 왔다고 한다. 조대수祖大壽·조대락祖大樂·조환趙宦·오상吳翔·맹도孟道 등이 마군馬軍 8천을 거느리고 뒤따라 와서 적군은 영원성을 지나 달아났으며, 여러 장수들은 모두 성 안으로 들어왔다고 한다.

(…)

11월 초2일, 맑다. 하점夏店의 옥황묘玉皇廟에서 점심을 들고 저녁때 통주通州에 당도했다. 배를 타고 물을 건너는데 물은 삼하三河와 나란히 흐르고 조금 넓었다. 서문의 짐사店舍에서 숙박을 했다.

11월 초4일, 맑다. 저녁 때 서장관과 걸어서 성 북편으로 나가 조운선이

4   후금의 임금. 청 태종을 가리키는데, 당시에 국호를 청으로 바꾸었다.
5   여기서 단련사는 사신 행차에서 호송을 맡은 관원이며, 요미전은 사행 인원의 급식비에 해당하는 것으로 이를 중국 측에서 제공하는 것이 관행으로 되어 있었다. 문(文)은 중국 돈의 가장 작은 단위로서 우리 엽전의 '푼'에 해당한다.

물을 통과하는 것을 구경했다. 운하는 성 동쪽에 있는데, 성 북쪽에서부터 땅을 파서 물을 끌어와 북경으로 통하는 수로가 50리쯤 되었다. 여러 지방의 세곡선들이 전부 통주通州로 들어와서, 이곳에 조운선 천여척이 주야로 북경으로 운송하느라고 그칠 새가 없다. 수로의 지형이 높은 곳은 돌을 쌓아 물을 저장해서 수심을 깊게 만들었다. 갑문閘門이라는 것이다. 갑문 안으로 배가 들어오면 먼저 있던 배는 빠져나간다.

11월 초5일, 흐리다. 아침 일찍 출발하여 대통교大通橋를 건넜다. 대통교는 통주의 서쪽 10리 지점에 있는데 다리가 아주 넓고 높다. 그 아래로 무지개문 셋이 있어서 조운선이 통과한다. 동악묘東嶽廟에 당도해서 잠깐 쉬었다. 동악묘는 태산신泰山神을 모시는 신당이다. 도사 수십명이 지키고 있다. 건물마다 방도 많고 극히 화사하여 서화나 의자, 향로, 경상 등속이 잘 정돈되어 있으며, 매화나 난의 화분들이 그림 속의 물건 같았다.

조양문朝陽門에 당도하자 환관이 문을 지키면서 바치는 뇌물이 적다고 들어간 사람들을 도로 쫓아냈다. 쫓겨나서 은 10냥을 써 보인 다음에야 통과해서 옥하관玉河館[6]에 도착했다. 제독주사提督主事 하삼성河三省이 해가 진 뒤에 와서 문을 열어주어 황혼 무렵이 되어서야 옥하관 안으로 들어가 동쪽 방에서 취침했다.

11월 초6일, 맑다. 홍려시鴻臚寺[7]에 보고서를 제출했다. 이날 밤새 첫눈이 내리더니 새벽에 곧 그쳤다.

중국에 상륙해서 북경까지 노정의 풍경

영원寧遠에서 조가장曹家庄까지 15리, 사하소沙河所 15리, 곡류하보曲流河堡 15리, 동관역東關驛 15리, 중후소中後所 18리, 사하역沙河驛 18리, 구아

6 조선 사행이 머물던 북경의 처소 이름. 옥하라는 강 이름에서 유래한 것이다.
7 중국의 예부에 속한 관직으로 외국과의 외교 업무를 맡는 기관이다.

보구아보狗兒堡 15리, 전둔위前屯衛 15리, 고령역高嶺驛 15리, 중전소中前所 15리, 산해관山海關 30리, 범가장范家庄 30리, 심하역深河驛 30리, 유관楡關 20리, 무녕현撫寧縣 15리, 쌍망보雙望堡 30리, 영평부永平府 30리, 사하역沙河驛 40리, 신점新店 30리, 침자점針子店 20리, 풍윤현豊潤縣 40리, 사류하보沙流河堡 35리, 옥전玉田 35리, 별산보別山堡 40리, 계주薊州 30리, 방균점邦均店 30리, 삼하현三河縣 30리, 하점夏店 30리, 통주通州 40리, 북경 40리로, 모두 700여리의 거리다.

산해관 이서 지역은 통과하는 주현에 적군이 들어오지를 않았다. 다만 촌락이나 점포가 불에 타고 약탈을 당한 곳이 있기는 해도 많지 않았다. 주민들이 곧바로 수습해서 전과 별로 다름없어 보였다.

영평부의 동쪽에서부터 북경에 이르기까지 온통 평야 지대인데 여염이 연이어서 연기가 끊이질 않았다. 산에는 나무 한그루 찾아볼 수 없지만, 들판에는 수목이 울창하여 숲을 이루고 있다. 버드나무며 백양나무 그리고 대추나무, 밤나무 등속이 서 있다. 대추나무와 밤나무는 줄을 지어서 밭 가운데 새끼줄로 곧게 맞추어놓았다. 버려진 땅이라곤 한뼘도 없는데 벼를 심은 논은 전혀 볼 수 없다. 단지 고려촌 앞에서 논 같은 것을 한곳 보았을 따름이다.

도로에는 상인들이 연락부절이다. 십여명이 무리를 지어, 사람이 타고 짐을 싣는 데는 노새 아니면 당나귀를 이용했다. 큰 수레면 십여마리 혹은 대여섯마리가 끌었고, 작은 수레면 소나 노새 두세마리가 끌었다. 한 사람이 외바퀴를 밀기도 하는데 짐은 말 한필에 싣는 분량이었다. 짐이 무거우면 앞에 한 사람이 끌기도 했으며, 더 무거우면 노새가 끄는 수도 있었다. 당나귀가 앞에서 끄는 경우 채찍을 들고 몰았다.

가옥은 모두 흙으로 두텁게 위를 덮었다. 위가 평평하지만 비가 내려도 물이 새지 않는다고 한다. 적군이 불을 질러도 쉽게 타지 않고 불이 옮겨붙는 재앙도 없다는 것이다. 적군이 대로로 들어오는 일이 허다하기 때문에 도망쳐 숨기에 바빠서 성을 돌아보지 않고 달아난다고 한다. 통주까지 3, 4리, 황성皇城까지는 7, 8리인데 그곳들까지는 들어오지 않았다고 하지만 심히 위태롭다.

중국은 이교異敎나 음사陰邪를 무척 숭상하여 촌락이 있으면 으레 절이 하나 있고 무슨 묘당廟堂이란 것이 서너곳이나 있다. 초하루나 보름이면 분향을 하고 예배를 드린다. 성 안에도 역시 묘당이 여러 곳이다. 영원에는 이른바 천평사天平寺라는 절이 있는데 조대수 총병總兵의 원찰願刹이다. 대단히 크고 화려한데 영원의 군문軍門과 태감太監 이하가 모두들 향을 피우고 절을 드린다는 것이다. 통과한 지역의 성보城堡나 촌장村莊에도 모두 묘당이 있어서 승려나 도사가 주민들과 뒤섞여 돌아다닌다. 관왕묘關王廟는 황제가 인정해주었다고 하며, 삼계복마천제묘三界伏魔大帝廟도 없는 곳이 없다. 또 그리고 옥황묘玉皇廟, 현제묘玄帝廟, 벽하군묘碧霞君廟, 천비성모묘天妃聖母廟, 서왕모묘西王母廟, 화신묘火神廟, 마신묘馬神廟, 마명왕묘馬明王廟, 태산행궁泰山行宮, 삼관묘三官廟 등등 이루 다 기록할 수 없는 지경이며 모두 금글자 편액을 걸어놓았다. 지나가는 사람들이 들어가면 반드시 절을 하는데 귀하고 천하고 상관이 없다.

등과를 하여 현달한 사람은 으레 패루牌樓를 큰길 가운데 세운다. 예전에는 나무로 만들었지만 근래에는 돌로 만든다. 가운데 정문을 세우고 좌우로 협문이 있으며, 위로 3층 문루를 올려서 그 성명을 새기고 금박을 입혀 오색단청을 칠하며, 돌 위에도 역시 채색을 하여 기이한 짐승과 꽃을 그려놓는다. 향관鄕官의 집에는 제각각 직명을 쓴 편액이 대문 위에 걸려 있다. 예컨대 상서태사천관尙書太史天官, 청쇄제주동장靑鎖祭酒銅章 따위로 이루 다 기록할 수 없다. 이 또한 금빛으로 휘황하다. 역이나 보堡는 모두 성을 둘렀고 대촌의 장원 역시 성곽이 둘러 있다. 태감太監의 농장까지도 사방으로 축성한 것을 보았다. 성은 모두 다 벽돌로 쌓고 무지개문을 만들어 놓았다.

사람이 죽으면 산이 아니라 들판 가운데 장사를 지낸다. 길옆의 평지에 묻기도 한다. 봉분 모양은 뾰족하여 송곳 같다. 해마다 봉분 위에 흙을 한 삽씩 떠 올리고 이를 가토加土라고 한다. 이 때문에 묘는 자꾸 뾰족해져 잔디를 입힐 수 없는 지경이다. 사대부들은 사방으로 담장을 두르고 전면에 문을 설치하니 이른바 신도묘문이다. 담장 안에 무덤이 많으면 수십기, 적으면 6, 7기가 있다. 백양나무 현판에 '무슨 벼슬을 한 아무의 선영[某官某人之先塋]'이라고 표시해놓았다. 통주에서 북경까지 이르는 길의 좌우로 묘문이 늘어서 인가와 뒤섞여 있었다. 길 옆에 있지 않은 것은 또 얼마나 있을지 알 수 있겠는가.

제를 지낼 때는 반드시 지전紙錢을 태워서 봉분의 표면이 온통 재투성이였다. 또한 붉은 종이로 조그만 깃발을 만들어 봉분의 꼭대기에 꽂아놓았다. 지전이란 종이에 금이나 은으로 도색해서 잔 모양으로 만들어 위쪽을 막고 중간을 비게 하니 우리나라의 금전지 은전지도 이와 같은 것이다.

조선 사신이 북경에서 거행한 의식

11월 7일, 맑다. 현조見朝의 일로 일찍 일어나 대궐로 향했다. 현조란 우리나라의 숙배肅拜(임금에게 절하는 의식)와 같은 것이다.

동쪽의 장안문長安門에 이르렀는데 시간이 아직 일러서, 그 앞에 앉아 문이 열리기를 기다려야 했다. 날이 밝아 비로소 들어가려 하자 화자火者(환관)가 입구에 서서 뇌물을 요구하며 들여보내지 않는다. 흰 접부채 5자루, 유선油扇 6자루, 칼 10자루를 바쳐서야 들어갈 수 있었다. 금천교禁川橋 앞에 좌우로 석주 한쌍이 서 있다. 높이가 6, 7길이나 되는데 용 형상을 새겨서 위로 감고 올라가서 그 위로 작은 용이 일어서 있다. 이를 경천백옥주擎天白玉柱(하늘을 받드는 백옥 기둥)라고 이르는 것이다. 그 다리의 남북으로는 굉장히 큰 돌사자 한쌍이 좌우로 앉아 있다.

승천문承天門, 단문端門으로 들어갔다. 승천문 안에도 역시 옥주가 있고 오문午門 앞에서 품계에 맞춰 늘어섰다. 오문은 오봉루五鳳樓. 오문 위에 좌우로 각기 두층의 누각이 있고 문루까지 해서 모두 다섯이다. 다른 문들 은 빗장이 원형인데 오문만은 빗장이 사각으로 코끼리의 큰 두상이다. 따라 들어가 여전배기臚傳拜起(구령에 맞춰 절하고 일어서는 동작)를 하니 네번 절을 하고 세번 고두를 하는 의식이었다. 그리고 광록시光祿寺에서 술과 음식을 들라는 명이 내렸다. 정원 가운데 식탁을 설치하고 음식을 차려놓았다. 각사의 하인들이 둘러서 대기하고 있는데 10여보에 못 미쳐서 어떤 사람이 한 식탁의 음식을 움켜잡고 달아났다. 그러자 사람들이 앞다투어 달려들어서 온 식탁이 순식간에 텅 빈 꼴이 되었다. 나는 몸을 돌려 나와 오문 앞에 이르러 속절없이 은혜에 감사하는 절을 한번 하고 네번 고두를 한 다음에 나왔다.

오늘은 각로閣老 3인, 부마 1인, 벼슬아치 수십인이 함께 사은숙배를 했다. 각로 등 대관이 사은謝恩을 했던 까닭으로 구령에 맞춰하는 의식을 거행했지만, 대관이 없으면 이런 의식마저 없다고 한다.

11월 8일, 맑다. 예부로 가서 현당見堂(예부상서를 뵙는 것)을 했다. 예부상서 강봉원姜逢元이 당상에 앉아 있었다. 처음 관정에 들어가서 무릎을 꿇고 자문咨文(외교문서)을 전했다. 네번 절하고 읍을 하고 무릎을 꿇고 나서 일어나 또 읍을 하고 나왔다. 의제사儀制司로 가서 낭중郎中 요공姚恭에 대해 두번 절하고 읍을 하니 낭중도 답배를 했다. 주객사主客司로 가서 하삼성河三省을 보고 의제사에서와 같은 의식을 거행했다. 다시 옥하관으로 돌아오자 주사主事가 제독청提督廳에 앉아서 현관례見官禮를 거행할 것이라고 하며 불러서 들어갔는데 의식을 면제해준다고 하여 도로 나왔다.

11월 10일, 맑다. 예부상서 강봉원이 교자를 타고 와서 중대청에 앉아 우리를 불렀다. 나와 서장관은 관대를 차리고 나가서 예를 갖추었다. 상서는 나를 앞으로 나오게 하여, "배신陪臣[8]이 멀리 오느라 노고가 많았소이다"라고 말했다. 나는 "신자의 직분상의 일인데 어찌 감히 노고라고 하겠습니까"라고 대답했다. 상서는 "황조의 은전이 매우 성대하고 제도 또한 엄격하니 의당 각별히 법도를 준수하여 어기는 일이 없어야 할 것이오"라고 말했다. 그러고는 바로 일어서 돌아갔다.

나는 역관을 시켜서 제독提督[9]에게 서책을 구해보기를 청했다. 제독은 "행낭 중에 서책이 없는가"라고 하여 역관이 없다고 대답하자, "어찌 한권의 책도 없겠는가? 내가 보고 싶노라"고 하여, 나는 『근사록近思錄』과 『도위집陶韋集』을 보내주었다. 제독은 "『도위집』은 일찍이 보았고 『근사록』은 보지 못했노라"면서 갖고 갔다. 사흘이 지나서 이 책을 돌려주었다.

11월 12일, 맑다. 예부에서 사은동지방물謝恩冬至方物[10]을 점검했다. 우리들이 직접 예부에 올리겠다고 요청했더니 허용하지를 않았다. 드디어 관대冠帶를 문안으로 보냈다.

11월 14일, 맑다. 의제사儀制司에 사은동지표謝恩冬至表를 바쳤다. 제독이 하정嗄程을 시켜 대미大米(쌀을 가리킴), 저육, 홍당무 등속을 보내왔다.

섬라국暹羅國(타이) 사신이 동관에 들어왔다. 그 일행은 대략 24인이다.

예부상서가 자문의 겉봉에 건수를 쓰지 않았고 또 마음대로 개봉을 했다고 하여 본부 하인에게 책임을 돌렸다. 이에 문서를 올려 해명했다.

11월 15일, 새벽에 흐리더니 아침에 맑다. 영제궁靈濟宮으로 가서 동지 의식에 참여했다.[11] 동반 서반의 관원들이 줄을 나누어 서로 바라보고 서서 의식을 거행하는 것이었다. 북을 울리자 즉시 서로 읍을 하고 서열에 따

---

8   외국에 사신으로 갔을 경우 자신을 일컫는 말이나 그에 대한 호칭.

9   제독청의 주사. 제독청은 예부 소속으로 외교관계를 담당한 곳이다.

10   매년 동지에 중국으로 가는 사신을 사은동지사 혹은 동지사라 불렀으며, 이때 휴대하는 예물은 방물이라 하고 천자에게 올리는 문서를 표(表)라고 했다.

11   동지는 24절후(節候)의 하나로서 새해를 맞는 매우 중요한 의미를 갖는 날로 여겨졌다. 동지를 기하여 조선에서 중국에 사신을 보냈는데 이것을 동지사라고 일컬었다. 영제궁은 동지 의식을 거행하는 장소로 추정된다.

라 북쪽으로 향하고 계단 위에 서서 창창唱을 하고 명편鳴鞭[12]을 했다. 동서의 뜰아래에서 각기 명편을 2인이 하고 삼성三聲 – 동서창東序唱을 한다. 이에 사배四拜 – 평신平身 – 궤궤跪 – 부복俯伏 – 기起 – 평신平身을 하고, 또 궤跪 – 복伏 – 홍흥興 – 사배四拜 – 궤궤跪 – 진홀搢笏 – 부복俯伏 – 홍흥興 – 삼무도三舞蹈 – 출홀出笏 – 궤跪 – 산호山呼를 하고, 또 사배四拜 – 홍흥興 – 평신平身을 하고, 또 명편을 한 다음에 예식을 마친다. 승려와 도사도 반열에 참여했다.

11월 24일, 맑고 청명했다. 동지가 오늘인데 교천제郊天祭가 있어서 동지의 하례를 26일로 물려 잡아 거행할 것이라고 했다.

11월 26일, 날씨가 맑고 온난했다. 새벽에 일어나 대궐로 나아가 동 장안문이 열리기를 기다렸다. 섬라국 사신 역시 와서 대기하고 있었다. 상사는 머리에 금사모金絲毛를 썼는데 모양이 중의 고깔 같고 청금선금의靑金線錦衣를 입었으며, 다음은 금관을 썼는데 양관梁冠 같고, 홍록피포백금령紅鹿皮袍白錦領을 입었다. 또 다음은 홍금모紅錦毛에 홍록피紅鹿皮 옷을 입었으며, 그다음은 홍관을 썼는데 파초잎처럼 늘어지고 위로는 손가락같이 뾰쪽하며 옷은 홍의를 입었다. 옷들이 모두 무릎을 덮는 정도였으며, 머리를 깎아서 망건은 쓰지 않았다. 수행하는 자들도 모두 머리를 잘라서 이마를 드러냈고 머리는 두세치 정도로 부성하여 쑥대 모양이고 얼굴도 씻지 않은 것 같았다. 상사 이하 모두 도보로 걸어왔다.

날이 밝아 천안문으로 들어가 오문 앞에서 권정례權停禮를 행했다. 다만 절 다섯번에 고두 세번을 하고 광록시로 갔다. 내려주는 술과 음식은 전과 같았으나, 술은 한잔이고 음식은 한 그릇뿐이었으며 다른 것은 없었다. 그래도 전처럼 달려들어 음식을 옮겨쥐는 소란은 없었기에 기뻐할 노릇이었다. 도로 나와서 오문 앞에 이르러 절 한번 고두 세번을 하고 사은을 한 다음에 나왔다. 입장연立仗輦(의장용 수레)은 모두 코끼리가 끌었는데 천안문

---

12   채찍을 쳐서 소리를 낸다는 의미다. 이로써 의식의 진행 순서를 알렸다.

밖으로 네대가 있었다.

12월 9일, 맑고 온난했다. 오늘은 우리 국모의 상기祥期(제삿날)여서 대청에다 자리를 마련해놓은 다음, 일행 중의 임원들만 거느리고서 백단령白團領에 흑모·흑띠 차림으로 분향한 다음 곡하고 사배를 했다.

곳곳에서 뇌물을 강요하다

12월 15일, 맑고 바람이 많이 불고 춥다. 예부상서 강봉원은 한없이 재물을 좋아하여 지난번에 자문咨文(외교 문서)의 문제로 소갑小甲(관아에서 심부름 하는 사람)에게 죄를 돌려 우문于文이 여러 차례 곤장을 맞고 추운 곳에 갇히기까지 했다고 한다. 대개 뇌물을 뜯어내려는 수작이다. 우문은 올 적마다 협박하기를 "상서가 탐욕이 심해 뇌물을 써야만 자기 죄가 면해질 수 있다"고 한다는 것이다. 이에 역관들이 '인삼 3근'을 써서 보였더니 우문은 그 종이를 땅에 던지며 "꼭 30근은 되어야 한다"고 큰소리를 치더라는 것이었다.

나는 우문을 죽인다 해도 우리에게 절박할 것이 없다고 생각해서 기어코 주지 않았다. 이것이 매번 관행이 되고 보면 후일의 우환은 말할 수 없을 것이기 때문이다. 세번이나 문서를 바쳐 해명했다. 예부상서는 부득이 그를 사면했다. 그리고 염초焰硝와 유황을 들여오는[13] 일로 문서를 바쳤는데 예부상서가 "이는 중대한 일이라서 국왕이 주문奏文을 올려 청하더라도 싱사되기 쉽시 않은데 배신의 분서 한장으로 어떻게 제청提請을 한단 말이오"라고 말했다.

또 서책의 일로 주사主事에게 문서를 보내니 주사는 "이 모두 이미 정해진 일이라, 결코 개정하기 어렵다"고 했다. 모두 뇌물을 탐내는 때문이다.

---

13 원문은 '공로초황(貢路焰黃)'인데 화약을 제조한 원료인 염초와 유황을 조공관계로 주고받는 무역품에 포함시키기 위한 것으로 추정된다.

근래 중국의 벼슬아치들 사이에 탐욕의 풍조가 더욱 심해졌다는 것이다. 뇌물로 황금 문진文鎭을 만들어 책 가운데 끼워 넣어 바치는 까닭으로 금값이 크게 올랐다고도 한다.

12월 16일, 맑고 바람이 차다. 전에는 제독에게 보내는 예물이 인삼 2, 3근에 지나지 않았으며, 이마저도 받지 않는 자가 있었다고 한다. 5, 6년 이래로 늘어나서 5근이 되었고 지난해에는 더 늘어나서 15근이나 되었다. 나는 '5근도 과한데 15근에 이르렀다니, 5근은 이미 여러 해 정해진 관례처럼 되었으므로 더 감하기 어려울 것 같지만, 작년에 새로 정해진 15근은 결코 따를 수 없다. 무궁한 폐해를 일으키는 시작이 되는 것'이라고 생각했다. 그래서 서로 버티느라고 아직 보내지 못했는데 제독은 이 때문에 노여움을 품어서 사사건건 방해를 놓았다. 오늘은 또 관부館夫와 역관을 구타했다. 모두 예물을 보내지 않은 까닭이다.

12월 17일, 맑고 바람이 자서 추위가 풀렸다. 하정嘏程이 왔다. 서반序班 (홍려시鴻臚寺의 관원) 왕국연王國挻이 시고와 시선詩扇을 보내왔다. 오늘 제독에게 인삼 5근과 기타 토산물을 보냈다. 역관들에게도 따로 인삼 10근을 주고 부사副使에게 역시 인삼 2근을 보냈다. 서반 2인에게는 각기 1근씩을 주었다.

12월 20일, 맑고 온난하다. 방물을 내부內部(황제의 처소인 대궐)에 바치는데 오늘 예부에서 환관 3천명을 뽑아 부대를 편성하여 길을 가득 메운다고 한다. 환관들이 말을 달리고 검술 시합을 벌여 대오를 지은 무리가 거의 5만여명이나 되는데도 부족하다 해서 더 뽑아 들인다는 것이다. 그런데 선발을 주관하는 태감에게 뇌물을 써야만 뽑힐 수 있기 때문에 가난한 자들은 아무리 재능이 있더라도 뽑히지 못해 눈물을 머금고 물러난다. 3년마다 3천명을 뽑는 것으로 규정하고 있으니 남자들 중에 상당수는 거세를 한다는 것이다.

12월 22일, 맑고 온난하다. 저물 무렵에야 방물을 내부에 다 바쳤다. 오늘 제독이 와서 수달 가죽 털이 좋지 않다고 차지 태감次知太監(담당 환관)이 퇴짜를 놓았다고 말하면서 가지고 와서 보여주는 것이었다. 나는 "우리나라에서 최상품으로 택해 가져왔고 따로 가져온 물건도 없다. 본국으로 돌려보내면 다음 해나 바꿀 수 있지 지금은 방도가 없다"고 응답했다. 대개 태감들이 뇌물을 뜯어내기 위해 농간을 부리는 수작인데 한번 길을 열어놓으면 뒷날의 폐해가 무한할 터이기에 강경하게 거절해 보낸 것이다.

병자호란 소식을 처음 듣다

12월 25일, 맑다. 새벽바람이 차다. 일찍 일어나 궁궐로 가서 성절하반聖節賀班에 참석했다. 동짓날의 의례와 비슷했다. 소갑 우문이 역관 전유후全有後에게 말하기를 "되놈 군대가 벌써 출동을 하여 동국으로 향해 갔다는 변방의 보고가 들어왔다"는 소식을 알려주었다. 다시 캐물었으나 더 말이 없었다.

섬라국 사신 4명과 통관 번무기樊懋己 등이 내방하여 예단을 전하고 갔다. 우리는 그들에게 주찬을 마련하여 대접했다.

12월 26일, 바람이 불고 추웠다. 저녁에 제독사 역관에게 우리나라 소식을 물었는데 대답에, 특별히 놀라운 보고는 없다고 했다.

12월 27일, 맑고 추웠다. 제독이 모인毛寅을 보내서 전하는 말이 "동강東江에서 전혀 보고가 없으니 놀라 걱정할 것 없이 안심하고 잘 있으라"는 것이었다.

12월 30일, 맑고 바람이 불다. 종소리가 들렸다. 황상의 소조小朝(보통의 조회) 날에는 오봉루 위에서 종을 3백번 친다. 조회에 참석하는 백관들이 종소리를 듣고 나오는데 문관 상공과 무관 국공國公 및 육부六部 상서가 모두 입시를 한다는 것이다. 이날 밤에 포성이 요란하게 울려 밤새도록 그치지 않았다. 대개 잡귀를 몰아내는 뜻이다.

정축년(1637) 정월 초하루 신축일이다. 날이 흐리더니 저녁에 잠시 맑았다. 새벽에 소갑이 와서 현조見朝를 한다고 소리치는 것이었다. 즉시 서둘러 의상을 차리고 나서서 궁궐로 나아가 하반賀班에 참여했다. 성절聖節 의식과 같았다. 또 광록시의 주반酒飯에 참여하고 나서 사은을 하고 나왔다. 전에 사신들은 정조正朝 하례에는 참여한 일이 없었다. 그래서 제독이나 서반 등이 이에 대해 말한 적이 없었다는 것이다. 어제 예부상서가 참여하는 것이 좋겠다고 생각해서 광록시 제품題稟에 올리도록 하여, 윤허를 받아 참여하게 되었다고 한다. 이는 특별한 예우라고 했다.

3월 8일 날씨가 맑고 따뜻하고 해무리가 있었다. 모인毛寅이 와서 만났다. 내가 말했다.

"13성省의 문인재사들이 경사京師에 운집해서 굉장하군요. 추로지향鄒魯之鄕[14]에는 아직도 예의와 시서詩書의 가르침이 남아 있으며, 염락濂洛(성리학의 발상지) 사이에는 강론의 학풍이 존속해 있고, 산동山東·산서山西에는 반드시 장수나 재상감이 많고, 복건福建·광동廣東에는 선비들이 능히 주장朱張[15]의 실마리를 이어가고 있을 터입니다. 그러니 고귀한 지위에 오른 사람들 역시 공맹孔孟을 알겠지요. 그럼에도 나는 시가지의 객관을 돌아다니면서 (사람을 만나) 손뼉을 치고 마음껏 담소를 나누며 예악을 토론하고 시부詩賦를 이야기하지 못하는 것이 한스러울 따름이오."

모인은 그의 책을 가지고 돌아갔다. 그는 다음 날엔 산릉山陵을 가서 12일이 지나야 돌아온다고 했다. 봄철의 청명일과 가을철의 상강일에 산릉의 제를 지내는데 이달 12일이 청명이어서 많은 관원들이 간다고 한다. 모인은 홍려시鴻臚寺 관원으로 가는 것이다.

정축년(1637) 3월 29일. 흐리고 바람 불다. 저녁에 제독이 은자 60냥을 보

---

14   맹자는 추 지역 출신이고 공자는 노 지역 출신이어서 '추로지향'이란 유학의 본고장을 뜻한다.

15   송대에 유명한 학자인 주희(朱熹)와 장식(張式)을 지칭하는 것으로 추정됨.

내고 인삼 6근을 구했다. 관에서 내려주는 원역화가員役靴價[16]가 은자 50냥
이다. 육의陸醫가 찾아와서 그와 이야기를 나누었다. 내가 물었다.

"가뭄이 이처럼 심한데 기우제는 지내지 않습니까?"

"초2일에 처음 기우제를 지냅니다."

"어디서 지냅니까?"

"각 아문에 배패흘소拜牌吃素【'배패'는 우사(雨師)의 표지로서 설치한 것
이다. 즉 여러 관원들이 모여서 재계(齋戒)를 하고 절을 한다】[17]가 있답니
다. 지난해 기우제를 지냈으나 가뭄이 더 심했지요. 서울 근방은 가물고 산
동山東과 하남河南은 가물지 않았습니다. 어느 지방은 거두는 것이 있는데
다른 지역은 거두어들인 것이 전혀 없기도 합니다. 6, 7년 사이에 매년 이
렇답니다."

"밖으로 되놈들이 침략하고 안으로 유적流賊(농민 반란)이 들끓고 하늘의
가뭄도 이러한데 조정의 대관들은 돈만 탐내고 있으니 나라의 일이 크게
걱정되는군요."

육의는 "그렇습니다"라고 하더니, '조정의 대관들이 돈만 탐내고'라는
대목에 방점을 찍으며 웃는 것이었다. 내가 또 말했다.

"대당大堂[18]이 은 백냥으로 인삼 14근을 구하여 통역관들이 수합해 보
냈더니 그 은까지 그대로 가지고 갑디다. 그 인삼을 은전으로 환산하면
420냥이 되는 것입니다. 이 일은 어떻습니까?"

육의는 웃으며 말을 받았다.

"이런 일은 본디 있는 일입니나."

"제독이 늘 관부館夫들 말만 들으며 후당後堂에 앉아 있어 일처리가 관

---

16   사행을 따라온 인원에 대해 지급해주는 약간의 돈. 화가(靴價)는 신발값이라는 의미이다.

17   기우제를 드리는 장소를 가리키는 말이다.

18   어떤 관청에서 높은 지위에 있는 사람이나 그가 위치하는 곳을 가리킨다. 여기서는 제독을
      지칭하는 것으로 보인다.

부들에게 물어서 나오니 체면을 잃게 되는 것 같소."

"대당의 방식이지요."

나는 또 물었다.

"예부에 주객 청리사主客淸吏司[19]라는 관직이 있긴 한데, '주객'의 뜻은 속방屬邦을 관장하기 때문에 붙인 말이겠지요? '청리'란 무슨 의미인가요?"

"관리들에게 먼저 자기 자신을 깨끗이 하도록 요구하는 뜻이지요."

"관직의 명칭을 돌아보고 그 의미를 생각하지 않을 수 있을까요?"

"뜻이란 기운입니다. 돈이 있으면 기운이 생기지요."

그러고 크게 웃는다. 제독이 지금 주객 청리사 낭중郎中으로 있었던 것이다. 내가 말했다.

"우리나라에는 대간이란 벼슬이 있지요. 사대부로서 비행·독직을 저지르는 자가 있으면 응당 탄핵을 받게 됩니다. 중국에는 이런 제도가 없습니까?"

"과도양아문科道兩衙門이란 것이 있긴 하지만 그 사람들 자신이 탐욕을 부리는데 어느 겨를에 남의 비행을 규탄하겠습니까?"

저녁에 모인毛寅이 와서 만났다. 제독이 관부에게 인삼 60근을 뇌물로 받았던 까닭으로 그의 말을 하나같이 따른다는 것이다.

(…)

4월 19일, 흐리고 바람이 불고 비를 뿌리다. 모인이 와서 말하기를 우리나라의 변방 장수가 적에게 항복하여 한발漢撥을 많이 죽였다고 한다.[20]

---

19   '주객'의 주는 주인의 입장인 중국을, 객은 손님 즉 조선을 가리킨다. '청리사'는 청백리의
     관서를 뜻하는 말이다.
20   '한발'은 한족으로서 청에 항복한 자들을 지칭하는 말로 보인다. '우리나라의 변방 장수'는
     임경업이다. 임경업이 적에게 항복했다는 말은 모호한 정보이며, 당시 상황 자체가 워낙 복
     잡했다.

조선사신 무사 귀국할 수 있도록

4월 20일, 맑다. 제독이 후당後堂으로 와서 우리를 불러 상을 나누어주고 또 병부의 제주題奏(황제에게 올리는 문서)를 보여주었다.

"병부상서 양사창楊嗣昌이 아뢰옵니다. '신은 본부 거가사車駕司 주사 오정吳鼎이 사이관四夷館의 개시開市에서 감찰해 파악한 보고에 의거해서 조선공사朝鮮貢使가 장차 돌아가는 문제에 대해 아룁니다. 생각하옵건대 저 나라는 되놈에게 항복하여 지금 이미 1개월이 지났음에도 소식이 적막하여 어떤 상태에 놓였는지 모르고 있습니다. 사신은 돌아가도록 하는 것이 좋겠다고 하여 방도를 찾아서 정탐을 한 것입니다. 신의 어리석은 소견으로 청하고자 하는바 천은天恩을 보통 때보다도 특별히 배를 더 내려주되, 칙명으로 그 귀로를 돌보아야 할 것입니다. 실로 두려운바 돌아가는 길의 해로에 장교들이나 병사들이 천조에서 소국에 어여삐 여겨 베푸는 뜻을 이해하지 못하고 오직 속국이란 마음을 가지고, 혹은 철산鐵山에서 우리를 살해하고 우리를 해쳤으니 지금 당장 죽여야 한다고 나설 수도 있습니다. 또 혹은 그 선박에 실린 것을 이롭게 여겨 드러나게 속이고 몰래 해칠 우려가 있습니다. 그리하여 사신이 적을 위해 군사기밀을 빼돌린다거나 공을 날조한다고 하여 사신들로 하여금 기를 펴지 못하게 만들어서, 이 때문에 영영 단절이 되는 실책이 적지 않을 우려가 있습니다. 신의 어리석은 소견으로 아뢰오니 가부를 내려주시옵기 엎드려 청하옵니다.'"

성지聖旨(황제의 지시)는 이러했다.

"조선은 세상에서 충의로 일컬어지는 나라인데, 힘이 부족해서 적에게 항복했으니 사정이 매우 딱하다. 아뢴 데 따라서 저들에게 상을 더해 내리고 돌아가는 길을 돌보아줌에 있어서 조정이 속국을 어여삐 여기는 은혜를 밝혀 깊이 걱정하는 뜻이 다 드러나도록 하되 즉시 청렴하고 유능한 무관 한 사람을 선임하여 바다를 무사히 돌아갈 수 있게 인도, 보호하라는 문서를 내리도록 하라. 만일 중간에 있는 관서들이 침범을 하고 위해를 가하는 일이 있으면 그 즉시 붙잡아서 엄히 다스릴 것이다. (…)"

우리는 이 제주를 읽고서 즉시 중문으로 나가 일행들을 거느리고 동쪽으로 향해서 통곡을 했다. 그리고 들어와 제독을 보고 적에게 항복한 일의 억울함을 말했다. 제독 역시 이 전언을 보고한 말은 그대로 믿기 어려우니 글을 올려 해명하라고 하는 것이었다.

섬라의 사신은 떠났다.

4월 21일, 흐리고 바람이 분다. 모인이 와서 제독이 자기를 시켜 두 배신을 위로하여 안심하게 하라 했다고 말했다. 나는 "주군이 욕을 당했음에도 신이 죽지 못했으니 어떻게 안심할 수가 있겠습니까"라고 대답했다. 모인이 "나라의 안위는 기수氣數에 관계되는 바이거늘 어찌하겠습니까"라고 말하여, 나는 다시 "나라를 근심하는 성심을 잊지 말아야 하는 신하된 도리로서 어찌 기수로 돌리겠습니까"라고 대답했다.

모인은 또 조선 세자가 북행을 하여 벌써 압록강을 건넜음을 알려주었다. 나는 눈물을 흘리며 "내가 문과에 오른 다음 6, 7년을 춘방관春坊官으로 있으면서 매일 강연講筵(세자와 강론하는 것)에서 모시었습니다. 지금 이 소식을 들으니 마음이 아파 죽고 싶소이다"라고 말했다.

모인은 "마음 아파한들 어찌하겠소"라고 위로한 다음 이어 말하기를 "항복하여 죽이고 해친 조선 장수는 임경업林慶業이랍니다"라고 했다. 그리고 또 "호송참장護送參將으로 부傅 씨가 선정되었으며, 군사 3천을 거느리고 함께 갈 것"이라고 알려주었다. 변무卞誣의 일로 문서를 예부에 올렸다.

4월 22일, 맑다. 새벽에 대궐로 가서 사은을 했다. 오후에 예부상서가 사람을 보내 이르기를 "내일은 월기月忌(매달 기피해야 되는 날)가 있으니 오늘 모름지기 출발해야 할 것"이라고 한다. 드디어 행장을 꾸려 문을 나섰다. 제독을 대해 눈물을 흘리며 작별을 고했다. 제독은 문밖으로 나와 읍을 하고 은근한 말로 인사를 하고서 상은賞銀 1백냥을 직접 주는 것이었다. 나는 무릎을 꿇고 받았다. 우문于文이 수고비를 요구하기에 나는 녹의를 벗어서 주었으며, 응동應同이 하직인사를 하기에 모시옷을 주었다. 드디어 출발하여 합달문哈達門 밖의 묘당에서 숙박을 했다. 한 노승이 매우 친절하게 접대하고 나서, 네모난 침상에서 가부좌를 하고 벽에 기대 졸고 있었다. 옆으로 반도전蟠桃殿이 있는데 서왕모의 소상을 모신 집이었다. 원역들은 나귀의 세를 미처 얻지 못해 태반이 모두 함께 출발하지 못했다.

—『잠곡조천일기』

지방관으로 처음 부임해서 —— 음성현진폐소 陰城縣陳弊疏[1]

신이 고을에 도임한 이후로 마음과 힘을 다해 병폐를 뿌리 뽑고 고독하고 곤궁한 백성을 구제하여 전하의 적자들이 자기의 논밭이 있는 마을에서 편안히 살아가게 함으로써 조금이라도 성은에 보답하고자 했습니다. 그러나 장애를 받는 일들이 많아서 뜻과 같이할 수가 없었습니다. 신은 여기에 막혀서 조처할 방도를 취할 도리가 없습니다. 먼저 본 고을의 병폐 가운데 마음 아프게 하고 보기에 참혹한 사실들을 전하를 위해 한두가지 들어서 아뢰고자 합니다.

본 고을은 쇠잔하고 열악하기가 호서의 여러 고을 가운데서 가장 심한데, 호서뿐만 아니라 팔도에서도 본 고을보다 더 열악한 고을은 없을 것입니다. 대개 고을의 열악함과 성대함은 면적이 크고 작음을 가지고 알 수 있습니다. 많으면 4, 50면 내지 2, 30면이며, 적으면 10여면은 넘고, 더러 6, 7,

---

1   인조 2년(1624) 4월, 왕의 특지로 음성현감에 부임해서 올린 상소다.

8면도 있습니다. 본 고을은 두면뿐입니다. 그 안에 호구가 즐비하게 있다고 치더라도 다 잡아보았자 얼마나 되겠습니까? 그런데 지난번 이래로 유망流亡한 자가 잇달아서 몇 년 사이에 10집 가운데 7, 8집이 달아나 마을이 쓸쓸하고 논밭이 황폐해진 상태입니다. 게다가 기근이 들고 전염병이 돌았습니다. 옷소매로 얼굴을 가리고 신을 끌고 비척거리며 길을 오가는 자들은 조만간에 굶어 죽어 구렁텅이를 메울 것만 같아 보입니다.

이런 때에 당해 불쌍히 여겨 아무리 보살피고 돌보아도 구제하기 어렵습니다. 그럼에도 요역을 시키고 부세를 징수하는 공문이 잇달아 내려오고 있습니다. 신이 이를 받들어 시행하고자 하면 민력이 고갈하여 말라 비틀어진 나무보다 심해지며, 독촉하는 것을 완만하게 하고 싶어도 상급 기관의 명령이 성화보다 더 급박합니다. 어리석은 신은 해결할 방도를 찾지 못하고 있는 상태입니다.

본 고을이 현재 징수해 내도록 독촉을 받고 있는 건 전세로 거두는 190석, 대동작미大同作米 160석, 삼결수포三結收布 150필, 궐군가포闕軍價布 140필입니다. 이외에도 제향祭享 공물, 약재의 댓가, 수군과 기인其人의 포布, 삼영三營에 납부하는 물품, 사명使命의 쇄마刷馬(짐을 운반하기 위한 관용의 말)에 대한 역가役價 역시 모두 민결民結에서 내도록 책임을 지워야 합니다. 이른바 민결이란 대부분 황폐한 땅이거나 절호絶戶(없어진 호구)의 것이어서 일족一族이나 이웃에 나누어 세를 내도록 하는 것입니다. 이 양兩 면의 쇠잔한 백성이 허다한 요역과 부세를 마련해 내야 하니, 신과 같은 '최과정졸催科政拙'[2]로서는 필시 기한 내에 임무를 나할 노리가 없습니다. 신이 죄를 받는 것이야 실로 감수할 일이지만 호소할 데 없는 백성이 연달아 쓰러져서 끝내는 죽음을 면치 못할까 두렵습니다.

공부貢賦를 납부하는 것은 백성이 아무리 집이 파산을 하더라도 마련해

---

2   부세를 독촉하는 일에 졸렬하다는 의미. 지방관의 성적을 평가할 때 쓴 표현인데 이는 대개 백성의 안타까운 사정을 보고 혹독하게 하지 못하는 태도다.

낼 것입니다. 그런데 궐번闕番의 댓가[3]에 이르러서는 죽도록 원통한 노릇입니다. 본 고을의 상번 군사는 모두 11명입니다. 그중에 남아 있는 자는 4명뿐이고, 그 나머지 7명은 도망갔거나 사망하여 절호絕戶가 된 지 이미 4, 5년이 되었습니다. 그럼에도 병조에서 점고點考하여 매번 원액대로 바쳐야 합니다. 이 때문에 일족과 이웃에 나누어서 가포價布(역의 댓가로 내는 포)를 징수하고 있으니, 일족이나 이웃이 없는 경우에는 전 고을의 민결에서 징수하게 됩니다. 서울에서 고용해 세울 경우 1명이 2개월의 번을 서는데 대한 댓가가 급등하여 20필에 이르고 있습니다. 7명의 댓가는 140필이 됩니다. 매번 이와 같으니 백성이 어떻게 목숨을 지탱하겠습니까.

전에 조정에서 내린 사목事目을 보니, 각종 군정軍丁 가운데 도망쳤거나 사망한 자를 아울러 조사해서 다 면제시키라고 했습니다. 이는 더없이 큰 은혜로운 명입니다. 본 고을의 군정에서 궐원이 생긴 문제 역시 응당 이 가운데 포함됩니다. 다만 상번하는 날짜가 7월 초하루인데, 병조의 점고는 6월에 있으며, 본도의 점고는 5월에 있습니다. 만약 팔도에서 조사한 것이 모두 올라오기를 기다려서 결정하게 되면, 이미 내린 은혜로운 명이 아래로 미치지 않고 미적거리다가 시행되지 못하게 되니, 140필의 포를 독촉해서 징수하지 않을 수 없습니다. 이 때문에 신은 긴급히 아뢰어 전하께옵서 기왕에 내린 명에 의거해서 우선 감면해주시기를 간청하옵니다.

아, 또 이보다도 더욱 심한 일이 있으니, 진전陳田(묵은 농지)에서 세를 거두는 일이 그것입니다. 신이 고을에 도임한 뒤에 경내를 순시하면서 묵거나 개간된 상태를 살펴보니, 수목이 자라 숲을 이룬 땅에도 그대로 세를 부과하고 있으며, 쑥대가 가득한 집터가 그대로 호구로 잡혀 있습니다. 이들에 대해서도 모두 10여년 이래로 무턱대고 부세를 징수하고 있는 것입니다.

본 고을의 진전 수량은 총 40결입니다. 대략 1년의 역가役價가 전세수미

---

3   역에 동원되는 것을 번이라고 하는데 참여하지 못하면 궐번이 된다. 이 경우 궐번의 댓가를
     돈으로 납부하게 한 것이다.

田稅收米와 공물 이외에 매 결당 8필의 포이니, 40결에서 받아들이는 것은 320필입니다. 이 10년 동안에 거두어들인 것을 소급해서 계산해보면 3천 수백필을 밑돌지 않습니다. 외롭게 살아남은 주민들이 자신이 경작하는 데 대한 역가를 납부하기에도 견디기 어려운 형편인데 더구나 절호가 되었거나 오랫동안 묵은 논밭에 대한 부세까지 나누어 맡아 내야겠습니까.

반정(인조반정) 이후로 탕감하여 잡역雜役으로 들어가는 것이 전에 비해 반으로 줄었습니다. 그런데도 매 결당 4필을 밑돌지 않는바, 40결에서 징수한 것이 1백 수십필이 됩니다. 1필도 헛되이 징수해서는 안 되겠거늘 1백 수십필을 징수해서야 되겠습니까. 바라옵건대, 전하께서는 원통하고 답답한 실정을 살펴서 해당 관서에 신칙하여 결원이 발생한 군정의 정원을 삭제하고, 진전의 결부結負를 제거해주옵소서. 그리하여 가장 열악한 고을이 먼저 성상의 은택을 받게 하옵소서. 그렇게 되면 온 나라의 백성들이 모두 기뻐하여 재생의 기쁨을 누리게 될 것입니다.

신이 우려하는 바는 담당 관원이 자기 쪽의 직무만 생각하는 것입니다. 병조에서는 분군分軍하는 데 결손이 생길까 우려하고, 호조에서는 경비가 부족할까 우려합니다. 이에 상소해서 진술하더라도 으레 반대하는 주장을 하게 됩니다. 결국 독책만 하다가는 일족과 이웃이 모두 도망을 쳐서 호적에 오른 사람이 날로 줄어들고, 탕감해주면 흩어지고 달아났던 사람들이 다시 돌아와서 호구가 점차 늘어날 것이라는 점을 전혀 모르고 있습니다. 어찌 눈앞에 닥친 작은 걱정 때문에 나라의 장구한 계획을 잊어서야 되겠습니까. 더구나 극히 쇠잔하고 열악한 고을의 7명의 군성과 40결의 전지가 있고 없고에 따라서 나라의 계획과 병력에 영향을 미칠 것이 얼마나 되겠습니까?

신은 여기에 또 하나의 의견이 있습니다. 고을의 경계를 나누는 것은 실로 균일하게 해야 마땅합니다. 만약 지나치게 크거나 작아서 고르지 못하게 되면 응당 변통을 해서 합당하게 조처해야 할 것입니다. 군현이란 분명히 합쳐졌다가 다시 나누어지기도 하고, 나누어졌다가 다시 합쳐지기도 합니다. 변통하는 방도는 예로부터 있었습니다. 본 고을은 형편없이 쇠잔한 까닭에 일찍이 청안淸安과 합쳐지기도 했습니다. 그런데 중로中路와 대로大路가 지나고 있어서 사명을 띤 관인이 줄을 이어 오고 가는 까닭에 고을 사람들이 두가지 역에 시달렸습니다. 이에 조정해주기를 요청해서 도로 분리하게 된 것이 이제 겨우 5, 6년이 지났습니다. 오늘날 형편없어진 상황은 지난날보다도 더 심하니, 다시 청안과 합병시키는 것이 옳을 듯합니다.

만약 합병할 수 없다면 이웃 고을의 긴 데서 떼어다가 이곳의 짧은 데에 붙이는 것이 타당하다는 것입니다. 본 고을은 충주와 경계가 닿아 있는데, 충주는 40여면이나 되고 본 고을은 2면밖에 되지 않습니다. 주州 하나는 어찌 이렇게 크고 현 하나는 어찌 이렇게 작다는 말입니까. 충주 땅은 서쪽으로 쭉 뻗어나가서 본 고을과 음죽현陰竹縣의 경계 지점을 뚫고 지나간 곳이 있는데, 그 사이가 불과 5리가 되지 않아, 모양이 마치 호리병의 허리나 비파의 목과 같이 생겼습니다. 지명은 석우石隅입니다. 여기서부터 서남쪽으로 돌아 내려가면서 땅이 점차 넓어져서 서쪽으로 죽산의 경계에 닿고 남쪽으로 진천의 경계와 이어지며, 본 고을을 빙 돌아 감싸고 있어서 마치 품속에 품고 있는 듯합니다. 충주로 보면 마치 혹처럼 불필요하게 달린 모습인데 죽산과 진천의 경계여서 충주 치소治所와의 거리가 먼 곳은 120리가 됩니다. 그 지역의 백성들은 관부와의 거리가 먼 것이 괴로워 다른 곳으로 옮겨서 속해지기를 소원한 것이 오래되었습니다. 석우의 서쪽에서부터 지세를 살펴 본 고을로 떼어 붙이면, 충주로서는 한쪽 구석을 떼어내도 흠이 날 것이 없고 본 고을로서는 이 지역을 얻으면 모양이 갖춰지고 쇠잔한 백성들이 요역을 나누어 담당할 수 있게 되어 어느 정도 무거운 짐을 덜 수 있을 것입니다. 이렇게 하는 것이 땅을 나누어 백성을 부리는 방도에 있어서 크게 공평하고 편익을 취하는 효과가 있을 것입니다.

다만 염려되는 바는, 이 지역의 여러 토호들이 누호漏戶(누락시킨 호구)를 많이 숨겨두고 요부徭賦(요역徭役과 부세賦稅)를 도피하고 있다는 점입니다.

그럼에도 관부가 아주 멀어 관의 명령이 미치지 않고 있는 것입니다. 이들이 시골 구석에서 무단武斷을 부려서 거리낌이 없었던 것은 유래가 오래되었습니다. 지금 만약 본 고을에 떼어 붙이면 백성들은 관아가 가까운 것을 좋아하여 원통한 일이 있으면 즉시 가서 하소연할 수 있고, 징발하고 모집하는 데도 쉽게 응할 수 있을 것입니다. 또한 요부를 사가私家에 빼앗기기보다는 관가에 납부하는 편이 낫지 않겠습니까.

또한 토호들은 매우 꺼려하여 반드시 온 주州를 선동하여 갖가지 정소呈訴(제소를 하는 것)를 하여 싸우듯이 다투어 이긴 뒤에라야 그만두는 것입니다. 신이 말하는 일은 공公이니 실로 그들과 더불어 억지로 많은 말을 하여 다툴 것이 없습니다. 그렇다면 마땅히 분할하는 편이 편리하다는 점이 더욱더 잘 드러납니다. 그리하여 토호를 억제하고 가난한 백성을 안정시키며 한정閑丁(군역을 지지 않는 장정)을 찾아내고 누호를 얻게 되니, 이 역시 국가에 이로움이 있을 것입니다.

신은 작은 고을의 하찮은 관원으로서 함부로 강역疆域의 문제를 논하여 저곳에서 떼어다가 이곳에다 붙이자고 주장했으니, 신의 죄가 큽니다. 신이 비록 보잘것없는 사람이지만 어찌 저 한 몸의 이익을 위해 이런 말을 하겠습니까. 돌아보건대, 쇠잔한 고을의 백성들은 치우치게 고통을 당한 나머지 앞으로 도저히 살아갈 수 없는 형편입니다. 그런 까닭에 생각을 다하고 여러 가지로 궁리한 끝에 이와 같이 아뢰는 것입니다. 아울러 지형을 그림으로 그려서 함께 올립니다.

삼가 바라옵건대, 전하께서는 성심으로 결정을 지어 시행하도록 해주옵소서. 신의 속마음을 다 쏟아낸 말이 한 조각 빈 종이가 되지 않도록 하여 주옵소서.

아아, 나라를 튼튼하게 하는 방도는 백성을 안정시키는 것이 근본입니다. 백성이 안정되면 나라 역시 안정됩니다. 신이 어찌 사적으로 백성만 사랑하고 국가의 군부軍簿가 긴급하고 세수가 중요하다는 점을 생각하지 않을 리가 있겠습니까. 구구한 이 마음은 전하로 하여금 한 고을의 폐단으로 미루어 팔도에 두루 미쳐서, 일족과 이웃이 침해를 당함이 없게 하고, 유망한 자들이 도로 모여들게 하자는 취지입니다. 그러면 인구가 날로 불어나고 농지가 모두 개간될 것이니, 군사가 충원되지 않을 것을 어찌 근심하며, 국가의 용도가 부족할 것을 어찌 근심하겠습니까. 신이 한 고을의 백성을 안정시키고자 함은 바로 온 나라의 백성을 안정시키고자 하는 것입니다. 신은 오직 국가를 위하고 전하를 위할 따름이요 다른 마음은 없습니다.

신은 기왕에 가난한 백성들을 독책해서 국가의 부역에 응하지 못했고, 또 뜻을 오로지하여 보살펴서 두개 면의 백성들을 편안하게 하지도 못했습니다. 이것도 저것도 제대로 하지 못해 조금도 도움이 되지 못했는데, 어찌 감히 하는 일 없이 자리만 차지하고서 한갓 녹봉만 축낸 채 전하의 일명一命(첫 벼슬을 내리는 것)의 총애를 훔칠 수가 있겠습니까.

삼가 바라옵건대, 전하께서는 신이 망령되이 상소한 죄를 주시고 신이 외람되게 받은 직을 삭탈하여 신으로 하여금 논밭 사이에서 분수에 맞게 살면서 태평시절을 노래하게 해주옵소서. 사람 때문에 말을 버리지 마옵시고 말을 채택해 쓰신다면 신은 비록 말라 죽더라도 만에 하나 여한이 없을 것입니다. 신은 간절한 마음을 이기지 못해 삼가 죽음을 무릅쓰고 아뢰나이다.

—『잠곡유고』권3,「음성현진폐소陰城縣陳弊疏」

대동법 시행을 주장하다

호서·호남에 대동법 건의

엎드려 생각하옵건대 임금의 정치는 백성을 편안하게 하는 것보다 우선시되는 일은 없습니다. 백성이 편안한 다음에라야 국가가 안정될 수 있습니다. 옛사람의 말에 "하늘의 재변은 백성의 원망이 불러오는 것"이라고 했습니다. 백성의 삶이 부역의 괴로움 때문에 즐겁게 일하려는 마음이 없으면 원망의 기운이 맺혀 그 형상이 하늘에 나타나는 것은 필연의 이치입니다. 임금은 재난을 만나게 되면 두려움으로 몸을 돌려서 수신 반성을 합니다. 이는 다른 도리가 있는 것이 아니요 백성을 보호하는 정사에 있으니, 저들의 삶을 편안하게 하도록 하는 데 있을 따름입니다.

오직 전하께옵서는 처음부터 맑고 밝으심으로 진실한 정치를 생각하여 빼어난 인재들을 불러 모아 다스리는 방도를 강구하십니다. 그럼에도 천재가 끊이질 않고 백성이 안주하지 못하는 것은 대개 경장을 하지 못해 마땅히 변통해야 할 일이 많은 데서 생기는 것입니다.

수십년 이래 형세가 어렵고 위태로워져서 법도는 무너지고 풍속은 퇴폐하고 말았습니다. 탐관오리들이 자신을 살찌우고 위로 아첨을 떠는 까닭에 백성은 곤궁해지고, 토호들과 부자들이 무단을 하여 많은 땅을 차지하는 데서 백성이 날로 곤궁해지며 사신의 행차가 빈번하여 접대하느라고 바쁘니 백성만 곤궁해지는 것입니다.

저 자신이 어찌할 수 없는 문제에 대해서는 실로 도리가 없으나 힘을 써서 해볼 수 있는 일에 대해서는 변통을 하지 않아서야 되겠습니까? 지금 사방의 백성이 새로운 교화에 눈을 크게 뜨고 덕정德政이 펼쳐진다는 소리가 들리기를 날마다 고대하고 있습니다. 마냥 구습을 따라서 구차하게 넘어가면서 억조창생의 간절한 소망을 저버리고 당장 크게 변통할 기회를 놓쳐서는 안 될 것입니다.

대동법은 부역을 공평하게 하기 위한 편민便民의 방도이니 실로 당장의 시폐時弊를 구하는 좋은 계책입니다. 비록 대동법을 전국에 두루 시행하지는 못한다더라도, 경기·관동 지역은 이미 실시하여 효과를 보았습니다. 또 만일 호서와 호남에서 시행한다면, 백성을 편안하게 하고 나라에 유익한 방도로서 이보다 더 큰 것은 없습니다.

졸곡卒哭[4] 뒤에 즉시 논의하여 정하는 것이 당연했습니다만, 중국 사신이 마침 당도해서 미뤄지고 말았습니다. 지금 칙사가 이미 돌아갔는데도 조정에서 논의하고 있다는 말은 전혀 들리지 않습니다. 신은 적이 괴이하다는 생각이 듭니다. 만약 신이 나가기를 기다려 의논하려고 한다면, 신은 지금 불행하게도 병으로 누워 있으니, 또한 신에게 일을 그르치게 만든 죄가 돌아올 것입니다.

신이 이 일에 대해 조급히 여기는 까닭은, 사복嗣服의 초기에 바로 결행해야 할 일인데[5] 만약 흉년이 들면 시행하기 어렵기 때문입니다. 마침 조금 풍년이 들었으니, 이는 하늘이 모처럼 기회를 주신 것입니다. 내년에 일을 하자면 겨울 전에 확정해야만 결행할 수 있습니다. 신이 급한 마음으로 걱정하는 것은 바로 이 때문입니다. 신이 나가서 회의에 참여하더라도 말할 것은 이에 지나지 않습니다. 신의 주장이 채택된다면 백성에게 다행일 것입니다. 만약 채택되지 못하면, 노망하여 일을 잘 헤아리지 못하는 사람이 될 뿐입니다. 그런 재상을 앞으로 어디에 쓰겠습니까?

천하의 일은 서로 어긋나기를 좋아합니다. 자산子産이 "어찌 감히 그대의 얼굴이 나의 얼굴과 같다고 하는가"라고 했던 말[6]을 신은 깊이 개탄하는 바입니다. 옛사람이 이르기를 "일을 도모하는 것은 사람에게 달려 있고 일을 이루는 것은 하늘에 달려 있다"고 했습니다. 신이 믿는 바는 오직 전하의 하늘입니다. 감히 따로 아뢰고자 하는 내용을 별지에 열거했습니다. 만일 뒤에 발생하는 일이 있으면 일에 따라 그때그때 아뢰겠습니다. 집에 있기에 모르겠다고는 감히 말하지 않겠사옵니다.

바라옵건대, 성상께서는 신이 병이 깊은 것을 안타깝게 여기시어 속히

---

4   졸곡은 상을 당한 지 100일 후를 일컫는데, 이 글에서는 당시 인조가 죽은 것을 가리킨다.
5   사복은 선대의 사업을 계승한다는 의미. 그 시점이 인조가 승하하고 효종이 왕위를 계승한 초기이기 때문이 이렇게 말한 것이다.
6   자산은 춘추시대 인물. 사람들이 서로 같은 얼굴이 없듯이 의견이 서로 엇갈리기 쉽다는 뜻.

물러나게 해주옵소서. 그러면 공사 간에 다행일 것입니다. 결단해주옵소서.

—『잠곡유고』권3, 「청행양호대동잉사우의정차請行兩湖大同仍辭右議政箚」,

기축己丑(1649) 10월

정유년(1657)의 논의

엎드려 아뢰옵건대 금년은 홍수와 가뭄이 겹쳐서 농사가 어떻게 될지
알 수 없습니다만, 보리나 밀은 이삭이 팬 채 여물지 않고 있는 것을 보면
추수도 걱정이 됩니다. 가뭄 끝에 비를 만나 몹시 상한 곡식이 조금 되살아
나기는 했으나, 병든 사람이 약기운으로 부지하여 겨우 죽음을 면한 상태
여서 끝내 완전한 사람이 되기를 바라기 어려운 그런 모양입니다. 호서와
양서兩西(평안도와 황해도)는 벌써 흉년을 걱정하고 있는데, 다른 도라고 어
찌 곡식이 잘 되기를 기대할 수 있겠습니까? 구휼할 대책을 일찍이 강구해
서 미리 세워두어야 할 것입니다.

전부터 호남 사람들이 대동법을 시행하자는 청원이 앞뒤로 잇달아 있었
으나, 조정에서 허락하지를 않았고 승정원에서는 그 상소를 막아서 올리
지 않았습니다. 신은 참으로 이해할 수 없는 일입니다. 신이 처음부터 끝
까지 이 주장을 계속하는 데 대해 사람들은 으레 비웃습니다. 그럼에도 신
이 이 문제를 급박하게 생각하는 것은 까닭이 있습니다. 대개 호남은 국가
의 근본인데 재해를 입는 일이 많아서 민심이 이미 떠나 있습니다. 필히 가
을 전에 대동법을 시행해야만 다소간 혜택을 베풀 수 있는 까닭입니다. 그
래서 죽음을 무릅쓰고 누차 아뢰는 것입니다. 아아, 백성들이 꼭 하고 싶어
하는 일은 하늘이 반드시 따르는 법입니다. 임금이 하늘의 뜻을 본받는 도
리에 있어, 어떻게 백성의 뜻을 먼저 따르지 않을 수 있겠습니까?

누군가 말하기를 "백성은 모두 다 소원하지만 수령들이 나서서 하려 하
지 않기 때문에 시행할 수 없다"고 합니다. 호남 백성은 몇백만이 될지 헤

아릴 수 없이 많은데 수령은 50여명에 불과합니다. 어찌 50여명이 하지 않으려 한다는 이유로 수백만이 간절히 소망하는 일을 하지 않아서야 되겠습니까? 현재 본도에서 1결에 거두어들이는 쌀이 거의 6, 70두나 된다고 합니다. 10두만 거두어들이면 백성들에게는 아주 적게 거두는 것이어서 다섯배나 줄어듭니다. 그래도 국가의 쓰임에는 부족할 것이 없는데 무엇을 꺼려 이를 시행하지 않을 것입니까.

지난번 호서에서도 수령들이 모두 시행하려 하지 않았습니다만, 시행하고 나서 몇 년 사이에 먼 시골의 백성들이 논밭과 마을에서 춤을 추며 개들이 아전을 보고도 짖지 않습니다. 그래서 이웃 도민들로부터 크게 부러움을 사고 있습니다. 이것이 이미 실시해본 분명한 효과입니다. 서울과 지방이 다 같이 편안하게 여기고 위와 아래가 다 같이 좋아하는 바입니다. 나라에 바치는 10두를 제외한 나머지는 모두 백성들이 먹습니다. 구휼하는 방도로 이보다 좋은 계책이 어디에 있겠습니까. 창고의 곡식을 방출하지 않고도 나라 안에 굶주리고 죽어가는 백성이 없게 될 것입니다.

신이 전에 대동법을 주장할 때 호남까지 아울러 모두 파악해서 결복結卜과 미포米布의 수치를 문서에 기록해서 본청에 간직해두었습니다. 본청의 관원들은 모두 이에 숙달되어 있습니다. 다만 약간의 조목들만 따져서 변통하여 보고하도록 한 다음 지시하기만 하면, 시일을 얼마 허비하지 않고도 일이 쉽게 거행될 것입니다.

이 일은 신이 평소에 항시 주장하던 문제로, 지난해에도 아뢰었고 지금도 다시 아뢰고 있습니다. 그러니 삼월三刖(여러 번 벌을 받는다는 의미)의 죄를 면하기 어려울 것입니다. 하지만 죽을 날이 얼마 남지 않아 국은을 갚을 길이 없으므로, 위로 임금께 죄를 짓고 아래로 조정에 비웃음을 산다 하더라도 신으로서는 돌아볼 겨를이 없습니다.

신은 우러러보고 굽어보며 밤낮으로 걱정을 합니다. 땅이 갈라지고 산이 무너지는 일은 참으로 말할 수 없는 변고입니다. 게다가 태백성太白星

(금성)이 대낮에 나타나 일년 내내 사라지지 않더니 동정성東井星을 범해 들어가고, 유성流星(혜성)이 쏜살같이 날아 밤마다 사람들을 놀라게 하고 천균성天囷星과 천창성天倉星도 출현하고 있으니,7 이는 크게 우려할 조짐입니다. 어느 누가 신이 감히 기우杞憂에 사로잡혀 전유顓臾를 근심하지 않는 것8이 아닌 줄을 모르겠습니까. 신은 간절한 마음을 금치 못해 한 목숨을 다 바칠 따름입니다. 재결해주기 바라옵니다.

— 『잠곡유고』 권5, 「청통행양호대동차請通行兩湖大同箚」, 정유丁酉(1657) 7월 11일

대동법 절목 ── 「호서대동절목서湖西大同節目序」

군자는 이 세상을 살아감에 있어 어려서 힘써 배우고 배운 것을 행하고자 하는바 자기의 천작天爵을 닦아 인작人爵9을 받는 뜻이 어찌 혼자 이익을 취하고 명예를 구하기 위해서이겠는가. 장차 자기의 포부를 행하여 인민에게 실시하고자 함이다.

관작은 높고 낮음이 없이 진실로 뜻을 행할 마음이 있으면 마땅히 성현의 말로 확고하게 법을 삼아야 한다. 그리하여 한 고을에서 행하면 한 고을의 인민이 평안하고, 한 나라에서 행하면 한 나라의 인민이 평안하며, 천하에서 행하면 천하의 인민이 평안해질 것이다. 정심正心·수신修身·치국治國·평천하平天下의 도는 곧 성현이 사람을 가르치는 법이니 은택이 우리 인민에게 돌아가기 마련이다. 세상에 성의誠意·정심의 학문을 말하는 이들은 모두 서책에 실린 내용을 수습해서 뜻을 정성스럽게 하고 마음을 바

7　동정성과 천균성·천창성은 28수(宿)에 속하는 별자리들이다. 언급한 여러 현상은 옛날 천문학에서 흉년이 예상되는 불길할 징조로 생각한 것들이다.

8　기우는 쓸데없는 근심에 사로잡히는 것을 이르는 말. 전유는 우환이 내부에 있을까 걱정된다는 말. 즉 지금 국가의 내부에 큰 문제가 있으므로 이를 해결하기 위해서는 대동법 실시가 긴요함을 강조한 것이다.

9　천작은 스스로 덕을 닦는 것이고, 인작은 사람이 주는 벼슬이다.

르게 가지면 천하국가가 상당한 정도로 다스려지게 될 것이라고 한다. 그런데 단지 입으로 말을 하면서, 정작 이 임무를 시급하게 생각하는 것을 공리功利[10]라고 비웃는다. 심지어는 상오商於나 반산半山[11]이라고 비방하기도 한다.

나는 어둡고 천박하여 학문이 무엇인지 알지 못하지만 원하는 바는 마음가짐을 바르게 하고 일을 기획하기를 충실히 하며 쓰기를 절약하여 백성을 사랑하고 부역을 가볍게 하며, 공허한 데로 빠지고 멀리 나가 형식에 들뜨지 않고자 했다.

나는 성명聖明을 만나서 관작이 분수에 넘친다. 마침 다난한 시기에 당해서 민생이 곤궁한데 재능이 정밀하지 못하고 나이도 늙어 나라에 보답할 길이 없다. 오직 고인의 말씀을 들어 생민의 한 부분의 고통이나마 구하고자 하여, 한 도에 먼저 시행해보고 나아가서 여러 도에 행하고자 한 것이다. 그런데 반론이 벌떼처럼 생기고 비방이 고슴도치 털처럼 일어나는 데다가 간활한 이속들은 욕심을 다 채우지 못할까 걱정하고 호민豪民들은 그 사이에서 원망을 늘어놓는다. 한 사람이 크게 소리치면 백 사람이 호응하는 형세다. 그래서 거의 일을 이룰 수 없는 지경에 이르렀다.

다행히 호조판서 이시방李時昉, 예조판서 남선南銑, 예조참판 허적許積이 처음부터 끝까지 한마음으로 백성의 각종 부역을 공평하게 하기 위해 변통하여 장애가 있으면 곧 해결했다. 봄가을의 공부貢賦 이외에 때 없이 징수하는 것이 다시 없도록 하니 공사 간에 평온하여 밭을 갈고 씨 뿌리는 일을 때맞추어 할 수 있게 했다. 호서 천리의 백성들이 각자 자기 일에 힘쓰고 다른 지역의 백성도 이 조처가 우리들에게 늦어진다고 탄식했다. 당

---

10   공리란 공명(功名)과 이익을 가리키는데 공리주의를 정통 유학에서는 대체로 부정적으로 여겼다.
11   상오는 전국시대 법치를 주장한 상앙(商鞅)을 가리키고, 반산은 북송시대 청묘법을 주장한 왕안석을 가리킨다. 상앙과 왕안석은 그 당시의 유자들이 극히 부정적으로 평가했다.

초에 반대하던 사람들도 깨달아 자못 마음을 돌리게 된 것은 이 어찌 성군이 결단한 결과요, 여러 분들이 변통을 한 것이 타당해서가 아니냐!

드디어 『대동절목록』을 판각, 인쇄하고 본도에 내려보내 고을마다 한 부씩 비치하여 이속들과 백성들이 모두 다 취지와 방도를 환히 알아서 받들어 시행하여 철칙처럼 지키게 할 것이다. 그러면 뒤에 나오는 시비는 그 사이에 끼어들지 못할 터이니 국가생민의 복리는 이루 다 말할 수 있으랴!

아, 고대의 정전제는 오늘날에 다시 회복하기는 어렵지만 차선책으로 이보다 좋은 것이 없다. 근세에 나랏일로 마음을 다했던 훌륭한 학자나 높은 관리치고 이 문제를 급선무로 생각하지 않은 분이 없었다. 동중서董仲舒는 한나라 초기인 문제와 경제의 치세에 당해서 세가지 대책對策을 올리면서 "응당 개혁을 해야 함에도 하지 않음"을 지적했다. 율곡 선생은 「만언소萬言疏」에서 공납제를 개혁하여 폐해를 제거할 것을 앞뒤로 누차 제기했다. 지금 경전을 끌어들여서 시비를 하는 이들은 과연 고금을 초월한 식견을 지녔단 말인가.

이 일을 시작한 처음에 발의는 내가 했지만, 여러 분들이 적절히 변통을 해서 방해 공작이 먹혀들지 않았던 것이다. 여러 분들이 변통을 잘한 때문이라고 하겠으나, 성상의 확고한 결단이 끝내 한 도의 백성에게 미쳐 천지 부모의 은혜를 입게 된 것이다. 장차 여러 도가 다 같이 어진 마음으로 보살핌에 힘입어 우리 동방이 억만년토록 누릴 태평이 여기서 비롯되리라. 이 일을 함께한 여러 분들이 책머리에 일의 시말을 기록하길 청해서 위와 같이 대략 시술한다.

갑오년(1654) 3월 20일 청풍 김육이 쓰다.

——『호서대동절목록湖西大同節目錄』

화폐 통용 문제

평안·황해 양도에 돈의 통용을 건의한 상소【정해년(1647) 12월 개성유수
로 있을 때】

신이 일찍이 돈을 통용하자는 내용의 상소를 올려서 건의했으나 윤허를
받지 못했습니다. 신이 본부本府(개성을 가리킴)의 직책을 맡은 지 거의 1년
이 되는데 이곳 백성들은 돈을 사용하는 것이 중국과 다름이 없습니다. 크
게는 집과 땅, 노비에서 작게는 땔감이나 사료, 채소, 과일 등속까지 모두
돈으로 거래하며, 인근의 강화·교동喬桐·풍천豐川·장단長湍·연안延安·배
천白川 사람들도 모두 돈을 사용하는 실정입니다. 아이가 장에 가더라도
속을 염려가 없습니다. 이에 신은 돈의 통용이 가능할 것으로 생각하고 기
뻐했습니다.

비록 전국에 두루 통행을 시키지는 못하더라도 평안도와 황해도에서 통
용을 시키면 이 지역의 백성들에게 필시 이로움이 있을 것이며, 길을 나선
사람들이 양식을 싸가지고 다니지 않아도 될 것입니다. 이제 이 두 도의 감
사들과 병사들에게 먼저 감영·병영에 각기 비축해둔 구리를 가지고 대장
간을 설치하여 돈을 주조한 다음, 좋은 방법을 취하여 민간에 유통시키도
록 하소옵서. 그리고 벌금이나 속전贖錢(면제를 받기 위해 바치는 돈)을 징수하
고 부세를 돈으로 납부하게 하면 호령을 번거롭게 내리지 않더라도 돈이
저절로 통용될 것입니다.

지금 평안도와 황해도의 감사는 다 나이 젊고 능력이 있으며 국사에 관
심이 깊은 사람들입니다. 지난번에 신이 이들과 이 문제를 논의해보았는
데 모두 시행할 수 있다고 하니, 오직 나라에서 명을 내리시는 데 달려 있
을 뿐입니다. 지금 바야흐로 공사를 막론하고 창고가 텅 비어 있고 민력이
다 소진된 상태입니다. 흉년에는 굶어 죽는 것을 면치 못하고 풍년에는 쌀

과 포목을 허비합니다. 이는 곧 물화가 유통되지 않기 때문입니다.

옛날 송나라 학자 장재張載는 농지 한 구역을 사들여 정전법을 시험해 본 바 있습니다. 개성에서 돈을 사용하고 있는 일은 사실상 송나라 때 시험 해본 정전법입니다. 삼대三代(중국 고대의 하·은·주) 이후로 오랫동안 폐지되 었던 정전법도 시행하려 들었는데, 천하에 통행했던 구부환법九府圜法[12]을 어찌 유독 우리나라에서만 시행하기 어렵겠습니까?

신은 국은을 입은 바가 대단히 큰데 보답을 못했습니다. 편민익국便民益 國의 방도를 백가지로 생각하여 감히 우자일득愚者一得(어리석은 자라도 천번 생각하면 하나의 소득은 있다는 의미)의 소견으로 거듭 개진하는 바입니다. 성상 께옵서는 굽어 살피옵소서.

—『잠곡유고』 권4,「양서청용전소兩西請用錢疏」

돈의 통용을 점차 확대해가는 일(1654)

엎드려 아뢰옵건대 충청우도에서 실시한 대동법에 대해 백성들이 매우 편하게 여기고 있습니다. 다만 산간 고을에서는 면포로 마련하는 일이 곤 란하다고 호소하는 자들이 더러 있습니다. 1결에 2필의 면포를 백성 자기 들이 짜서 바치면 곤란할 것이 없겠지만, 직접 짜지 못하고 쌀로 바꾸어 바 쳐야 하는 경우 풍년에는 쌀 10여두로도 1필 값이 부족합니다. 산골의 백성 들은 풍년이 드는 것을 도리어 고통으로 여깁니다. 풍년이 드는 것을 고통 으로 여겨야 하는 백성이 어떻게 즐거운 마음으로 살아갈 수 있겠습니까.

신의 생각으로는, 돈을 사용하면 이런 고통에서 벗어날 수 있습니다. 충 주, 청주, 공주에 소속한 영춘, 단양, 청풍, 제천, 청산, 보은, 괴산, 연풍, 문 의, 옥천, 영동, 음성, 청안, 회인, 회덕, 목천, 진천, 진잠, 연산 등 20여 고을

---

12 주나라 때 실시했던 화폐제도. 강태공이 처음 마련했다고 한다.

은 모두 산간 지역입니다. 수령들이 민간의 구리를 수집하도록 하거나 혹은 관청의 비용을 절감해서 구리를 구입한 다음, 산으로 운반해서 돈을 주조하도록 합니다. 그리하여 포목 대신 돈으로 납부하게 하되, 다는 못해도 혹은 반을 대납하거나 3분의 1을 대납하거나 하면 면포로 대납하는 곤란을 줄일 수 있고, 실어가기도 용이합니다. 그런데 지금 일제히 돈을 주조하게 하면 비방하는 말이 필시 일어날 것입니다. 본도에 물어서 편한지 여부를 조사하여 원하는 고을에만 주조하도록 하고 원하지 않는 고을에는 억지로 할 것이 없습니다.

서울은 돈을 통행하는 일이 근래에 이르러 가능해 보입니다. 각 기관에서 공물 값을 받아들일 때 의당 10분의 1이나 10분의 2를 돈으로 받아들이다가 점차 확대하여 반 정도까지 돈으로 받아들이게 합니다. 그러면 돈이 통행될 수 있고 민폐도 크게 줄어들 것입니다. 영남에서는 일찍이 전에 돈의 주조를 중지했습니다. 지금 『실록』을 봉안하러 가는 길에 들으니 감사 권우權堣가 바야흐로 돈을 주조하고 있다고 합니다. 이 또한 신이 권해서 하는 일입니다. 기왕에 사주私鑄를 허용했으니, 편의대로 관에서 주조하는 것이 해로울 것이 있겠습니까. 이만李曼이 내려가는데 신은 그로 하여금 양남兩南 지역에도 구리를 모아 돈을 주조하도록 했습니다. 만약 먼저 대로에 다니는 여행객들이 돈을 사용하여 서울에까지 미치면, 각 기관에서 통상적으로 쓰는 비용도 돈으로 쓸 수 있게 될 것입니다.

신이 호조판서 이시방李時昉과 상의하여 상평창의 은과 포를 가지고 파동破銅을 사들였습니다. 근면하고 능력이 있는 사람들을 시켜 영서의 숯을 굽는 곳으로 가서 유민들에게 노임을 주고 부려서 돈을 주조하게 하되, 관청을 번거롭게 말고 기간도 꼭 정하지 말고 상을 주는 것으로 권장한다면, 동전 수만관은 주조하기 어렵지 않을 것입니다. 중국 요동의 심양瀋陽에서 동전을 무역해 오는 일도 필요 없어질 것입니다.

이런 등의 번잡한 일을 가지고 성상께 아뢰는 것은 마땅하지 않습니다만, 신이 마음대로 한다고 중상하는 자가 있을까 염려되어 감히 아뢰는 것입니다. 화를 두려워해서만이 아니요, 이루어가는 일이 무너지게 될까 걱정해서입니다. 간절한 마음을 이기지 못해 죽음을 무릅쓰고 아룁니다. 심의해주옵소서.

——『잠곡유고』권5, 「청령호서산읍주전차請令湖西山邑鑄錢箚」

채제공

채제공(1720~1799)의 초상.

1장
채제공, 인물 개관과 정신 자세

인물 개관

채제공蔡濟恭(1720~99)은 자 백규伯規, 호 번암樊巖으로, 본관이 평강이
다. 지사知事(지돈녕부사知敦寧府事) 채응일蔡應一의 아들이며, 참판 채성
윤蔡成胤의 손자다. 어머니가 황룡이 지붕 위로 오르는 태몽을 꾸고 낳았
는데 울음소리부터 특이했다. 세살 적에 갓 돋아난 이빨로 어쩌다가 엄마
의 젖꼭지를 물어 깜짝 놀라게 한 일이 있었는데, 울며 젖을 사흘토록 빨지
않았다고 한다. 나이 18세 때 뜰 앞에 선 노송을 두고 지은 시에서 "마음대
로 꿈틀거리고 커서 앞을 가리지만 솟아올라 향상할 뜻을 잊지 않았구나
[縱成屈曲當展長 不忘升騰向上心]"라는 구절을 어떤 어른이 보고 장차 원대한
인물이 될 것이라고 감탄했다. 영조 계해년(1743)에 문과에 급제했다. 장
헌세자莊獻世子(사도세자)가 대리청정을 하여 10년이 경과했는데 사고나 판
단에 혐오감이 극심한 편이었다. 김상로金商魯·홍계희洪啓禧 등이 의구심
을 품어 은밀히 공작해서 궁정의 안팎을 선동하여, 상이 비망기備忘記[1]를
내리는 데 이르렀다. 여러 승지들이 황공하여 어찌할 바를 몰랐다. 그다음

날 새벽에 그가 입대入對하여 "이 전교傳敎는 신하의 처지에서 차마 들을
수도 없는 일입니다. 신은 죽을 따름입니다. 결코 전교를 반포할 수 없습
니다"라고 했다. 상은 진노하여 일어섰다. 그는 급히 앞으로 나가서 소매
를 붙잡고 "신은 만번 죽어도 되돌려드립니다"라고 아뢰었다. 이 말과 함
께 눈물을 줄줄 흘렸다. 상은 그의 지성스러움에 노여움이 자못 풀렸다. 임
오년(1762)에 모친상을 당했다. 그해 5월 13일에 상이 창덕궁에 납시어 동
궁을 폐한다는 명을 내렸다. 그는 이 변보를 듣고 상복을 입은 채로 대궐
에 들어가 엎드려서 10일 동안 가슴을 치며 통곡했다. 병신년(1776) 정조가
왕위를 계승하자 김상로 등의 죄를 다스림에 역률逆律을 추가해 집행하고,
채제공을 입시하라는 명을 내렸다. 상께서 다음과 같이 말씀하셨다. "선대
왕께서 일찍이 손을 잡고 이르기를 '나와 너희 부자 사이를 두루 온전히
하려고 노력한 것은 채 아무다. 참으로 나에게 있어서는 순신純臣(진실한 신
하)이요 너에게 있어서는 충신이다'라고 하시었다." 무신년(1788)에 우의정
에 임명되고 영의정에 이르렀다. 기유년(1789)에는 융능隆陵(사도세자 능)이
수원으로 옮겨지고 그곳의 유수留守로 임명되었다. 시호는 문숙공文肅公이
다. 일가 사람인 채홍원蔡弘遠을 양자로 들였는데 문과에 급제하고 벼슬이
참의에 이르렀다.

—안종화『국조인물지』권3

그의 행적 및 일화

여기 내용은 채제공에 대한 일화적 성격의 기록들로 『번암선생행장樊巖先生行狀』이라는
문헌에서 가져온 것이다. 이 문헌은 원래 상하 2책의 필사본인데 상책만 현전하고 있다

---

1   왕이 명령을 적어서 승지에게 전하는 것. 세자를 폐위한다는 내용이었을 것으로 짐작됨.

(덕양재德養齋 소장). 본 단원은 그 일부를 초록하여 구성했는데, 끝의 한 조목은 『실록』에서 뽑은 것이다.

붉은 해가 떠오르네

선생은 휘 제공濟恭이며, 자 백규로, 성이 채蔡이고 호를 번암樊巖이라고 했다. 관향이 평강인데 시조묘가 있는 곳의 바위 이름이 번암이어서 호로 삼은 것이다. 대개 근본을 잊지 않으려는 뜻이다.

선생은 숙종 경자년(1720) 4월 6일 미시(오후 2시 전후)에 충청도 홍주洪州의 주곡舟谷 집에서 태어났다. 부모가 모두 태몽을 꾸었는데 부친은 수많은 사람들이 둘러서서 '붉은 해가 채진사의 머리 위로 떠오르네'라고 소리치는 꿈을 꾸었고, 모친은 황룡이 지붕 위로 날아오르는 꿈을 꾸었다. 마을 앞에 들판 십여리를 관개할 수 있는 저수지가 있었는데, 선생이 태어난 직후에 홀연 물이 말랐다. 지금까지도 그런 상태다. 어떤 중이 지나다가 보고 말하기를 "여기는 명당이다. 못이 말라버린 땅에는 반드시 대인이 탄생할 기운이 뭉쳐 있다가 그 신령한 기운이 새 나간 것이다"라고 했다. 처음 태어났을 때 몸에 이상한 징조가 있었다. 귀 뒤로 눈에 띄지 않는 곳에 조그만 구슬 모양의 검은 점이 칠성七星을 이루었고, 손바닥에도 무늬가 문文자 모양을 이루고 있었다.

황희 정승을 다시 볼 줄이야

선생은 18세에 오씨 가문으로 장가를 들어 충장공 약산藥山 오광운吳光運의 조카사위가 되었다. 초례를 치른 다음 날의 일이다. 국포菊圃 강박姜樸이 약산이 마련한 자리에 참석해서 뜰 앞을 가리고 선 노송을 두고 선생에게 시를 지어보게 했다. 부르는 운韻에 따라 즉석에서 지은 시에 "마음대로 꿈틀거리고 커서 앞을 가리지만 솟아올라 향상할 뜻을 잊지 않았구나"라는 구절이 들어 있었다. 특히 이 구절에 두 분이 다 크게 경탄해 마지않았다.

이로부터 약산과 국포의 문하에 다니게 되었는데 두 분이 국사國士로 대접했다. 약산은 선생을 보고 "군은 나라의 그릇이 될 것이다. 후일에 응당 경국제민經國濟民의 책임을 맡게 되리라. 경국제민의 임무를 맡는 사람은 의당 먼저 규모를 세워야 한다" 하고서, 그의 이름에 제濟 자를 넣어 '제공'이라 하고 자는 규規자를 넣어 '백규'라고 지은 것이다. 선배 어른들이 그에 대해 원대한 기대를 가졌던 것이 이와 같았다.

언젠가 선생이 청파동 집에서 약산댁으로 걸어가고 있었다. 이른 시각이어서 길에 사람이 없었다. 그런데 허름한 옷에 패랭이를 쓴 어떤 사람이 그 뒤를 따라오다가 스쳐서 앞으로 나가더니 고개를 돌려 얼굴을 찬찬히 보고는 큰소리로 "오늘날 황익성黃翼成(세종 때의 유명한 정승 황희) 같은 이를 볼 줄 몰랐다"고 두번이나 부르짖었다. 그리고 잠깐 눈을 돌리는 사이에 어디로 사라져서 간 곳이 없었다.

——『번암선생행장樊巖先生行狀』 상편

평양감사로 부임해서

갑오년(영조 50년, 1774) 여름에 평안도 관찰사로 임명되었다. (…) 어전에서 하직을 할 적에 상이 앞으로 나오라고 하여 팔을 들어 만져보게 하시었다. 그리고 "이세 평안도에 대해서는 나의 마음이 놓이지만 내가 너를 생각하는 마음을 어찌할 것이랴"는 뜻으로 '관서심이 여련갈승關西心弛 余憐葛勝'이라는 8자를 손수 써 주어서 간직하게 되었다. 실로 세상에 드문 일이다. 왕세손(정조를 가리킴)도 별도로 환약을 내려주어서 각별한 정을 표하시었다. 선생이 당시 감회를 표현한 시가 있다.

280

상림원(비원)의 나무를 잊지 못해

대궐을 나서는 발걸음 더디네

부모님 늙으셨는데

아들이 먼 길을 떠나는 심경이라오

몸소 팔목을 들어 보이시며

신하에게 만져보라 하시고

동궁도 정성어린 선물을 주시니

명약을 알뜰히 싼 것이었네

서성거리는 발걸음 떠나지를 못하니

저절로 감동의 눈물을 흘리노라

    평양 감영에 도임하자 감격한 심경으로 더욱 보답할 방도를 도모하여, "내 무엇을 닦아 성상의 마음이 놓인다는 뜻에 보답할 수 있으랴" 하여, 부로들에게 두루 알아보게 했다. 평안도 백성들의 가장 절박한 문제는 염산채斂散債였다. 평양 감영에 백성들이 진 부채는 언제 발생했는지도 알 수 없는데 결손난 것이 12만 7천여냥이나 되었다. 백년 사이에, 그 당시 사람들은 이미 죽었고 아들로부터 손자, 증손자에 이르도록 징수하여 일족 아니면 이웃도 아닌 데까지 미쳐서 매를 맞아 죽은 자가 줄줄이 나왔다. 죽지 않으면 도망을 쳐서 감소된 호구가 10분의 2, 3이나 되었다. 선생은 이에 안타까운 마음으로 문제를 해결하기 위해 마치 불을 끄러 달려가고 물에 빠진 사람을 구하러 뛰어가듯이 했다. 드디어 각각의 업무에 따라 간략하게 하고 절약하도록 해서 몇 달 사이에 각 창고의 돈이나 면포로 백성이 진 부채를 원래 수량대로 충당하여 하나도 결손이 없게 했다. 을미년(1775) 7월에 선생은 대동문 문루에 올라서서 인민들을 불러 모으고 채무 장부를 거리에 쌓아놓도록 하니 그 높이가 거의 지붕과 가지런했다. 이를 모두 소각하고서 포고하기를 "이는 내가 은혜를 펴는 것이 아니요 우리 임금님의 뜻을 받들어 하는 일이다"라고 했다.

그전에 평양의 무신이 부채 상환의 일을 보고하여 성상도 이를 알고 있어서 별도의 유시가 있었던 것이다. 백성들은 모두 임금님이 계신 곳을 향해 송축을 하여 기쁨이 하늘과 땅을 흔들었고, 간간이 흐느낌과 함께 외치는 소리도 들렸다. "우리 아버지도 우리 형님도 이 때문에 죽었고, 우리 남편 우리 아들, 우리 사위도 이 때문에 죽었다네. 이런 날을 보지 못한 것이 한스럽네."

이 일을 다 마무리 짓고 나서 조정에 보고했다. 상은 가상하게 여기는 특별 유시를 내렸다.

장봉빈을 살려준 이야기

평양부의 군교軍校로 장봉빈張鳳彬[2]이란 사람은 남의 어려움을 그냥 지나치지 못하고 돕기를 좋아하여 결국 공금 5천냥의 빚을 지고 말았다. 선생은 관찰사로서 그를 구속하여 처형하지 않을 수 없었다. 관리들과 백성들을 모아놓고 장봉빈에게 군법을 시행할 판이었다. 부내府內의 남녀노소들이 누구나 힘을 보태서 장봉빈을 살려내자고 일제히 아우성을 쳤다. 돈이며 은을 모아 서로 앞다투어 머리를 박는가 하면 옷을 벗어 던지고 비녀를 뽑아서 잠깐 사이에 눈앞에 가득 쌓였다. 선생(채제공을 가리킴)은 의롭게 여겨 그 물건들을 돌려주고 장봉빈을 풀어주었다. 성중의 부녀자들과 아이들이 기리는 노래를 지어 불렀는데 '사또님, 정승에 오르시고 자손이 만당하옵소서'란 축원의 말이 담겨 있었다. 이 노래가 길거리에 널리 유행했다. 그리고 창고에 남은 3만냥으로 도내의 군인들이 각자 납부해야 하는 30전을 덜어주어서 평안도의 백성들이 지금에 이르도록 칭송하고 있다.

---

2   이옥의 작품에 「장복선(張福先)」(『이조한문단편집 3』)이 있다. 부분적인 차이는 없지 않으나 동일 인물로 보인다. 채제공이 그를 살려준 일화가 전파되었음을 알 수 있다.

겨울에 상소를 올려 돌아가기를 청했는데 연군의 마음을 간절히 진술했다. 상이 내린 비답批答에서 "경이 이번 지방장관을 맡고서 평안도에 전심전력을 다 쏟았다고 한다. 내 만약에 받아들이지 않으면 군신을 어찌 지우知遇라고 할 것이랴! 특별히 청하는 바를 허락하노라. 나도 보고 싶구나"라고 했다.

선생이 평양 감영을 떠남에 성안의 남녀들이 온통 전송을 나왔고 늙은이들은 너나없이 눈물을 뿌렸다. 행차가 경기도 지경에 들어서기 전부터 연이어 언제 당도할 것인가 물었으며, 홍제원에 당도할 즈음에는 자의紫衣가 도로에 빗발치듯 했다.[3]

——『번암선생행장樊巖先生行狀』 상편

채제공과 정조가 주고받은 말

좌의정 채제공이 차자를 올려 삼정승을 다 충원해주시기를 청하며 아뢴 말이다.

"군왕의 기강이 날로 가벼워가는데 위엄을 세우는 자 누구이며, 조정의 공론이 거의 없어지고 말 지경인데 주관할 자 누구이며, 벼슬아치들의 청렴한 풍조가 쓸어낸 듯 사라지는데 감찰할 자 누구이며, 사대부의 집안에 글의 종자가 끊길 지경인데 진작할 자 누구이며, 가난한 백성들의 집에서 원망과 탄식의 소리가 자꾸 들리는데 돌보아줄 자 누구입니까?"

이에 대한 비답은 이러했다.

"군왕의 기강, 조정의 공론, 벼슬아치들의 청렴, 사대부의 문풍, 민생의 궁핍 이 모두는 지금 당면한 국정 가운데서 제일 먼저 손꼽히는 문제이고 급히 힘써야 할 과제다. 이 일들에 위엄을 세우고, 주관하고, 감찰하고, 진

---

3 홍제원은 지금 서울 서쪽의 지명으로 남아 있는 곳이며(홍제), 자의는 액정서(掖庭署)의 하례를 가리키는데 왕명을 전갈하는 임무를 맡는다.

작하고, 돌보아줄 방도들은 경이 책임지고 힘써주기를 바라노라."

——『실록』, 정조 15년(1791) 10월 8일

삶의 현장과 자세

약봉풍단기藥峯楓壇記

숭례문 밖으로 얼마 떨어지지 않는 데에 봉우리가 솟아오른 곳이 약봉[4]
이다. 약봉의 맥이 구불구불 서남쪽으로 뻗어가다가 동쪽 가까이에 뭉쳐
언덕을 이루었는데 그 지점의 높이가 네댓길 정도다. 그 기슭에 좌우로 날
개를 펴서 둘러싼 언덕이 자못 힘차 보인다. 오른편으로는 마치 어깨가 몸
에 달라붙어 행여 떨어질까 꼭 붙드는 것 같으니 초교硝橋[5]의 물에 거슬러
서 머리를 들었다 내린 형세다. 두 날개가 앞을 전부 가로막는 데는 이르지
못하니 둥근 고리의 한면이 터진 모양을 이루고 있다.

그 아래로 평평하여 널찍한 곳에 언덕을 등지고 자리 잡은 집이 바로 허
백당虛白堂 성현의 옛 집터다. 한양에 처음 도읍을 정할 적에 신승 무학無
學이 이 터를 알아보고 성씨에게 주었다고 한다. 어느 날 허백당이 밤에 홀
로 동산에 올라가 시를 낭랑히 읊조리는데 새벽닭이 울려 하고 달빛이 희
미한 즈음이었다. 그날 어떤 손이 찾아와 묵고 있었다. 마침 잠이 깨어 창
틈으로 밖을 내다보다가 신선이 내려왔나 싶어졌다. 얼른 일어나서 나갔
다가 서로 바라보고 웃음을 터트렸다고 한다. 오늘날에 이르도록 사람들
사이에서 재미나게 전해오는 이야기다. 성씨 집안이 이 터를 2백여년을 지
녀오다가 자손이 능히 지키지 못해서 약산 오공의 소유가 되었다. 내가 젊

---

4   지금 서울 중구 중림동 지역으로 약현(藥峴)이라고도 불렀다.
5   지금 서울역의 북쪽에 있었던 염초교(焰硝橋)로 추정됨.

은 시절에 글을 읽고 공부하던 곳이 바로 이곳이다. 약산옹이 세상을 떠나신 뒤로 자손이 미약하여 지키지 못해 다시 나에게 넘어온 것이다. 천지만물이 정해진 주인이 없는 것은 이와 같다.

여기 동산이 황폐하여 무너질 지경이었다. 나는 돌로 축대를 쌓아 석축이 세층이 되었다. 그 위로 단을 만들어서 가끔 앉아보곤 한다. 잣나무는 수령이 얼마나 되는지 모르겠는데 가지와 잎은 넓게 퍼져 지붕 위의 용마루를 덮으며, 뿌리는 땅 위로 노출되어 돌을 이고 있기도 하고 단을 뚫고 나가 꿈틀꿈틀하여 깔고 앉을 만하다. 소나무는 붉은 비늘에 푸른 갑옷을 두른 듯하니 그늘이 연못에 가득 차 바람이 없어도 저절로 솔바람이 일어난다. 회나무는 위로 솟아올라 하늘까지 닿으니 우러러볼 수 있어도 다가서서 보기는 어렵다. 단풍나무는 봄여름으로는 잎이 금돈이 쌓인 것 같은데 가을이 되면 다홍치마가 햇빛에 환하여 멀리 창문에 반사되는 것 같다. 이들 모두 둘러서 석단石壇의 경관을 돕고 있다.

석단에 오르면 목멱산木覓山(남산)이 정면으로 바라보이니 푸름이 금방 손에 잡힐 듯하고 성가퀴가 보이다가 말다가 한다. 숭례문의 대문이 활짝 열리면 수레와 말이며, 사람들이 들어가고 나가고 하는 정경을 앉아서 셀 수가 있다. 도봉산의 뾰쪽뾰쪽한 봉우리들은 마치 동쪽 하늘가로 아득히 운무 사이에서 관성자管城子가 모자를 벗고 나란히 서 있는 것도 같다.[6] 이 또한 풍단의 시야를 이루는 것들이다.

매일 하늘빛이 노을에 물들고 나면 성남의 만호 가옥에 등불이 반짝여서 하늘에 별이 가득하고 바둑판에 바둑알이 놓인 형국을 이룬다. 이윽고 하얀 달이 떠오르면 잣나무, 소나무, 회나무, 단풍나무가 그림자를 열 이랑의 마당 가운데로 거꾸로 드리운다. 길고 짧고 성글고 촘촘하여 저마다의 형체에 따라 이무기가 서리듯, 용이 꿈틀거리듯, 발아래서 종횡으로 움직

---

6   관성자는 붓을 의인화한 말로 여기서는 산봉우리의 뾰쪽뾰쪽한 모습을 표현한 것.

인다. 이는 풍단의 가장 기이한 경관인데 여기서 밤을 지새보지 않은 사람은 알 수가 없다.

　나는 풍단을 더없이 사랑한다. 때로는 찾아오는 젊은 문객들 이삼십인이 여기 풍단 위에 앉아 시를 읊거나 글을 짓고 하여, 누가 민첩하고 누가 빼어난지 우열 고하를 시험해보기도 한다. 아니라도 나의 발걸음이 풍단에 오르지 않은 적이 없는데 문객들 또한 뒤를 따라오지 않은 적이 없다. 이에 기대 앉아 그들에게 이르기를 "경사經史와 도의를 논할 능력이 없으면 풍단에 오르는 것이 마땅치 않다. 시를 하지 못하면 오르는 것이 마땅치 않고, 바둑을 두고 거문고를 탈 줄 모르면 마땅치 않으며, 산수 연하煙霞의 풍광을 감상할 줄 모르면 마땅치 않다"라고 한다. 이 말을 써서 벽에 붙인다. 도처사陶處士의 "나는 취했으니 자려고 한다"는 말과 비교해보면 어느 쪽이 후하고 어느 쪽이 박하다 할지 나는 모르겠다.[7]

—『번암집樊巖集』 권34

매선당에 부친 글 (1)

　매선당每善堂은 서울의 보은동報恩洞[8]에 있다. 내가 잠자고 거처하는 집인데, 누구에게 말하지 않았으니 내가 매선당이라고 한 뜻을 사람들이 알 길이 없다. 내가 말하고자 해도, 말을 꺼내기 전에 먼저 눈물이 쏟아져 울먹이느라 마음을 품고도 꺼내지 못한 것이 오래되었다. 하지만 울먹이느라고 끝내 신친의 뜻을 밝히지 않는다면 나의 답답하고 어리석음을 더할 따름이다. 나는 실로 차마 말하기 어렵지만 말하지 않을 수도 없다.

　지난날 선친의 병환이 위중해 거의 숨이 끊어지시는 중에 소자의 손을

<hr>

7　도처사는 동진시대 유명한 시인인 도잠(陶潛, 도연명)이다. 그는 친구들과 어울려 술을 마시다가 취하면 그들에게 솔직하게 돌아가라고 말했다 한다.

8　보은단동, 일명 미동. 지금 서울의 중구 소공동 부근.

잡고서 "매사에 선을 다하라(每事盡善)"고 이르셨다. 아아, 생사의 갈림길에서 부자지간에 가르치실 말씀이 한정이 있겠는가. 그럼에도 오직 '선' 한 글자만을 들고 다른 말씀은 일체 않으셨다. 평소에 몸소 실천하고 마음에 터득하신 것이 이 말고는 들어 있지 않았던 것이다. 그렇기에 손을 잡고 당부하신 말씀이 이뿐이었다. 부자 사이에 서로 깊이 이해하는 것은 옛사람들도 어려운 일이라고 했다. 더구나 어리석고 부족한 사람이 어떻게 잘 보고 배울 수 있었겠는가. 그렇긴 하지만 자식으로서 부친을 46년 동안 모셨으니, 우리 아버지의 말씀과 행실이며, 책을 읽고 사리를 궁구하시는 동안이나, 집에 계실 때와 나아가 벼슬하실 때의 행사에 대해 혹여 하나라도 모르는 것이 없었다. 순수한 선에서 나오지 않은 것이 하나도 없으셨으니 소자 또한 어찌 마음속으로 보고 느낀 바 없었겠는가.

소자가 성상을 만나서 세상에 드문 사랑을 받아 안으로는 국가의 기밀을 논의하는 자리에 참여하고 밖으로는 방백方伯으로 백성을 다스리는 임무를 맡게 되니 부친께서는 자애로운 심경으로 기쁨도 크고 근심도 절실하셨다. 기뻐하신 까닭은 가문의 명성을 이어가게 된 것을 기뻐하심이요, 근심하신 까닭은 나라의 은혜를 저버릴 것을 근심하심이었다. 소자가 조정에 들어가 임금께 아뢰고 외직에 나가 백성을 대함에 더러 임금의 덕을 바로잡고 백성의 고통을 살피는 일이 있으면 기쁨으로 잠을 이루지 못하셨고, 그렇지 못할 경우에 또한 근심으로 잠을 이루지 못하셨다. 아버지로서 자식이 선하기를 바라는 것은 누군들 그렇지 않겠는가. 나의 부친이 이 소자에게 기대하시어 소자를 각별히 힘쓰도록 하신 것이 친함으로 말하면 부자의 관계요, 엄정하신 것으로 말하면 스승과 제자의 관계다. 그런 까닭에 병상에서 숨이 곧 넘어가 일어나지도 깨어나지도 못하는 순간에도 지성이 맺혀서 가장 긴요한 경계를 내리신 것이다. 한마디 은밀한 전언과 비슷한 바 있었다. 소자는 울며 받아서 자나 깨나 감히 잊지 못했다.

옛날에 태사공太史公 사마담司馬談이 나라의 봉선封禪 의식에 참여하지 못해 분통이 나서 죽게 되었을 때,[9] 그의 아들 사마천司馬遷의 손을 잡고 울면서 "우리 선조는 주나라 왕실의 태사太史였다. 내가 태사로서 논술을 못하여 천하의 역사 문헌이 끊어지게 되었다. 나는 매우 두렵다. 너는 이 일을 생각하라"고 했다. 사마천이 마침내 석실금궤石室金櫃[10]의 서적들을 편찬하여 부친이 세상을 떠날 때 당부한 말을 저버리지 않았다. 아, 사마담은 분통이 나서 죽었으니 이미 명命을 아는 사람은 아니었다. 또한 아들에게 당부한 말도 저술하는 일에 지나지 못했다. 나의 부친이 바르게 생을 마치면서 치명治命[11]을 남기신 데 비교하면 동등하게 볼 수 없는 것이다. 그런데 이 소자가 만일 밤이나 낮이나 두려운 마음을 가지고 부친의 임종의 말씀을 가슴속에 새기지 않는다면, 어지신 부친이 아시고 "나는 뒤를 계승할 군자가 있다"고 말하지 못하겠거니와, 또 사마천의 죄인이 될 터이니 두렵지 않은가. 힘쓰지 않을 수 있겠는가. 나의 처소에 편액을 건 까닭은 아침저녁으로 바라보며 나의 부친께서 엄연히 앉아계신 듯 여기려는 것이다. 나는 이 뜻을 지켜 나의 심신을 편안히 가질 것이니, 나의 자손들은 이 편액을 전가傳家의 비결처럼 삼아 대대로 실추하지 않아야 할 것이다. 그러면, 나의 선친께서 남겨주신 뜻을 거의 저버리지 않게 되리라.

—『번암집』권34, 「매선당기每善堂記」

매선당에 부친 글 (2)

나 정약용이 조정에 진출하고 나서 번암 상공에게 인사드리러 갔다. 그

---

9   사마천의 부친 사마담(司馬談)이 태사령(太史令)을 지냈는데 사마천도 이 직임을 계승했다. 『사기』에서 태사령을 태사공이라고 일컬었다. 태사령은 천문 도서를 관장하는데 사마담이 마땅히 참여해야 할 국가적 봉선(封禪) 의식에 참여하지 못해 분통이 나서 죽었다는 것이다.

10 국가의 중요한 문헌을 보관해두는 특별한 시설.

11 임종에 당해서 맑은 정신으로 하는 유언. 치명의 반대말은 난명(亂命)이며, 치명인 경우 자손들은 이를 이행해야 할 의무가 있다.

댁에서 매선당이라는 편액을 보고서 "매선이란 무슨 의미입니까" 물었다. 상공은 서글픈 기색으로 얼굴빛을 고치고서 하시는 말씀이었다.

"이는 나의 선친이 남기신 뜻이라네. 선친이 역책易簧[12]을 하실 적에 나의 손을 잡고 말씀하시기를 '너는 매사에 선을 다하여라' 하고 이 말씀이 끝나자 곧 숨을 거두셨네. 아아, 소자로서 어찌 잊을 수 있겠는가. 이 때문에 늘 보면서 나의 마음을 일깨우려 한 것일세. 말씀을 실행하자면 내 어떻게 해야 할까!"

나는 가만히 생각해보았다. "사람이 요순 같은 성인이 아닌데 어떻게 매사에 선을 다할 수 있을까?"라는 고인의 말이 있으니, 매사에 선을 다할 수 있는 것은 요순뿐이다. 그런데 안자顔子가 이르기를 "순 임금은 어떤 사람이며, 나는 어떤 사람인가"라고 했다. 안자와 같은 뜻을 지닌 다음에라야 바야흐로 매사에 선을 다하는 원을 이룰 수 있다. 소열황제昭烈皇帝(유비)는 아들을 경계하여 "선이 아무리 작다 해도 하지 않으려고 말라"고 했다. 진실로 선이 작다 해서 하지 않는다면 매사에 선을 다할 수 없다. 청컨대 공을 위해 선에 대해서 말해보려 한다.

어떤 사람이 여기에 있고 그가 하는 아홉가지 일이 다 악한데 한가지 일만 우연히 선하다면 선하지 못한 사람이다. 또 어떤 사람이 여기에 있고 그가 하는 아홉가지 일이 다 선한데 한가지 일만 우연히 악하더라도 선하지 못한 사람이다. 옹기그릇이 여기에 있는데 그 전체가 다 깨지고 주둥이만 온전하더라도 실상 깨진 그릇이다. 또 옹기그릇이 여기에 있는데 전체가 다 온전하더라도 구멍이 하나 있어 물이 샌다면 깨진 그릇과 마찬가지다.

즉 사람이 매사에 선을 다하지 못하면 끝내 선한 사람이 되지 못하는 것을 면할 수 없다. 사람이 선을 이룸에 어려운 것이 이와 같다. 선하지 못한 줄 알고도 하는 자는 자포자기이니 말할 것도 없으려니와, 선이라고 알고

---

12   사람이 마지막 죽는 자리를 가리키는 말.

하더라도 자신은 선인 줄로 생각하는데 남들은 선이 아니라고 여기는 경우도 있다. 당세의 사람들이 모두 선이라고 생각하는데 만세의 사람들이 끝내 선이 아니라고 생각하는 경우도 있다. 이와 같은 것을 공은 장차 어찌할 것인가? 『중용』에서 이르기를 "선을 택하여 확고히 행한다"고 했으며, 또 이르기를 "선에 밝지 못하면 자기 자신에게 성실할 수 없다"고 했다. 참으로 매사에 선을 다하고자 하더라도 선에 밝아 잘못 없이 선택할 수 있어야 선이라고 할 수 있다.

상공은 말하기를 "그렇다. 그대가 선을 말한 것은 좋다. 나를 위해 그대가 말한 바를 이 당의 기문으로 써주지 않겠는가"라고 했다. 나는 물러나서 위와 같이 기록해 올린다.

— 정약용 『여유당전서與猶堂全書·시문집詩文集』 권13, 「매선당기每善堂記」

오씨 부인을 생각하는 마음 (1) ──『여사서女四書』 서문

아, 『여사서』[13] 이 책은 증贈 정경부인貞敬夫人 동복同福 오씨吳氏가 손수 쓴 것이다. 부인은 15세에 나에게 시집와서 29세에 서울의 도동桃洞 집에서 세상을 마쳤다. 당시에 나는 부친의 비안比安 임지에 가 있어서 미처 돌아오지 못했다. 부인이 병으로 죽었다는 말을 듣고 눈물을 흘리며 길을 떠났다. 옛집에 돌아오니 마당에 눈이 쌓여 있고, 방에는 먼지가 자욱한데 여종 몇이 관棺을 지키고 있을 따름이었다.

부인은 사녀를 남기지 못했으니 어디서 그 흔적을 찾을 수 있겠는가. 흐느끼며 이리저리 방황하다가 언문 책 한권이 상 위에 거꾸로 놓인 것을 발

---

13 여성을 위한 교훈·교양서. 한나라의 반소(班昭)가 지은 『여계(女誡)』, 당나라의 송약신(宋若昭)이 지은 『여논어(女論語)』, 명나라의 서씨가 지은 『내훈』과 유씨가 지은 『여범첩록』을 묶은 것이다. 이를 영조 때 학자 이덕수(李德壽)가 번역하여 펴낸 책으로 여성들 사이에서 읽힌 것이다.

견했다. 바로 부인이 쓴 『여사서』였는데, 미처 다 쓰지 못한 것이었다. 자획이 부드러우면서 아름다워 부인을 대하는 느낌이 들었다. 이에 챙겨서 부인이 예전에 쓰던 작은 검은 궤 속에다 넣어두고 내가 자는 자리 옆으로 옮겨놓았다. 잃어버릴까 우려한 것이다.

가만히 살피건대, 근세에 규방의 여성들이 다투어 읽어 능사로 생각하는 것이란 오로지 패설稗說(소설)이다. 날로 달로 증가하여 그 종수가 늘어나 천이나 백으로 헤아리게 되었고 세책점에서는 이를 깨끗하게 필사해서 빌려 가는 자에게 그 값을 챙겨서 이익을 얻는다. 부녀들이 식견이 없어서 더러 비녀나 팔찌를 팔기도 하고 돈을 빌리기도 하여 너도나도 다투어 빌려다가 해를 보낸다. 음식을 마련해야 하고 바느질의 책임이 있는 줄 생각하지 않는 것이 온통 이 지경이다. 오씨 부인은 홀로 이런 시속에 휩쓸리기를 달가워하지 않았다. 길쌈을 하는 여가에 종종 읽는 책이 있었는데, 오직 여서女書로서 규방에서 모범을 삼을 만한 내용이었다. 그리고 종이와 먹을 마련해 정신을 집중하여 틈을 내서 베껴 쓰기를 마치 일과日課에 맞추듯이 했다. 성현의 격언格言을 이처럼 음미했으니, 현숙하지 않고서는 능히 이러할 수 있겠는가. 내가 가르쳐서가 아니고 실로 부인의 성격이 이러했다. 이 책을 자손들에게 전하게 해서 이것으로 부인의 현숙한 자태를 알게 하지 않아서야 되겠는가.

그 뒤로 수십년이 지나 내가 개성 유수留守로 부임한 뒤에 도둑이 서울 집에 들어 나의 일상 용구를 훔쳐가버렸다. 검은 궤 또한 그 안에 들어 있었다. 안타깝다! 부인의 모습을 어렴풋이나마 그려볼 수 있었던 필적을 지금은 다시 볼 수 없게 되었다. 매양 이를 생각하면 허전한 마음을 견딜 수가 없다. 그 일을 기록해두어서 생각이 나면 읽어보려 한다.

—『번암집』 권33, 「여사서서女四書序」

오씨 부인을 생각하는 마음 (2) ──짓다 둔 모시옷〔白紵行〕

희디흰 모시베 백설처럼 새하얗다
집사람이 살아생전에 간수한 물건이라고

우리 집사람 낭군을 위해 이 옷감 알뜰살뜰 마련해서
바느질 미처 못 마치고 사람이 먼저 떠났구나

할멈이 상자를 열더니 이걸 찾아 꺼내 들고 눈물 닦으며
"아씨가 옷을 짓다 두고 가셨으니 어느 솜씨 이걸 대신할꼬?"

모시베 온필이 마름질은 진작 끝나고
바늘로 시친 자국 드문드문 상기도 완연하네

식전 아침 빈방에서 모시옷 입어보니
당신의 자태 어렴풋이 다시금 대하는 듯싶구려

당신이 창문 앞에 앉아서 바느질하던 그 적에
어찌 알았으리오? 내 그 옷 입는 걸 당신이 못 볼 줄

이 물건 비록 벌것 아니라도 나에겐 더없이 소중하니
이 다음엔 어디 가서 당신 솜씨 얻어 입으리오?

누구 능히 할 수 있다면 지하 황천에 가서 내 말 전해주오
"이 모시옷 낭군 몸에 한치 한푼 틀림없이 잘 맞아요."

──『번암집』권5, 「백저행白紵行」

2장
채제공의 학문사상과 인간 이해

학문사상

성호 선생 묘비

선생은 휘가 익瀷이고 자는 자신子新이며 성은 이씨다. 광주의 첨성리瞻 星里에서 은거하며 도를 닦아 자호를 성호星湖라고 한 것이다.

선생은 태어난 2년에 아버지를 잃었다. 모친은 그가 몸이 허약하고 병치 레하는 것을 걱정하여 일찍 스승에게 나아가 공부하게 하지 않았다. 조금 지나 둘째 형 섬계공剡溪公(이잠李潛)을 좇아서 배워 전력으로 학업에 힘썼 는데, 총명한 것이 특출하여 여러 가지 책들을 널리 읽었다. 중형이 당화黨 禍를 입게 되자 출세할 뜻을 버리고 과거 공부를 그만두고서 셋째 형 옥동 玉洞(이서李漵) 공과 사촌 형 소은素隱(李澐) 공을 따라서 학업을 닦으며, 강 개한 자세로 구도의 뜻을 품은 것이다. 한칸 방에 단정히 앉아서 경전 및 송대 정주程朱의 저술, 그리고 우리나라 퇴계退溪의 책을 구해 읽고 사색하 여 사고가 툭 트이게 되었다.

대개 그가 도의 문에 들어감에 있어서는 오직 경敬을 위주로 했다. 일찍이 이르기를 "미발未發에는 정靜한 때의 경이 있고, 이발已發에는 동動한 때의 경이 있다. 동할 때의 경 역시 정할 때의 공부에 바탕을 두어야 한다. 만약 정이 경을 주도하지 못하고 동하면 어떻게 지켜서 바름을 얻을 수 있겠는가"¹라고 했다. 이에 「경재잠敬齋箴」 도설圖說²을 지었으니 "동과 정에 어긋남이 없고 안과 밖이 서로 바르게 된다"는 것으로 절도를 삼았다.

학문에 나아가는 방법으로 말하면 행동은 반드시 지知가 우선이 되어야 한다고 말했다. 그러므로 치지致知가 역행力行의 근본이 되니 앎은 장차 실행하기 위한 것이다. 그러므로 역행은 치지의 결실이 된다. 후세의 학자들이 대체로 글귀의 말단에 빠져서 실질적인 공력에 착수하려고 하지 않는 것을 병통으로 여겼다. 매양 이르기를 "그 말을 배운다 해서 마음에 꼭 깨닫는 것이 아니요, 마음에 깨닫는다 해서 몸으로 반드시 실행하는 것은 아니다. 요컨대 모름지기 자기의 몸으로 체득한 다음에라야 마음으로 깨닫고 몸으로 실행할 수 있는 것이다"라고 했다. 정할 때에 보존하고 동할 때에 살펴, 진지眞知 역행力行을 해야 한다. 공력을 들임이 치우치지 않는 것이 이와 같았다.

조정에서 공의 명망을 듣고 선공감繕工監 가감역假監役에 임명했으나 나아가지 않았다. 연로한 이후로 첨지중추부사僉知中樞府事를 내렸으니 대개 노인을 우대하는 은전이었다. 아, 선생의 수명은 맹자의 '부동심不動心'이라 했던 연령보다 배를 더 누리고도 몇 년을 더 사셨다.³

---

1   여기서 논리의 핵은 정(靜)에 있다. 그 논거는 "사람이 살아감에 있어서 '정'은 하늘이 부여한 성(性)이라「人生而靜 天之性也」(『禮記』「樂記」)"는 데서 나왔다. '정'은 도덕 수양의 중심이며, 이에 대응되는 개념이 '동'이다. 천성이 발하기 전(未發)의 상태가 정이며, 이미 발하면(已發) 동이다. 발한 '동'의 상태에서도 '정'이 중심성을 잡고 있어야 한다는 논리다.
2   『경재잠』이 성호의 문집에는 보이지 않는다. 다만 이 제목의 글이 『주자전서』에 실려 있다. 추정컨대 『주자전서』의 글을 보고 든 생각을 표현한 듯하다.
3   부동심은 마음이 확고하여 동요하지 않는다는 뜻인데 맹자는 40세 때에 이 말을 썼다. 부동심은 40세를 가리키는 말이니, 즉 성호의 수명이 80세를 넘겼다는 의미다.

무릇 타고난 본성에 대해 하나라도 궁구하지 않은 이치가 없었으며, 마땅히 해야 할 직분에 대해 하나라도 갖추지 않은 것이 없었다. 행함에 있어서는 신명에 통했던바 그 근원은 계구戒懼와 근독謹獨에서 나왔다.[4] 도道는 하늘과 인간을 관통할 만하며, 그 기반이 한치 한푼 쌓아나가는 데서 비롯되었다. 학문의 범위가 크기로 말하면 대지에 실리고 바다에 가득 담긴 듯했고, 정치하기로 말하면 명주실처럼 가늘고 소털(牛毛)처럼 촘촘했다. 이를 세상에 실현할 수 있게 했다면, 군왕은 요순 같은 성군이 되고 사람들은 요순의 백성이 되었을 것임은 의심할 여지가 없다. 그런데 선생은 시대의 액운을 만나 참되고 정대한 포부를 한두가지도 펼치지 못했다. 후생들이 볼 수 있는 것은 오직 집안에서 행했던 엄정한 예율禮律이고, 전해지는 것은 오직 종이에 기록되어 있는 지극한 의론이다.

집안에서 행한 일로 말하면, 항시 선친을 직접 뵙지 못한 것을 지극한 슬픔으로 여겨, 아버지 말이 나오면 눈물을 흘리지 않은 적이 없었으니 늙은 나이에 이르러서도 그러했다. 후일 아버지가 돌아가신 회갑을 맞는 해에 추복追服(뒤미처 상복을 입음)을 하려다가 그만두고 말하기를 "퇴계 선생도 나처럼 어려서 부친을 여의었지만 이를 하지 않으셨다. 퇴계는 나의 스승인데, 어찌 감히 선생보다 더 할 수 있으랴"고 했다. 그리고 생애를 마치도록 소식素食(고기반찬이 없는 식사)을 했는데, 슬퍼하는 마음이 상중에 있는 것과 다름이 없었다.

평소에 늘 새벽이면 일어나 사당에 배알하고 물러나 서실에 앉아 있었는데 옷차림을 반드시 단정히 했다. 사우士友와 만나게 되면 절하고 읍하기를 공손히 하면서, "절은 예의 시작이다. 무엇을 꺼려 않단 말인가"라고 말씀했다. 그래서 밤에 다른 처소에서 묵은 문인들이나 자제들이 들어설 때 반드시 절을 하고 뵙고 나올 때도 반드시 절하고 하직을 드렸다. 규

---

4   계구는 혼자 있을 때 두려워하라는 의미의 '계신공구(戒愼恐懼)'의 줄임말. 이를 신독(愼獨)이라고 하는데 근독도 같은 말이다. 이는 유교의 수양론에서 중요한 의미를 갖는다.

문이 정숙했으니, 친족이라도 까닭 없이 안으로 들어서지 못했다. 항시 『주역』「가인괘家人卦」에 나오는 "집안 사람들이 원망하더라도 잘못이 아니고(家人嗃嗃 未失也), 부녀자들이 희희낙락하면 집안의 예절을 잃는다(婦子嘻嘻 失家節也)"는 구절을 늘 외웠다. 형제와 자질에 대한 가르침은 하나같이 정성에서 나왔다. 먼 친척이라도 곤궁하면 도와주었고 아프면 약을 주고 사망하면 부조를 했다. 혼기를 놓친 사람이 있으면 혼수품을 마련해주어 인륜을 폐하지 않도록 했다. 선산에 대수가 멀어 제사를 지내지 못하는 묘가 있으면 각기 묘전墓田을 마련해서 10월에 시제를 지냈다.

8대조인 경헌공敬憲公(이계손李繼孫)의 사당을 그 종손 집에 세워 해마다 후손들과 한차례 제사를 지내고 글을 지어 그 뜻을 이렇게 밝혔다. "국조에 공자公子나 공신을 제외하고는 종통을 수립하는 규정이 없다. 그러므로 일반 가문으로 대족들도 흩어진 상태로 계통이 서지 않고 있다.『예기禮記』「왕제王制」에 의하면 '별자別子는 조祖가 되고 별자를 이은 자들로 종宗을 이룬다'⁵라고 했다. 그 주석에 '별자가 아니더라도 처음 관작을 받은 사람은 이렇게 한다'라고 했다. 공영달孔穎達의 소疏에서는 '이성異姓으로서 대부가 된 자는 역시 태조가 될 수 있다'라고 했다. 이는 서성庶姓도 종통을 세울 수 있다는 증거다."

그의 지극한 논리로 말하면, 대체로 깊이 들어가서 자득을 하여 이전 사람들이 밝혀내지 못한 것들을 밝혀내었다. 「하도河圖」와 「낙서洛書」에 관해 논하기를, "「하도」의 수는 기우奇耦를 「선천도先天圖」로 삼고 배합한 것을 「후천도後天圖」로 삼으며 생성生成한 것을 「낙서」로 삼은 것이다. 「낙서」가 부연되어 「홍범洪範」이 만들어졌다. 「홍범」의 숙예철모성肅乂哲謀聖이 여덟번째 서징庶徵에 서로 나타나 있으며, 「낙서」 중에 2와 8은 자리가 바뀌었다.⁶

---

5   고대사회의 종법제도에 있어서 제후의 적장자를 제외한 여러 아들들을 서자(庶子)라고도 했다.『예기』의 이 인용문은 이 별자의 자손들로 한 종파를 이룬다는 의미다.

6   「홍범」은 기자(箕子)가 치국치세의 대법을 서술한 내용으로 기자는 이 글을 주 무왕(武王)

기자箕子가 어찌 나를 속이겠는가"라고 했다.

삼대三代의 정전제井田制에 관해 논하기를, "50묘畝에서 70묘로 바뀌고 70묘에서 100묘로 바뀐 것은 토지 경계를 바꾼 것과 같다. 그래서 선학들이 의심했는데 변석하기 어렵지 않다"고 했다. 1정井이 9전田이고, 1전이 4구區이며, 1구는 사방 50보步임을 변증하여, 하나라 때는 1부夫가 1구區를 받고, 은나라 때는 1부가 2구를 받고, 주나라 때는 1부가 4구를 받은 것임을 밝혀냈다. 그리하여 이르기를 "하·은·주의 정전제가 50묘에서 바뀌어 70묘, 100묘에 이르게 된 것이다. 맹자가 어찌 우리를 속이겠는가"7라고 했다.

하·은·주 삼대의 정삭正朔에 관해 논하기를, "시時가 바뀌고 월月이 바뀐 데 대해서는 여러 설이 분분하여 절충을 하기 어렵다. 그렇지만 『시경』『서경』『주역』을 고찰해보면 분명히 시와 월을 바꾸지 않았으며, 『춘추』와 『맹자』 및 맹헌자孟獻子의 말을 고찰해보면 분명히 시와 월을 바꾸었다. 그러므로 시와 월을 바꾼 것은 주나라가 동쪽으로 옮겨온 이후로 일어난 말세의 잘못이다. 그 이전에 시와 월을 바꾸었다는 근거가 될 말을 찾아낼 수 있는가"라고 했다.

「왕풍王風」에 대해서는 다음과 같이 논했다. "정현鄭玄을 비롯한 학자들은 모두 주나라가 동쪽으로 옮겨온 이후로 왕실이 미약해져서 제후와 동등해졌던 까닭에 아雅가 되지 못하고 풍風이 되었다고 보았다. 그러나 풍과 아는 각각의 체재가 있으므로 주나라가 바야흐로 성할 때도 풍이 있었

에게 주었다. 이는 『서경』의 한편으로 들어 있다. 「낙서(洛書)」는 「하도」와 함께 신화적인 문헌인데 성호는 이를 「홍범」과 상호 관련된 것으로 보았다. 「홍범」 두번째의 오사(五事)에 나오는 숙(肅, 공경), 예(乂, 다스림), 철(哲, 지혜), 모(謨, 사려), 성(聖, 소통)이 여덟번째 서징(庶徵)에 이어지고 있으며, 성호는 「낙서」 중에 2와 8이 호환된 것으로 인정했다. 요컨대 성호는 기자의 「홍범」을 의심 없이 신뢰한 것이다.

7   하·은·주의 삼대에 걸쳐서 내용상의 다름은 있다 해도 정전제가 시행되었다고 말했다는 맹자의 말을 빌려서 정전제의 당위성을 주장한 것이다.

으니 「주남周南」과 「소남召南」이 그것이다. 제후가 미약했을 때도 아가 있었으니 「억抑」이 그것이다. 주나라의 왕택王澤이 고갈됨에 변아變雅가 지어졌지만, 주나라 평왕平王이 아무리 미약해졌어도 어찌 변아의 끝에 놓이겠는가.[8] 계찰季札이 주나라의 문물을 보았을 때에도 주왕이 있었던 곳은 위衛나라 부근이었다. 패邶, 용鄘, 위衛와 왕이 있는 곳은 모두 동도東都 지역이었다. 동도는 왕성王城이니, 천자가 제후의 조회를 받는 곳으로 후대에 옮겨 간 장소다. 무릇 대도회는 시詩가 없는 곳이 없어 민풍을 볼 수 있었다. 앞에는 빈豳과 주周에 풍이 있었으며, 뒤에는 왕성王城에 풍이 있었다. 「왕풍」이라 이른 것은 왕성의 풍을 말함이요 평왕을 위해 지은 것이 아니다."

삼경三經과 사서四書 및 『소학小學』 『근사록近思錄』 『심경心經』에 대해서는 글자의 뜻을 찾고 구절의 뜻을 해석하여 각기 '질서疾書'를 지었다. 대개 장횡거張橫渠의 "묘리를 깨달으면 빨리 쓴다"는 의미를 취한 것이다. 그 순서는 『맹자』에서부터 시작했으니, "나온 년대로 말하면 뒤인데 의리를 따진 것이 상세하다. 년대가 뒤이므로 가깝고, 상세하므로 뚜렷하다. 그래서 성인의 뜻을 찾으려면 반드시 『맹자』로부터 시작해야 한다"고 생각했다. 예禮에 있어서는 본원을 삼례三禮에 두고 두우杜佑의 『통전通典』 및 역대 학자들의 학설에 널리 통달했으며, 『가례家禮』와도 절충하여 『가례질서家禮疾書』를 지었다. 「산절관의刪節冠儀」 「취부의娶婦儀」 「가녀의嫁女儀」 『상위록喪威錄』 『묘묘향사의廟墓享祀儀』 등 여러 편을 저술하여 일가의 법을 세웠다.

퇴계를 존숭하는 것이 주자를 존숭하는 것과 다름이 없어 선생의 유고와 문인들이 기록한 데에 나오는 언행들을 『근사록』의 예와 같이 편집하

---

8   평왕(平王)은 주나라가 수도를 동쪽의 낙양(洛陽)으로 옮긴 때의 왕이다. 중국사에서 그 이전을 서극시대, 그 이후를 춘추시대로 구분 짓는다. 그때 주나라가 쇠퇴기로 접어들었던 것이다. 변아(變雅)는 정아(正雅)에 상대되는 개념으로 시가 변질되었다는 뜻을 담고 있다.

여 책 이름을 『도동록道東錄』[9]이라고 했다. 그리고 예에 관해 논의한 글들을 뽑아 분류하고 엮어서 서명을 『이선생예설李先生禮說』이라고 붙였다. 그리고 퇴계 이후로 사단칠정四端七情과 이기理氣에 관한 논설들이 모순되는 점이 있어서 『사칠신편四七新編』을 찬술했다. 주자의 뜻을 발휘하고 퇴계의 설을 옹호하려는 취지에서였다.

선생은 비록 은거해 있으면서도 세상사를 자신의 고민하는 문제로 여기지 않은 적이 없었다. 이에 『곽우록藿憂錄』과 『성호사설星湖僿說』 등을 저술한 것이다. 일찍이 강개하여 탄식하신 말이 있다. "백대에 걸쳐 훌륭한 치세가 없는 원인은 세가지 재앙에 까닭이 있다. 임금을 높이고 신하를 억누른 것은 진秦나라 시황제로부터 비롯되었던바 한漢나라가 능히 개혁하지 못한 데 있으며, 사람을 등용함에 문벌을 중시한 것은 위魏나라 조조曹操로부터 비롯되었던바 진晉나라가 능히 개혁하지 못한 데 있으며, 글로 과거 시험을 보인 것은 수隋 양제 때부터 비롯되었던바 당나라가 능히 개혁하지 못한 데 있다. 이 세가지 재앙을 제거하지 않고는 치세를 기대할 수 없다. 세가지 중에도 과거의 폐해가 가장 심각하다. 그런 중에서 들어본다면 당나라의 양관楊綰이 논한바 효렴과孝廉科나 우리나라 정암靜菴 조광조趙光祖 선생이 주장한 현량과賢良科[10]가 아마도 차선책이 될 것이다. 정암 선생은 이미 문묘文廟에 배향되었음에도 누구 하나 현량과를 시행하자고 거론하는 사람이 없는 것은 무슨 때문인가?"

우리나라의 역사서가 엉성하고 잘못된 것을 걱정하여 문인 안정복安鼎福에게 부탁하고 범례를 제시해 마침내 신뢰할 만한 역사서 한질을 완성하도록 했다. 창작한 시문에 편찬한 여러 저술을 총괄하면 모두 수백여권이 된다. 요약을 하자면, 학문은 허식을 제거하고 실實에 힘썼고, 예禮를 논

---

9   이 책은 『이자수어(李子粹語)』란 서명으로 간행되었다.

10   현량과는 도덕성이나 행실을 중시해서 선발하는 인재선발 제도다. 이는 글재주를 경쟁적으로 시험하는 폐단을 바로잡으려는 뜻이었다.

함에는 사치를 버리고 검소함을 따랐으며, 경세제민經世濟民에 있어서는 위를 덜어 아래를 보태주는 것이었다. 모두 근본을 탐구하고 요지를 끌어 냄에 각기 조리가 있어서 모두 시행할 수 있었다. 아, 참으로 위대하다고 하겠다.

선생의 본관은 여주다. 시조는 고려의 인용교위仁勇校尉인 이인덕李仁德 이다. 8대조는 이계손李繼孫으로 병조 판서를 지내고 시호를 경헌공敬憲 公이라 했으며, 일찍이 함경도 관찰사로 있을 때 교화가 크게 드러나서, 그 지역 사람들이 서원을 세워서 선사先師의 예로 제사를 지냈다. 증조 이상 의李尙毅는 의정부 좌찬성을 지냈으며 시호는 익헌翼獻으로 바로 선조 때 의 명신이다. 조부 이지안李志安은 사헌부 지평을 지냈으며 문정공文正公 미수眉叟 허목許穆과 함께 총산蔥山 정언옹鄭彦窘 문하에서 '도의의 사귐 〔道義交〕'을 가졌다. 부친 이하진李夏鎭은 사헌부 대사헌을 지냈으며, 숙종 때 힘을 다해 맑은 의론을 붙들어서 사류士類의 존경을 받았다. 전모前母는 증정부인贈貞夫人 용인 이씨龍仁李氏로 유수 이후산李後山의 따님이며, 후 모後母는 정부인 안동 권씨安東權氏로 권대후權大後의 따님인데, 선생은 권 부인의 소생이다.

선생은 숙종 신유년(1681)에 태어나서 영종(영조) 계미년(1763)에 돌아가 셨으니, 향년 83세다. 돌아가시자 곧 음식을 올리고, 성빈成殯(빈소를 차림)하 기 전에도 아침저녁으로 음식 올리는 것을 그만두지 않았다. 염斂할 때는 지금紙衾(종이로 만든 이불)을 쓰고 명정銘旌(상여 앞 깃발)을 종이에 썼으며, 관 에는 옻칠을 하지 않고 송진을 발렸다. 모두 신생이 평소에 정해둔 바였다. 문하의 제자들은 모두 조복弔服에 가마加痲하고 기일에 이르렀고, 단문袒 免(상복을 입지 않지만 가까운 친족) 이외의 족인들은 포건布巾과 포대布帶를 하 고 장례를 지낸 뒤에 벗었다. 장지는 집 북쪽의 임좌壬坐 언덕에 있다.

선생의 초취부인은 고령 신씨인데, 정언 신필청申必淸의 따님으로, 아이 를 낳지 못했다. 재취는 사천 목씨泗川睦氏인데, 진사 목천건睦天健의 따님이다. 두 부인이 선생의 묘에 합장되었다. 아들 맹휴孟休는 문과에 장원하고 관직이 정랑에 그쳤으며, 능히 가학을 전할 수 있었는데 일찍 죽어 그렇게 되지 못했다. 한 따님은 위솔衛率 이극성李克誠에게 시집갔다. 정랑(아들 맹휴)은 참판 채팽윤蔡彭胤의 딸에게 장가들어서 아들 하나를 두었는데, 이 아들 구환九煥은 성균관 생원이다. 이극성은 이윤하李潤夏를 양자로 들였다. 증손과 현손 이하는 기록하지 않는다.

제공이 경기도 관찰사가 되어 군현을 순행할 때에 길을 우회하여 첨성리[11] 댁에 들러 선생을 찾아가 뵌 적이 있었다. 선생은 당시 연세가 81세로서 처마가 낮은 허름한 집에서 단정히 앉아계셨는데, 눈에서 광채가 번쩍여 쏘아보는 듯했고 성긴 수염이 허리띠까지 드리워 있었다. 인사를 드리기도 전에 벌써 숙연하여 마음에 존경심이 일어나더니, 다가가자 평화롭고 너그러운 느낌이 들었다. 경전의 뜻을 담론하고 고금의 사적을 들추는데 들어보지 못했던 내용을 들을 수 있었다. 세상의 일이 나를 몰아대어 여기 적막한 바닷가로 와서 선생을 섬기며 그 심향心香에 젖어들지 못함을 스스로 무척 아쉽게 여겼다.

그리고 36년이 흐른 지금 선생의 종손從孫인 처사 이삼환李森煥이 가장家狀(집안에서 작성한 행적의 기록)을 가지고 와서 나에게 묘비명을 지어달라고 부탁한다. 제공은 한 늙은이일 뿐이다. 어떻게 도의 기상을 지닌 선생을 제대로 형용할 수 있으랴! 다만 하나의 생각이 있다. 우리의 도는 본디 이어진 계통이 있으니 퇴계는 우리 동방의 부자夫子다. 이 도는 한강寒岡 정구鄭逑에게 전해졌고, 한강은 그 도를 미수眉叟(허목)에게 전했고, 선생은 미수를 사숙한 분이다. 미수를 배우고 퇴계의 학을 이었으니, 후대의 학자들은 사문斯文이 정통을 계승하여 속일 수 없음을 알 것이다. 이를 알아야만 지향점을 잃지 않는다. 선생에 대한 명을 이와 같이 간추려 쓰면 되겠는

---

11   성호가 살았던 마을 이름. 현재 안산시에 속해 있는데 이곳에 성호의 묘와 기념관이 있다.

가 하고 이 처사에게 물으니, "말이 요점을 잡아 번거로움이 없으니, 선생을 잘 아신 것입니다"라고 한다. 드디어 옷깃을 여미고서 다음과 같이 명을 짓는다.

> 도를 품고도 혜택을 펴지 못했으니
> 한 세상의 불행이로되
> 저술을 남겨서 아름다운 은택이 베풀어지게 되니
> 백대의 다행이로다
> 하늘의 뜻은 여기에 있지 않은가
> 한대는 짧지만 백대는 영구하다
> 이에 명을 붙여 우리들 힘쓰도록 하노니
> 우리 어찌 선생이 남긴 글을 읽지 않으리오
> 전통은 자기에게 달렸지 남에게 달린 것 아니라네
>
> ──『번암집』권51, 「성호이선생묘갈명星湖李先生墓碣銘」

『문헌비고』의 「병고兵考」에 부친 글

하늘은 만물을 낳는 것으로 마음먹으면서도 서리와 눈이 아니면 만물을 이룰 수 없으며, 나라는 백성을 기르는 일로 근본을 삼지만 군사가 없으면 백성을 안보할 수 없다. 옛날 성인은 나라를 일으키고 임금을 세운 다음에 반드시 군대를 양성했다. 부득이해서만이 아니고 대개 하늘을 본받아 했던 것이다.

우리 동국은 비록 바다 한쪽에 놓여 있지만, 삼한부터 삼국에 이르기까지 정족鼎足의 형세를 이루어서 서로 대립하여 호랑이나 이리처럼 다투었다. 수 양제나 당 태종이 천하의 군대를 동원하여 쳐들어왔지만 결국 무기를 거두어들이고 물러가지 않을 수 없었다. 고려 때에 이르러서는 북쪽으로 여진과 마주쳤고 서쪽으로 몽고(몽골)의 군사에게 침략을 당했다. 군인을 징발하여 불러 모으기를 해마다 그친 적이 없었으되 화살을 짊어진 전사가 땅에서 물이 솟아나듯 끊임없이 배출되었던 것이다. 우리나라를 '해동강국'이라 부르더라도 지나친 말이 아니다. 그 당시 군대의 기율과 병제가 정밀하여 전할 만한 것이 있었을 터이지만, 상고할 문헌으로는 기껏 『고려사高麗史』의 「병지兵志」 약간 편뿐이다. 나머지는 다 증빙할 길이 없으니 안타까운 심정을 어찌 견딜 수 있으리오.

우리 조선은 창건한 이래 성자신손聖子神孫이 계승을 하시매 오위五衛의 군사제도는 대략 고려의 병제를 본받았다. 장구한 계책으로 말하면 문무文武를 아울러 진행하되, 나라를 유지하는 큰 법도로 말하면 오직 예악을 숭상했다. 벼슬하는 사대부들은 너른 소매의 옷을 입고 높다란 관을 쓰고서 규범에 맞는 언어와 절제된 행동을 해야 했으며, 읽는 책은 시서詩書요, 강구하는 일은 왕도王道와 패도覇道의 구별이었다. 군대의 일에 대해서는 달갑게 여기지 않았을 뿐 아니라 수치스러운 일로 여기기까지 했다. 주대의 찬란한 문장과 송대의 어진 덕성을 갖춤에 무력을 겸비하지 못했던 것이 마치 당연한 이치처럼 되었다. 임병양란을 거친 이후로부터는 위에서 임금의 마음이 분발을 하고 아래서 사람들 뜻도 징비懲毖[12]를 하여 무략을 가다듬고 철저히 유사시에 대비하는 데 다들 노력을 기울였다. 이에 오위 제도를 혁파하고 여러 군문軍門을 설치한 것이다.

아, 공자께서 병법에 대해서는 배우지 못했다고 위衛 영공靈公의 물음에 대답한 것은 까닭이 있어서였다. 그렇지 않았다면 공자가 특히 신중하게 여긴 일 가운데 어찌 전쟁이 들어 있었겠는가.[13] 이 점이 우리 성상께서 병제를 예악편 다음에 두도록 명하시고 신등에게 이에 관한 수집, 편찬을 하게 한 까닭이다. 후일에 나라를 맡은 자들로 하여금 예악과 군사를 쌍을 이

---

12   전에 소홀히 했던 일을 경계하여 후일에 대비한다는 의미.
13   공자는 신중하게 여기는 문제로서 제사·전쟁·질병을 들었다.(『논어』「술이述而」)

룬 수레바퀴나 새의 두 날개와 같이 어느 한쪽도 없으면 안 될 것임을 알도록 하려는 뜻이다. 이에 「병고」 제5를 편찬하니, 모두 네권이다.

——『번암집』 권32, 「문헌비고병고서文獻備考兵考序」

그가 그린 역사 위의 인간 형상

신기금전辛起金傳

신기금辛起金은 동래 사람이다. 나이 13세에 임진왜란을 만나서 아버지는 적의 칼날에 죽었고 자신은 포로가 되어 왜국으로 끌려갔다. 어린 나이였지만 고국을 잊지 못해 수구초심首丘初心에 고국으로 돌아가지 못할까 하는 생각이 자나 깨나 마음에서 떠나지 않았다. 그러나 말과 표정에는 그런 기색을 조금도 드러내지 않았다. 혼자 속으로 '바다에 빠져 죽는 게 어려우랴마는 이 몸 부모의 나라에 묻혀야 하리라'는 노래를 부르곤 했다.

저 섬나라에서 13년을 지내는 동안 배 부리기와 헤엄치기를 익혀서 한시도 그만두지 않았다. 오래도록 배우고 익히고 하여 "머나먼 바다에 아무리 파도가 치더라도 내 기어코 하려는 뜻을 이루지 못할 것이랴"고 부르짖곤 했다. 드디어 몰래 조그만 배 한척을 마련하여 새가 먼 나라로 날아가듯이 떠났다.

그의 배가 표류해서 울릉도에 닿을 즈음, 왜선을 만났다. 저들은 그가 탈출하여 돌아가려는 줄 알고 끌어내려 무인공도에 남겨두고 그의 배는 파괴해서 바다에 던지고 가버렸다. 그는 혼자 말하기를 '죽는 건 마찬가지다. 머리를 서쪽으로 돌리고 죽으면 혼이라도 고국으로 돌아가겠지' 하고 마침내 큰 바다 가운데를 헤엄쳐 갔다. 고래에게든 용에게든 내가 잡아먹혀도 운명이라고 여겼는데 뜻밖에 우리 어선을 만났다. 뱃사람들이 건져 올려서 실낱같이 위태로운 목숨이 다시 살아나게 된 것이다. 육지에 내려서 고향땅을 찾아 돌아가게 되었다. 이때가 갑진년(1604) 3월이었다.

전에 살던 고장의 산천과 동네가 눈에 어렴풋이 들어와서 허둥지둥 달려가니 황량한 쑥대밭뿐이었다. 방황하며 울부짖고 눈물만 흘리고 있는데, 어떤 늙은이가 다가오더니, "웬 사람이오? 여기서 어찌 통곡하고 있소?"하고 물어서 대답했다. "여기는 내가 전에 살던 집터랍니다. 부친의 성명은 아무이시고 내 이름은 아무라오. 13년을 왜 땅에 포로로 잡혀 있다가 지금 천행으로 살아 돌아왔다오. 지금 나이가 25세입니다."

늙은이는 그의 말을 미처 다 듣기도 전에 눈물을 줄줄 흘리며 두 손을 붙잡고 소리쳤다. "우리 집의 작은 도련님이 아닙니까? 저는 댁의 하인 선발善發입니다. 도련님이 목숨을 보전하신 줄 전혀 몰랐는데 더군다나 살아서 이 땅에 돌아올 줄이야 생각이나 했겠습니까? 하늘이 우리 주인댁을 도우셔서 오늘이 있게 되었네요." 두 사람이 붙들고 해가 넘어갈 때까지 울었다.

신기금은 드디어 그 자리에 다시 집을 세우고 조상의 제사를 받들었다. 학문에 힘을 쓰면서 현달할 생각은 하지 않았다. 그리고 평소에 동쪽을 향해 앉지도 않았으니, 왜놈과 같은 하늘 아래 사는 것을 부끄럽게 여긴 까닭이었다.

한강寒岡 정 선생鄭先生이 동래 온천에 목욕하러 오신 적이 있었다. 그때 신기금이 제자의 예를 갖추고 가르침을 받기 청했다. 선생은 그를 '동방열사'로 인정했다. 그의 이름이 『한강목욕집寒岡沐浴集』에 들어 있다.[14] 그 자손이 끊어지지 않아 지금은 한 고을의 이름난 집안이 되었다. 그가 시종 겪은 일을 보면 천우신조가 있었던 것 같다. 그의 이야기를 들은 사람들은 한편으로 애달퍼하고 한편으로 기뻐하지 않겠는가. 그런데 먼 변방에서 일

---

14 『한강집』의 부록에 「봉산욕행록(蓬山浴行錄)」이란 문헌이 수록되어 있는바 한강이 동래 온천에 갔던 기록이다. 여기에는 신기금에 대한 언급이 보이지 않는다.

어난 일이라 그의 이름이 잊혀 세상에 드러나지 않고 있다. 나는 이 점을
안타까워하며 「신기금전」을 짓는다.

──『번암집』권55, 「신기금전辛起金傳」

이충백전李忠伯傳

　이충백李忠伯은 평양의 대 협객이었다. 술 마시기를 좋아하고 기분대로
놀아, 불평스러운 일을 당하면 사람을 죽이기도 했다. 사람들이 그가 돌아
다니는 것을 만나면 무서워 바로 보지 못했다.

　광해군 시기에 박엽朴燁이란 인물이 평안도 감사로 내려왔다. 그는 성질
이 호랑이 같아서 하루라도 사람을 죽이지 않으면 마음이 유쾌하지 않아
"사람 천명을 죽여야 나는 이 업보를 면할 수 있다"는 말을 입에 달고 다녔
다고 한다. 평양 사람들이 발을 함부로 내딛지 못하고 숨을 죽여 벌벌 떨며
조석 간에 죽음을 기다리는 꼴들이었다. 박 감사가 무척 좋아하는 어여쁜
기생이 있었다. 이충백이 이 기생을 몰래 가까이하다가 발각이 된 것이다.
박 감사는 긴급 체포조를 출동시켜 활과 화살을 지급하면서 하명했다. "당
장에 생포할 수 없거든 사살하라."

　이충백은 도망을 쳐서 마둔포痲屯浦 어귀에 당도했을 때 추격하는 무리
가 바짝 뒤쫓았다. 봄물이 불어 넘치는데 이충백은 발가벗고 물속으로 뛰
어들어 잠수질해서 달아나 애포艾浦(쑥개)의 어느 집에 숨었다. 두려운 마
음이 들어 여러 일가로부터 백포百布를 얻어가시고 발에 신고 남쪽으로 내
려갔다. 과연 추격하는 무리가 들이닥쳐 온 마을을 샅샅이 뒤졌으나 끝내
그를 찾아내지 못하고 돌아갔다.

　이충백은 서울로 올라가서 개백정, 노름꾼 무리들과 어울려 놀며 더욱
호협하여 행동이 조금도 거리낌이 없었다. 어느 날 기생을 끼고 누웠는데
악소년惡少年 창부 놈이 이 사실을 알고 뛰어들었다. 대번에 발길로 방문을

차서 넘어뜨리고 등불을 들어 방 안을 비췄다. 그자의 손에 시퍼런 칼이 들려 있어 섬뜩하기 그지없었다. 그는 기생을 끌어안고 드러누워 꿈쩍도 하지 않았다. 악소년은 더욱 성이 나 소리쳤다.

"너는 웬 놈이냐? 칼이 두렵지 않느냐?"

"나는 서경西京의 역사 이충백이다."

"그렇다면 나와 더불어 술을 마시겠느냐?"

"좋다."

이충백은 즉시 일어나서 옷을 걸쳐 입었다. 악소년이 기생에게 술과 고기를 내오라고 호통을 쳤다. 당장에 술잔을 들어 제가 먼저 쭉 들이켠 다음, 새로 술을 따라서 충백에게 디밀었다. 그가 단숨에 쭉 들이켰다. 악소년이 칼날에 고기를 꿰어 그의 입에 쑤실 듯 들이밀자 입을 떡 벌리고 받아먹었다.

악소년은 섬뜩한 마음이 들었는데, 이때 충백이 차고 있던 칼을 뽑아 자기 넓적다리 살을 베어 질근질근 씹는 것이 아닌가. 그러고도 태연했다. 악소년은 질려서 더듬거리며 말했다.

"너 정말 장사로구나. 나는 못 당하겠다."

두 사람은 드디어 생사를 같이할 동무가 되었다. 이로부터 이충백의 명성이 서울의 악소년들 사이에 크게 울렸다. 처음에 이충백이 도주할 때, 박엽은 그의 아비를 붙잡아 감옥에 가두어놓고서 다짐을 했다.

"네 자식이 오지 않으면 결코 너를 풀어주지 않겠다."

반년이 지나도록 감사가 자기 아버지를 날마다 닦달한다는 말이 들려와서 충백은 칼을 차고 평안도로 내려갔다. 때마침 감사가 아문에 좌정하여 의장儀仗(병사들의 도열)을 벌인 광경이 삼엄했다. 그는 서슴없이 들어가 계하에 서서 아뢰었다.

"이충백이 감히 현신하옵니다." 박엽은 너무도 뜻밖이라, 한참이나 시선을 모아 바라보는데 그자의 용모가 당당하고도 위풍이 있었다. 박엽은 기색이 한결 풀어졌다. 당시에 김한풍金漢豐이라는 자가 군교로서 감사를 모시고 있었다. 박엽은 김한풍에게 이충백과 씨름을 한판 붙어보라고 지시했다. 이충백은 속으로 죽임을 면하게 되는 것을 다행으로 여기면서 한편으로 김한풍이 자기보다 힘이 세다고 느꼈다. 그래서 슬쩍 눈짓을 하니 김한풍도 알아들은 것 같았다. 서로 붙들고 겨루는데 오래도록 결판이 나지 않았다. 그는 김한풍이 약간 해이해진 틈을 타서 단숨에 넘어뜨렸다. 박엽은 눈을 돌려 크게 웃고 말았다. "내가 장사를 잘못 죽일 뻔했구나" 하고 큰 술잔을 내려 마시도록 했다. 그로부터 이충백을 자기 군막에 소속시켰다.

인조 정묘호란 때에 이충백은 적을 벤 공으로 호군護軍의 품계에 올랐다. 당시 그의 나이 27세였다. 이후 기가起家[15]하여 도원수都元帥 김자점金自點의 중군中軍으로 부름을 받아 오위장五衛將으로 임명을 받았다. 병자호란 때는 돌격장으로 평안도 관찰사 홍명구洪命耇를 따라 나라를 구하기 위해 출정했다. 김화金化에 당도해서 적과 조우하여 적군의 수급 약간을 베었으며, 이어 백전栢田의 전투에서도 함성을 지르고 뛰어들어 적들을 사살했다. 홍명구의 부대가 패전함에 당해서는 절도사 유림柳琳의 막하에 들어가 거기서도 용맹을 날려 역전에 역전을 거듭했다. 그러다가 남한산성의 소식을 듣고 군진을 떠나 향리로 돌아가고 말았다. 이후로 다시 벼슬길에 나아가지 않았다.

이충백이 일찍이 선암扇巖[16] 옆에 자기 집을 상당한 규모로 세웠다. 마을의 장정을 동원해 겨울에 공사를 하는데, 장정들이 그를 겁내 감히 늦게 오는 자가 없었다. 방이 여럿에 벽이 겹겹이었고, 하룻밤에도 거처를 여러 번 옮기는 것이었다. 불측의 변고를 당할까 두려워해서였다. 그가 오위장으로 있다가 돌아왔을 때 하마석下馬石을 대문 밖에 세우고 누각에 올라가서 내려다보았다. 사람들은 그 집 앞을 감히 말 타고 지나가지 못했다. 첨지중

15　벼슬하는 것을 이르는 말.
16　평양의 대동문(大同門) 밖 강변에 있는 지명.

추부사로 집에서 생을 마치니 나이는 64세였다.

번암자는 이렇게 평한다. 이충백은 개백정 무리에서 빼어난 자에 불과하지만 용감무쌍하여 세상에 보기 드문 인물이다. 나는 어린 시절부터 이충백이라는 사람이 박엽의 노여움을 샀으나 능히 죽지 않았다는 말을 듣고 자못 대단하게 여겼다. 내가 평안도 관찰사가 됨에 미쳐서 평양의 문사 김점金漸이 지은 글을 보았는데, 이충백의 사적을 서술한 것이 자못 상세했다. 그러나 자질구레한 서너 단락이 섞여서 대 협객의 호걸스러운 풍모를 가려지게 만든 점이 아쉬웠다. 내가 다시 손질하고 다듬어 「이충백전」을 짓는다.

——『번암집』권55, 「이충백전李忠伯傳」

애남전愛男傳

애남이는 연원부원군 이광정李光庭의 종이었다. 선조 임진년에 이공이 사서司書(세자시강원에 속한 벼슬)가 되어 궐내에서 숙직을 서고 있었다. 어느 날 밤에 왜적이 올라온다는 급보를 받고 임금이 서쪽 길로 황겁히 몽진을 떠나게 되었다. 이공이 임금을 호종하는데 애남이가 말고삐를 잡고 따라갔다.

어가가 임진강 가에 당도하자 큰물이 앞을 가로막고 밤이 칠흑같이 어두운데 나루에 뱃사공들도 뿔뿔이 흩어져서 보이지 않고 건널 배는 어디 있는지조차 알 수 없었다. 수종하는 관원들이 황망해서 어찌 할 줄을 몰라 하는 판에 애남이가 말고삐를 던지고 어딘가로 뛰어갔다.

"다급하니 애남이 역시 나를 버리고 가는구나."

이공이 마상에서 탄식하고 있을 즈음, 이윽고 갈대 사이에서 불길이 일어나더니 강안 양쪽이 대낮같이 환해졌다. 임금도 놀라 어찌 된 영문인지 물었다. 일인즉 애남이가 주머니 속의 부시를 꺼내 쳐서 불씨를 얻어 마른

갈대에 던져서 언덕 위에 서 있는 빈집에 불이 옮겨 붙게 된 것이었다. 그러고는 애남이 돌아와서 다시 말고삐를 공손히 잡았다. 이런 사실을 좌우에서 임금께 아뢰었다.

"기특하구나, 애남이여!"

임금도 탄식했고, 시종신이나 군졸들 너나없이 감탄하여 혀를 차며 애남이가 지혜롭다고 칭찬했다. 이에 회안回岸의 선각船閣에 있는 배를 찾아서 임금이 잘 건널 수 있었던 것이다.

난리가 수습되고 환도하여 신하들에게 공적을 표창함에 이공은 효절협책호성效節協策扈聖의 공신으로 책봉되었다. 애남이에게도 봉을 내리려 하자 이공이 "신이 이미 받은 공훈도 외람됩니다. 그 종이 어떻게 함께 오르겠습니까"라고 아뢰었다. 임금은 애남이를 책봉하지는 않았으되 특별히 가선대부의 품계를 내렸다. 그리고 이공을 대할 적마다 "경의 애남이는 잘 있느냐?"고 물었으며, 애남이를 간혹 불러 차비문差備門[17] 밖에서 큰 은배에 어주를 따라주도록 했다.

이공은 애남이의 노비 문서를 태워버리고 따로 집을 사서 살도록 했지만, "주인이 계신데 종이 어디로 간단 말입니까"라고 했다. 그 부부가 나이 80세에 이르러 이공의 행랑에서 죽었다.

연원부원군 이공은 나의 모친의 5대 조부다. 어머님께서 어린 시절부터 집안에서 전해오는 애남이의 이야기를 자세히 들었다고 한다. 나는 세월이 지나가면 그의 행적이 잊힐까 싶어서 이 전을 지었다. 후세의 사람들도 이공이 임금께 충성을 다 했던 까닭으로 그 교화가 이처럼 하인에게 미쳤던 것을 알게 하기 위함이다.

—『번암집』 55권 「애남전愛男傳」

---

17   궁궐 편전의 앞문. 자비문.

만덕전萬德傳

만덕은 성이 김가로 제주의 양인 집 소생이다. 어려서 부모를 여의고 의지할 곳이 없어서 기녀에게 의탁하여 살아갔다. 나이가 들자 관부에서 만덕의 이름을 기생 장부에 올려놓았다. 그녀는 머리를 숙이고 기생 노릇을 하면서도 스스로 기생이라고 생각하지 않았다.

나이 스물이 지나자 그녀는 자신의 정상情狀을 관가에 호소했다. 이에 관장은 애긍히 여겨 그녀의 이름을 기안에서 빼내 양인으로 복귀할 수 있게 해주었다. 만덕은 처지가 비록 용노庸奴[18] 수준이지만 탐라의 사내를 지아비로 맞아들이지 않았다.

그녀는 특히 재산을 증식하는 데 남다른 재주가 있었다. 시기에 따라 물화가 귀하고 천한 이치를 알아서 사들였다가 팔았다가 하여 수십년 사이에 크게 치부를 했다. 그래서 부자로 이름이 자못 알려졌다.

우리 성상 19년 을묘(1795)에 제주에 기근이 들어 온 섬의 백성들이 줄줄이 굶어 죽는 판이었다. 성상께서 곡식을 배로 싣고 가서 구휼을 하라고 지시하여 넓은 바다 800리에 선박이 오고 가고 했으나 때를 맞춰 구휼하기 어려웠다.

이때에 만덕이 1천금을 희사하여 육지에서 곡식을 사오도록 했다. 여러 군현의 사공들이 양곡을 싣고 때맞추어 도착했다. 만덕은 그중 10분의 1로 자기 친척들을 살리고 나머지는 전부 관가에 실어다 바쳤다. 굶주려 누렇게 뜬 사람들이 이 소식을 듣고 관가 마당에 구름처럼 몰려들었다. 관장은 긴급한 정도에 따라 적절히 차등을 두어 먹을 것을 나누어주었다. 남자나 여자나 모두들 입을 모아 "우리를 살려준 사람은 만덕이라네"라고 칭송을 했다.

---

18   품팔이를 하거나 고용살이를 해서 살아가는 하층 신분을 가리키는 말.

진휼 사업이 끝남에 미쳐서 제주 목사는 이 사실을 조정해 보고했다. 임금은 크게 기특히 여기고 다음과 같은 유시를 내렸다.

"만덕에게 물어 소원하는 바가 있거든 어렵고 쉽고 간에 그대로 시행하도록 하라."

제주 목사는 만덕을 불러 임금께서 말씀하신 뜻으로 물었다.

"너는 무슨 소원이 있느냐?"

"별다른 소원은 없습니다만 서울로 한번 올라가 성상이 계신 곳을 바라보고 금강산으로 가서 1만 2천봉을 구경하고 싶습니다. 그러면 죽어도 여한이 없겠습니다."

만덕이 아뢴 말이었다. 대개 제주도의 여자들에 대해서 바다 건너 육지로 오지 못하게 금하는 국법이 있었다. 제주 목사가 그녀의 소원 그대로 아뢰자, 성상께서는 다 들어주라고 하명하셨다. 관에서 그녀에게 역마를 제공하고 이르는 곳마다 교대해가며 음식을 대접하도록 한 것이다.

만덕은 배에 몸을 싣고 만굽이 구름 낀 바다를 건너 병진년(1796) 가을에 드디어 서울에 당도했다. 채 상국相國(재상)이 그녀를 한두번 만나보고 나서 성상께 아뢰었다. 성상께서는 선혜청宣惠廳에 하명하여 달마다 식량을 지급하도록 했다. 며칠이 지나 내의원內醫院 의녀로 임명하여 의녀들의 반수班首(어떤 집단의 우두머리)가 되게 했다. 만덕은 관례에 따라 궐내로 들어가 여러 전궁殿宮에 문안을 드렸다. 각 전궁에서는 궁녀를 시켜 '너는 일개 아녀자로서 의로운 마음으로 굶어죽는 사람들을 많이 구제했으니 대단히 갸륵한 일이로다'라는 뜻으로 전교하시며 상을 후히 내려주셨다.

반년 동안 서울에 머물다가 정사년(1797) 늦봄에 금강산으로 길을 떠나 만폭동萬瀑洞, 중향봉衆香峯 등 명승을 두루 구경했는데, 부처님을 대하면 으레 이마를 바닥에 대고 절하여 정성을 다해 공양했다. 제주도에는 불교가 들어가지 않아서 만덕은 당시 나이 58세에야 처음 사찰과 불상을 대하게 되었다고 한다. 마침내 안문령雁門嶺을 넘어 유점사楡岾寺를 거쳐서 고

성高城에 닿았다. 삼일포三日浦에서 뱃놀이를 하고 통천通川의 총석정叢石
후까지 올라갔으니 그야말로 천하 절경을 두루 다 둘러본 것이다. 그리고
나서 다시 서울로 올라와 한동안 지냈다.

만덕이 고향으로 돌아가려고 내의원에 떠나겠다고 아뢰자, 여러 전궁에
서 또 전처럼 후하게 상을 내려주었다. 이때 만덕의 명성이 서울에 가득 차
서 공경대부들이나 선비들이 너나없이 만덕의 얼굴을 한번 보기를 원했다.

만덕이 떠날 임시에 채 상국을 찾아와 하직을 드리는데, "이승에서는 다
시 대감의 존안을 뵙지 못하겠습니다" 하고 목이 메어 눈물을 떨어뜨리는
것이었다. 채 상국이 이렇게 말했다.

"진시황이나 한 무제도 해외에 삼신산을 일컬었더니라. 세상에서 이르
기를 우리나라의 한라산은 영주瀛洲이고 금강산은 봉래蓬萊라고 하는데,
너는 제주도에서 나고 자라 한라산에 올라가 백록담의 물을 떠 마셨을 것
이요, 이번에는 금강산을 두루 구경했으니 삼신산 중에서 두곳은 실컷 밟
아보지 않았느냐. 천하의 수많은 남자 중에 너처럼 유람을 한 자가 몇이나
되겠느냐. 지금 작별에 다다라 도리어 아녀자의 태도로 눈물을 떨어뜨리
다니 이상하구나."

이에 나는 그녀의 사적을 쭉 기술해 이「만덕전」을 지어서 웃으며 그녀
에게 주었다.

우리 임금 21년 정사(1797) 하짓날에 번암 채 상국은 78세로 충간의담헌
忠肝義膽軒에서 쓰노라.

──『번암집』 권55, 「만덕전萬德傳」

박생 이야기

박생朴生은 이름이 아무개로 여주 사람이며 양반이다. 집이 몹시 가난하
여 처자식들이 늘 배고픔을 면치 못했다. 언젠가 여름에 양식이 떨어져서

계책이 없었다. 아내를 돌아보고, "생각해보니 내게 재산이라고는 서울에 남은 집 한채뿐인데, 그걸 팔면 백냥은 받을 수 있을 것이오. 다 죽게 된 위급한 형편을 구할 수 있을 터이니 내 가서 도모해볼 테요. 당신은 기다리고 있으시오"라고 일렀다. 드디어 서울로 올라가서 그 집을 팔아 은 80냥을 받았다.

그것을 보자기에 싸서 바늘로 단단히 꿰맨 다음에 그 자루를 말 등에 싣고 다시 여주로 향해 내려왔다. 도중에 몸이 몹시 피곤하여 말에서 내려 길가의 풀밭에서 잠깐 쉬었다. 돈 자루도 내려서 옆에 두었는데, 그만 잠이 들어버렸다. 얼마 후에 눈을 떠보니 돈 자루가 보이지 않고 종적이 없었다. 어떤 길 가는 자가 훔쳐 가버린 것이다. 박생은 울도 못하고 눈물도 못 흘리고 그 자리에 멍하니 주저앉아 있었다.

이때 어떤 행상이 등에 소금 짐을 지고 숨을 헐떡이며 오다가 그의 곁에 앉아 조금 쉬고 있더니 일어나서 소변을 보려는 듯이 밭고랑 사이로 들어갔다. 발로 무언가를 묻는 모양이었다. 그런데 그의 기색이 두려움에 휩싸여 숨기려는 표정이었다. 박생은 이상하게 여겨서 마냥 앉아 있었다. 상인 역시 원래 앉았던 그 자리에 일어서지 않고 앉아서 입을 다물고 바라만 보고 있었다. 무언가 지키는 것이 있는 것 같았다. 어느덧 날이 저물었다. 상인이 어쩔 수 없이 다시 밭으로 내려가더니 묻었던 것을 파내기 시작하는 것이었다. 얼마 후에 작은 항아리가 드러나는데 항아리 표면에 백금 300냥이라고 적힌 것이었다.[19] 박생은 그 정경을 지켜보다가 대뜸 큰소리를 질렀다.

"내가 낮에부터 여기서 이 물건이 있는 것을 보고 지금까지 앉아 있었다. 너는 웬 사람이냐? 남의 물건에 손대지 마라!"

상인이 말했다.

---

19   백금(白金)은 은을 가리킨다. '항아리에 백금 3백냥'이라 적혀 있는 점으로 미루어 공물로 보았던 것이다.

"샌님은 다 해진 의관을 하고 있지만 용모가 장사치와는 달라 보입니다. 어찌하여 그런 말씀을 하십니까?"

박생은 한편으로 꾸짖고 한편으로 따지다가 말했다.

"이 재물은 사유일 리 없다. 내 너를 데리고 관정으로 가면 공물로 귀속될 텐데 그래도 좋겠느냐?"

"공물이 되게 할 수는 없지만 나의 복을 샌님에게 양도할 수 없습니다요."

박생은 상인의 손을 잡고 일어나며 천천히 말했다.

"공물로 귀속되면 너나 나나 무슨 이득이 있겠느냐. 하여튼 너와 나와 반분해 가지면 어떻겠느냐?"

상인 역시 "억울하긴 하지만 명대로 따르리다"라고 하여, 마침내 은을 수량대로 나누어서 각자 간직했다. 상인이 떠나고 나서 박생의 마음속에 퍼뜩 든 생각이 있었다.

'내가 오늘 동쪽에서 잃어버리고 서쪽에서 보충한 셈이다. 일이 뜻하지 않게 된 일이지만, 재물은 상인이 취득한 것인데, 내가 궁지에 몰린 나머지 부당한 말을 하여 억지로 나누어 가졌으니 의롭지 않은 것이 이보다 더 할 수 있겠는가. 사람이 마음에 부끄러움이 없다면 굶어서 죽더라도 즐거울 따름이다. 내 스스로 내 몸을 불의로 더럽힐 수 있겠는가.'

드디어 목청을 높여서 "여보 잠깐 멈추시오!"라고 소리쳤다. 상인은 샌님이 더 차지하려고 욕심을 내는가 두려워서 뒤도 돌아보지 않고 가던 길을 빨리 갔다. 이에 박생은 빠른 걸음으로 쫓아가서 붙들고 방금 속으로 생각한 말을 하고 그 은을 그대로 다 돌려주었다.

박생이 집으로 돌아오니 처자식들이 굶주려 누워 있다가 나와서 맞으며 "집값을 얼마나 받아오셨소?"라고 묻는 것이었다. 박생은 돈을 다 잃어버렸다는 말은 차마 못하고, 거짓말로 "사려는 사람이 없으니 가을까지 기다립시다"라고 했다. 아내는 이 말을 듣고 얼굴이 어둡긴 했으나 멀지 않은 길을 다녀온 고생을 생각해서 겉보리 몇 되를 찾아내 방아를 찧기 시작했다. 저녁밥을 지으려는 요량이었다. 그런데 방앗공이가 확에 떨어지면 돌확이 비뚤어지게 놓였는지 그 소리가 몹시 귀에 거슬렸다.

박생은 집에 돌아와 기분이 몹시 울적해져서 풀 길이 없다가 이 소리를 듣고 성급히 가래를 들고 가서 돌확 주변을 판 다음 확을 끄집어내서 다시 바로 놓으려고 했다. 그런데 확돌 밑에 예닐곱말이 담길 항아리가 뜻밖에 묻혀 있었다. 그것을 꺼내보니 은이 수북히 담겨 있지 않은가. 박생은 놀라 "하늘이 내게 주신 것이다"라는 소리가 절로 나왔다. 이리하여 집을 사고 논밭을 장만하여 평생을 부자로 살았다. 후일에 사마시에 합격하여 태학에 들어갔으며, 그의 자손들이 지금은 죽산 땅으로 이사 가서 살고 있다고 한다.

번암자는 말한다. "사람의 마음은 본디 하늘과 통하는 것이다. 사람이 선행이 있으면 하늘이 보지 않을 수 없다. 박생의 일이 바로 그러하다. 선하지 않은 일에 대해 하늘이 어찌 살피지 못하는 수 있겠는가. 비록 그러하나, 천도는 더디게 나타나는 수도 있고 빨리 나타나는 수도 있다. 사람에게 보답이 미치는데 혹은 그 본인에게 나타나기도 하고, 혹은 그 아들이나 손자에게서 실현되기도 하며, 멀리 증손대나 현손대로 와서 실현되기도 한다. 이 이치는 들쑥날쑥하기도 하고 뒤엉키기도 하여 단서를 찾기 불가능한 것처럼 보인다. 하지만 재앙과 경사가 각각 그 부류대로 응하는 것은 한결같다. 사람들이 하늘의 응보가 빨리 나타나는 것으로 선에 힘쓸 줄 알고 늦게 나타나는 것으로 악을 경계할 줄 모른다면 되겠는가. 아, 하늘을 공경하지 않을 수 있겠는가. 또한 두려워해야 할 것이다."

—『번암집』권59, 「서박생사書朴生事」

3장
경세학의 실천

인정과 민생 대책

「이천둔전절목서문利川屯田節目序文」

옛날의 둔전屯田은 모두 변방 지역의 빈 땅에 있었다. 수자리(변경을 지키는 일) 병사들에게 경작을 시켜 군량을 운송하는 어려움이 줄어들고 군량이 풍족해졌다. 이 때문에 둔전이 군대를 위해 설치되면서 그 이득은 항시 백성에게 미쳤다. 한나라의 금성金城과 진晉나라의 수춘壽春·양양襄陽·형주荊州가 바로 그것이다. 당나라 말기에 이르러 중원 지역의 군대가 주둔하는 곳에도 모두 영전營田을 두었고, 그 뒤로 다시 고자호高貲戶[1]를 모집하여 그들로 하여금 세를 납부하고 운영하게 하면서 호부戶部에 별도로 관사官司를 두어 총괄하고 주현에는 소속시키지 않았다. 이에 농민들이 괴로움을 당하게 됨에 후주後周의 태조가 이곡李穀의 건의를 받아들여 모두 혁

---

1   부유한 호를 지칭하는 말.

파했던 것이다. 대체로 둔전은 변방에 설치하는 것이 당연하며 내부에는 마땅하지 않았다. 형세가 그러한 것이다.

강원도 이천伊川은 험준한 산간 고을이다. 전에는 둔전이 없었는데 숙종 초년에 처음으로 동북 지역의 5개 면의 화전에 설정하여 훈련원의 둔전으로 삼고 호조에 소속을 시켰다. 당초에는 세가 아주 가벼웠던 데다가 본부에서 관할하여 징수하게 했으므로 풍흉에 따라 세를 거두는 것을 조절할 수 있었다. 뒤로 오면서 간교한 자의 고발로 인해 세가 늘어나고 탁지度支(호조)의 의심과 협박으로 인해서 배가되어 백성의 삶은 날로 위축이 되고 호조의 탐욕은 더욱 끝이 없었다. 금상 정묘년(영조 23년, 1747)에는 호조 낭관郎官을 파견하여 330여결結을 억지로 책정했으니【우리나라에서는 벼 10속束(묶음)을 1부負(짐)로 정해 100부를 1결로 삼는다】처음에 비해 다섯 배도 더 불어났다. 또한 당초에 둔장을 두어 관리했는데 둔장이란 무관이 돌아가며 물려받는 자리이고 백성을 다스리는 책임이 없으니, 오직 자기 보따리만 챙길 줄 알았다. 그리하여 이천 백성이 처자식을 팔고 굶주려 길거리에서 쓰러져 죽어가도 나와는 무슨 관계가 있느냐고 여겼다. 이에 백성에게 매질과 채찍질로 해독을 끼치고 이웃과 친족으로부터 받아냈다. 백성이 세를 감당할 수 없게 되자 도망치고 흩어지고 했다. 농민이 흩어지면 논밭이 황폐해지고, 논밭이 황폐해지면 예전에 100집이 담당하던 부역을 10집이 담당하게 된다. 사람들이 어떻게 도탄에 빠지지 않고 살아갈 것인가.

지금 임금(영조) 32년(1756) 여름에 나는 이천을 맡아 다스리라는 명을 받았다. 부임을 해서 둘러보니 100리의 산 아래로 온통 잡초가 가득해서 가련하기 그지없었다. 갑술년(1754)에 새로 작성한 『상정절목詳定節目』을 내가 어느 날 검토해보니 둔전이 '215결 남짓'으로 기재되어 있었다. 책머리에 실려 있는 윤음綸音(임금이 내린 말씀)이 해와 달처럼 분명하여 '절목'을 외면하고 거두어들이기를 마구 하는 자에게는 나라의 정당한 법이 있는 것이다. 이에 책을 덮고 탄식했다. "이렇구나! 우리 성상의 깊은 사랑과 두터운 은택은 둔전의 백성에게까지 미친 것이 이미 여러 해가 되었다. 호조에서 징수에 급급하여 돌보지 않았고, 수령은 호조를 겁내어 다투지 않았고, 산골의 백성은 어리석어 모르고 있었다. 성상의 은택이 가로막혀 흐르지 않는데 내가 이 잘못을 바로잡지 않으면 성상의 뜻을 따른다고 말할 수 있겠는가."

드디어 이 문제를 감영에 보고하고, 호조에 보고하고, 어사御事에 보고하고, 안집사安集使에 보고했다. 안집사가 장계를 올려 아뢰자 상이 윤음을 내려 호조판서 및 본도(강원도)의 도신道臣을 엄히 추고推考하고 하나같이 『상정절목』에 의거하여 시행하도록 명했다. 그러고 얼마 지나지 않아서, 회장관會葬官으로 입조하여 상을 대면할 기회가 나에게 주어졌다.[2] 이때 둔전 문제의 전말과 함께 호조에서 재감전災減錢[3]을 억지로 징수한 일의 옳고 그름을 성상께 진언했다. 성상이 윤음을 내려 호조를 엄히 추고하고 다시 전과 같이 하도록 했다. 어명이 내리던 날, 동북 지역의 주민들이 고을의 관문에 와서 다 같이 환호하고 경축하면서 서울을 바라보고 감축하는데 눈물을 흘리는 자들도 있었다.

아아, 둔전의 백성에게 베푸신 성은은 지극하여 더할 나위 없다. 후주後周의 태조가 이곡의 건의를 받아들였던 일과 비교할 수 있겠다. 그렇기에 동북 지역의 백성들을 모아놓고 마을에는 결수를 제해주고, 사람에게는 부수負數를 감해주어 215결의 한계에 맞게 하는 데 그쳤다. 다시 절목 한 권을 작성하니, 전후에 내린 성상의 윤음을 공경히 수록하고 둔전의 일에 관련된 문보文報(문서)들을 부록으로 실어 훗날 열람에 참고하도록 했다.

무릇 이렇게 하는 것은 그 의미가 백성을 위해서일 뿐 아니라 우리 성상의 지극한 마음을 드러내 실현하도록 하려는 것이다. 지금 이후로 천백년

---

2   회장관은 국가의 장례행사에 참여하는 관원을 이르는 말이다. 당시 숙종의 왕비인 인원왕후가 사망했다. 채제공은 회장관으로 참여해서 영조에게 건의할 기회를 갖게 되었다.

3   흉년을 만나 재해로 판정되어서 감면받은 것.

이 지나더라도 호조에서, 수령으로부터 둔장이 된 자에 이르기까지 누군들 임금의 신하가 아니어서 감히 여기에 더하고 줄이고 하겠는가. 절목이 영구히 전하여 폐기되지 않을 것임은 확실하다. 이를 기록하여 둔전의 백성들을 축하하는 바다.

금상 34년(1758) 무인년 모춘에 통정대부 행 이천도호부사伊川都護府使 평강 채제공이 쓰다.

—『번암집』 권32, 「이천둔전절목서伊川屯田節目序」, 영조 34년(1758)

족징 문제에 엄히 규정을 세우는 일로 올린 글

이른 아침부터 밤 늦게까지 성상께서 염려하시는 것은 오직 백성을 위하는 일입니다. 신은 전교를 받을 때마다 참으로 감탄했습니다. 우선 생각하옵건대 지방 고을에서 자행되는 족징의 폐단은 엄히 규정을 세워놓지 않으면 백성을 위해 내린 전교가 실효를 보지 못할까 우려됩니다. 대체로 수령으로 있는 자들은 엄밀하게 관리하지 못해 공화公貨와 공곡公穀에 여러 가지 결손이 발생하면 이미 징수할 길이 없는데 공물은 채우지 않을 수 없는 까닭에 하나같이 족징을 일삼게 되는 것입니다. 진짜 일가인지 여부를 따져보지도 않고 농간을 부리는 자가 올린 그대로 이름을 나열하고 관인을 찍어 면임面任과 이임里任에게 내준 뒤에 성화같이 독촉하기를 마치 금방 바로잡지 않으면 안 되는 것처럼 합니다. 저들 농간을 부리는 자에 대해서는 곤장 한대도 때리지 않고 전과 다름없이 놓아둔 채 공연히 엉뚱한 사람을 하루아침에 패가망신의 지경으로까지 이르게 하는 사례가 허다히 있는 것입니다. 눈앞의 이러한 폐단은 팔도가 온통 그렇지만 평안도 황해도가 실상 더욱 심각합니다.

이에 대한 신의 의견은 이렇습니다. 지금부터는 결손이 발생하면 농간을 부린 당사자를 우선 죽지 않을 정도로 엄형을 가해 그 족속들이 사과하게 하고, 그 당사자의 가옥과 농지를 모조리 팔아서 충당하게 하며, 그러고도 부족하면 그 족속들로 하여금 충당하도록 합니다. 이러면 다른 사람에게 경종을 울리는 방도도 될 수 있을 것입니다. 이러한 내용을 여러 도에 분부하여 법식을 정해 준행하도록 하며, 수령을 고과할 때도 족징이 많고 적은 것으로 수령의 진퇴를 결정하겠다는 뜻을 거듭 신칙하는 것이 타당할 것입니다.

상이 이르기를 "아뢴 대로 하라"고 하시었다.

—『번암집』 권30, 「징족지폐 엄립과조계徵族之弊嚴立科條啓」, 정조 12년(1788)

서북 유민들을 고향으로 돌아가 살도록 하는 방도

근래 듣건대 서북 지방의 유민이 도로에 끊이지 않고 이어진다고 합니다. 전하는 말이 비록 실상보다 과장되기 쉽다 하더라도 없지 않은 것은 미루어 짐작할 수 있습니다. 목민관이 성의를 다해 보살펴서, 진휼해야 할 사람은 진휼을 하고 환곡을 지급해야 할 사람은 환곡을 지급하면, 자기 고장에 사는 것을 편히 여기고 옮기는 것을 어렵게 여기는 것이 인지상정인데 어찌 상을 준다 한들 제 고향을 버리고 사방으로 흩어지겠습니까.

생각이 여기에 미치매 참으로 극히 가련하고 측은합니다. 조정이 이런 실정을 알고서는 특별히 위로를 하고 안집安集을 시키는 조처가 없으면 안 될 것입니다. 그런데 사방으로 떠돌아다니는 백성들이 삼삼오오 떼를 지어 어느 고을에서 걸식하는지 알 수 없습니다. 안으로 서울 5부와 밖으로 경기·삼남·관동 등 여러 도를 각별히 조사하여 과연 양서兩西 및 북도에서 흩어져 이리저리 떠돌다가 다다른 사람이 있는 경우, 온 가족이 정착하여 살게 되어 돌아가기를 원하지 않는 자들은 제외하고 각 고을에서 인원을 파악해 식량을 지급하고 장교를 정해 각기 원하는 고을로 넘겨주도록 합니다. 차례차례 송치해서 각자 본 고장에 이르러 그치면 됩니다. 이들이 귀

환했을 때 도의 감사는 그 숫자를 잘 집계하되 본 고을에서는 더욱 각별히 위로를 하고, 그들 각각을 환곡과 진휼의 대상으로 잡아 이에 힘입어 안주할 수 있도록 해야 합니다. 이렇게 하면 환자를 돌보듯이 하는 성상의 은덕이 애오라지 호소할 데 없는 백성에게 두루 미칠 수 있게 될 것입니다.

그리고 듣자옵건대 근래 감사들과 수령들이 백성이 흩어져 유랑한다는 말이 서울로 보고되지 않도록 하기 위해 장교를 시켜 길목을 막고 빠져나가지 못하게 한다고 합니다. 이와 같이 하면 앉아서 죽음을 기다리는 것밖에는 다시 다른 도리가 없습니다. 백성을 사랑하는 정사로 볼 때 어떻게 이와 같이 해서야 되겠습니까. 이런 일은 엄하게 금지해야 합니다. 또한 각 고을에서 차례차례 지급하는 양식은 모두 공곡으로 회감會減(상쇄 처리하는 것)을 하도록 하며, 귀환하여 안집한 다음의 최종 숫자는 해당 도의 감사가 열거하여 보고하는 것이 타당할 것입니다.

상이 다음과 같이 지시했다. "지금 경의 말을 들으니 서북 지방의 민정에 대해 대략 미루어 알 수 있겠다. 들은 이상에는 어찌 일시라도 마음을 놓을 수 있겠는가. 해결할 대책은 응당 감사에게 각별히 신칙하여 실효가 있도록 기해야 할 것이다.

유민을 돌려보내 안주시키는 일에 대해서는 경이 아뢴 대로 즉시 서울과 지방에 엄히 신칙을 하되, 양식을 지급하고 교부하는 과정에서 털끝만큼이라도 소홀히 되는 일이 없도록 할 것이다. 경이 이미 연석에서 지시를 들었으니, 서울의 5부 안에는 비변사 낭청을 나누어 보내 타이른 다음 원하는 곳으로 돌려보내고 실시한 뒤에 자초지종을 기록하도록 하라.

서북에서 유민을 안집시키는 일과 여러 도에서 교부하는 일을 힘써 하고 소홀히 하는 등에 대해서는 암행어사 외에 별도로 선전관이나 비변사 낭청을 보내 살펴보도록 할 것이다. 이러한 뜻도 모두 함께 신칙하도록 하라."

—『번암집』권30, 「청서북류민환송안집계請西北流民還送安輯啓」, 정조 14년(1790)

신해통공과 화성 건설

독점 상행위의 혁파

이번 정월 초하루를 맞아서 백성들의 병폐를 구제하고 백성들에게 혜택을 끼칠 일을 시행하여 조금이라도 성상의 뜻을 펼칠 방도를 생각해보았습니다. 백성들의 병폐를 거론하자면 도고都庫(독점 상행위)가 가장 큰 문제이니, 백성들에게 혜택이 돌아갈 일을 시행하려고 하면 도고를 혁파하는 일이 가장 시급합니다.

대체로 우리나라의 난전亂廛을 금하는 법은 전적으로 육의전六矣廛[4]이 국역國役에 수응하는 댓가로 그들이 이익을 독점할 수 있도록 하기 위해 제정한 것입니다. 근래에는 민심이 예전과 달라서 오직 욕심을 따르고 있습니다. 하는 일 없이 노는 무뢰배들이 삼삼오오 떼를 지어 제 마음대로 전포廛鋪 이름을 지어놓고, 무릇 사람들의 일용품에 관계되는 각종 물건들을 제각각 주관하지 않은 것이 없습니다. 크게는 말 등에 싣고 배에 싣는 물산으로부터 작게는 머리에 이고 손에 든 물건에 이르기까지 길목에 잠복해 있다가 싼 값에 억지로 사들이는데, 그 물주가 고분고분 따르지 않으면 곧장 난전으로 몰아서 결박을 하여 형조나 한성부에 잡아넣고 껍데기를 벗기고야 그만둡니다. 그런 까닭에 물화를 소지한 사람들은 본전을 밑지더라도 어쩔 수 없이 눈물을 흘리며 팔고 가게 됩니다.

이렇게 하여 얻은 물화들을 각기 제 전포에 벌려놓고 배의 값을 취하는 것입니다. 일반 백성들이 사지 않으면 그만이지만, 사지 않을 수 없는 필수품이라면 그 전포를 놓아두고서는 다시는 다른 데서 구할 길이 없습니다.

---

4   서울의 종로에 있었던 어용 상점. 육주비 또는 시전으로도 불렸다. 이 상인들에게 역의 일종으로 부과되었지만 그 자체가 독점적인 특권이기도 했다. 신해통공에서 독점적 상행위의 단속 대상이 되었던 데서 육의전은 제외되었다.

이런 까닭에 그 값이 날마다 올라서 등귀한 것이 신이 젊었을 때 들은 바와 비교해보면 세곱절 혹은 다섯곱절도 넘습니다. 요즘에는 심지어 채소나 옹기그릇까지도 이름이 붙은 전포가 있어서 마음대로 사고팔고 할 수가 없습니다. 백성들이 음식에 소금이 없는 것은 우선 논하지 않더라도 빈궁한 선비들이 제수를 마련하지 못해 조상의 제사를 지내지 못하는 사례가 종종 있습니다. 이는 다름이 아니오라, 오로지 도고를 금지하지 않는 때문인 것입니다.

이 도고는 조정에서 금지하면 응당 금지될 터임에도 오로지 입을 다물고 아무 말도 하지 않는 이유는 도고를 하는 간교한 자들의 원성이 자기에게 돌아올 것을 두려워하는 데서 벗어나지 않습니다. 옛사람도 이르기를 "한 지방에서 곡소리가 나는 것이 한 집에서 곡소리가 나는 것과 비교해 어떠한가"라고 했습니다. 간교한 백성이 삼삼오오 떼를 지어 몰래 비방하는 것을 피하기 위해 서울 도성의 만호 인민의 거꾸로 매달린 위기를 구제하지 않는다면 나라 백성의 기대와 원한을 책임져야 하는 뜻이 과연 어디에 있겠습니까.

응당 평시서平市署[5]로 하여금 삼십여년 이래 새로 들어선 전포들을 조사해서 모두 아울러 혁파하도록 하며, 형조와 한성부에 분부하여 육의전 이외에 난전이라 하여 잡아들인 것에 대해서는 못하게 할 뿐만 아니라 그런 행위를 하는 자들에게는 반좌율反坐律(거짓 고발자에 대해 적용하는 형벌)을 적용하게 해야 할 것입니다. 그렇게 하면 장사치들은 각종 물건을 사고파는 이득이 있게 될 터요, 민생도 살아가기에 곤궁하게 되는 우환이 없어질 것입니다. 이렇게 하다가 발생하는 문제는 신이 감당하겠습니다.

상이 이르기를, "아뢴 대로 시행하라. 백성의 습속이 옛날과 같지 않은

---

5   서울에 두었던 관청으로 상점, 도량형, 물가 등에 관한 일을 관장했다.

것이 오래되었다. 만일 실시하는데도 가난한 선비와 곤궁한 백성이 사실
상 혜택을 입지 못하고 시전 사람들이 살아가기에도 날로 쓸쓸해지면 이
는 대단히 고민스러운 노릇이 된다. 더구나 도성 안에는 국역國役을 담당
하는 시전들이 많다. 조금 전에 한韓 판부사判府事(한익모韓翼謩)가 난전을
혁파하는 문제로 경연에서 아뢴 일을 인용하여 유시한 것은 바로 이런 뜻
이었다. 경은 경연에서 물러간 뒤에 일을 담당하는 신하들과 함께 물정을
널리 소상하게 살펴보아 적합한 도리를 힘써 찾아내서 영구히 실효를 볼
수 있도록 할 것이다"라고 했다.

—『번암집』권30,「청혁파시전도가계請革罷市廛都賈啓」, 정조 15년(1791)

땔나무 상인의 간사한 폐단으로 인해 도고를 거듭 단속하다

근래 인심이 옛날 같지 않아서 오로지 이익을 독점하는 행위를 일삼고
있어서 이에 도고라는 이름이 나왔습니다. 도고를 혁파하지 않고는 백성
의 습속을 바로잡을 길이 없고, 백성이 생산을 많이 할 수 없고, 상업을 유
통시킬 수 없고, 상업을 활발하게 만들 수 없습니다. 조정에서 앞뒤로 내린
금령이 거듭 엄중하지 않은 바 아니었지만, 간교하게 농간을 부리는 구멍
을 없애지 못하여 교활하게 속임수를 부리는 폐단이 더욱 심해졌습니다.
생활의 필수품인 땔나무에 관한 이번의 정사로 말하더라도 도성 안이 불
안정하여 발을 뻗고 살 수 없는 정도가 되었는데, 포도청에서 교졸을 내보
내 간교한 우두머리를 붙잡아들이면 땔나무 값이 어찌 곧바로 예전 수준
으로 돌아오지 않을 이치가 있겠습니까.

신은 이를 통해 생각해보건대, 지금 소민들이 국법은 두려워하지 않으
며 그래도 조금이나마 두려워하는 것은 포도청뿐입니다. 민생을 다스리고
자 하면 도고를 혁파하지 않을 수 없고, 도고를 혁파하려고 하면 포도청에
맡기지 않고는 도무지 이 폐단이 제거될 수가 없습니다. 그런데 포도청이

이 일을 전적으로 관장케 하면 혹여 폐단이 생길 우려가 있습니다. 지금부터는 어떤 물종을 도고하고 있다는 말이 조정에 보고되면 조정에서 포도청에 지시하여 기찰譏察을 하도록 해서 도둑을 다스리는 장杖으로 쳐서 단속해야 합니다. 포도대장은 보고가 들어오면 역시, 어떤 물종을 도고하는데 기찰하지 않을 수 없다는 식으로 조정에 아뢰어 조정의 허락을 받은 연후에 법에 따라 징치하도록 합니다. 이렇게 하면 명령이 행해져서 도고가 금지될 가망이 있습니다. 이와 같이 법을 확정해두는 것은 결코 그만두어서는 안 될 일입니다.

비록 그렇다지만 백성을 개과천선해서 스스로 죄로부터 멀어지게 하는 것은 성왕이 당연히 힘써야 할 바입니다. 사람들을 그물과 덫에 걸리도록 몰아넣는 일이 어찌 꼭 하고자 하는 것이겠습니까. 전에 이런 일로 농간을 부렸던 자들이라도 이 법이 한번 나간 이후 스스로 두려워할 줄 알아서 전의 악습을 깨끗이 씻는다면 이들도 자연히 양민이 될 것입니다. 조정 역시 일이 줄어들 것입니다. 옛날의 성왕이 대궐 문 밖에 법령을 내걸었던 사례에 의거하여 지금 법을 제정한 뜻을 진서와 언문으로 써서 큰길과 사대문에 게시해서 여항의 소민들이 몰라서 죄에 걸려드는 일이 없도록 하는 것이 백번 타당합니다.

상은 다음과 같이 말씀하셨다. "아뢴 대로 시행하라. 도고의 폐단은 이루 다 말할 수 없는 지경이다. 지금 옛날과 같지 않은 백성의 습속으로 보건대, 간교한 폐단이 날로 심해지는 것은 듣지 않아도 알 만하다. 그런데 지금 경의 말을 듣고 보니 미처 듣지 못했던 바가 많았다. 이대로 금령을 실시하되 미리 깨우치도록 할 것이다. 묘당廟堂(조정을 가리킴)은 평시서와 다르며, 형조와 한성부와 포도청이 도둑을 다스리는 관서다. 경이 이른바 묘당에서 포도청에 분부하여 조사한 다음 다스리도록 해야 한다고 한 것은 보통의 사소한 일까지 계속 이와 같이 해야 한다는 뜻은 아닐 터이다.

모름지기, 일전의 땔나무에 관한 문제처럼 일체 금지하고 강력히 단속해야 할 일이다. 법사法司[6]가 판결할 문제는 아니로되 평민이 견디기 어려운 일인 다음에라야 이 금령을 쓸 수 있는 것이다. 그들도 모두 이 점을 분명히 알도록 해서 당초에 금령을 어기는 자가 아주 없어야만, 지금 이 금령을 시행하는 조처가 한낱 종이 위의 말이 되지 않을 것이다. 이렇게 되면 어찌 공사 간에 일대 다행히 되지 않겠는가. 대저 대궐 문 밖에 법령을 게시하는 것은 곧 형벌을 쓸 일이 없기를 기약한다는 의미다. 그런데 국법을 어기는 자들은 난민亂民이고 간민奸民이다. 일만 백성을 위해 난민과 간민을 엄중하게 다스리는 것이다. 부득이해서라고 하지만 또한 그만둘 수 있는 일이겠는가. 이러한 취지로 민간에 거듭 효유하는 것이 좋겠다."

— 『번암집』 권31, 「인시상간폐신청엄금도고계因柴商奸弊申請嚴禁都賈啓」, 정조 15년(1791)

상업을 일으켜 신도시 규모를 갖추기 위한 구상

수원부의 주민은 전부터 가난하여 구읍의 천호에 가까운 가옥들이 달팽이 껍질처럼 형편없었습니다. 지금 치소를 옮긴 뒤에도 집을 짓고 사는 꼴이 예전과 별로 다르지 않다면 불성모양不成模樣(모양이 제대로 이뤄지지 않음)이라는 말을 듣지 않겠습니까. 그렇다 해도 억지로 명을 내려 초라한 집에서 사는 사람들에게 큰 주택을 세우라고 강요하면 아무리 위협하고 권장하더라도 결코 실현되지 못할 것입니다. 도로에 가옥이 즐비하게 들어서도록 하는 요령은 상점이 줄줄이 늘어서도록 하는 만큼 좋은 방법이 없습니다.

한나라 때 장안長安의 부호들을 이주시킨 일은 본받기 어렵지만, 지금 우선 서울에서 부자로 이름을 얻은 20~30호를 모집하여 조정에서 호마다 무이자로 1천냥을 대여하여 신도시에 서로 마주보게 집을 짓도록 합니다.

---

[6] 법을 집행하는 관서. 형조와 한성부가 이에 해당한다.

이들로 하여금 장사로 이익을 얻는 재미를 보도록 하는 것입니다. 이렇게 시행한 뒤 위의 각 호들에 대여했던 자금은 몇 년 기한을 정해 분할하여 갚도록 하면 조정으로서도 결국 손실이 없으며, 신도시에는 점차 사람들이 모여들어 도회의 모습을 갖추는 현상이 나타날 것입니다.

여기에 개인의 힘으로 해결할 수 없는 어려운 일이 있는데 기와입니다. 옛날 당나라에서 위단韋丹이 강남서도江南西道 관찰사가 되었을 때 사람들에게 기와집을 짓도록 했습니다. 산에서 재목을 구해오고 도공을 불러 사람들에게 기와 제조법을 가르쳐서 일정한 장소에 재목과 기와를 모아놓았습니다. 그 비용을 계산해서 판매하되 이익을 취하지 않게 했으며, 음식과 장 종류를 몸소 싣고 나가서 권장하기도 했습니다. 그리하여 기와집 1만 3천7백채를 세웠던 것입니다. 우리나라의 물력을 가지고는 중국과 비교해 말할 수 없습니다. 위단의 일을 쉽게 따라서 하기는 어렵지만 시험 삼아 1만냥 정도의 돈을 수원부에 내어준 다음 기와를 제조하여 원매자에게 판매하되 이익을 일체 취하지 말고 본전만 상환하도록 한다면 기와집을 지을 수 있고, 공적인 자금 역시 본전을 축내지 않게 될 것입니다. 이 일은 전적으로 감사와 본관本官(수원부 관장)이 어떻게 조처하느냐에 달려 있습니다.

이곳의 생리로 말하면 별다른 도리가 있는 것이 아닙니다. 치소가 있는 근처에 한달에 여섯번 서는 장을 열도록 명하되, 세를 한푼도 거두어들이지 말고 사고파는 것만 허용하면 소문을 듣고 사방의 상인들이 모여들어 반드시 전주나 안성에 못지않게 흥성하게 될 것입니다. 이와 같이 된다면 주민은 자연히 살아가는 것을 즐거워하는 마음이 생길 터이고, 다른 지방의 사람들도 불러들이지 않아도 필시 제 발로 찾아오게 될 것입니다.

신이 헤아리기로는 신도시의 경관을 새롭게 만들고자 하면 추진할 일이 이상의 세가지에서 벗어나지 않을 듯하온데, 참석한 여러 재상들에게 하문하여 결정하심이 좋을 것 같습니다.

상이 이르기를 "백성을 모집하는 방안에 대해 현임 수령과 전임 수령들에게 물어본바, 그들의 의견도 경의 말과 같았고, 지금 경연에서 나온 여러 논의도 약간의 차이가 있기는 하지만 대체로 보면 그다지 차이가 없다. 경은 이 자리에서 물러간 뒤에 개괄한 내용을 척도로 삼도록 하되, 조정에서 편의대로 거행할 일은 모름지기 즉시 처리하도록 하고, 품의할 것은 즉시 품의, 처리해서 실효를 거두어 영구히 전해질 수 있도록 할 것이다"라고 하시었다.

— 『번암집』 권30, 「수원부설전모인사의계水原府設募人事宜啓」, 정조 14년(1790)

서교 문제와 대응책

서교의 금지책 (1)

세상의 도는 날로 추락하고 사람들의 마음은 잘못 빠져들어서 이른바 서교가 혹세무민하는 사태를 다시 일으킨 것입니다. 일전의 대간의 논계論啓(임금께 논하기 위해 올린 글)를 보건대, 호남의 한두 사람이 인륜을 파괴하고 법도를 업신여겨서 스스로 짐승과 다름없는 양이의 교리에 빠져든 자들은 말을 하자면 입이 더러워지고, 글로 쓰자면 붓이 더러워집니다.[7] 성상께서 다스리는 세상에 어떻게 이런 강상綱常(삼강오륜)의 괴변이 일어난단 말입니까. 그런데 성상의 몇 줄 비답은 이미 엄하고도 간곡하여 깊이 정학正學을 부지하고 사설私說을 물리치는 요지를 얻었으니 신은 실로 우러러 탄복했습니다.

대체로 원기가 굳세고 알차면 바깥의 사특한 기운이 범접할 수 없는 법

---

7   여기서 지적한 '호남의 한두 사람'은 진산현(珍山縣)의 권상연(權尙然)과 윤지충(尹持忠)이다.

입니다. 정학은 원기이고, 서교는 곧 '사악한 기운'입니다. '사악한 기운'을 소멸시키고자 하면 우리의 원기를 부식扶植시키는 것만큼 좋은 방도가 없습니다. 성상께서 이미 내리신 하교의 큰 뜻은 요컨대 여기서 벗어나지 않으니 참으로 더 이상 덧붙일 것이 없습니다. 다만 진상이 드러난 자들은 반드시 속히 엄한 형률을 가한 뒤에라야 아마도 '같은 문명의 세계에서 살지 못하게 한다'는 의리에 어긋남이 없을 것이고, 사람들 역시 법을 두려워하여 절로 징계되는 바가 있을 것입니다.

상은 이르기를 "아뢴 대로 하라"고 하시었다.
—『번암집』권31, 「청엄금서양학계請嚴禁西洋學啓」, 정조 15년(1791)

서고 금지책 (2)

진상이 드러난 자들은 벌을 내려 극형에 처해야 함은 말할 것도 없습니다. 그런데 서교라고 하는 것은 특별히 형적을 찾아서 잡아낼 단서가 딱히 없는 것입니다. 누군가 만일 해칠 마음을 품고 아무 관련 없는 사람을 지목하여 '저 사람도 일찍이 서교를 믿었다'라고 고발을 하면 이는 사실상 밝혀내기 어려운 노릇입니다. 그래서 후일에 세상의 큰 근심거리가 되지 않는다고 단언할 수 없습니다. 이는 오직 성상께서 밝게 살피시는 데 달려 있을 뿐입니다. 신의 어리석은 소견은 이와 같으니 어찌 감히 다 아뢰지 않겠습니까?

상이 이르기를 "만약 관련이 없는 사람을 해치려는 계책이 있다면 이는 예상할 수 없는 문제다. 만일 이러한 폐단이 생기면 경은 또한 드러나는 대로 잡아서 아뢰면 마땅히 실상을 조사해 엄히 처리하겠노라"고 하시었다.
—『번암집』권31, 「청엄금서양학계請嚴禁西洋學啓」【재계再啓】, 정조 15년(1791)

엎드려 아뢰옵니다. 어제 양사兩司에서 함께 올린 논계를 보니 이단을 배척하는 논의가 실로 사람으로 하여금 매우 감복하게 합니다. 하지만 그 내용은 오로지 홍낙안洪樂安의 장문의 편지를 확실한 근거가 있는 것으로 믿고 있는데, 이른바 장서란 곧 신에게 보낸 편지입니다. 신은 이미 그 이면을 알고 있으니 어찌 입을 다물고 있을 수 있겠습니까.

생각하옵건대, 이단 사설 중에서 양주楊朱·묵적墨翟보다 더한 것이 어디 있겠습니까마는 양주는 스스로 의義에 가탁을 했고, 묵적은 스스로 인仁에 가탁을 했던 것입니다. 어디에 임금이 없어도 되고 아버지가 없어도 된다고 버젓이 말한 자가 있었습니까? 일찍이 맹자가 논박하여 저들을 배척하지 않았더라면 그 화는 아버지가 없고 임금이 없는 세상이 되어도 사람들이 그 잘못을 생각하지 못했을 것입니다.

오늘날의 이른바 서양학이란 방자하게 부모를 버리고 임금을 가볍게 여기는 것을 하나의 정당한 의리로 삼아 천하 사람들의 자식들을 온통 역적으로 만들고자 하니 그 화는 실로 양주·묵적의 학설보다 100배나 더 심한 것입니다. 신은 일찍이 서양사설을 원수처럼 혐오하여 글을 지어서 분명히 비판했고, 매양 사람들에게 대해서는 절실히 경계했습니다. 그리고 재작년 경연에 나가서는 반복해 아뢰어서 그 근원을 영구히 막아버릴 것을 주장했으니 이 일은 성상께서도 분명히 기억하실 것입니다.

그러던 중에 홍낙안이 보낸 장서를 보고 호남의 권상연權尙然과 윤지충

---

8 홍낙안은 정조 때 인물로 남인에 속하면서 서교의 공격에 앞장서서 공서파로 분류되는 인물이다. 윤지충과 권상연이 천주교를 신봉한 것으로 크게 문제된 진산 사건이 일어나자, 이를 크게 문제시한 긴 편지를 좌의정 채제공에게 보냈다. 이것이 여기서 거론하는 장서다. 이 자료는 『벽위편(闢衛編)』(서광사, 1978)에 수록되어 있다.

尹持忠 두 사람이 신주를 태워버린 일이 있었던 사실을 비로소 알았습니다. 마음에 놀라서 간담이 떨어질 지경이었으니, 곧 천벌을 시행해야 할 일이라는 생각은 어찌 홍낙안보다 못하겠습니까. 그런데 이단을 물리치자는 발언이 가상하긴 하지만, 만일에 이로 인해서 한층 속으로 젖어들어 퍼져 나가는 우환이 생긴다면 이는 군자가 마땅히 경계해야 할 바입니다. 당나라 한유韓愈의 훌륭한 말이 있습니다. "그 사람을 사람으로 만들고 그 책은 불태워버리고, 그 거처는 민가로 만든다"라고 했습니다. 이단의 서적은 응당 태워버려야 하고, 이단의 거처는 응당 허물어 민가로 만들어야 한다고 한 것입니다. 그런데 이단에 빠진 사람에 대해서는 그 사람을 죽이라고 하지 않고 그 사람을 사람으로 만들라고 했습니다. 이는 어찌 한유가 이단을 배척하는 데 엄격하지 않아서 이런 것이겠습니까. 대개 사람은 이전의 자기 행위를 스스로 부끄럽게 여긴다면 사람답지 못하더라도 사람으로 만들 수 있다는 뜻입니다. 사람이 만약 얼굴을 바꾸고 마음을 고친다면 사람이 아니었더라도 사람이 될 수 있으며, 사람이 형벌을 두려워하여 감히 하지 않으면 사람이 아니라도 사람이 될 수 있습니다. 옛날 현인이 책을 짓고 말을 세운 것(著書立言)은 스스로 새로운 사람이 될 수 있는 길을 열어주려는 뜻이었습니다. 그 의미가 또한 심장하지 않습니까.

지금 권상연과 윤지충의 죄가 과연 전하는 사람의 말과 같다면, 이는 이적夷狄만도 못하니 짐승 같은 자들입니다. 사람으로 만들 수 없는 자라면 나라에 일정한 형벌이 있으니 다시 더 의논할 여지가 없습니다.

홍낙안의 장서는 안타깝게도 거론을 하면서 말을 가려서 쓰지 못해 논지를 벗어나 산만했습니다. "노나라 술은 맛이 좋지 않아서 한단邯鄲이 포위당했다"거나 "장공張公이 술을 마시자 이공李公이 취했다"는 등 고사를 끌어온 것은 전혀 당치 않은 말입니다.[9] 홍낙안은 아직 젊은 사람이므

9   "노나라 술은 맛이 좋지 않아서 한단이 포위를 당했다"(『장자』 「거협(胠篋)」)는 것은 당치 않게 연관되어 화를 입음을 비유한 말이고, "장공이 술을 마시자 이공이 취했다"(『조야첨

로 본디 깊이 책망할 것은 없다지만 글이 이처럼 부실해서야 되겠습니까. 더구나 지금 성상이 위에 계셔서 조정이 안정되어 있고 나라 안에 개 짓는 소란도 없는 지경인데, 장각張角이나 백련교白蓮敎를 들먹여서[10] 장황하게 세상 사람들을 두렵게 하여 국가의 큰 변란이 당장 눈앞에 일어난 것처럼 하고 있습니다.

이단을 긴급히 배척하려는 마음이라도 말을 잘 헤아리지 않으면 사방의 민심이 쉽게 놀라 현혹될 것을 홍낙안 혼자 생각하지 못했단 말입니까. 지금 이 장서가 온 세상에 널리 퍼져서 대각의 논계에서는 급서急書라고 표현하는 데 이르렀으니, 이는 홍낙안이 자초한 것입니다. 대저 사학은 당연히 통렬히 혐오하여 엄히 다스려서 씨를 퍼뜨리지 못하게 해야 하는 것이지만, 만약 어떠한 의도를 가지고 관련이 없는 다른 사람들을 마구 끌어들인다면 세도의 우환이 되지 않을 수 없습니다.

그래서 일전에 홍낙안 등이 통문을 돌렸을 적에 그 가운데 군더더기 말이 있다는 것을 듣고 신은 자식을 시켜 이름을 삭제하게 했습니다. 다시 글을 고쳐서 권상연과 윤지충만을 꾸짖었다는 말을 듣고는 다시 자식에게 함께 이름을 기록해두도록 했습니다. 한번은 삭제하고 한번은 그대로 둔 데에는 신으로서 대략 권도權道가 있다고 하겠습니다. 또한 이것으로써 우리 전하께서 어느 한쪽에 치우치지 않고 중도를 취하시려는 정치를 보좌하려고 한 것입니다.

이에 감히 아뢰옵니다. 오직 전하께서는 엄히 대처하시고 밝게 살피시어 어느 한쪽으로 치우치지 않는 정치를 밝혀주옵소서. 생각하옵건대, 신은 외람되이 정승의 자리를 차지하고서 능히 인심을 착하게 만들지 못하

제』 권1)는 것은 오해로 과실이 입히게 됨을 비유한 말이다.

10   장각(張角)은 후한 말의 인물로서 태평도라는 민간종교를 일으켜서 이를 따르는 무리들이 황건을 쓰고 난을 일으켰다. 백련교(白蓮敎)는 남송 이래 역대에 걸쳐서 유행했던 민간신앙으로 민중반란의 배경이 되었다.

고 바른 학문을 배양하지 못하여 인륜의 변태가 청명한 교화에 누를 끼치게 했습니다. 한 세상을 가다듬으려고 한다면 책임을 묻고 꾸짖는 일을 의당 먼저 신으로부터 하셔야 합니다.

바라옵건대 속히 신을 정승의 직에서 교체하고 엄한 벌을 내려 풍교를 바로잡고 저 자신 분수에 편하도록 해주옵소서. 이렇게 하여주시면 천만다행일 것입니다. 처리해주옵소서.

상의 비답은 이러했다.

"올린 글을 살펴보고 경의 간절한 뜻을 잘 알았다. 경은 소보小報에서 어제 대간의 계사에 대한 비답을 보았는가? 이단이란 노자老子도, 불가佛家도, 양주도, 묵적도, 순자荀子도, 장자莊子도, 신불해申不害도, 한비자韓非子도 그럴 뿐만 아니라 제자백가의 수많은 글 가운데 조금이라도 정경正經과 상도常道에서 어긋나고 선왕先王의 모범이 될 말씀이 아닌 것은 모두 해당되는 것이다. 그러므로 공자 시대에는 맹자의 시대처럼 사설이 횡행하는데에 이르지 않았다. 맹자로 와서는 이단을 배척하여 홍수나 맹수, 난신·역적처럼 여겼다. 공자는 그 해독을 꼭 들어서 말씀하지 않았던 것 같다. 이는 대체로 살았던 시대가 서로 같지 않았기 때문인데, 처지가 바뀌었다면 필시 다르지 않았을 것이다. 지금 사람들은 소인의 심보를 가지고 성인의 마음을 헤아려 『서경書經』의 「탕서湯誓」와 「태서泰誓」[11]처럼 각기 여유로움과 각박함의 차이가 있는 듯이 여기고 있는데 전혀 공자를 모르는 말이라고 하겠다. 게다가 공자시내에는 제자백가가 아직 이단의 부류에 들어가지 않았는데도 이단의 명목을 새로 넣어 예방의 차원에서 경계하신

---

11   「탕서(湯誓)」와 「태서(泰誓)」는 『서경(書經)』의 편명이다. 「탕서」는 탕임금이 하나라 걸(桀)을 칠 때에 군사들과 더불어 맹서한 말이며, 「태서」는 주 무왕이 은나라를 치러 가면서 지었던 것이다(지금 『서경』에 실려 전하는 것은 후인의 위작으로 판명되었음).

것이다. 『논어』의 본지가 어찌 『맹자』의 호변장好辯章[12]보다 더 엄하고 더 강하지 않은 적이 있었던가. 지금은 공자 맹자의 시대보다 천 수백년이 떨어져 있다. 천명해 밝히고 배척하는 책임이 우리들에게 있지 않은가.

내가 항상 경연의 신하들에게 서양학을 금하려고 하면 먼저 패관잡기稗官雜記[13]부터 금하고, 패관잡기를 금하려면 먼저 명말 청초의 문집부터 금해야 한다고 말하지 않았던가. 대체로 근본을 바로잡겠다는 것이 오활迂闊(실정에 거리가 먼 태도)로 보이지만 힘을 받기 쉽다. 그 말단을 구하는 일이 절실해도 성공하기는 어렵다. 지금 내가 금하려고 하는 것은 반드시 근본을 잡는 데에 도움이 안 된다고 할 수 없다. 만약 공자가 지위를 얻어 도를 실행하여 제자백가의 설이 경전과 함께 통행할 수 없게 되었다면, 맹자가 어찌 군이 수고롭게 많은 말을 하여 당시 사람들에게 '호변好辯'이라는 비웃음까지 받았겠는가.

마침 경이 아뢴 말로 인하여 대간의 논계에 대한 비답에서 미처 다하지 못했던 심경을 다시 거듭 밝힌다. 경은 조정에서 계책을 세우는 자리에 있으니 부디 명말 청초의 문집과 패관잡기 등의 서책을 물이나 불 속에 던져버리는 일이 타당한지에 대해 여러 재신들과 충분히 토론하도록 하라. 그리고 이것이 영숙으로서 행하기 불편하고 꺼려지는 점이 있다면, 연경燕京에 가는 사행이 잡서를 구입해오는 행위를 금하도록 거듭 천명해야 할 것이다. 경의 생각은 어떠한가?

이른바 서양학의 고질적인 폐단에 대해서는 경의 차자箚子 가운데 '그 학을 원수같이 미워하여 글을 지어 분명히 비판했고, 사람들에 대해서 절실히 경계했다'라고 했다. 그럼에도 도리어 경은 일찍이 인심을 바로잡고 성학을 밝히지 못했다고 자책하다니 참으로 지나치고 또 지나치다고 아니

---

12 『맹자』 「등문공하」의 제9장을 가리킨다. 여기서 맹자는 양주 묵적을 홍수에 못지 않게 세상을 혼란에 빠트리는 것으로 비판했다.
13 소설류 등 잡다한 기록들을 지칭하는 말.

할 수 없다. 내가 오히려 군사君師의 지위에 있으면서 사전에 제대로 인도하여 교화가 펼쳐지고 풍속을 아름답게 만들지 못했던 소홀함이 있었다. 경에게 무슨 책임이 있겠는가. 경에게 무슨 책임이 있겠는가.

그리고 홍낙안 무리의 사적인 편지 가운데 한두곳의 비유로 쓴 어구를 어제 대간의 계문에서 과연 보았다. 사방에서 듣고 보고 하여 의혹을 일으킬까 염려되므로 글 전부를 그대로 공개하지 말고 곧 고치도록 했다. 연소한 신진들이 입에서 나오는 대로 쓰는 병통을 경은 어찌 줄곧 두고 보고만 있는가. 이것이 경에 대해 개탄스럽게 여기는 점이다. 그 밖의 것은 경연하는 날 면대하여 논의할 것이니 경은 모름지기 안심하고 사퇴하지 말 것이다. 즉시 나와서 일을 보도록 하라."

이어 전교했다.

"이 비답은 사관史官을 보내 좌의정에게 전하게 하라. 대신의 차자는 체모가 더없이 중대한데, 신시(오후 4시 전후) 뒤에 승정원에 들어온 것을 다른 공사와 함께 들여와서 날이 저물어서야 펼쳐보아, 촛불을 켜고 비답을 내리게 했다. 해당 사알司謁(왕의 명령을 전달하는 일을 맡은 관원)은 먼저 파직시키고 즉시 올리지 않은 승지는 중한 쪽으로 추고推考(잘못한 신하를 추궁함)하라."

— 『번암집』 권24, 「청엄징서양사학잉론홍낙안차請嚴懲西洋邪學仍論洪樂安箚」, 정조 15년(1791)

서교 문제에 대해 정조와 논의하다

상이 좌의정 채제공에게 다음과 같이 말했다. "(…) 홍낙안의 장서는 과연 무슨 뜻인가? 말로 경에게 설명하지 않고 굳이 길게 편지를 보낸 것은 무엇 때문인가. 우리나라 일은 다들 사적인 싸움에 용감한데, 홍낙안의 장서도 반드시 대간에 대한 비답 중에 '기관機關(함정)'이란 두 글자에 뜻이 있다. 경 또한 그 편지를 보고서 말을 하지 않은 것은 무슨 까닭인가? 엊그

제 경연에서 '때려서 흔드는 것'이라고 아뢴 말에 나도 대강 숨은 뜻을 짐작했다. 지금 이미 드러난 것만 보더라도 곧 엄히 다스려서 드러나지 않은 자들까지 스스로 고칠 길을 찾아가는 것이 필요하다. 경이 올린 글 가운데 장각張角[14] 등을 들어 말한 것은 너무 지나친 것 같다. 오늘날 정학正學은 날로 쇠미해가고 세도世道는 날로 그릇되어가는데, 이런 말을 가지고 설왕설래하다가는 일만 그르칠 따름이다. 경의 처지로서 문제를 적절히 다스려 저절로 가라앉게 하자면 어찌 방도가 없겠는가? 굳이 글로 써서 온 세상에 퍼지게 할 것은 없다."

채제공이 아뢰었다. "서학의 내용은 실상 불교 서적과 대동소이합니다. 근래 시속이 경박하여 이상한 책을 좋아하기 때문에 더러 미혹이 되어 돌아올 줄 모르는 자들이 있습니다. 진산珍山의 두 죄인 문제는 그 고을 원이 저의 형에게 보낸 편지에 담긴 사연을 들어보았는데, 윤지충尹持忠이 신주를 불태우고 시신을 버렸다는 것은 와전이었습니다. 장례 절차에 예법을 제대로 갖추지 못했다고 하는데 가난한 자가 예법을 갖추지 못하는 것은 형편상 그럴 수 있는 일입니다. 사판祠版(신주)은 새로 만들지 않았으며, 전의 신주는 그대로 있다고 합니다. 지금 조사해보면 사실 여부가 가려질 것입니다. 권상연權尚然은 그 일가 사람인 권상희權尚憘가 신에게 와서 전하기를 '조상의 신주에 배례를 하려고 권상연의 집에 갔는데, 신주가 보이지 않아 놀라 물었더니, 그의 말이 무익하므로 치워버렸다'는 것이었습니다. '어디 두었느냐'고 묻자, '물에 던졌다고 하는데 태운 것 같습니다'라고 했습니다."

상이 또 말하기를, "이미 죄상이 드러난 자는 법에 의해 처리할밖에 없다. 대간의 계문에 교주와 도당이란 말이 들어 있다. 조정에서 조사하지 않더라도 경이 홍낙안에게 캐물으면 필시 알 수 있을 것이다"라고 했다.

---

14   중국 후한 말엽의 인물. 오두미교(五斗米敎)라는 민간 종교를 일으켜 황건적 반란의 배경이 되었다.

"이 일은 다 알아내기 어렵습니다. 저들 중에 서교를 믿는 자가 있더라도 유자의 모자를 쓰고 유자의 옷을 입고 있으니 외양으로 분간하기는 어렵습니다. 홍낙안이 편지에서 말한 것처럼 엄히 꼭 다스리려고 든다면 변고가 생길 것임이 틀림없습니다. 크나큰 강상의 변고를 가지고, 이제 만약 그 증거를 잡지 못한 상태에서 그 사람을 지적해 '네가 서교를 믿었지' 하고 지적해 물으면 '예' 하고 자복할 이치가 있겠습니까? 이렇게 되면 대질시키고 심문하는 과정에서 줄줄이 체포되어 장차 큰 옥사가 일어날 것입니다. 지금처럼 맑고 공정한 세상에 이런 일이 있어서야 되겠습니까. 또한 남을 무함하면 반좌율反坐律(무고자에게 적용되는 조문)에 걸립니다. 고발을 당한 자가 혹시 사면이 되어 죽음을 당하지 않으면 남을 무함한 자가 반좌율에 걸려 죽게 됩니다. 홍낙안의 편지를 보면 '벼슬아치와 선비들 간에 서교를 믿는 자가 열에 여덟아홉명이나 된다'고 했는데 어떻게 그렇겠습니까."

"이른바 서교란 무엇이라고 인심을 현혹시킨 것이 이처럼 극도에 달했단 말인가?"

"그것은 오직 천당지옥설이 위주입니다. 본뜻은 악을 버리고 선을 행하자는 것 같지만, 그 폐단은 마침내 아비도 없고 임금도 없는 지경에 이르게 됩니다. 아비가 없다고 하는 까닭은, 저들이 아비로 섬기는 것이 셋인데, 상제上帝로서 받드는 것이 첫번째 아버지이니 이는 「서명西銘」의 '하늘을 아버지라 일컫는다(乾稱父)'15는 뜻과 같으며, 조물주는 두번째 아버지가 되고, 낳아준 아버지는 세번째 아버지가 됩니다. 그러니 윤리가 없고 이치에 어긋나는 것입니다. 임금이 없다고 한 것은, 그 나라의 습속이 본디 군장이 없어 일반 백성 가운데 순양자純陽者16를 택해 임금으로 세운다는 것

---

15   「서명(西銘)」은 송대의 학자 장재(張載)의 작품인데 그 첫머리가 "건칭부(乾稱父) 곤칭모(坤稱母)"로 시작된다. 여기서 '건'은 천, 하늘을 뜻한다.

16   순전한 양 기운을 지닌 자로 가장 건장한 사람을 이르는 말로 추정됨. 교황을 지칭하는 것으로 보인다.

입니다. 아주 흉악합니다. 또 이르기를 '사람이 죽으면 선을 행한 자는 천당으로 올라가지만 악을 행한 자는 지옥으로 떨어진다'는 것입니다. 그러므로 아무리 제사를 지내더라도 천당으로 올라간 자는 필시 흠향하러 오지 않을 것이요, 지옥에 떨어진 자 또한 흠향하러 올 수가 없습니다. 아무의미 없는 제사를 지낼 필요가 없게 됩니다. 우리나라는 예의지방임에도 이런 요망한 설에 현혹되다니, 참으로 돼먹지 않은 것들입니다."

"오늘날 악한 사설을 중단시키고 부정한 말을 막는 책임은 오로지 경에게 달려 있다. 어떻게 해야 저절로 일어섰다가 저절로 없어져서 모두 새 사람이 되는 길로 가게 할 수 있겠는가?"

"지금 서교는 특별한 움직임이 있는 것도 아니고 조사할 형적이 있는 것도 아닙니다. 오직 드러나는 자부터 다스리되 그 책을 태워버리고 그 사람을 사람답게 만들면 저절로 잠잠해져서 사라질 것입니다."

"저들 책을 물이나 불 속에 던져 없애버린다 해도 몰래 숨겨둔 것들을 어떻게 낱낱이 찾아낼 수 있겠는가."

"진시황이 위엄을 다 부려서도 서책을 완전히 없애지 못했거늘, 몰래 숨겨둔 것을 어떻게 다 금지시킬 수 있겠습니까. 그리고 금령을 너무 엄하게 세워 사형으로 단죄한다면 도리어 법이 시행되지 못할 것입니다. 금령을 명백하게 알려 저절로 없어지게 하는 것보다 좋은 방도가 없습니다. 홍낙안의 장서에 서교가 역마가 달리는 것보다 빨리 전파된다느니, 민간에 소란을 일으킨다느니 하는 등의 말은 참으로 과장된 것입니다. 매사가 과격하면 문제를 일으키는 법이니, 우선 놓아두고 불문에 붙이는 편이 좋습니다."

"내가 경을 이 자리에 앉힌 것은 경이 견지하는 의리가 올곧아서 백년의 수치를 한번 씻어낼 수 있다고 생각한 때문이다. 경이 재상으로 있는 지금 이단의 학이 뜻밖에 터진 것이다. 이를 믿는 자나 믿는다고 공격하는 자 모두 경이 아는 사람들이다. 경이 이 문제를 조정하지 못한다면 경이 그 책임을 면할 수 있겠는가. 진정시키는 방도 또한 오직 경에게 달려 있다. 경은 모름지기 사학을 물리치고 이단을 배척해 발본색원함으로써 세도를 다시 진작하고 인심을 크게 안정시켜서 마구 때리고 뒤흔드는 사태에 이르지 않도록 해야 할 것이다. 홍낙안이 올린 장서의 내용은 이단을 배척하기 위한 것처럼 되어 있으니 망언妄言한 죄로 다스리기는 맞지 않다. 직접 대면해 말하지 않고 이처럼 장서를 올린 행위는 참으로 좋지 못하다. 진산의 두 죄인은 사실을 조사해보아 만약 억울하다면 어떻게 죄를 줄 수 있겠는가? 그 고을 원은 노학구老學究[17]라 하겠으니, 깊이 책망할 것은 없다."

"두 죄인의 죄는 신문해보면 밝혀질 것입니다. 만약 억울하게 죄를 받는다면 가련하지 않겠습니까? 진산 고을 원은 경학으로 자부하는 사람인데 일찍이 예산에 있을 때도 역시 이 문제를 가지고 엄히 금한 일이 있었습니다. 이번에도 이 문제로 처벌을 했으니 그의 본심은 아닐 것입니다."

상이 여러 재상들에게 묻자 좌참찬 김화진金華鎭이 아뢰었다. "신이 을사년(1785) 당시 형조에 있을 때 이단에 빠진 자들을 모두 유배형에 처했는데 그때 10여인은 다투어 사실대로 자복하면서 벌 받기를 원했습니다. 지금 진산의 두 적은 전에 비해 더 심하니, 엄히 다스리지 않을 수 없습니다."

수어사守禦使 정창순鄭昌順이 아뢰었다. "신은 대간의 말이 나온 뒤에 홍낙안의 장서를 얻어보니, 벼슬아치와 선비 들 가운데 감염된 자가 열에 여덟아홉이라고 하는데 전부터 아는 사이들이라고 했습니다. 어찌 온 세상이 다 미혹되었을 이치가 있겠습니까? 책자를 간행한 일은 극히 놀라우니 조속히 조사하는 것이 마땅합니다. 권·윤 두 죄인은 강상의 적이거늘 대신은 장서를 보고도 어찌 경연에서 아뢰지 않았단 말입니까?"

채제공이 아뢰기를, "막중한 경연에서 소문을 가지고 바로 주달할 수 있겠습니까? 자세히 알아본 뒤에 아뢰려고 했습니다"라고 했다.

---

17   늙도록 글을 읽는 사람이라는 말로, 실무에 어둡다는 의미가 포함되어 있다.

상이 말하기를, "서교를 믿는 자나 서교를 공격하는 자를 물론하고 한편으로는 미혹된 것을 깨우치고 다른 한편으로는 진정을 시켜야 할 일이다. 양편을 조처하는 일은 좌상의 책임이다"라고 했다.

"진정시키는 일은 신이 사양하지 못하겠습니다만, 지금 이 사교는 필시 저절로 일어났다가 저절로 소멸될 것입니다. 지나치게 염려하실 것은 없는 것 같습니다."

—『실록』, 정조 15년(1791) 10월 25일

유성룡 연보*

*숙종 대에 작성된 『서애선생년보』를 바탕으로 간추린 것임.

연도	유성룡	국내외 주요 사건
1542년 (중종 37년)	• 10월 1일 의성 사촌(沙村)의 외가에서 태어남. 본관 풍산, 자 이견(而見), 호 서애(西厓). • 부친은 관찰사를 지낸 유중영(柳仲郢), 모친은 진사 김광수(金光粹)의 딸.	
1545년 (인종 1년)	• 처음 글을 읽음. (4세)	• 인종 즉위. 을사사화.
1554년 (명종 9년)	• 서울의 동학(東學)에서 『중용』 『대학』의 강론 으로 칭찬을 받음.	
1555년 (명종 10년)	• 향시 합격. • 12월, 부친의 의주 임지에 따라감. (14세)	• 을묘왜변.
1558년 (명종 13년)	• 결혼.(부인은 전주이씨, 광평대군의 후손)	
1560년 (명종 15년)	• 관악산의 절에서 공부하다가 암자에서 홀로 독서하고 사색함.	
1561년 (명종 16년)	• 하회 고향으로 돌아와서 『춘추』를 읽음. (20세)	
1562년 (명종 17년)	• 9월, 도산으로 퇴계 이황을 찾아뵙고 제자가 됨. • 학봉 김성일을 만나 친교.	
1564년 (명종 19년)	• 7월, 회시 합격.(생원 1등, 진사 3등)	
1565년 (명종 20년)	• 성균관 학생으로 들어감.	
1566년 (명종 21년)	• 10월, 문과 급제. • 승문원부정자에 보임. (25세)	
1567년 (명종 22년)	• 4월에 예문관검열로 춘추관기사관을 겸직함.	• 명종 서거, 선조 즉위.
1569년 (선조 2년)	• 성균관전적을 거쳐 공조좌랑에 임명됨. • 성절사의 서장관으로 명나라에 감. • 이때 중국의 태학생들과 학문을 논함.	
1570년 (선조 3년)	• 3월, 홍문관 수찬으로 승진. • 가을에 사가독서(賜暇讀書). (29세)	• 12월, 퇴계 이황 사망.

1573년 (선조 6년)	• 2월, 이조좌랑에 임명됨. • 7월, 부친 사망.	• 명 신종(만력제) 즉위. • 당쟁이 일어나기 시작함.
1575년 (선조 8년)	• 홍문관 부교리와 이조 정랑에 임명되었으나 나가지 않음. (34세)	• 7월, 동서분당.
1579년 (선조 12년)	• 동부승지, 홍문관부제학으로 임명됨.	
1581년 (선조 14년)	• 홍문관 부제학이 되었다가 상주목사로 나감. (40세)	
1582년 (선조 15년)	• 대사간 도승지 등을 거쳐 대사헌으로 승진.	
1583년 (선조 16년)	• 1월, 홍문관 부제학, 10월, 경상도 관찰사에 임 명됨. •「구경연의발(九經衍義跋)」을 지음.	
1587년 (선조 20년)	•『퇴계집』 엮음. (46세)	
1588년 (선조 21년)	• 10월, 형조판서에 임명됨.	• 영국, 스페인의 무적함대 상대로 승리.
1589년 (선조 22년)	• 봄에 사헌부 대사헌, 병조판서, 지중추부사를 역임함. • 7월, 이씨부인 사망.	• 5월, 일본 사신 평의지(平義智)가 사신으로 옴. • 기축옥사.
1590년 (선조 23년)	• 5월, 우의정(右議政)이 됨.	• 토요또미 히데요시, 일본열도 통일. • 황윤길, 김성일 등이 사신으로 일본에 다녀옴. • 동인이 남인과 북인으로 분당.
1591년 (선조 24년)	• 2월, 좌의정에 임명됨. • 권율을 의주목사로, 이순신을 전라좌수사로 천거. (50세)	
1592년 (선조 25년)	• 피난길에 국왕을 호종하여 평안도로 감. • 중도에 영의정에 올랐다가 파직되기도 함. • 12월, 평안도 도체찰사에 임명됨.	• 4월, 임진왜란 일어남. • 4월 13일에 왜군이 침략, 부산 상륙, 5월 초 서울 진입. 선조가 피난길에 오름. • 이순신의 수군이 해전에서 승리 하여 호남지방이 확보됨. • 명의 원군이 들어옴.
1593년 (선조 26년)	• 호서·호남·영남 3도 도체찰사에 임명됨. • 훈련도감 설치를 건의. 영의정이 됨.	• 1월, 명군의 평양 탈환, 벽제관 패전.

	• 11월, 명의 사신 사헌(司憲)이 선조를 퇴위시키려고 압박을 가해서 적극 옹호, 위기를 넘김.	• 10월, 국왕이 환도. • 훈련도감 설치.
1595년 (선조 28년)	• 경기·황해·평안·함경 4도 도체찰사에 임명됨.	
1596년 (선조 29년)	• 군사를 훈련시키는 규칙을 정하여 각 도에 내려 보냄. • 이몽학(李夢鶴)의 옥사를 처리함. • 사직원을 4회나 올렸으나 윤허받지 못함.	• 충청도 지방에서 이몽학의 반란 발발.
1597년 (선조 30년)	• 또 사직원을 5회나 올렸으나 윤허를 얻지 못함. (56세)	• 1월, 정유재란 발발. • 9월, 명량해전. • 11월, 노량해전에서 이순신 전사. • 토요또미 히데요시의 사망과 함께 왜군이 철수.
1598년 (선조 31년)	• 11월 19일, 명나라 경략(經略) 정응태의 무고 사건으로 파직됨. • 12월 5일, 삭탈관직당함.	• 앙리 4세, 낭뜨칙령 선포.
1599년 (선조 32년)	• 2월, 하회로 돌아옴.	
1600년 (선조 33년)	• 『퇴계선생연보』 찬술. • 「대학장구보유(大學章句補遺)」 지음.	• 영국령 동인도회사 설립. • 일본, 토꾸가와 막부 성립.
1601년 (선조 34년)	• 3월, 형님 겸암(謙菴) 유운룡(柳雲龍) 사망. • 8월, 모친 김씨 사망. (60세)	
1604년 (선조 37년)	• 공신으로 나라의 봉을 받음(칭호: 충근정량忠勤貞亮 효절협책效節協策 호성공신扈聖功臣) • 『징비록』 완성.	
1605년 (선조 38년)	• 「지행설(知行說)」과 「지행합일설(知行合一說)」 등을 지음.	
1607년 (선조 40년)	• 5월 6일, 농환재에서 서거. 향년 66세.	
1608년 (선조 41년)		• 2월, 광해군 즉위. • 경기도에 대동법 실시됨.
1614년 (광해 6년)	• 병산서원이 설립됨.	
1629년 (인조 7년)	• 문충공(文忠公)의 시호를 받음.	

이항복 연보*

*문집에 부록으로 실린 연보를 기본으로 작성했음.

연도	이항복	국내외 주요 사건
1556년 (명종 11년)	* 10월 15일 서울 서부 양생방(지금 서소문동과 남대문로 지역)에서 우참찬 이몽량(李夢亮)과 전주최씨의 막내아들로 태어남. 본관 경주, 자 자상(子常), 호 백사(白沙).	
1563년 (명종 18년)	* 글을 짓기 시작. "칼은 장부의 기상이요 거문고 는 태고의 소리로다(劍有丈夫氣, 琴將太古音)"라 는 시구로 사람을 놀라게 했다. (8세)	
1564년 (명종 19년)	* 부친상을 당함.	
1567년 (명종 22년)		* 명종 서거, 선조 즉위.
1571년 (선조 4년)	* 모친상을 당함. (16세)	
1574년 (선조 7년)	* 권율의 딸과 결혼. 처가가 인왕산 기슭의 필운대 여서 머물어, 필운(弼雲)이란 호를 쓰기도 함.	
1575년 (선조 8년)		* 7월, 동서분당.
1578년 (선조 11년)	* 한음 이덕형과 처음 만나 일생 동안 교유함.	
1580년 (선조 13년)	* 문과에 급제. 율곡 이이에게 크게 촉망받은 세 인재에 포함됨. (25세)	
1581년 (선조 14년)	* 예문관검열에 임명됨.	
1583년 (선조 16년)	* 홍문관의 독서당에서 사가독서.	
1584년 (선조 17년)	* 홍문관 저작에 오름. 10월, 병이 위중해서 사경 에 빠졌다가 소생함. (29세)	* 율곡 이이 사망.
1589년 (선조 22년)	* 기축옥사에 문사낭(問事郞)으로 참여.	* 5월, 일본 사신 평의지(平義智) 가 옴. * 기축옥사.
1591년 (선조 24년)	* 기축옥사와 관련해서 배척을 당했다가 좌승지 에 임명되고 도승지로 오름. (36세)	

1592년 (선조 25년)	• 임진왜란에 평안도로 몽진하는 선조를 호종함. 이때 병조판서를 맡음.	• 4월, 임진왜란 일어남. • 12월, 명의 원군이 들어옴.
1593년 (선조 26년)	• 분조의 대사마로서 세자 보필.	• 10월, 국왕의 환도. • 훈련도감 설치. • 윤11월, 왕세자가 남하하여 전주에 분조 설치.
1594년 (선조 27년)	• 봄, 송유진의 반란에 분조를 철수하자는 주장이 있었으나 반대함.	• 봄, 호서에서 송유진(宋儒眞)의 반란이 일어남.
1595년 (선조 28년)	• 이조판서 겸 대제학에 임명됨. (40세)	
1597년 (선조 30년)	• 다시 병조판서가 되어 명군의 도어사 양호(楊鎬)와 협력해서 정유재란에 대응함.	• 1월, 정유재란 발발. • 11월, 토요또미 히데요시 사망으로 왜군 철수.
1598년 (선조 31년)	• 우의정이 됨.	• 앙리 4세, 낭뜨칙령 선포.
1600년 (선조 33년)	• 1월, 도체찰사로서 전라도 해역을 순시하여 백성을 안정시키고 바다를 지키기 위한 계책 16개조를 올림. • 9월, 전후 긴급 시무책을 올림. • 영의정이 됨. (45세)	• 일본 토꾸가와 막부 성립.
1602년 (선조 35년)	• 북인의 우계 성혼에 대한 공격을 변호하다가 영의정에서 물러남.	
1604년 (선조 37년)	• 임진왜란 때의 공훈으로 높이 봉작을 받다. (49세)	
1608년 (선조 41년)	• 4월, 도체찰사에 임명됨. • 5월, 좌의정에 임명됨. 임해군 제거론에 반대함. 여러 번 사직소를 올렸으나 윤허를 얻지 못함.	• 2월, 선조 서거, 광해군 즉위.
1610년 (광해군 2년)	• 광해군의 생모 추숭을 주관함. (55세)	
1611년 (광해군 3년)	• 광해군 앞에 나아가 회재·퇴계로 이어지는 조선 학통을 설명하고 성균관 학생들의 주장을 옹호하다.	• 정인홍이 이황과 이언적의 문묘종사(文廟從祀)를 반대하는 상소를 올리자 성균관 학생들이 정인홍을 배격하면서 갈등이 크게 일어남.
1612년 (광해군 4년)	• 서울 동쪽의 망우리에 동강정사를 짓고 동강노인(東岡老人)으로 자호함.	

1613년 (광해군 5년)	• 무인 정협(鄭浹)을 추천했던 일로 무고를 받음. (58세)	• 4월, 계축옥사. 영창대군이 죽임을 당함. • 10월, 이덕형 사망.
1617년 (광해군 9년)	• 8월, 중풍으로 인해 언어 기동이 곤란함에도 폐모의 조처에 반대하는 논리(이에 관한 저술로 『노사영언』이 있음)를 가장 명백하게 제기하다.	• 인목대비 폐위.
1618년 (광해군 10년)	• 1월, 함경도 북청으로 유배를 떠남. • 5월 13일, 서거하여, 8월 4일 포천의 선영에 안장. 향년 63세. • 그를 모시고 갔던 기록으로 정충신의 『북천록』이 있다. • 문충공의 시호가 내렸고, 북청에 노덕서원과 포천에 화산서원이 세워졌다.	

김육 연보*

*『잠곡전집』에 수록된 「잠곡선생년보」에 주로 의거해서 작성했음.

연도	김육	국내외 주요 사건
1580년 (선조 13년)	• 7월 14일 한성부 서부 마포면 마포리의 외가에서 태어남. 기묘명현인 김식의 현손으로 부친은 김흥우(金興宇)이다. 모친은 조희맹(趙希孟)의 딸인 한양조씨이다. 본관은 청풍(淸風), 자는 백후(伯厚), 호는 잠곡(潛谷)이며, 시호는 문정(文貞).	
1584년 (선조 17년)	• 역병을 앓아 얼굴에 곰보자국이 남았다. 『천자문』을 배움. (5세)	
1588년 (선조 21년)	• 조부의 평안도 강동 임지에 가 있다가 지산(芝山) 조호익(당시 그는 유배 와 있었음)에게 수학을 함.	• 영국, 스페인 무적함대를 상대로 승리.
1592년 (선조 25년)	• 4월, 피란을 떠나 강원도 안협(安峽)으로 갔다가 평안도 강동으로 옮겨서 이듬해는 황해도 지역을 떠돌았음.	• 임진왜란 발발.
1594년 (선조 27년)	• 1월, 해주의 석담으로 피난 와 있었던 우계(牛溪) 성혼을 찾아가 뵙자 촉망을 함. • 4월, 부친상을 당함. (15세)	
1597년 (선조 30년)	• 왜적의 재침 소식을 해주에서 듣고 인천 계시는 모친을 연안으로 모셔옴.	• 정유재란 발발.
1600년 (선조 33년)	• 1월, 모친상을 당함. (21세)	
1604년 (선조 37년)	• 1월, 해주에서 서울로 올라옴. • 2월, 진사 윤급(尹汲)의 딸 파평윤씨와 결혼함.(피란 중에 친상이 겹쳐서 결혼이 늦어진 것으로 추정됨)	
1605년 (선조 38년)	• 3월, 사마시 회시 합격하고 또 관시(館試)에 수석. (26세)	
1608년 (선조 41년)		• 선조 서거, 광해군 즉위.
1610년 (광해군 2년)	• 「청종사오현소(請從祀五賢疏)」를 태학생 연명으로 올림.	• 북인 측이 정국을 주도하여 당쟁이 격화됨.
1611년 (광해군 3년)	• 이황과 이언적의 문묘종사(文廟從祀)에 반대한 정인홍을 청금록(靑襟錄, 선비명단)에서 삭제함. 처벌이 두려워 가평 산중으로 숨음. (32세)	

1623년 (인조 1년)	• 3월, 반정 직후 의금부 도사에 임명되었다가 취소됨. (44세)	• 3월, 계해반정. • 광해군 폐위되고 인조 즉위.
1624년 (인조 2년)	• 1월, 음성현감에 임명됨. 「음성현진폐소(陰城縣陳弊疏)」를 올림. • 9월, 문과 급제. 그 뒤 사간원 정언, 통덕랑으로 승진함.	• 1월, 이괄의 반란.
1625년 (인조 3년)	• 1월, 병조좌랑 겸 춘추관기사관에 임명되어 『광해군실록』 편찬에 참여. (46세)	
1627년 (인조 5년)	• 1월, 후금의 침략으로 세자를 모시고 남행. • 3월, 병조정랑에 임명됨. • 7월, 조정으로 양서(兩西)의 사의(事宜)에 대한 상소를 올림.	• 1월, 정묘호란 발발. • 8월, 명의 마지막 황제인 의종(毅宗) 숭정제 즉위.
1628년 (인조 6년)	• 8월, 이조 좌랑을 거쳐 정랑에 임명됨.	• 영국 찰스 1세, 권리청원 승인.
1629년 (인조 7년)	• 7월, 김세렴(金世濂)이 전천(銓薦) 문제를 제기하여 문외출송(門外出送)을 당해 양평 땅의 소천(韶川)에 우거함. (50세)	
1631년 (인조 9년)	• 6월, 용서를 받고 다시 이조정랑에 임명됨.	
1634년 (인조 12년)	• 『청풍세고(淸風世稿)』와 『풍암집(楓嚴集)』을 간행. (55세)	
1636년 (인조 14년)	• 5월부터~이듬해 5월 중국 사행. 육로 사행길이 청에 의해 가로막혀 해로로 다녀왔는데 이것이 명과의 마지막 사행이 되었음. • 이 사행의 기록으로 『조경일록』을 남김.	• 후금이 국호를 청(淸)으로 바꿈. • 12월, 병자호란
1637년 (인조 15년)	• 병조참의, 예조참의 등에 임명됨.	• 1월, 인조 남한산성에서 내려옴. • 2월, 소현세자와 봉림대군이 볼모로 심양으로 잡혀감. • 데까르뜨, 『방법서설』 발표.
1638년 (인조 16년)	• 6월, 충청도관찰사에 임명됨. • 9월, 대동법과 균역법을 시행하기를 청함. • 『구황촬요(救荒撮要)』 『벽온방(辟瘟方)』 간행. (59세)	
1642년 (인조 20년)	• 『유원총보(類苑叢寶)』 편찬 착수.	• 영국 청교도 혁명.
1643년 (인조 21년)	• 12월, 소현세자와 봉림대군을 보기 위해 심양(瀋陽)에 감.	• 청, 태종의 사망. • 세조 순치제 즉위.

1644년 (인조 22년)	• 8월, 성균관 대사성에 임명됨. • 9월, 이조참판을 거쳐 형조판서에 임명됨. • 12월, 소현세자의 귀국에 원접사(遠接使)로 나감. • 『종덕신편(種德新編)』 저술. (65세)	• 명이 이자성(李自成)의 반란 으로 망하고 청이 연경(燕京) 입성. • 소현세자 귀국.
1645년 (인조 23년)	• 윤 6월, 예조판서에 임명됨. 세자책례도감 제조 (世子冊禮都監提調) 겸임. • 시헌력의 채용 건의.	
1646년 (인조 24년)	• 2월~6월, 사은부사(謝恩副使)로 북경을 다녀옴.	
1647년 (인조 25년)	• 4월, 개성부 유수. • 평안·황해 양도에 돈의 통용을 건의.(「兩西請用 錢疏」)	
1648년 (인조 26년)	• 『송도지(松都志)』를 편찬.	
1649년 (인조 27년)	• 5월 6일, 인조가 사망하자 예조판서에 임명되고 빈전도감(殯殿都監)과 국장도감(國葬都監)을 맡음. • 9월, 우의정에 임명됨. • 10월, 호서·호남에 대동법 시행을 건의.(「請行兩 湖大同仍辭右議政箚」) (70세)	• 5월, 인조 서거, 효종 즉위.
1650년 (효종 1년)	• 3월, 진향사(進香使)가 되어 6월까지 연경(燕京) 에 다녀옴.	
1651년 (효종 2년)	• 7월, 손녀가 (장자 김우명의 딸) 세자빈에 간택됨. • 7월, 호서 대동법 시행을 윤허받음. • 12월, 좌의정에 임명됨.	• 흡스, 『리바이어던』 발표.
1653년 (효종 4년)	• 1월, 호서와 호남에서 돈을 주조하기를 청하여 윤 허를 얻음. • 8월, 남산 기슭의 회현방에 구루정을 지음.	• 시헌력 채택.
1654년 (효종 5년)	• 3월, 『호서대동절목(湖西大同節目)』 편찬. • 6월, 영의정에 임명됨. • 충청도 산간지역에 돈의 주조를 건의함.(「請令湖 西山邑鑄錢箚」) (75세)	
1655년 (효종 6년)	• 6월, 구루정 옆에 태극정을 지음 • 12월, 화폐유통을 건의함.	
1656년 (효종 7년)	• 7월, 남산에 있는 무인들 사정(射亭)인 재산루(在 山樓)의 기문을 지음. • 경기도에서 걷는 쌀 3두를 돈으로 대신 받아들이 기를 건의함.	

1657년 (효종 8년)	* 11월, 호서에 이어 호남에 대동법 시행을 건의함. * 호남 대동법의 규례를 올림.	
1658년 (효종 9년)	* 7월, 윤경·오준·윤리지·조경과 오로회(五老會)를 　결성. * 임종에 당해서 대동법을 추진할 것을 당부하는 　글을 올림. * 9월 4일, 회현동 집에서 서거. 향년 79세.	
1660년 (현종 1년)	* 5월, '문정(文貞)'이란 시호를 받음.	* 영국, 제정복고.

채제공 연보*

*내용의 일부는 『번암선생해장』 상편을 참조했음.

연도	채제공	국내외 주요 사건
1720년 (숙종 46년)	• 4월 6일 충청도 홍주(洪州) 주곡(舟谷)에서 출생. 본관은 평강(平康), 자 백규(伯規), 호 번암(樊巖), 시호 문숙(文肅). 부친은 채응일(蔡膺一), 모친은 이만성(李萬成)의 딸.	
1737년 (영조 13년)	• 2월, 오필운의 딸(오광운의 질녀) 동복오씨와 결혼. (17세)	
1743년 (영조 19년)	• 정시문과에 급제.	
1749년 (영조 년)	• 한림으로 포쇄관(曝曬官)으로 임명되어 오대산사고에 간 길에 금강산을 다녀옴. (30세)	
1751년 (영조 27년)	• 1월, 부인 동복오씨 사망. 부인과의 사별을 슬퍼하여 『백저행』을 지음.	
1753년 (영조 29년)	• 호서암행어사(湖西暗行御史)를 다녀와서 균역법 시행의 폐단과 변방대비책을 올림.	
1755년 (영조 31년)	• 문사랑(問事郎)으로 나주벽서사건의 옥사에 참여. 승정원동부승지에 제수됨. (36세)	• 2월, 나주벽서사건. 『천의소감(闡義昭鑑)』 간행.
1758년 (영조 34년)	• 7월, 이천부사로 부임, 『이천둔전절목(利川屯田節目)』 작성. • 8월, 도승지에 임명됨. 영조가 사도세자를 폐위하려 함에 진정으로 간언하여 철회시킴. • 남대문 밖의 도동(桃洞)에서 약현(藥峴, 성현의 옛 집터, 중구 중림동)으로 이사.(「약봉풍단기」)	
1760년 (영조 36년)	• 대사간, 대사헌, 경기감사가 됨.	
1762년 (영조 38년)	• 모친상을 당해 관직에서 물러나 있을 때 세자가 죽임을 당하는 일이 일어남.	• 윤5월 21일, 사도세자, 뒤주에 갇혀 사망. • 루소, 『사회계약론』 발표.
1764년 (영조 40년)	• 형조참판, 대사헌, 공조참판, 개성유수, 예문관제학 등을 역임. (45세)	
1765년 (영조 41년)	• 5월, 안악군수에 임명됨. 부친상을 당함.	

1768년 (영조 44년)	• 11월, 함경도관찰사에 임명됨.	
1769년 (영조 45년)	• 8월, 도승지로 복귀함. • 북관의 교제곡(交際穀)을 해창(海倉)으로 옮겨 그 지역의 환곡에 사용할 것을 건의함. (50세)	
1770년 (영조 46년)	• 약방제조, 병조판서, 예조판서, 호조판서를 역임.	
1772년 (영조 48년)	• 세손우빈객, 공시당상(貢市堂上)에 임명됨.	
1774년 (영조 50년)	• 4월, 평안도 관찰사에 특지로 임명됨. 이듬해 평 안도민의 한이 서린 부채를 말소시켜주어서 시 민들의 환호를 받음. (55세)	• 신광수, 「관서악부 108수」 발표.
1775년 (영조 51년)	• 호조판서, 홍문관제학에 임명됨.	• 미국, 독립전쟁 발발.
1776년 (영조 52년)	• 3월, 영조가 승하하자 국장도감제조에 임명되고 영조의 문헌을 정리하는 찬집청 당상에 임명됨. • 3월 26일, 형조판서 겸 판의금부사에 임명되어 사 도세자의 죽음에 깊이 얽힌 자들을 처단하는 문 제에 관여함.	• 3월, 영조 서거, 정조 즉위. 정 후겸 처단. • 9월, 규장각 설치. • 미국, 독립선언문 발표. • 애덤 스미스『국부론』발표.
1777년 (정조 1년)	• 반역의 기운이 있다고 보아 그에게 병조판서를 맡김.	• 홍국영이 숙위대장을 맡음.
1778년 (정조 2년)	• 2월~7월, 사은사 겸 진주(進奏)정사로 북경에 다 녀옴. 이때 중국의 지식인 반정균(潘庭筠)·이정원 (李廷元) 등과 교유함.	• 박제가,『북학의』지음. • 홍봉한 사망.
1779년 (정조 3년)	• 홍국영이 그의 존재를 불편하게 여긴 까닭으로 곤란을 받음. (60세)	• 6월 20일, 원빈 홍씨의 사망.
1780년 (정조 4년)	• 봄에 예조판서 등으로 있다가 가을에 호조판서 등으로 옮김.	• 박지원의 연행, 이 경험으로 『열하일기』가 창작됨. • 홍국영의 실각.
1788년 (정조 12년)	• 우의정에 오름. 황극(皇極)을 세울 것, 당쟁을 없 앨 것, 의리를 밝힐 것 등 6조를 진언.	
1789년 (정조 13년)	• 영조의 탕평책을 계승하여 왕권으로 중심을 세울 것을 주장함. • 사도세자의 묘소인 현릉원을 수원에 조성하고 수원을 신도시로 규모를 갖추기 위한 구상을 함.(「수원부설전모인사의계」) (70세)	• 1월 16일, 정약용, 문과 급제. • 4월 13일, 청계천 준설. • 10월 16일, 현릉원 완공.
1790년 (정조 14년)	• 좌의정에 임명되어 우의정 김종수(金鍾秀)와 함 께 탕평정국을 이끌어감.	• 6월 20일, 원자(훗날의 순조) 출생.

1791년 (정조 15년)	• 독점적 상행위의 금지.(「청혁파시도전가계」) • 서교 금지책을 올림.(「청엄금서양학계」, 「청엄징 서양사학 잉론홍락안차」)	• 신해통공 시행. • 10월 16일, 진산사건 발생. • 10월 23일, 홍낙안의 서교를 비난하는 장서. • 프랑스,「인권선언」을 기반으 로 한 헌법 공포.
1792년 (정조 16년)	• 영남만인소의 배후로 공격받음.	• 4월과 5월에 영남만인소 올 라옴.
1793년 (정조 17년)	• 영의정이 됨. • 사도세자의 문제를 적극적으로 제기하여 조정에 서 큰 반발이 일어남.	• 12월 6일, 정조가 유형원의 『반계수록』을 거론함.
1794년 (정조 18년)	• 수원 화성 축성을 담당함. (75세)	• 12월 28일, 화성성역 개시.
1798년 (정조 22년)	• 몇 차례 사직상소 끝에 좌의정에서 물러남. • 판중추부사가 됨.	• 나뽈레옹, 이집트 원정.
1799년 (정조 23년)	• 1월 18일, 서거. 향년 80세.(묘소: 경기도 용인시 처인구 역북동)	• 전년 겨울에 전염병이 들어와 서 대유행하여 많은 사망자 발생. 중국의 건륭제도 이로 인해 사망. • 1월 7일, 김종수 사망.
1800년 (정조 24년)	• 6월 1일, 정조 서거.	
1801년 (순조 1년)	• 황사영백서사건으로 추탈관작됨.	• 신유사옥으로 이가환 등은 사 망하고 정약용 등은 유배형 에 처해짐.
1823년 (순조 23년)	• 영남만인소로 관작 회복.	
1824년 (순조 24년)	• 『번암집』 간행(59권 27책). 영남 유림의 노력으로 안동에서 목판으로 발간.	

찾아보기

창비 한국사상선 8

유성룡·이항복·김육·채제공
유교정치를 구현한 명재상들

초판 1쇄 발행 / 2026년 2월 20일

지은이 / 유성룡 이항복 김육 채제공
편저자 / 임형택
펴낸이 / 염종선
책임편집 / 박주용 박대우
조판 / 박지현
펴낸곳 / (주)창비
등록 / 1986년 8월 5일 제85호
주소 / 10881 경기도 파주시 회동길 184
전화 / 031-955-3333
팩시밀리 / 영업 031-955-3399 편집 031-955-3400
홈페이지 / www.changbi.com
전자우편 / human@changbi.com

ⓒ 임형택 2026
ISBN 978-89-364-8112-4 94150